HURRA!!! PO POLSKU 3

NOWA EDYCJA

Agnieszka Dixon
Agnieszka Jasińska
Małgorzata Małolepsza
Aneta Szymkiewicz

PODRĘCZNIK STUDENTA

Prolog
PUBLISHING

SPRAWNOŚCI JĘZYKOWE

Rozumienie ze słuchu	Rozumienie tekstów pisanych	Mówienie	Pisanie	Mediacja	Jaką część egzaminu ćwiczymy
	– **Literatura:** Olga Tokarczuk, *Prawiek i inne czasy* (fragment)	– rozmowa na temat opanowania języka polskiego i egzaminu certyfikatowego – quiz gramatyczny			– rozumienie tekstów pisanych
– ulubione metody uczenia się języków obcych – rozmowa na temat projektu językowego – film TV Kraków, Natalia Dziedzic, *Matura*	– tekst: *Jak radzić sobie przed egzaminem?* – ulotka informacyjna o Europejskim Dniu Języków – e-mail prywatny formalny – **Literatura:** Olga Tokarczuk, *Bieguni* (fragment); Wojciech Łowicki, Daniel Baum, *Doktor Esperanto* (fragment)	– mówienie o znajomości języków obcych i sposobach uczenia się oraz zapamiętywania informacji – rozmowa na temat obchodów Europejskiego Dnia Języków	– *Jak lubię uczyć się języka polskiego?* – e-mail prywatny formalny	– przygotowanie dialogu na podstawie ulotki informacyjnej – sporządzenie notatki na podstawie materiału video – tłumaczenie idiomów – ustne streszczenie tekstu pisanego	– rozumienie tekstów pisanych
– opisy wyglądu – film – *Operacja plastyczna nosa*	– **Literatura:** Jan Brzechwa, *Samochwała*	– wyrażanie opinii na temat wyglądu	– e-mail prywatny – opis osoby	– wyrażanie preferencji – opis osoby na podstawie wiersza	– rozumienie ze słuchu
– wystąpienie szefa związku zawodowego nauczycieli – sonda uliczna – film – *Zatrudnianie cudzoziemców*	– *Przewodnik po zmianach w kodeksie pracy* – **Literatura:** Ryszard Kapuściński, *Podróże z Herodotem* (fragment)	– opis warunków życia – wyrażanie zadowolenia i niezadowolenia oraz rozczarowania	– opis pracy nauczyciela – opis sytuacji rodzinnej Polaków na podstawie danych statystycznych	– analiza portretu statystycznego kobiet i mężczyzn w Europie	– mówienie
– dane statystyczne – krótkie wypowiedzi: opowiadanie – film – *Migracje Polaków na przestrzeni dziejów*	– definicje – dane statystyczne – tekst: *Strategie akulturacyjne* – **Literatura:** Leszek Kołakowski, *Czy diabeł może być zbawiony i 27 innych kazań* (fragment)	– opowiadanie wydarzeń z przeszłości – porównanie	– list z reklamacją – rozprawka – wyrażanie relacji czasowych w opisie	– rozmowa o migracjach ludności – pisanie emaila na podstawie informacji z czatu	– pisanie
– załatwianie spraw – film TV Kraków, *Wietnamczycy w Krakowie*	– ogłoszenia na stronach internetowych – hasła ze słownika frazeologicznego – **Literatura:** Konstanty Ildefons Gałczyński, *Biurokrata na wakacjach*	– załatwianie spraw – dialogi w urzędach	– e-mail / list formalny z zapytaniem (w sprawie karty czasowego pobytu / Karty Polaka, przyczyny pobytu w Polsce) – ogłoszenie	– ustne streszczenie ogłoszenia internetowego – przygotowanie dialogu na podstawie wiersza	– rozumienie tekstów pisanych
– rozmowa telefoniczna – dialogi sytuacyjne – film – *Sprzedawcą się nie rodzisz, sprzedawcą się stajesz. Najtrudniejszy zawód świata*	– reklama, szyld – ogłoszenia, definicje – tekst: Aneta Lewandowska, *Największe trendy e-commerce – przygotuj swój sklep internetowy do skutecznej sprzedaży* – **Literatura:** Katarzyna Michalak, *Dla Ciebie wszystko*	– rozmowa telefoniczna – wzywanie / szukanie fachowca – scenki komunikacyjne dotyczące usług	– relacjonowanie awarii w mediach społecznościowych	– opowiadanie o doświadczeniach z usługami – omawianie artykułu o e-commerce, – dyskusja o sytuacji przedstawionej w filmie	– rozumienie ze słuchu
– wypowiedzi na temat wydatków w wolnym związku – pojedyncze wypowiedzi sytuacyjne – film – *Czy dam radę przeżyć 7 dni, mając 50 złotych*	– quiz „Milionerzy" – tekst: *Czym jest zero waste?* – **Literatura:** Katarzyna Grochola, *Trochę większy poniedziałek* (fragment)	– wyrażanie pewności i niepewności – przekonywanie – opinie na temat wydatków, oszczędności	– rozprawka	– relacjonowanie przeprowadzonej ankiety – doradzanie w sprawie finansów i oszczędności	– rozumienie tekstów pisanych

SPRAWNOŚCI JĘZYKOWE					
Rozumienie ze słuchu	**Rozumienie tekstów pisanych**	**Mówienie**	**Pisanie**	**Mediacja**	**Jaką część egzaminu ćwiczymy**
– wiadomości – wywiad – film – *Czym dla Polaków jest bogactwo i ile pieniędzy to dużo pieniędzy?*	– artykuły prasowe na temat polskich firm – **Literatura:** Józef Konrad Korzeniowski, *Jądro ciemności* (fragment)	– wyrażanie warunku i konsekwencji – uzasadnianie własnych poglądów	– streszczenie tekstu źródłowego z własnym komentarzem	– dyskusja w parach	– pisanie
– wypowiedzi na temat ważności polityki w naszym życiu – film – *Komunikat Państwowej Komisji Wyborczej*	– definicja lewicy i prawicy – wypowiedzi dotyczące przekonań politycznych – **Literatura:** Leszek Kołakowski, *Mini wykłady o maxi sprawach* (fragment)	– zaangażowanie w życie polityczne i społeczne w Polsce	– podsumowanie ankiety – ogłoszenie, zaproszenie, gratulacje	– propozycja wykorzystania budżetu obywatelskiego – dyskusja o poprawności politycznej	– pisanie
– audycja radiowa na temat praw dziecka – film – TV Kraków, Sylwia Pieczara, *Niepełnosprawni i praca*	– artykuł na temat cudzoziemców w Polsce – artykuł o akcji równościowej młodzieży – **Literatura:** Stanisław Lem, *Powrót z gwiazd* (fragment)	– dyskusja o równouprawnieniu – definiowanie pojęć	– wypracowanie /esej szkolny	– opracowanie treści strony internetowej na podstawie materiału video – przygotowanie dialogu na podstawie fragmentu tekstu literackiego	– mówienie
– dialogi związane z wypadkiem – film – TV Kraków, Jolanta Michalska, *Czerna*	– opis przebiegu wypadku – definicje słownikowe – **Literatura:** Wisława Szymborska, *Wypadek drogowy*	– opis przebiegu wypadku – relacjonowanie wydarzeń	– e-mail / list prywatny z opisem sytuacji	– przygotowanie dialogu na podstawie opisu zdarzenia i ilustracji – napisanie e-maila na podstawie opisu zdarzenia i ilustracji	– pisanie
– wywiad na temat transportu koni – film – *Papier czy plastik? – Nauka. To lubię.*	– artykuł prasowy: *Kraków, w życie wchodzi zakaz palenia węglem* – **Literatura:** Maria Dąbrowska, *Dzienniki* (fragment)	– wyrażanie aprobaty i dezaprobaty – wyrażanie protestu – wyrażanie opinii	– list oficjalny	– relacjonowanie, zachęcanie, chwalenie, wyrażanie opinii	– rozumienie tekstów pisanych
– audycja radiowa: wywiad na temat fake newsów – film – *Akademia Dziennikarstwa*	– treść wywiadu na temat fake newsów – **Literatura:** Olga Tokarczuk, *Che Guevara* (fragment); Wojciech Bojanowski, *Imperium* (fragment)	– rozmowa o środkach masowego przekazu – przeprowadzanie wywiadu (w prostej formie) – analiza struktury wypracowania / eseju szkolnego	– e-mail / list formalny – wypracowanie/esej szkolny	– ustne streszczenie notek biograficznych – sporządzenie notatki na podstawie tekstu wywiadu – sporządzenie notatki na podstawie strony internetowej	– rozumienie tekstów pisanych
– opis symboli graficznych – film – *Historia wizerunku św. Mikołaja*	– **Literatura:** Marcin Wicha, *Jak przestałem kochać design* (fragment)	– ankieta na temat symboli bądź charakterystycznych produktów – przekonywanie, namawianie (reklama)	– opis przedmiotu	– wywiad prasowy (zadawanie pytań) – interpretacja idiomów	– rozumienie tekstów pisanych
– film – *Co to jest kultura? Ktoś wie?!* – wywiad na temat filmu	– **Literatura:** Adrianna Ginał, Anna Szulc, *Stacja Kraków*; Czesław Miłosz, *Miłość*; Stanisław Barańczak, *Jeżeli porcelana to wyłącznie taka*	– dialog na temat wydarzenia artystycznego	– recenzja książki	– ankieta – *Kultura*	– pisanie
– wywiad z przedstawicielem kościoła ewangelicko-augsburskiego w Polsce – film – *Lekcja religii – symbole wielkich religii*	– **Literatura:** Jerzy Vetulani i Maria Mazurek, *Bez ograniczeń* (fragment); Aneta Prymak-Oniszk, *Bieżeństwo 1915, Zapomniani uchodźcy* (fragment)	– formułowanie pytań i hipotez – dyskusja na temat religii i tradycji	– kartka świąteczna / zaproszenie: oficjalne i nieoficjalne – opis regionu	– relacjonowanie przeczytanego tekstu wraz z interpretacją	– pisanie

LEKCJA **0**

Przed egzaminem z polskiego

SYTUACJE KOMUNIKACYJNE	rozmowa: zadawanie pytań, odpowiadanie, uzasadnianie
SŁOWNICTWO	terminologia gramatyczna, egzamin z języka polskiego, formy wypowiedzi egzaminacyjnych, polecenia egzaminacyjne • **IDIOMY:** *być w błędzie, przyznać się do błędu, uczyć się na błędach, wybaczyć błąd, wprowadzać w błąd, wyprowadzać z błędu*
LITERATURA	Olga Tokarczuk, *Prawiek i inne czasy* (fragment)
GRAMATYKA I SKŁADNIA	POWTÓRZENIE: terminologia gramatyczna, mianownik, liczba mnoga, pluralia tantum, aspekt, alternacje
CZĘŚĆ EGZAMINACYJNA	rozumienie tekstów pisanych

1a Proszę porozmawiać z kolegą / koleżanką.

- Czy uczyłeś się / uczyłaś się polskiego na kursach językowych? Jeśli tak, to jak długo?
- A może znasz polski z domu albo od przyjaciół?
- Czy znasz jakiś inny język słowiański? Jaki? Skąd go znasz? Czy to twój język ojczysty?
- Czy wiesz, jakie są twoje mocne / słabe strony w języku polskim?
- Dlaczego planujesz zdawać egzamin z języka polskiego?
- Czy sprawdzałeś / sprawdzałaś już informacje o egzaminie?
- Czy wiesz, z jakich części się składa?

• SŁOWNICTWO

1b Proszę przyporządkować nazwy sprawności językowych do wypowiedzi, których rozumienie i tworzenie wymagane jest na egzaminie z języka polskiego na poziomie B1.

mówienie *pisanie* *rozumienie tekstów pisanych* *rozumienie ze słuchu*

....

- pojedyncze wypowiedzi intencjonalne i tematyczne
- krótkie dialogi intencjonalne lub tematyczne (np. rozmowa telefoniczna)
- prosta dyskusja na tematy ogólne
- wypowiedzi ciągłe (np. wyrażanie opinii i uzasadnianie jej, relacjonowanie wydarzeń, porównywanie osób i zdarzeń, opowiadanie, opis, charakterystyka)
- fragmenty programów radiowych i telewizyjnych, związanych z życiem codziennym i zainteresowaniami

....

- pojedyncze napisy i ogłoszenia (np. *Wstęp wzbroniony!, Data ważności...*)
- krótkie teksty na tematy związane z prywatną, publiczną, zawodową i edukacyjną sferą życia
- krótkie, proste, oryginalne teksty użytkowe (informacyjne, reklamowe, urzędowe, prasowe)
- krótkie, proste, oryginalne teksty literackie

....

wypowiedzi monologowe:
- na temat własnych zainteresowań, doświadczeń, planów, marzeń
- streszczenie książki, filmu, artykułu prasowego z krótkim komentarzem
- relacja z wydarzenia, proste opowiadanie
- opis, charakterystyka
- opinia na określony temat z krótkim uzasadnieniem

wypowiedzi dialogowe:
- prosta rozmowa telefoniczna
- dialog intencjonalny
- dialog tematyczny
- krótka, prosta dyskusja

1c **Proszę porozmawiać z kolegą / koleżanką na temat wypowiedzi wymienionych w ćw. 1b.**

- Które z tych wypowiedzi znasz, a których nigdy nie ćwiczyłeś / ćwiczyłaś?
- Które są dla ciebie łatwe, a które trudne? Dlaczego?
- Które formy wypowiedzi musisz jeszcze poćwiczyć? Jak planujesz to robić?

Idiomy

2a **W wymogach egzaminacyjnych nie ma listy polskich idiomów, które należy znać. Jednak znajomość niektórych z nich na pewno przyda się na egzaminie. Proszę dopasować do siebie zdania.**

[b] 0. Jesteś w błędzie!	a) Dlaczego nie powiesz, że się mylisz?
[ ] 1. Czemu nie chcesz przyznać się do błędu?	b) Mylisz się!
[ ] 2. Wybacz mi mój błąd.	c) Nie mów mi nieprawdziwych informacji!
[ ] 3. Uczymy się na błędach.	d) Myląc się, uczymy się.
[ ] 4. Nie wprowadzaj mnie w błąd!	e) Przepraszam, myliłem się.
[ ] 5. Wyprowadź mnie z błędu!	f) Podaj mi prawdziwą informację!

....

- życzenia
- pozdrowienia
- zaproszenie
- ogłoszenie
- list / e-mail prywatny formalny (np. do nauczyciela) i nieformalny
- opis osoby, przedmiotu, sytuacji
- charakterystyka osoby
- opowiadanie, sprawozdanie (relacja z podróży, wakacji)
- recenzja (wyrażenie opinii o filmie, książce)
- esej szkolny (wypracowanie, w którym przedstawia się swoje poglądy, rozważania lub refleksje na dany temat)

• GRAMATYKA

Ortografia

2b **Proszę pracować z kolegą / koleżanką. Dlaczego w poniższych zdaniach błąd wywołuje nieporozumienie? Proszę wyjaśnić różnicę między podanymi przykładami.**

QUIZ WYPROWADŹ MNIE Z BŁĘDU!

1. Czekałem na pociąg. / Czekałem na pociągu.
2. W Warszawie jest dużo wieżowców. / W Warszawie jest duży wieżowiec. / W Warszawie są duże wieżowce.
3. Wczoraj Tomek wypił dużo piwa.
   Wczoraj Tomek wypił duże piwo.
4. Krystyna wyszła za mąż w Anglii.
   Krystyna się ożeniła w Anglii.
5. Interesuję się muzykiem hiszpańskim.
   Interesuję się muzyką hiszpańską.
6. Jego hobby to polityka europejska.
   Jego hobby to polityk europejski.
7. Ona uczy polskiego. / Ona uczy się polskiego.
8. Nie lubię prasować. / Nie lubię pracować.
9. Może to jego pasja. / Morze to jego pasja.
10. Były na koncercie. / Byli na koncercie.
    Biły na koncercie. / Bili na koncercie.

lekcja 0

Literatura

3a Proszę przeczytać fragment powieści Olgi Tokarczuk i odpowiedzieć na pytania.

Florentynka zawsze odnosiła się do zwierząt z szacunkiem, jak do ludzi. Rano mówiła im „dzień dobry", a gdy stawiała miski z mlekiem, nie zapominała powiedzieć „smacznego". Mało tego, nie mówiła o nich „psy" czy „koty", bo brzmiało to tak, jakby mówiła o przedmiotach. Mówiła „psowie", „kotowie"...

Olga Tokarczuk, *Prawiek i inne czasy*

- *Królowie, panowie* i... – jakie są inne przykłady rzeczowników w liczbie mnogiej z końcówką -owie?
- Dla jakiej grupy zarezerwowana jest ta końcówka?
- Czy formy „psowie" i „kotowie" są poprawne gramatycznie?
- Jaki efekt uzyskała autorka, tworząc takie niepoprawne formy? Na co chciała zwrócić uwagę?
- Rodzaj męskoosobowy zarezerwowany jest dla grupy mężczyzn. Czy tylko dla tej grupy?

Ortografia

3b Proszę uzupełnić tabelę. Jakie są końcówki liczby mnogiej? Jakie alternacje występują w rodzaju męskoosobowym?

rodzaj męskoosobowy	rodzaj niemęskoosobowy
profesor –	teatr –
student –	kot –
Polak –	podręcznik –
Ukrainiec –	owoc –
mężczyzna –	ojczyzna –
artysta –	lista –
kolega –	droga –
nauczyciel –	sala –
sąsiad –	rondo –
pan –	okno –
zięć –	zdjęcie –

3c Proszę pracować z kolegą / koleżanką. W języku polskim istnieją także nieregularne formy liczby mnogiej i *pluralia tantum* (rzeczowniki tylko w liczbie mnogiej). Proszę zdecydować, które z podanych rzeczowników to *pluralia tantum*, a od których można utworzyć liczbę pojedynczą.

uszy ✓ *drzwi* ✓ *ręce*
skrzypce *dzieci* *spodnie*
lata *dżinsy* *okulary*
usta *tygodnie* *bracia*
księża *zwierzęta*
imiona *Tatry*
Bieszczady *Karkonosze*
nożyczki *ludzie* *oczy*

formy nieregularne
uszy – ucho,

pluralia tantum
drzwi,

3d Które z podanych zdań sformułowano w czasie przeszłym, które w teraźniejszym, a które w przyszłym?

- Uczyła się polskiego w domu.
- Nauczyła się polskiego w domu.
- Uczę się polskiego w domu.
- Będę uczyć się polskiego po południu.
- Nauczę się jutro kilku nowych słów po polsku.

3e **W ćw. 3d podano zdania z parą aspektową *uczyć się – nauczyć się*. Jakie są formy dokonane podanych poniżej czasowników niedokonanych?**

robić pisać pytać czytać
słuchać powtarzać dawać kupować
mówić brać widzieć otwierać

3f **Proszę wybrać dwie pary aspektowe z ćw. 3e i napisać z nimi zdania w czasie przeszłym, teraźniejszym i przyszłym.**

4a **Proszę dopasować termin gramatyczny do podanej części mowy:**

0. rzeczownik	☐ a) właściwy
1. czasownik	☐ b) ciebie
2. przymiotnik	☐ c) podany
3. przysłówek	☐ d) zrobiony
4. przyimek	0 e) element
5. zaimek	☐ f) dla
6. imiesłów	☐ g) ja
	☐ h) dopasować
	☐ i) dobrze
	☐ j) dobry
	☐ k) przed
	☐ l) źle
	☐ ł) zły
	☐ m) przeczytać
	☐ n) zdawać

Dla których części mowy ważna jest kategoria rodzaju i liczby?

Rzeczownik odmienia się przez przypadki i liczby. Występuje w trzech rodzajach. Przysłówek jest nieodmienny.

4b **Proszę powiedzieć, jaka to część mowy i w jakiej występuje liczbie i rodzaju.**

drzwi ludzie czas źli mieli grupa
pisałyśmy im mi podane płakało
uzupełniliśmy brakowało studenci studentki
przygotowani wspaniałych ogłoszenie

drzwi – rzeczownik, liczba mnoga, rodzaj niemęskoosobowy

4c **Na jakie pytania odpowiadają przypadki w języku polskim? Proszę podać przykłady zdań z tymi pytaniami.**

Biernik odpowiada na pytania „Kogo? Co?".
Kogo dobrze znasz? Co piszesz?

4d **Proszę odmienić rzeczownik *czas* przez przypadki i ułożyć z nim zdania.**

mianownik	*czas*	*Czas to pieniądz.*
dopełniacz	*czasu*	*Nie mam czasu.*
celownik		
biernik		
narzędnik		
miejscownik		

A jak nazywa się ostatni przypadek w języku polskim?

4e **Proszę pracować z kolegą / koleżanką i korzystać z internetu. Proszę podać własne przykłady par wyrazów z alternacjami samogłoskowymi i / lub spółgłoskowymi.**

alternacje samogłoskowe:
ó : o – stół : stoły
o : e – biorę : bierzesz
a : e – las : w lesie
ą : ę – mąż : męża

alternacje spółgłoskowe:
k : c – książka : w książce
r : rz – bar : w barze
t : ci – lato : w lecie
st : ści – miasto : w mieście
d : dzi – Magda : o Magdzie
zd : ździ – jazda : o jeździe
ł : l – stół : na stole
g : ż – mogę : możesz
g : dz – droga : na drodze

Nasze przykłady:
.... : ....
.... : ....
.... : ....
.... : ....
.... : ....

lekcja 0

CZY WIE PAN / PANI, CO TRZEBA ZROBIĆ?

5a Dostaje Pan / Pani formularz egzaminacyjny. Musi Pan / Pani przeczytać uważnie POLECENIA do ćwiczeń, żeby wiedzieć, co trzeba zrobić. Oto niektóre często pojawiające się polecenia. Proszę wyjaśnić je grupie.

A. Proszę opisać osobę przedstawioną na ilustracji.
B. Proszę napisać krótki tekst argumentacyjny na temat...
C. Proszę zaznaczyć poprawną odpowiedź.
D. Proszę dopasować fragment tekstu do odpowiedniego tytułu.
E. Proszę wybrać właściwy przymiotnik.
F. Proszę podkreślić właściwe formy.

5b A teraz proszę dopasować polecenia z ćwiczenia 5a do fragmentów ćwiczeń.

1. ....
....

na *do* *w*✓ *za* *przy*

Mieszkam ...w... Krakowie, ... ulicy Karmelickiej. Często jeżdżę .... mojej dziewczyny .... Słowację. .... dwa lata przeprowadzam się.

2. ....
....

3. ....
....

RTV
Ten napis oznacza, że
a) tu można kupić telewizor.
b) tu można kupić chleb.
c) tu można kupić ubranie.

Palenie zabronione
Ten napis oznacza, że
a) tu trzeba palić.
b) tu można palić.
c) tu nie wolno palić.

4. ....
....

Pracuję nad nowym (projekcie, projektem, projektu), który jest (kontynuacja, kontynuacji, kontynuacją) innej znanej już (inicjatyw, inicjatywie, inicjatywy). Miała ona początek w 2003 (rokiem, roku, rok).

5. ....
....

Plusy i minusy internetu
Internet jest jednym z najważniejszych wynalazków ubiegłego wieku. Jego rola we współczesnym świecie jest z dnia na dzień coraz większa. Spróbujmy zastanowić się, jaki wpływ ma internet na nasze życie. Z jednej strony...

6. ....
....

☐ 1. **Język obcy w szkole**
[a] 2. **Turystyka krajowa**
☐ 3. **Jem, więc jestem**

a) Coraz więcej turystów spędza wakacje w kraju. Głównym powodem decyzji o pozostaniu w kraju jest brak funduszy.
b) Polacy bardzo cenią rodzimą kuchnię. Ale coraz częściej na naszych stołach pojawiają się potrawy z innych krajów.
c) Minister edukacji podjęła decyzję o likwidacji dodatkowych zajęć z języków obcych. Ta decyzja spotkała się z protestem rodziców.

Rozumienie tekstów pisanych

I **Po przeczytaniu fragmentów artykułu *Ćwicz głowę* zamieszczonych poniżej proszę zaznaczyć poprawną odpowiedź.**

0. Badania nad ludzką pamięcią prowadzi się już od ponad stu lat, a ostatnio są intensywniejsze. Coraz lepiej potrafimy mierzyć inteligencję, coraz więcej wiemy na temat pojemności i budowy pamięci. Tę wiedzę da się przełożyć na różne techniki uczenia się i zapamiętywania. Początek września to dobry moment do rozpoczęcia treningu pamięci, również dla tych, którzy szkołę skończyli już dawno.

1. Już nawet niektóre prywatne przedszkola oferują treningi pamięci. Rodzicom sugeruje się, że poprzez ćwiczenia uda się rozciągnąć pamięć ich dzieci jak gumę albo, jak w komputerze, dołożyć kolejne moduły i megabajty.

2. Panuje przekonanie, że człowiek wykorzystuje tylko kilka procent możliwości swojego mózgu. Czy miliony lat ewolucji dałyby taki niepełny produkt: mózg z tak dużą liczbą pustych półek? Można jednak spotkać ludzi z niezwykłą, niemal fotograficzną pamięcią. Bardzo często płacą oni wysoką cenę za swoje fenomenalne zdolności. Ich pamięć jest jak śmietnik, w którym są też informacje niepotrzebne.

3. Zdaniem Alana Baddeleya, profesora psychologii eksperymentalnej z *University of Bristol*, pamięć to nie mięśnie, które można powiększać i utrzymywać w formie, chodząc na siłownię. Naukowcy porównali umiejętności dzieci z pewnej wyznaniowej wiejskiej szkoły w Maroku, w której głównie uczono na pamięć wersetów Koranu, z młodymi Marokańczykami i Amerykanami uczęszczającymi do normalnych szkół. Okazało się, że pojemność ich pamięci niczym się nie różni. Te pierwsze wypadały w testach nawet trochę gorzej.

4. Wnioski z tego badania potwierdza również inny eksperyment: 84 dwunastoletnie uczennice podzielono na cztery grupy – trzy przez sześć tygodni ćwiczyły pamięć po pół godziny dziennie (jedna zapamiętywała fragmenty poezji, druga rozmaite liczby, trzecia wzory chemiczne, matematyczne oraz odległości geograficzne), a czwarta w ogóle nie ćwiczyła. Po zakończeniu eksperymentu okazało się, że dziewczęta z czwartej grupy w niczym nie ustępowały pozostałym pod względem sprawności pamięciowej.

5. Myśląc o pamięci, zazwyczaj wyobrażamy ją sobie jako stopniowo zapełniany magazyn, który znajduje się gdzieś w określonym miejscu mózgu. Tymczasem naukowcy są coraz bardziej przekonani, że nie istnieje jeden „ośrodek pamięci". W latach pięćdziesiątych próbowano nawet zlokalizować go u szczurów, które uczono odnajdywania drogi w labiryncie. Próby te jednak zakończyły się całkowitym fiaskiem. Dzisiaj wiemy już, że w tworzeniu śladów pamięciowych zaangażowanych jest wiele różnych ośrodków znajdujących się zarówno w „starych", jak i „nowszych" ewolucyjnie częściach mózgu.

0. Ten tekst informuje, że:
a) coraz częściej mierzymy inteligencję,
b) mamy coraz więcej informacji na temat pamięci,
c) początek września to dobry termin na mierzenie inteligencji.

1. Ten tekst informuje, że:
a) w niektórych przedszkolach dzieci regularnie ćwiczą pamięć,
b) rodzice cieszą się, że dzieci chodzą do przedszkola,
c) w niektórych przedszkolach dzieci grają na komputerze i w gumę.

2. Ten tekst mówi, że:
a) kurs ćwiczenia pamięci jest drogi,
b) niektórzy ludzie mają pamięć prawie absolutną,
c) ewolucja spowodowała, że ludzie wykorzystują kilka procent swojej inteligencji.

3. Z tego tekstu wynika, że:
a) pamięć można powiększać podobnie jak mięśnie, chodząc do fitness klubu,
b) naukowcy badali umiejętności dzieci,
c) pamięć dzieci z Ameryki różniła się od pamięci dzieci z Maroko.

4. Ten tekst informuje, że:
a) w eksperymencie brały udział cztery uczennice,
b) cztery uczennice ćwiczyły pamięć po pół godziny dziennie,
c) jedna z grup nie ćwiczyła pamięci.

5. Zgodnie z tym tekstem:
a) naukowcy sądzą, że nie ma jednego centrum pamięci,
b) naukowcy sądzą, że jest jedno centrum pamięci,
c) naukowcy zlokalizowali centrum pamięci u szczurów.

LEKCJA 1

SYTUACJE KOMUNIKACYJNE wyrażanie sposobu • udzielanie rady • przebieg rozmowy

SŁOWNICTWO nauka języków, sposoby uczenia się i zapamiętywania informacji • **IDIOMY:** *mieć w głowie groch z kapustą, łamać sobie język, siedzieć jak na szpilkach, mieć nerwy ze stali*

LITERATURA Olga Tokarczuk, *Bieguni* (fragment)

GRAMATYKA I SKŁADNIA okoliczniki sposobu • zaimki pytajne: *jak?* w opozycji do *jaki? jaka? jakie?* **POWTÓRZENIE:** tryb rozkazujący i przypuszczający, czasowniki modalne, nieosobowe formy czasownika • przyimki *na, w, po, za* z biernikiem

CZĘŚĆ EGZAMINACYJNA rozumienie tekstów pisanych

Mam to na końcu języka

mp3 1

1a Proszę przeczytać poniższy tekst. Czy potrafi go Pan / Pani zrozumieć mimo błędów? Proszę porozmawiać z kolegą / koleżanką i porównać, co Państwo zrozumieli. Proszę posłuchać nagrania i sprawdzić swoje odpowiedzi.

Zdognie z nanjwoyszmi baniadami bytyrijskch uweniretsytów nie jset wżana kojnoleść ltier przy cztynaiu sółw. Nwajżaniejsze jest, aby prieszwa i otatsnia lteria była na dborym mijsecu. Rszeta mżoe być nie po kloei i nie pwinono być polbemórw ze zozumierniem tksetu. Dzijee się tak datgelo, że nie czatymy wyszistkch lteir w sołwie, ale cłae sołwa.

1b Proszę zapytać kolegę / koleżankę.

1. Jakie znasz języki obce?
2. Czy znajomość jednego języka obcego pomaga w nauce następnego? Czy porównujesz języki do siebie? Jakie widzisz podobieństwa między językiem polskim a innymi językami?
3. Która ze sprawności jest dla ciebie najtrudniejsza? Słuchanie, czytanie, mówienie czy pisanie? Dlaczego?
4. W jaki sposób najlepiej zapamiętujesz słowa i zwroty? Czy musisz je widzieć, słyszeć, a może czuć? Czy masz swoje metody nauki słownictwa?
5. Jak uczysz się gramatyki?
6. Jakie ćwiczenia są dla ciebie szczególnie trudne lub nudne?
7. Czy zdawałeś / zdawałaś jakiś egzamin z języka obcego? Z jakiego języka? Jak wyglądał ten egzamin? Czy wolisz egzamin ustny, czy pisemny?
8. Czy wiesz co to jest *nowomowa, lingua franca* i *fałszywy przyjaciel (tłumacza)*? A kto to jest *poliglota*? Czy znasz jakiegoś poliglotę?
9. Czy w twoim kraju matura z języka ojczystego jest obowiązkowa?
10. Jak długo i dlaczego uczysz się polskiego? Jakie masz plany związane z językiem polskim?

WYRAŻANIE SPOSOBU

- Jak to się pisze / wymawia?
- Jak się mówi po polsku ...... ?
- Czy można tak powiedzieć?
- W jaki sposób się uczysz?
- Jak on mówi po polsku?
- Jakie metody stosujesz?

- To się pisze / wymawia tak:...
- Uczę się w ten sposób:...
- Uczę się, czytając / pisząc / słuchając.
- Uczę się najlepiej / najszybciej, kiedy...
- Uczę się przez bezpośredni kontakt / poprzez gry i zabawy / poprzez uczestnictwo w kursie językowym.
- On mówi po polsku dobrze / bez akcentu / fantastycznie / biegle / świetnie / dobrze / słabo...
- Lubię pracować w parach / w grupie / z partnerem / indywidualnie.
- Trudno powiedzieć.

mp3 2-6

2a **Proszę wysłuchać wypowiedzi pięciu osób, które opowiadają o swoich ulubionych metodach nauki języka obcego, a następnie uzupełnić tabelę.**

Która z tych osób...

	Rolland	Marina	Joasia	Igor	Marcus
0. lubi chodzić na kursy językowe?	☐	☐	☒	☐	☐
1. nie lubi pracy w grupie?	☐	☐	☐	☐	☐
2. lubi pracować z partnerem?	☐	☐	☐	☐	☐
3. lubi pracować indywidualnie?	☐	☐	☐	☐	☐
4. lubi nietypowe metody nauki języka?	☐	☐	☐	☐	☐
5. ma swoją metodę nauki języka?	☐	☐	☐	☐	☐
6. jest wzrokowcem?	☐	☐	☐	☐	☐
7. jest słuchowcem?	☐	☐	☐	☐	☐
8. jest kinestetykiem?	☐	☐	☐	☐	☐

2b **Proszę przeczytać tekst nagrania z końca podręcznika i sprawdzić swoje odpowiedzi.**

2c **Proszę odpowiedzieć na pytania.**

1. Jakie metody nauki języka lubią wypowiadające się osoby? Jak się uczą?
2. Co decyduje o sposobie, w jaki lubią uczyć się ankietowane osoby? Wiek, charakter lub temperament, a może motywacja?
3. Która wypowiedź najbardziej pasuje do Pana / Pani ulubionego sposobu uczenia się języków?

• **GRAMATYKA**

3a **Proszę uporządkować podane słowa i wyrażenia, w zależności od tego, czy odpowiadają one na pytanie *jak?* czy *jaki? jaka? jakie?***

indywidualnie *w grupie* *poprzez bezpośredni kontakt* *skuteczna* *różne* *szybki* *intensywna* *tak* *śmieszne* *z partnerem* *nietypowe* *biegle* *słabo* *dobre*

Jak? W jaki sposób?	Jaki? Jaka? Jakie?

3b **Proszę ułożyć pytania do podkreślonych w zdaniach elementów. Proszę użyć zaimków pytajnych *jak?*, *jaki?*, *jaka?*, *jakie?***

0. Mówię <u>dość dobrze</u> po polsku. *Jak mówisz po polsku?*
1. Uczę się <u>w taki</u> sposób, aby było to najbardziej efektywne. ....
2. Młode osoby uczą się <u>szybciej</u>. ....
3. Pracujemy <u>w parach albo w małych grupach</u>. ....
4. Lubię <u>nietypowe</u> metody nauki. ....
5. Zrobiłbym to <u>tak</u>. ....
6. Znam chiński tylko <u>trochę</u>. ....

3c **Proszę napisać tekst „Jak lubię uczyć się języka polskiego?". W tekście proszę wykorzystać słowa i zwroty z wypowiedzi osób z ćw. 2a i z ćw. 3a i 3b.**

4a **Proszę przeczytać tekst *Jak radzić sobie przed egzaminem?* i zdecydować z kolegą / koleżanką, które z rad są Państwa zdaniem ważne. Proszę uzasadnić swój wybór.**

Naszym zdaniem bardzo ważne są ćwiczenia relaksacyjne, ponieważ...
Po drugie...

JAK RADZIĆ SOBIE PRZED EGZAMINEM?

Jak radzić sobie ze stresem i jak uczyć się w ostatnich dniach przed egzaminem? – radzi pedagog z liceum ogólnokształcącego w Olsztynie.

Jak radzić sobie ze stresem?

1. Po pierwsze, ruszaj się! Ruch redukuje stres. Można pójść na krótki spacer. Pomoże również jazda na rowerze, pływanie czy sporty walki.
2. Spróbuj ćwiczeń relaksacyjnych, np. głębokiego oddychania. Warto także zrobić sobie aromatyczną kąpiel.
3. Pij dużo wody, a jeśli jesteś zdenerwowany napary z ziół uspakajających, np. melisy. Naturalne metody są lepsze niż środki chemiczne.
4. Poproś kogoś o masaż karku i ramion, które najszybciej się męczą w czasie siedzenia nad książkami. Zrób sobie też masaż stóp.
5. Myśl pozytywnie! Bądź optymistą! To pomoże wygrać walkę ze stresem.

Jak uczyć się w ostatniej chwili?

1. Warto podkreślać w książkach ważne fragmenty. Można używać też kolorowych markerów. To efektywna metoda dla wzrokowców. Słuchowcy natomiast mogą uczyć się, powtarzając na głos materiał.
2. Trzeba robić przerwy, bowiem po trzech godzinach nauki nie przyswaja się już informacji. Warto na chwilę nie myśleć zupełnie o nauce. Najlepiej chodźcie co godzinę na spacer.
3. Warto słuchać muzyki, bo pomaga ona w koncentracji. Ale nie każda. Najlepsza jest muzyka klasyczna, np. Bach i Mozart.
4. Nie porównujcie się z innymi! Nie zastanawiajcie się, czy wasz wynik będzie lepszy, czy gorszy niż wynik kolegi. Skoncentrujcie się na tym, co umiecie.
5. Uczcie się na świeżym powietrzu! Ma to pozytywny wpływ na naukę. W zamkniętym pomieszczeniu szybciej się męczymy.

na podstawie: „Gazeta Wyborcza Olsztyn" 2002, nr 103

4b **Proszę napisać do artykułu kilka pytań zamkniętych (odpowiedzią jest *tak* lub *nie*) i kilka otwartych (odpowiedzią jest całe zdanie). Proszę zadać te pytania koledze / koleżance.**

4c **Proszę uzupełnić poniższe listy wyrażeniami z artykułu *Jak radzić sobie przed egzaminem?* Proszę dopisać jeszcze kilka innych (swoich) przykładów do tych list.**

DAWANIE RADY

tryb rozkazujący	tryb przypuszczający	nieosobowe formy czasowników (*można, trzeba, warto*)
– Pij dużo wody! – Nie porównujcie się z innymi!	– Na twoim miejscu, zrobiłbym małą przerwę! – Na twoim miejscu, nie porównywałabym się z innymi!	– Można pójść na krótki spacer! – Trzeba często robić przerwy!

• GRAMATYKA

4d **Proszę przeformułować zdania zgodnie z podanym przykładem (tryb rozkazujący i tryb przypuszczający).**

0. Trzeba często robić przerwy! .... *Rób często przerwy! Na twoim miejscu często robiłbym / robiłabym przerwy!*
1. Warto pić dużo wody.

   ....
2. Nie powinieneś porównywać się z innymi!

   ....
3. Powinna pani zrobić sobie przerwę!

   ....
4. Powinnaś już pójść spać!

   ....
5. Powinniście spróbować nauczyć się i zdać ten egzamin!

   ....

4e **Proszę pracować z kolegą / koleżanką. Proszę wybrać kilka z podanych sytuacji i udzielić rady.**

0. Koleżanka ma jutro egzamin, którego się boi. *– Nie martw się, na pewno dobrze ci pójdzie!*
1. Kolega ma za godzinę egzamin. Bardzo boli go głowa.
2. Koleżanka ma jutro egzamin, ale uważa, że nie jest dobrze przygotowana.
3. Kolega mieszka w akademiku. Nie może się uczyć, bo sąsiedzi zza ściany bardzo hałasują.
4. Koleżanka przygotowuje się do egzaminu z języka obcego. Chce zapamiętać jak najwięcej słów.
5. Kolega uczy się polskiego i chciałby mieć konwersacje w tym języku. Nie ma jednak pieniędzy na dodatkowe lekcje.
6. Koleżanka boi się, że na egzaminie z języka obcego popełni błąd, bo nie zrozumie polecenia.
7. Jest godzina 4.00 rano. Asia i Karolina uczą się. Mają egzamin następnego dnia o godzinie 12.00.
8. Roman i Marcelina mają za tydzień egzamin z języka włoskiego. Poszli do włoskiej restauracji.
9. Grzegorz zdaje maturę za kilka dni, jest zestresowany.
10. Kolega z kursu uczy się języka polskiego już dwa lata. Chciałby zdać egzamin państwowy, ale nie wie, gdzie szukać informacji na ten temat.

• SŁOWNICTWO

5a **Jak Pan / Pani zareaguje, kiedy:**

1. Chce Pan / Pani komuś przerwać i coś powiedzieć.
2. Nie może Pan / Pani uwierzyć, że ktoś mówi prawdę.
3. Czytał Pan / Pani coś ciekawego i mówi Pan / Pani o tym.
4. Chce Pan / Pani skończyć rozmowę.
5. Chce Pan / Pani nawiązać do tematu, na który ktoś mówił.

5b **Proszę połączyć początek zdania z właściwym zakończeniem.**

1. Słyszałem / słyszałam, że
2. Wyobraź
3. Poważnie,
4. Problem polega na
5. Chodzi o
6. Przepraszam, ale
7. Przepraszam, że
8. Niestety musimy
9. No i co
10. Czytałem / czytałam

a) przerywam.
b) już iść.
c) tym, że nie mamy za dużo czasu.
d) sobie, że możemy dostać punkty kredytowe za ten projekt.
e) to, żeby promować języki.
f) trochę się spieszę.
g) można dostać za darmo koszulki.
h) jak to?
i) gdzieś, że jest komiks na ten temat.
j) dalej?

lekcja 1

mp3 7 **5c** **Studenci, Petro z Ukrainy, Belen z Hiszpanii, Johannes z Niemiec i Darija z Bułgarii chodzą razem na intensywny kurs polskiego na polskim uniwersytecie. Rozmawiają na temat projektu, który muszą zrealizować. Proszę posłuchać nagrania i uzupełnić dialog.**

Johannes: Cześć, ...co u was słychać........[0]? Byliście wczoraj na kursie? Co robiliście?

Darija: Czytaliśmy tekst o Europejskim Dniu Języków.

Johannes: A co to jest? Nigdy o takim dniu nie słyszałem.

Petro: Tu masz kopię, przeczytaj sobie!

Darija: Nasi lektorzy chcą, abyśmy coś zorganizowali. ....[1] można dostać za darmo fajne koszulki, plakaty i książki z ćwiczeniami.

Johannes: ....[2]?

Belen: Problem ....[3] na tym, że nie mamy za dużo czasu. Lektorzy chcą, abyśmy do końca tygodnia mieli gotowy projekt.

Johannes: Żartujesz! ....[4]? To chyba niemożliwe.

Petro: ....[5] sobie, że chcą nam wystawić ocenę za ten projekt! Możemy też dostać dodatkowe punkty kredytowe. Słyszałem, że w zeszłym roku wszystkie wyższe grupy razem coś zorganizowały. Mam propozycję: zróbmy wieczór o Ludwiku Zamenhofie albo Onufrym Kopczyńskim.

Belen: Nie znam ich. Nigdy o nich nie słyszałam.

Petro: Zamenhof wymyślił esperanto, a Kopczyński wprowadził polską terminologię gramatyczną. ....[6] gdzieś ostatnio, że jest nawet komiks o Zamenhofie.

Johannes: No dobrze, ale w tym Europejskim Dniu Języków chyba ....[7], żeby promować języki. Może by zrobić coś na temat dialektów polskich? My na przykład w Niemczech mamy dużo różnych dialektów.

Darija: ....[8], mam inny pomysł! Zróbmy warsztaty czytania i pisania cyrylicą!

Belen: Co?

Johannes: Pisania czym? Nie mam ....[9], co to jest.

Darija: Cyrylica to rodzaj alfabetu, którym pisze się w wielu językach słowiańskich.

Petro: A polski na przykład to też język słowiański, w którym pisze się alfabetem łacińskim. Tak samo, jak w wielu innych językach w Europie…

Belen: Przepraszam, że ....[10], ale to wszystko za ambitne dla mnie. Nie możemy zrobić czegoś przyjemnego? ....[11] o polskim jedzeniu? Proponuję projekt „Gotowanie po polsku".

Petro: ....[12] jedzenia, nie jesteście głodni? Może pójdziemy coś zjeść? I wtedy porozmawiamy o naszym projekcie?

Belen: My ....[13] musimy już iść. Zaraz mamy wykład.

Johannes: Hm, przepraszam cię, ale ja też trochę ....[14].

Darija: No w sumie ja też ....[15].

5d **Poniższe wyrażenia pomagają w prowadzeniu rozmowy. Proszę dopisać do tabel swoje przykłady.**

PRZEBIEG ROZMOWY

początek rozmowy

Cześć, co słychać?
Czytałem / Czytałam ostatnio, że...
Słyszałem / Słyszałam, że...
Wyobraź sobie...

podtrzymywanie kontaktu i włączanie się następnej osoby do rozmowy

Poważnie?
Żartujesz? Jak to?
I co dalej?
Mów szybciej!
Tak myślisz?
Tak mi się wydaje.
Chodzi o to, żeby / że...
Nie mam pojęcia
Na przykład...
À propos...
Przepraszam, że przerywam, ale...
Słyszałem / Słyszałam, że...
Problem polega na tym, że...
Słuchajcie, ...

kończenie rozmowy

To wszystko!
Przepraszam, ale trochę się spieszę.
Niestety muszę już iść.

6a **Proszę przeczytać informacje o Europejskim Dniu Języków i z kolegą / koleżanką wybrać z tekstu trzy najważniejsze informacje.**

Europejski Dzień Języków – świętuj razem z nami!

26 września obchodzimy Europejski Dzień Języków (EDJ) – święto ustanowione w 2001 roku przez **Radę Europy**, której siedzibą jest Strasburg. Do Europejczyków kierowany jest apel o uczenie się języków, niezależnie od wieku. Języki umożliwiają większe porozumienie między kulturami. Promujmy wielojęzyczność – dziedzictwo kulturowe naszego kontynentu!

W Europejskim Dniu Języków udział może wziąć KAŻDY! Niezależnie od wieku, indywidualnie, grupowo, w ramach instytucji albo organizacji (na przykład szkoły czy stowarzyszenia) albo w gronie przyjaciół. Oto kilka sugestii:

- **UCZNIOWIE/STUDENCI** mogą promować różne języki europejskie w internecie, tworzyć np. gry i quizy. Jeśli interesujecie się muzyką, może warto zorganizować wieczór muzyczno-językowy albo koncert?
- **NAUCZYCIELE** języków obcych oraz innych przedmiotów mogą rozwijać kreatywność swoich uczniów, tworzyć z nimi komiksy, organizować kafejki językowe, inspirować ich do poznawania różnych kultur, tradycji i języków
- **SZKOŁY/UNIWERSYTETY** to miejsca, w których spotykają się ludzie o różnych korzeniach. Warto organizować grupy dyskusyjne z udziałem osób wychowanych w różnych tradycjach językowych, spotkania tandemowe i kursy językowe.

W obchody EDJ może zaangażować się KAŻDY, nawet jeśli miałby tylko zaprosić na herbatę sąsiadów obcokrajowców lub też udekorować dom plakatami czy naklejkami EDJ.

Jak wziąć udział?

Niezależnie od tego, czy będą to wydarzenia duże, czy małe, zasada jest prosta:

1. dobry pomysł (wydarzenie takie, jak wieczór filmowy, impreza, turniej czy kolacja)
2. organizacja i promocja
3. wpisanie wydarzenia do naszej bazy danych i wreszcie
4. realizacja!

6b **Decydują się Państwo na zorganizowanie EDJ. Proszę przygotować z kolegami / koleżankami dialog, w którym wykorzystają Państwo informacje z tekstu oraz słowa i zwroty z ćwiczeń 5a – 5d. Sytuacje do wyboru:**

- Uczniowie lub studenci organizują EDJ w szkole lub na uniwersytecie.
- Nauczyciele języków obcych wspólnie organizują EDJ w jakimś mieście w Polsce.
- Dziadkowie lub rodzice przedszkolaków chcą zorganizować EDJ dla dzieci.

• SŁOWNICTWO

7a **Paula studiuje w Moguncji polonistykę. Teraz jest w Polsce na kursie językowym. Ma pytanie do swojej lektorki w Niemczech i pisze do niej. Proszę uzupełnić e-mail Pauli wyrażeniami z ramki.**

z niecierpliwością | *prośba* ✓ | *Z góry dziękuję za* | *Czy mogłaby Pani* | *Pani* | *Pozdrawiam* | *Droga Pani*

Od: paula.schlaga@mainzer-polonicum.de
Do: mpolkowska@mainzer-polonicum.de
Data: 3.09, 12:30
Temat: ...Prośba... o pomoc

.... Marto!

Jestem już w Toruniu. Jakie to piękne miasto! Zajęcia rozpoczynają się dopiero w październiku, ale przed rozpoczęciem roku akademickiego studenci Erasmusa mogą chodzić na intensywny kurs polskiego. Jestem w grupie na poziomie B1, tak jak .... mówiła mi przed wyjazdem! W mojej grupie są studenci z Ukrainy, Białorusi, Litwy, Francji, Hiszpanii, no i ja z Niemiec. Atmosfera jest fantastyczna. Rozmawiamy ze sobą po polsku!

Lektorzy są bardzo mili, ale też wymagający. Teraz na przykład nasza lektorka chce, abyśmy zorganizowali coś z okazji Europejskiego Dnia Języków. Prosiła nas o pomysły, ale mnie nic nie przychodzi do głowy. Może jakiś quiz? Ale nie wiem, na jaki temat. .... mi pomóc?

.... wszystkie pomysły i .... czekam na Pani odpowiedź.

.... serdecznie

Paula Schlaga

7b **Proszę przeczytać jeszcze raz e-mail Pauli. Które słowa i zwroty są uniwersalne, a które pasują tylko do e-maila prywatnego formalnego? Czy zna Pan / Pani słowa i zwroty, które nie powinny znaleźć się w mailu formalnym, bo pasują tylko do stylu nieformalnego. Proszę porównać swoje odpowiedzi z odpowiedziami kolegi / koleżanki.**

uniwersalne	e-mail prywatny formalny	e-mail prywatny nieformalny
Prośba o pomoc	*Droga Pani Marto!*	*Cześć!* *Dzięki!*

• GRAMATYKA

8a **Proszę przeczytać e-mail od lektorki i uzupełnić go czasownikami z ramki.**

jechać na *być ubranym w* *marzyć o* *pić* *grać w* *wierzyć w* *chodzić o* *iść na* *jeść* *czytać* ✓

Od: mpolkowska@mainzer-polonicum.de
Do: paula.schlaga@mainzer-polonicum.de
Data: 4.09, 14:00
Temat: Re: Prośba o pomoc

Droga Pani Paulo!

Cieszę się bardzo, że jest Pani zadowolona z pobytu w Toruniu i że trafiła Pani do dobrej grupy.
Jeśli chodzi o Pani prośbę, mam propozycję gramatyczną. Może warto powtórzyć biernik? To niby prosty przypadek, ale czasem uczący się zapominają, że biernik występuje nie tylko po popularnych czasownikach jak np. pisać, ...*czytać*...., ... czy ...., ale też po przyimkach.
Na przykład przyimek „o" najczęściej łączy się z miejscownikiem: myśleć o / mówić o / ...., ale występuje też w połączeniu z biernikiem: pytać o / prosić o / .... (np. O co ci chodzi? W tym artykule chodzi o nowe technologie.) Podobnie jest z przyimkami „na" i „w". Być na wakacjach, ale .... wakacje albo być na filmie / .... film. Przyimek „w" najczęściej kojarzony jest z miejscownikiem, a tymczasem łączy się też z biernikiem: .... piłkę, ... elegancki garnitur, ... Boga.
Mam quiz gramatyczny na ten temat, przesyłam go w załączniku.

Pozdrawiam serdecznie z Moguncji.

Marta Polkowska

PS Ciekawa jestem, co w końcu Państwo zrobią. Z niecierpliwością czekam na Pani kolejny e-mail.

8b **Podane pary zdań mają różne znaczenie. Proszę je wyrazić inaczej, uzupełnić lub podać kontekst, w którym można je powiedzieć.**

Przykład:
Wyjdziesz po mnie? / Wyjdziesz za mnie?

Wyjdziesz po mnie? – Wyjdziesz po mnie (np. na dworzec / na lotnisko)?
Inaczej: Odbierzesz mnie (np. z dworca?)
Ktoś zadaje to pytanie, jeśli chce, aby ktoś inny odebrał go z dworca / lotniska.

Wyjdziesz za mnie? – Wyjdziesz za mnie za mąż?
Inaczej: Zostaniesz moją żoną?
Ktoś zadaje to pytanie, jeśli chce, aby jakaś kobieta wzięła z nim ślub.

QUIZ TO NIE TO SAMO!

1. Idę po kawę. / Idę na kawę.
2. Za co kupiłeś ten samochód? / Po co kupiłeś ten samochód?
3. Proszę o uwagę. / Dziękuję za uwagę.
4. Pytam o cenę. / Proszę o ocenę.
5. Gram w różnych państwach i miastach. / Gram w „Państwa, miasta".

8c **Proszę uzupełnić zdania odpowiednimi przyimkami.**

Przykład: Masz ochotę ...na... kawę?

1. .... co masz ochotę?
2. Rozumiesz, ... co mi chodzi?
3. Proszę poczekaj .... mnie!
4. Wierzysz .... Boga?
5. .... kogo czekasz?
6. Proszę .... spokój!
7. Dziękuję .... twoją pomoc!
8. .... co lubisz grać?
9. Pójdziesz .... chleb?
10. Pójdziesz ze mną .... spacer?
11. Zapraszam cię .... kawę!
12. .... który kurs się zapisałaś?
13. Kiedy jedziecie .... urlop?
14. Wyjdziesz .... nas na dworzec?
15. Nie pytaj mnie .... to!

PRZYIMKI + BIERNIK

mieć ochotę iść / jechać czekać zapisać się zaprosić	na
grać wierzyć być ubranym	w
pytać prosić chodzić	o
przepraszać dziękować	za
iść / jechać	po

8d **Proszę wybrać kilka zdań z ćw. 8c i dopisać do nich reakcję rozmówcy, tak aby powstały minidialogi.**

Przykład: Masz ochotę na kawę?
Nie, wolę herbatę. / Tak, mam.

....
....
....
....
....
....
....
....
....
....
....
....

lekcja 1

8e **Proszę przygotować dialog z kolegą / koleżanką. Paula nie napisała e-maila do swojej lektorki, ale dzwoni do niej w trakcie jej dyżuru i prosi o pomoc w przygotowaniu EDJ.**

9a DVD 1 **Proszę obejrzeć fragment wiadomości z telewizji Kraków i zrobić sobie notatki. Proszę wymienić się informacjami z kolegą / koleżanką.**

Matura, Natalia Dziedzic, TVP Kraków

9b DVD 1 **Proszę obejrzeć nagranie jeszcze raz i zdecydować, których pisarzy / utworów do analizy spodziewali się maturzyści w części pisemnej egzaminu, a czego rzeczywiście dotyczyła tematyka matury.**

Autor / tytuł	Typ maturzystów	Było na maturze
Szczepan Twardoch „Król”		nie
Stanisław Lem „Solaris”	nie	
Bolesław Prus „Lalka”		tak
Adam Mickiewicz „Dziady”		
Władysław Reymont „Chłopi”		nie
Henryk Sienkiewicz „Quo Vadis”	tak (tylko autor)	
Wisława Szymborska „Nic dwa razy”		
Zbigniew Herbert „Dałem słowo”	nie	

9c DVD 1 **Proszę obejrzeć nagranie po raz ostatni i uzupełnić zdania.**

Przykład: Dowód osobisty i komplet kilku czarnych długopisów, w razie gdyby któryś z nich nagle przestał pisać . O tym nie mógł dziś zapomnieć żaden maturzysta.

1. Ale najważniejsze, czyli wiedzę, niektórzy .... jeszcze wspólnie tuż przed .... egzaminu.
2. Powtarzamy jakieś wątki z ....
3. Ja się cieszę, że wreszcie ...., bo cały rok na nią czekałam.
4. Będzie dobrze. Na pewno ....!
5. Chciałabym „Lalkę”, ale była w tamtym roku. Więc ...., ... w tym roku ....
6. Ja mam takie ...., że coś będzie z „Dziadami”.
7. Temat wypracowania to *Czy warto kochać, mimo że miłość* ....
8. Część zadań dotyczyła także .... w internecie.
9. Pierwsza część była bardzo trudna – .... ze ....
10. Myślę, że temat .... się bardzo udał, no bo jednak miłość i cierpienie to można w wielu lekturach znaleźć.

9d Proszę porozmawiać z koleżanką / kolegą na temat matury z języka ojczystego.

- Czy zdawałeś / zdawałaś maturę z języka ojczystego?
- Jeśli tak, jak wyglądała? Czy to był egzamin pisemny, czy ustny? Czy musiałeś / musiałaś napisać wypracowanie?
- Jeśli nie, przedstaw swój pomysł na to, jak mogłaby wyglądać. Jakie części powinny być obowiązkowe? Myślisz, że powinna zawierać interpretację utworu literackiego lub jego fragmentu? Dlaczego?

Idiomy

10a Mama Kasi przygotowuje się do egzaminu z angielskiego i prosi córkę o pomoc. Proszę przeczytać dialogi, wybrać właściwą definicję idiomów i podpisać ilustrujące je rysunki.

– Cześć, mamo! Co słychać?

– Cześć, córeczko! Dobrze, że dzwonisz. Za tydzień mam egzamin z angielskiego. Właśnie miałam napisać do ciebie, żebyś przyjechała mi pomóc. Mam problemy z gramatyką. Wszystko mi się miesza. Mam w głowie groch z kapustą.

– Nie martw się, przywiozę ci dobrą książkę. To wszystko?

– Nie, mam też problemy z wymową. Dosłownie łamię sobie język, kiedy próbuję przeczytać niektóre słowa po angielsku. To dla mnie za trudne. Chyba się nigdy tego nie nauczę.

– Mamo, pomogę ci. W internecie jest dużo stron z ćwiczeniami wymowy. Znajdę ci kilka.

(po egzaminie)

– Cześć, córeczko! Już jestem po egzaminie.

– I co?

– Zdałam!

– Ale się cieszę, mamo! Całe przedpołudnie siedziałam jak na szpilkach.

– Ja też byłam strasznie zdenerwowana. A wyobraź sobie, że mój kolega z kursu w ogóle się nie denerwował. Poważnie! Powiedział, że robił jakieś ćwiczenia relaksacyjne przed egzaminem. Ale ja myślę, że on po prostu ma nerwy ze stali.

1. ....
2. ....
3. ....
4. ....

mieć w głowie groch z kapustą
a) myśleć o gramatyce
b) mieć w głowie chaos
c) zapomnieć wszystko

łamać sobie język
a) mieć problemy z wymową
b) mieć chore gardło
c) czytać tekst w języku obcym

siedzieć jak na szpilkach
a) siedzieć na niewygodnym krześle
b) denerwować się
c) być zmęczonym

mieć nerwy ze stali
a) być pesymistą
b) umieć zachować spokój w stresującej sytuacji
c) być dobrze przygotowanym do egzaminu

10b Proszę porozmawiać z koleżanką / kolegą. Czy w Pana / Pani języku istnieją idiomy o znaczeniu podobnym do polskich idiomów z ćw. 10a? Jak brzmią one w Pana / Pani języku i jak można przetłumaczyć je dosłownie na język polski?

10c Proszę pracować z koleżanką / kolegą. Proszę korzystać ze słownika. Proszę poszukać polskich idiomów z wyrazami: „język" i „słowo". Uwaga! Dwa przykłady znajdą Państwo w tej lekcji.

10d Proszę napisać dialog podobny do dialogu z ćw. 10a, w którym użyje Pan / Pani kilku idiomów.

Literatura

11a Proszę porozmawiać z kolegą / koleżanką.

1. Czy lubisz czytać? Dlaczego tak / nie? Czy masz na to czas? Jaką książkę teraz czytasz?
2. Co lubisz czytać? Artykuły prasowe, literaturę? A może wolisz audiobooki?
3. Czy lubisz poezję? A może wolisz prozę?
4. Czy znasz jakiegoś polskiego pisarza albo pisarkę? Kogo?
5. Czy czytałeś / czytałaś już jakąś książkę polskiego autora po polsku lub w swoim języku? Jaką?

11b Olga Tokarczuk jest jedną z najbardziej znanych współczesnych pisarek polskich. W 2018 roku jej książka pt. *Bieguni* otrzymała nagrodę Bookera. Korzystając ze słownika, proszę przeczytać fragment z tej książki. Jak Pan / Pani myśli, jak można uzupełnić i dokończyć ostatnie zdanie?

Olga Tokarczuk, *Bieguni*

Istnieją kraje, w których ludzie mówią po angielsku. Ale nie mówią tak jak my, którzy mamy własny język ukryty w bagażach podręcznych, w kosmetyczkach, angielskiego zaś używamy tylko w podróży, w obcych krajach i do obcych ludzi. Trudno to sobie wyobrazić, ale angielski jest ich językiem prawdziwym. Często jedynym. Nie mają do czego wracać ani zwrócić się w chwilach zwątpienia.

Jakże się muszą czuć .... w świecie, gdzie ....

....

....

11c Jaki tytuł można by dać temu tekstowi? Jak Pan / Pani rozumie frazy „własny język ukryty w bagażach podręcznych" i „język prawdziwy"?

11d Proszę przeczytać drugą część tekstu i odpowiedzieć na pytania.

Olga Tokarczuk, *Bieguni*

Jakże się muszą czuć zagubieni w świecie, gdzie każda instrukcja, każde słowo najgłupszej piosenki, menu w restauracjach, najbłahsza korespondencja handlowa, przyciski w windzie są w ich prywatnym języku. Mówiąc, mogą być w każdej chwili zrozumiani przez każdego, a ich zapiski trzeba chyba specjalnie szyfrować. Gdziekolwiek się znajdą, wszyscy mają do nich nieograniczony dostęp, wszyscy i wszystko.

Są już projekty, słyszałam, żeby wziąć ich pod ochronę, a może nawet przyznać im jakiś mały język, z tych wymarłych, których nikt już nie potrzebuje, żeby mogli mieć coś dla siebie, własnego.

1. Tytuł całego tekstu to „Najsilniejszym mięśniem człowieka jest język". Jak go Pan / Pani rozumie?
2. O co chodzi w zdaniu: „Gdziekolwiek się znajdą, wszyscy mają do nich nieograniczony dostęp." Czy może Pan / Pani sformułować to zdanie inaczej?
3. Jaki język jest Pana / Pani językiem ojczystym?
4. Czy zna Pan / Pani jakiś dialekt? Jaki?
5. Czy zna Pan / Pani kogoś dwujęzycznego?
6. Dlaczego języki wymierają?
7. Czy słyszał Pan / słyszała Pani coś o projektach, o których pisze autorka? Albo o innych związanych z uczeniem rzadkich lub wymarłych języków?
8. Czy myśli Pan / Pani, że takie projekty miałyby szansę odnieść sukces? Dlaczego tak / nie?
9. Jak Pan / Pani rozumie frazę o uczeniu się języka, żeby „mieć coś dla siebie, własnego"?
10. Język angielski jest dziś bardzo popularny. Czy myśli Pan / Pani, że zdominuje inne języki na świecie? Dlaczego tak / nie?

11e Kolega, który krócej niż Pan / Pani uczy się polskiego, nie rozumie, o co chodzi w tym fragmencie prozy i prosi Pana / Panią o pomoc. Proszę swoimi słowami krótko i jak najprościej, streścić przeczytane teksty.

• GRAMATYKA

11f Proszę poszukać w tekstach z ćw. 11b i 11d rzeczowników i przymiotników w dopełniaczu, bierniku i miejscowniku oraz podać ich mianownik w liczbie pojedynczej.

Rozumienie tekstów pisanych

I **Proszę przeczytać akapity i zaznaczyć właściwe odpowiedzi zgodnie z podanym przykładem.**

Wojciech Łowicki, Daniel Baum, „Doktor Esperanto"

0. Komiks o Ludwiku Zamenhofie przybliża postać polsko-żydowskiego okulisty z Białegostoku, który wymyślił międzynarodowy język – esperanto. Jego scenariusz napisał Wojciech Łowicki, a autorem rysunków jest Daniel Baum.

1. Pseudonim „Doktor Esperanto" oznacza „tego, który ma nadzieję" i został przybrany przez Ludwika Zamenhofa w czasie pierwszej prezentacji stworzonego przez siebie podręcznika. Było to w 1887 roku, a esperanto do dziś jest najbardziej popularnym językiem pomocniczym. Naturalny, łatwy do nauki i przydatny do międzynarodowej komunikacji, z założenia nie zastępujący języków narodowych, stosowany jest dziś przez miliony użytkowników.

2. Do opowieści o życiu i dokonaniach Ludwika Zamenhofa wydawcy wybrali atrakcyjną dla młodych odbiorców formę komiksu. Jednocześnie ważne było, by książka zawierała jak najwięcej faktów z życia Zamenhofa, oraz choćby minimum informacji o okresie historycznym, w którym powstało i rozwijało się esperanto.

3. Jak pisze Martyna Sypniewska na portalu *sztetl.org.pl*, idea uniwersalnego języka zrodziła się, gdy młody Zamenhof mieszkał z rodzicami w Białymstoku. Od najmłodszych lat obserwował wielokulturowość tego miasta. Mówiono tam w języku polskim, rosyjskim, niemieckim i żydowskim. Białystok nie był jednak wolny od konfliktów na tle kulturowym i etnicznym. Klimat miasta zainspirował Zamenhofa do próby stworzenia uniwersalnego języka, którym bez problemów i barier mogliby porozumiewać się ludzie z całego świata. Zainteresowanie językami odziedziczył zapewne po ojcu oraz po dziadku – obaj byli nauczycielami języków obcych.

4. Po przeprowadzce do Warszawy Ludwik Zamenhof zajął się pracą nad międzynarodowym językiem, której pierwszym owocem był rękopis o *linqua internacia* z 1878 roku. Został on jednak zniszczony przez ojca Zamenhofa, który uważał, że odwracało to uwagę syna od studiów. Nie zniechęciło to jednak Ludwika, który po latach pracy, w 1887 roku, wydał podręcznik z gramatyką i słownikiem – „Język międzynarodowy. Przedmowa i podręcznik kompletny".

5. „Miejmy świadomość całej wagi dzisiejszego dnia, bo dzisiaj w gościnnych murach Bulonii nad Morzem spotkali się nie Francuzi z Anglikami, nie Rosjanie z Polakami, lecz ludzie z ludźmi" – powiedział Zamenhof w czasie pierwszego Światowego Kongresu Esperanto w 1905 roku.

na podstawie: Agnieszka Sural, Wojciech Łowicki, Daniel Baum, *„Doktor Esperanto"*, www.culture.pl

0. Ten tekst informuje, że:
a) Drugie nazwisko Ludwika Zamenhofa to Esperanto,
b) Ludwik Zamenhof wymyślił międzynarodowy język,
c) Ludwik Zamenhof napisał komiks.

1. Ten tekst informuje, że:
a) esperanto stosowany jest dziś przez 1887 użytkowników,
b) Ludwik Zamenhof zaprezentował podręcznik do nauki esperanto w XIX wieku,
c) język esperanto jest bardzo skomplikowany.

2. Z tego tekstu wynika, że:
a) wydawcy chcieli, by komiks był interesujący dla młodzieży,
b) wydawcy chcieli, by książka zawierała wiele informacji historycznych,
c) wydawcy chcieli przekazać minimum informacji o życiu Zamenhofa.

3. Z tego tekstu wynika, że:
a) Białystok był wielokulturowym miastem,
b) w Białymstoku były problemy z klimatem,
c) w Białymstoku nie było konfliktów kulturowych i etnicznych.

4. Z tego tekstu wynika, że:
a) ojciec Ludwika Zamenhofa przeczytał podręcznik do nauki esperanto,
b) ojciec Ludwika Zamenhofa chciał, by jego syn skoncentrował się na swoich studiach,
c) Ludwik pracował w czasie studiów.

5. Ten tekst informuje, że:
a) pierwszy Światowy Kongres Esperanto odbył się na początku XXI wieku,
b) pierwszy Światowy Kongres Esperanto trwał jeden dzień,
c) Ludwik Zamenhof powiedział na pierwszym Światowym Kongresie Esperanto, że w kontaktach między ludźmi narodowość nie musi mieć znaczenia.

Dziękujemy Białostockiemu Ośrodkowi Kultury, scenarzyście Wojciechowi Łowickiemu oraz rysownikowi Danielowi Baumowi za zgodę na publikację strony z komiksu „Doktor Esperanto" (wyd. Centrum im. Ludwika Zamenhofa, 2014).

LEKCJA **2**

SYTUACJE KOMUNIKACYJNE opisywanie wyglądu osób, wyrażanie uznania i komplementu
SŁOWNICTWO opis wyglądu osoby (powtórzenie części ciała i ubioru)
• IDIOMY: *wyglądać jak milion dolarów, wyglądać kwitnąco, tryskać zdrowiem, wyglądać jak siedem nieszczęść, jak cię widzą, tak cię piszą*
LITERATURA Jan Brzechwa, *Samochwała*
GRAMATYKA I SKŁADNIA POWTÓRZENIE: stopniowanie przymiotników i przysłówków
CZĘŚĆ EGZAMINACYJNA rozumienie ze słuchu

Wyglądać jak milion dolarów

1a Proszę zapytać kolegę / koleżankę:

- W co jest dziś ubrany? Czy jest to jego ulubione ubranie, preferowany styl?
- Gdzie i jak często kupuje odzież?
- Kiedy decyduje się kupić ubranie: jeśli jest w promocji / jest tanie / modne / wygodne / w ulubionym kolorze lub stylu / potrzebne / inny powód?
- Czy kupuje ubrania używane? Czy oddaje odzież organizacjom charytatywnym?

1b Zasada popularnego na całym świecie programu o sprzątaniu „Perfekcyjna Pani Domu" to 3xP: w mieszkaniu powinniśmy mieć tylko rzeczy, które są piękne, praktyczne lub pamiątkowe. Proszę zdecydować, co Pan / Pani zrobi z poniższymi rzeczami. Proszę uzasadnić swoje decyzje.

	zostawię, zgodnie z zasadą 3xP	wyrzucę do śmieci	oddam komuś lub do organizacji charytatywnej	mam inny pomysł
0. Przykład: wełniany szalik, zrobiony przez babcię	*Jest bardzo ciepły i to pamiątka po babci.*			
1. ciemne dżinsy, kupione 5 lat temu				
2. za krótki podkoszulek z koncertu Rolling Stonesów w Chorzowie w 1998 roku				
3. stare czasopisma (komplet roczników 2005–2010)				
4. za duże dresy kupione na wyprzedaży				
5. micro wieża z radiem, CD, ale nie ma bluetooth i działa tylko radio				
6. garnitur ślubny				
7. części rowerowe. Rower ukradli mi rok temu				
8. różne skarpetki bez pary				
9. letnia sukienka w rozmiarze M, a teraz mam rozmiar XL				
10. 3 pary okularów przeciwsłonecznych				

2a Czy korzystają Państwo z haseł w Wikipedii? Jak Państwo myślą, jakie informacje będą pod hasłem „Wzór męskiej i kobiecej urody"? Następnie proszę przeczytać tekst i zaznaczyć zdania prawdziwe (P) i nieprawdziwe (N).

Atrakcyjność fizyczna

Okazuje się, że w większości ludzie prawidłowo oceniają to, czy dana osoba (np. na fotografii) będzie się innym podobać. Oznacza to, że ludzie znają „wzorzec urody" w danej kulturze w danym czasie.

WZÓR MĘSKIEJ URODY

Wzór męskiej atrakcyjności zmienia się wolniej w porównaniu ze wzorcem urody kobiecej. Tak 80 lat temu, jak i dzisiaj, bardzo podobny typ męskiej urody jest atrakcyjny. Mężczyzna przystojny w jednej kulturze będzie prawdopodobnie też atrakcyjny w innej.

Symetryczna twarz i symetryczne ciało – asymetria ciała i twarzy może być informacją o chorobach. Wiadomo także, że wraz z wiekiem rośnie asymetria budowy ciała – twarze i ciała ludzi starych są znacznie bardziej asymetryczne niż młodych.

Czysta, zdrowa skóra – symbol zdrowia.

Wzrost – jest związany z autorytetem; na przykład mężczyzna przedstawiony jako „profesor Kowalski" wydaje się wyższy (średnio o 6 cm) niż „pan Kowalski". Niedawne badania wykazały, że kobietom bardziej podobają się mężczyźni średniego wzrostu, gdy biorą pod uwagę długoterminowe relacje, a dla krótkoterminowych relacji preferowani są mężczyźni wyżsi.

Zdrowe zęby – sugerują zdrowie i dominację.

Duży podbródek.

Płaski brzuch.

Jędrne pośladki.

Wyraziste oczy.

Dla atrakcyjności fizycznej mężczyzny nie są ważne: włosy (kolor, gęstość ani długość), usta, zarost, wielkość mięśni. Czasem spotyka się opinię, że dłonie mężczyzny są ważnym atrybutem atrakcyjności, brak jednak systematycznych badań na ten temat.

WZÓR KOBIECEJ URODY. KULTURA ZACHODNIA

Wzór żeńskiej urody jest silnie zmienny kulturowo. Zmienia się także wraz z modą i czasem.

Zgrabne pośladki – tę część kobiecego ciała większość mężczyzn uważa za najatrakcyjniejszą.

Symetryczna twarz i symetryczne ciało.

Czysta, zdrowa skóra – gładka, bez zmarszczek. Mężczyźni we wszystkich (lub prawie wszystkich) kulturach preferują kobiety o jaśniejszej skórze.

Długie nogi – u dzieci nogi są nieproporcjonalnie krótsze niż u ludzi dorosłych; długie nogi są objawem dorosłości, co jest uznawane za atrakcyjne.

Zaokrąglone biodra – mimo że Miss Ameryki jest z roku na rok coraz szczuplejsza, to proporcje talii do bioder pozostają takie same od kilkudziesięciu lat.

Młodość – atrakcyjna kobieta to młoda kobieta. Wszystkie cechy wyglądu i zachowania, które związane są z młodością: dynamiczny chód, różowa skóra bez zmarszczek, błyszczące oczy, lśniące włosy, energia – podnoszą atrakcyjność.

Przeciętna twarz – najbardziej atrakcyjne są twarze typowe, bliskie średnim wymiarom. Brzydkim można być na wiele sposobów, ale ładne twarze są do siebie bardzo podobne. Jeśli twarz kobiety wygląda na młodszą niż jest naprawdę, jest też atrakcyjniejsza. Najbardziej atrakcyjne kobiety posiadają również mniejsze nosy.

Gęste włosy – mogą być oznaką „pełnej kobiecości", podobnie jak mężczyźni łysi lub bardzo owłosieni są „bardziej męscy".

Pełne usta – istnieje mit, że kobiety o pełnych ustach są „gorące", te o wąskich ustach „zimne".

Mały nos i duże oczy – dziecięcy wyraz twarzy (pełne usta, duże oczy, mały nosek) jest kojarzony z pasywnością, niesamodzielnością i brakiem dominacji.

Duże piersi – jest kilka hipotez psychologicznych, biologicznych i ewolucyjnych (raczej o charakterze spekulacyjnym), dlaczego piersi są atrakcyjne.

Wzrost – ma znaczenie u kobiet, ale mniejsze niż u mężczyzn. Mężczyźni wolą kobiety niższe od siebie.

Nie ma związku między atrakcyjnością fizyczną kobiety a kolorem czy długością włosów. Opinia o tym, że blondynki są bardziej atrakcyjne niż np. brunetki lub szatynki jest mitem.

na podstawie: *atrakcyjność fizyczna*, www.wikipedia.org

0. Wzór męskiej urody zmienia się tak samo szybko, jak kobiecej. P / N
1. Symetryczna twarz i symetryczne ciało są oznaką zdrowia i młodości. P / N
2. Tytuł naukowy mężczyzny może „dodać" mu kilka centymetrów wzrostu. P / N
3. Mężczyźni bardzo muskularni są bardziej atrakcyjni niż niespecjalnie umięśnieni. P / N
4. Jest tyle samo ważnych elementów wyglądu kobiet, jak i mężczyzn. P / N
5. Najatrakcyjniejszą cechą wyglądu kobiet jest symetryczne ciało. P / N
6. Ładna twarz kobiet to twarz niezwykle piękna, wyjątkowa. P / N
7. Kobieta, która jest uważana za kobiecą, ma gęste włosy. P / N
8. Rozmiar piersi kobiet nie jest na pierwszym miejscu listy. P / N
9. Lepiej, jeśli kobieta jest niższa od mężczyzny lub tego samego wzrostu. P / N
10. Mężczyźni wolą blondynki. P / N

2b **Po przeczytaniu tekstu z ćw. 2a, proszę wyrazić swoją opinię na temat hasła „Atrakcyjność fizyczna". Czy znają Państwo powiedzenie *Jak cię widzą, tak cię piszą*? Zgadzają się Państwo z tymi słowami?**

Proszę pamiętać o użyciu fraz: *według mnie ... / moim zdaniem ... / uważam, że ... / (nie) zgadzam się, ponieważ ...*

DVD 2

2c **Proszę obejrzeć film Karoliny Anny na temat operacji nosa, a następnie odpowiedzieć na pytania:**

a) Czy zdecydowała się na korektę nosa przez negatywne komentarze pod jej filmami?
b) Kiedy pomyślała o operacji?
c) Dlaczego zdecydowała się na operację?
d) Jak na kanale YouTube pokazywała swoją twarz przed operacją?

Karolina Anna, *Operacja plastyczna nosa*, https://www.youtube.com/watch?v=vEez2WGaO_w

Literatura

mp3 8

2d **Słuchając wiersza Jana Brzechwy „Samochwała", proszę uzupełnić brakujące słowa.**

Jan Brzechwa

Samochwała

Samochwała w kącie stała
I wciąż tak opowiadała:
„Zdolna jestem niesłychanie,
................................[1] mam ubranie,
Moja buzia tryska zdrowiem,
Jak coś powiem, to już powiem,
Jak odpowiem, to roztropnie,
W szkole mam ....[2] stopnie,
Śpiewam ....[3] niż w operze,
Świetnie jeżdżę na rowerze,
Znakomicie muchy łapię,
Wiem, gdzie Wisła jest na mapie,
Jestem ....[4], jestem zgrabna,
Wiotka, ...[5] i powabna,
A w dodatku, daję słowo,
Mam rodzinę wyjątkową:
Tato mój do pieca sięga,
Moja mama – taka ....[6],
Moja siostra – taka mała,
A ja jestem – ....[7]!"

2e **Na podstawie wiersza z ćwiczenia 2b, proszę opisać wygląd osoby, którą możemy nazwać samochwałą.**

2f **Czy celebrytę / celebrytkę można nazwać też samochwałą? Proszę porozmawiać w grupie.**

GRAMATYKA

3a **Proszę podkreślić właściwą formę zgodnie z podanym przykładem (przymiotniki i przysłówki).**

Benka i Pinia bardzo (częsty / często)[0] chodzą do fryzjera. Gdyby mogły, chodziłyby (codzienny / codziennie)[1]. Obie mają (długie / długo)[2] włosy: Benka (proste / prosto)[3], a Pinia (kręcone / kręcenie)[4]. I (oczywisty / oczywiście)[5] Benka lubi kręcić włosy, a Pinia prostować. Obie też ubierają się bardzo (modne / modnie)[6]. Odwiedzają wszystkie (drogie / drogo)[7] sklepy (odzieżowe / odzieżowo)[8]. Po (dużych / dużo)[9] zakupach spacerują po (miejskim / miejsko)[10] parku, aby pokazać (nowe / nowo)[11] ubrania. Tylko gdy jest (gorący / gorąco)[12], ich właściciele pozwalają im chodzić bez ubrań. I tylko wtedy Benka i Pinia w końcu czują się jak zwykłe psy.

3b **Proszę podkreślić właściwą formę zgodnie z podanym przykładem (przymiotniki i przysłówki).**

(Luksusowo / Luksusowe)[0] samochody – Ferrari, Porsche, Bentley, mimo że (samo / same)[1] są produktem techniki, próbują dawać iluzję naturalności. (Najdrożej / Najdroższe)[2] samochody mają elementy drewniane i skórzane. Karoseria robiona jest (ręcznie / ręczna)[3]. Takie samochody nie są produkowane (masowo / masowy)[4]. Samochód często widywany na ulicach nie jest już tak (atrakcyjnie / atrakcyjny)[5]. Elementy takie jak telewizor, komputer czy GPS są (standardowo / standardowe)[6].

na podstawie: „Przekrój" 2003, nr 51–52

3c **Proszę uzupełnić tabelkę zgodnie z podanymi przykładami (stopniowanie przymiotników i przysłówków).**

STOPNIOWANIE PRZYMIOTNIKÓW	STOPNIOWANIE PRZYSŁÓWKÓW
JAKI? -szy / -ejszy	**JAK? -ej**
On jest starszy i mądrzejszy od ciebie / niż ty. On jest najstarszy i najmądrzejszy z nas wszystkich.	On wygląda starzej, ale / i mówi mądrzej od ciebie / niż ty. On wygląda najstarzej, ale / i mówi najmądrzej z nas wszystkich.
Możliwe alternacje g : ż, s : ż, ł : l, o : e, k : c	
stary – starszy, najstarszy	staro – starzej, najstarzej
młody –	....
głupi –	....
drogi –	....
tani –	....
mądry – mądrzejszy, najmądrzejszy	mądrze – mądrzej, najmądrzej
spokojny –	....
pewny –	....
lojalny –	....
wolny –	....
daleki – dalszy, ...	....
niski –	....
wysoki –	....
szybki –	....
krótki –	.... – krócej, ...
elegancki – bardziej elegancki –	....
tradycyjny –	....
skoncentrowany –	....
ekscentryczny –	....
kolorowy –	....
Wyjątki	
dobry –	....
zły –	źle – ....
duży –	....
mały –	....
lekki –	lekko – ....
chory –	....

3d **Proszę – zgodnie z przykładem – podkreślić właściwą formę (stopniowanie przymiotników i przysłówków).**

Cześć Podróżniczki!

Dziękuję za przyjęcie do grupy. W moim pierwszym poście chciałabym opowiedzieć Wam o swojej (najdłużej, najdłuższej, dłuższej)[0] pieszej podróży po Polsce, a konkretnie po (najpiękniejszej, najpiękniej, piękniejszej)[1] części Polski – Tatrach. Trekking zajął nam 2 tygodnie. Weszliśmy na (najwyższy, najwyższą, najwyżej)[2] szczyt Polski – Rysy, nocowaliśmy w (najwyższy, najwyższą, najwyżej)[3] położonym schronisku – w Dolinie Pięciu Stawów Polskich, gdzie zjedliśmy też (najbardziej smaczną, najsmaczniej, najsmaczniejszą)[4] szarlotkę w życiu! Przeszliśmy prawie całą Orlą Perć, która jest (najtrudniejszym, najtrudniej, trudniejszym)[5] szlakiem w polskich Tatrach. I powiem Wam, że nigdy w życiu nie byłam (bardziej, najbardziej, bardzo)[6] zmęczona i (szczęśliwsza, najszczęśliwsza, szczęśliwiej)[7].

3e **Proszę uzupełnić tekst zgodnie z podanym przykładem (stopniowanie przymiotników i przysłówków).**

Wielka Orkiestra Świątecznej Pomocy – ciesząca się *największym* (duży)[0] zaufaniem społecznym organizacja charytatywna w Polsce. .... (bardzo)[1] znaną formą działalności fundacji jest organizowana w styczniu ogólnopolska impreza charytatywna, nazwana Finałem Wielkiej Orkiestry Świątecznej Pomocy, czyli koncerty muzyczne oraz inne wydarzenia, jak np. imprezy kulturalne i sportowe, transmitowane przez .... (popularny)[2] stacje radiowe i telewizyjne. Zebrane pieniądze są przeznaczane na różne cele, ... (częsty)[3] na ochronę zdrowia dzieci.

Coraz .... (dużo)[4] ludzi wpłaca pieniądze przez internet. 27. Finał WOŚP przyniósł rekordowy efekt – kwota ze zbiórek elektronicznych wyniosła ponad 86 milionów zł. Średnia wpłata w kanałach elektronicznych jest .... (wysoki)[5] od wpłat metodą tradycyjną w formie gotówki. Fundacja zorganizowała także zbiórki na Facebooku, które zebrały ponad 18 milionów zł, szczególnie w akcji charytatywnej zorganizowanej przez Patrycję Krzymińską, która okazała się .... (dobry)[6] akcją facebookową w historii, w Europie, na Bliskim Wschodzie i w Afryce (EMEA).

na podstawie: *Wielka Orkiestra Świątecznej Pomocy*, wikipedia.org

3f **Proszę wykonać zadanie zgodnie z podanym przykładem (transformacje zdań).**

Przykład: Beata ma 160 cm wzrostu, a Ela 170 cm.
wyższa
Ela jest wyższa od Beaty / niż Beata.

a) Paweł nie czuje się dobrze.
źle
....

b) Mój brat jest młodszy niż ja.
ode
....

c) Dziś jest 20 stopni, wczoraj było 30 stopni.
aż
....

d) Polacy pracują 40 h, Szwajcarzy 42,5 h.
dłużej
....

e) Jestem blondynką, a ona brunetką.
jaśniejsze
....

• SŁOWNICTWO

OPIS OSOBY – ZASADY PISANIA TEKSTU

Opisujemy wygląd zewnętrzny osoby prawdziwej (ja, kolega, przyjaciółka, członek rodziny) lub fikcyjnej (bohater książki, filmu).

Najważniejsze elementy opisu:

- wzrost, budowa ciała (np. *wysoki, średniej tuszy, zgrabna*),
- kształt twarzy (np. *okrągła, pociągła*), cera (np. *jasna, śniada*),
- kolor włosów (np. *rude, szatyn*), oczu (np. *piwne*), kształt nosa (np. *zadarty, haczykowaty*) i ust (np. *wąskie, pełne*),
- charakterystyczne elementy, np. sposób chodzenia (np. *Jestem energiczny, dlatego szybko chodzę i lubię biegać.*), mimika twarzy (np. *Często się uśmiecham.*).

Uwaga: opis NIE jest charakterystyką osoby, koncentruje się tylko na aspektach zewnętrznych osoby, nie na opisie jej cech charakteru.

4a Znają Państwo tych bohaterów filmów? Proszę przeczytać opisy i dopasować je do bohaterów.

0 *Przykład:* Ta osoba jest bardzo szczupła, właściwie chuda i dość niska. Ma jasną cerę, zadarty nos, piegi oraz duże zęby. Jej włosy są rude, gęste. Ma grzywkę i zwykle nosi śmieszne warkoczyki. Jest bardzo energiczna, wysportowana, ma zawsze milion pomysłów.

1 To mały, bardzo szczupły chłopiec. Ma ciemne, krótkie włosy, a na głowie nosi kapelusik. Jest ubrany w krótkie spodenki i koszulkę. Ma trochę odstające uszy, a przede wszystkim długi nos, który wydłuża się za każdym razem, gdy chłopiec kłamie. Chłopiec nie urodził się, ale został zrobiony z drewna przez Dżepetta.

2 Jest niezwykle niski, trochę tęgi i bardzo stary. Ma zieloną, pomarszczoną skórę, ogromne, elfie uszy i mądre, smutne oczy, mały nos. Jego dłonie mają tylko po 3 palce.

3 To kilkunastoletni, szczupły chłopiec średniego wzrostu. Ma krótkie, ciemne włosy z grzywką oraz jasne oczy. Nosi okulary. Na czole ma charakterystyczną bliznę w kształcie błyskawicy.

4b **Proszę:**
- **z ćwiczenia 4a wybrać frazy przydatne do opisu osoby i wpisać je do poniższych kategorii,**
- **dopisać inne słowa i uzupełnić puste kategorie.**

sylwetka	*wysportowana,*
wzrost i tusza	
włosy	
twarz	
czoło	
oczy	
nos	
usta	
zęby	
nogi	
dłonie	
cechy charakterystyczne	

4c **Czy podobają się Panu / Pani te karykatury? Proszę dopasować nazwiska osób do ich karykatur: Baracka Obamy, Meryl Streep, Rihanny i Alberta Einsteina. Proszę w 2–3 zdaniach opisać osoby z karykatur, zgodnie z podanym przykładem (stopniowanie przymiotników i przysłówków).**

Przykład:
Na tym rysunku Barack Obama ma większe i bardziej odstające uszy niż w rzeczywistości. Ma też szersze usta, większe zęby i ogólnie bardziej pociągłą twarz niż na zdjęciach.

4d mp3 9 **Proszę uważnie słuchać tego nagrania i wykonywać zadanie zgodnie z poleceniem. Uwaga! Nagranie zostanie odtworzone dwa razy.**
Proszę dopasować poszczególne teksty do zdjęć.

Idiomy

4e Proszę przeczytać poniższe scenki, a następnie dopasować znaczenie zaznaczonych fraz.

A.
- Cześć, Kasiu! Wyglądasz kwitnąco!
- Cześć, Paweł! Dziękuję, właśnie wróciłam z urlopu nad morzem. Wiesz, 2 tygodnie bez obowiązków, tylko same przyjemności: plaża, spacery, książki, zwiedzanie, pyszne jedzenie.
- Zazdroszczę!

B.
- Pani Basiu, widziała pani ostatnio pana Nowaka spod siódemki?
- Dzień dobry. Nie, a coś się stało?
- Nie, nic złego! Tryska zdrowiem i energią: do pracy jeździ na rowerze, zrobił remont mieszkania, podobno zaczął chodzić na siłownię. Schudł kilka kilogramów.
- To świetna wiadomość! Po rozwodzie wyglądał jak siedem nieszczęść. Dobrze, że zaczął dbać o siebie.

a) wyglądać kwitnąco

b) tryskać zdrowiem / energią / entuzjazmem

c) wyglądać jak siedem nieszczęść

1. wyglądać bardzo źle, smutno, na nieszczęśliwego
2. być osobą optymistyczną, energiczną, szczęśliwą
3. wyglądać na wypoczętego; wyglądać ładnie

4f Proszę uzupełnić zdania wyrażeniami:

dbać o siebie *wyglądać jak milion dolarów*
tryskać entuzjazmem
wyglądać jak siedem nieszczęść *samochwała* ✓

Przykład: Nie bardzo lubię spotykać się z Beatą, bo zawsze opowiada tylko o sobie, swoich sukcesach i swojej idealnej rodzinie. Ciągle tylko „ja, ja i ja". Taka mała samochwała. W ogóle nie słucha, co do niej mówię.

a) Monica Belluci, Angelina Jolie, Sarah Jessica Parker, czy Rihanna – są ikonami naszych czasów. Każda z nich ma swój styl, interpretuje modę na swój sposób. A czy Ty wiesz, jak ubierać się dobrze, bez wydawania fortuny ....?

b) Jedz zdrowo, ćwicz pamięć, znajdź czas dla siebie – w tym numerze miesięcznika „Zdrowy – zdrowszy – najzdrowszy" radzimy, jak ....

c) Jak to możliwe, że nasze dzieci na lekcjach są smutne, zmęczone, znudzone, a na przerwach zawsze ...., mają milion pomysłów? Może system edukacji jest zły?

d) Kolory naturalne, jak beże, zielenie, brązy nie każdemu pasują, nie każdy wygląda w nich dobrze. Źle dobrany kolor bluzki lub marynarki spowoduje, że będziesz .... Nasza stylistka doradzi ci, jaki kolor będzie dla ciebie najlepszy.

4g Proszę opisać jedną osobę z grupy, zaczynając od najmniej wyróżniających ją cech. Uwaga: proszę nie mówić, kto to jest. Grupa musi odgadnąć, kogo Pan opisał / Pani opisała.

Ta osoba...

4h Poznał Pan / poznała Pani jedną z tych osób na kursie j. polskiego. Proszę ją opisać w mailu do koleżanki (120 słów).

Cześć Zosiu,
co u Ciebie słychać? Jak praca, dzieci, zdrowie rodziców? Wiesz, jestem teraz na kursie polskiego – chcę zdać egzamin certyfikatowy na poziomie B1. I tutaj poznałem...

Rozumienie ze słuchu

mp3 10 **I** **Proszę uważnie słuchać tego nagrania i zaznaczać właściwe odpowiedzi. Uwaga! Nagranie zostanie odtworzone tylko jeden raz.**

0. Ta wypowiedź to:
a) pochwała,
b) krytyka,
c) życzenie.

1. Ta wypowiedź jest typowa:
a) w sklepie spożywczym,
b) w sklepie odzieżowym,
c) w sklepie obuwniczym.

2. Ta wypowiedź wyraża:
a) zmartwienie,
b) zadowolenie,
c) ostrzeżenie.

3. Ta wypowiedź to:
a) opis osoby,
b) opis sytuacji,
c) opis rzeczy.

4. Ta wypowiedź wyraża:
a) radość,
b) smutek,
c) obojętność.

5. Ta wypowiedź oznacza, że ta osoba:
a) wygląda bardzo ładnie,
b) wygląda normalnie,
c) wygląda bardzo źle.

6. Ta wypowiedź to:
a) prognoza pogody na dzisiaj,
b) plan dnia,
c) prognoza pogody na tydzień.

7. Tę wypowiedź można usłyszeć w reklamie:
a) kosmetyku,
b) sklepu,
c) koncertu.

8. Ta wypowiedź oznacza, że tata:
a) jest zdrowy i energiczny,
b) ma problemy ze zdrowiem,
c) jest stary i schorowany.

9. Ta wypowiedź to:
a) komplement,
b) krytyka,
c) protest.

10. Ta wypowiedź oznacza, że:
a) wygląd nie jest ważny,
b) wygląd jest ważny,
c) charakter nie jest ważny.

mp3 11 **II** **Proszę uważnie słuchać tego nagrania i wykonywać zadanie zgodnie z podanym przykładem. Uwaga! Nagranie zostanie odtworzone dwa razy.**
Słuchając informacji, proszę uzupełnić brakujące słowa.

Jeśli nie wiemy, w co się ubrać, nośmy rzeczy, które ...najbardziej.....[0] do siebie... nie pasują. Jest taka planeta, gdzie kobiety mają sto osiemdziesiąt centymetrów ....[1], ważą pięćdziesiąt kilogramów i co pół roku całkowicie zmieniają garderobę, styl, ...[2] i makijaż. Ta planeta nazywa się Moda. Wszyscy na niej są młodzi, piękni, ...[3] i bogaci. Jedynym problemem mieszkańców Mody jest to, w co się ubrać. Francuzi kiedyś byli dumni, że są stolicą mody. Dziś snobują się na Amerykanów, że są ....[4] Amerykanie snobują się na Francuzów i Włochów, że są europejscy. Włosi chcieliby mieć ekscentryczność Anglików oraz pragmatyzm z Nowego Jorku. A jeszcze atakuje Azja: młodzi projektanci z Chin, Korei, Tajwanu jadą od razu do Nowego Jorku, tam mają ....[5] szans.

mp3 12 **III** **Proszę uważnie słuchać tego nagrania i wykonywać zadanie zgodnie z podanym przykładem.**
Uwaga! Nagranie zostanie odtworzone dwa razy.
Proszę wysłuchać nagrania i zaznaczyć, czy podane zdania są prawdziwe (P), czy nieprawdziwe (N).

	P	N
0. Bruno Peterka jest fotografem mody.	x	
1. Bruno Peterka projektuje modę od 20 lat.		
2. Według opinii pana Peterki, te same trendy wracają co sezon.		
3. Pan Peterka mówi o 3 stylach, które się powtarzają w modzie.		
4. Modelki teraz są grubsze niż kiedyś.		
5. Wielka moda powinna inspirować zwykłych ludzi.		

mp3 13 **IV** **Proszę uważnie słuchać tego nagrania i wykonywać zadanie zgodnie z podanym przykładem.**
Uwaga! Nagranie zostanie odtworzone dwa razy.
O której części ciała mówią te osoby?

[a] 0. sylwetka
[ ] 1. włosy
[ ] 2. oczy
[ ] 3. twarz
[ ] 4. nos

LEKCJA 3

SYTUACJE KOMUNIKACYJNE wyrażanie zadowolenia, niezadowolenia i rozczarowania

SŁOWNICTWO warunki pracy, płace i zarobki, warunki życia, urządzenia domowe • **IDIOMY:** *upiec dwie pieczenie na jednym ogniu, być w siódmym niebie, ni w pięć, ni w dziewięć, wtrącić swoje trzy grosze*

LITERATURA Ryszard Kapuściński, *Podróże z Herodotem* (fragment)

GRAMATYKA I SKŁADNIA składnia liczebników

CZĘŚĆ EGZAMINACYJNA mówienie

Jak żyjemy?

1a Proszę zapytać kolegę / koleżankę:

- Jaka jest średnia płaca w twoim kraju / regionie, w którym mieszkasz?
- Ile miesięcznie wydajesz na jedzenie?
- Ile płacisz za mieszkanie?
- Czy jesteś ubezpieczony / ubezpieczona?

SŁOWNICTWO

2a Proszę w małych grupach z pomocą słownika wyjaśnić następujące słowa i zwroty, a następnie ułożyć z nimi zdania:

żądać | plany macierzyńskie | przynależność | związek zawodowy | przekonanie | zatrudnienie | warunki pracy

2b Proszę połączyć w pary poniższe słowa i zwroty. Każda para to dwa antonimy.

wzrastać | gorszy | działać | zatrudnienie | przeciwdziałać | lepszy | zmniejszać się | zwolnienie

2c Proszę wybrać właściwe słowo.

Przykład: Coraz więcej ludzi znajduje zwolnienie / zatrudnienie w branży handlowej.

a) Fabryka redukuje liczbę pracowników, większość może spodziewać się zatrudnienia / zwolnienia.
b) W nowej firmie dostałem wyższą pensję, a więc warunki pracy są na starcie gorsze / lepsze.
c) Zadaniem pracodawcy jest przeciwdziałać / działać mobbingowi.
d) Bezrobocie w tym regionie zmniejsza się / wzrasta, z 8% spadło do 4%.
e) Zatrudnienie w tym instytucie to był błąd. Po kilku miesiącach już wiem, że ta praca jest znacznie lepsza / gorsza niż poprzednia.
f) Warunki zatrudnienia / zwolnienia pracownika w tej firmie zależą od jego kwalifikacji. Im lepsze, tym większa szansa, że dostanie on pracę.

2d Proszę przeczytać fragmenty tekstu *Przewodnik po zmianach w kodeksie pracy* oraz *Nowy Kodeks Pracy* i dopasować odpowiedni tytuł do każdego paragrafu:

- [ ] a) Czas pracy
- [ ] b) Dyskryminacja i mobbing
- [ ] c) Dane osobowe
- [ ] d) Urlopy
- [ ] e) Co się zmieniło po wejściu Polski do Unii Europejskiej?

1. Zmiany w Kodeksie Pracy 2019 przede wszystkim dotyczyć mają urlopów. Każdy pracownik będzie miał do wykorzystania taką samą liczbę dni wolnych, bez względu na staż pracy. Ma to być 26 dni. Zmiana ta jest bardzo korzystna przede wszystkim dla osób, które dopiero co zaczynają swoją ścieżkę kariery. Przypominamy, że obecnie pracownicy z krótszym stażem mogą liczyć na zaledwie 20 dni urlopu. Zmiany w nowym Kodeksie Pracy 2019 dotyczyć mają także niewykorzystanych dni wolnych. Osoby, które nie wykorzystają całego urlopu za dany rok, na nadrobienie zaległości będą miały czas tylko do I kwartału następnego roku. W przeciwnym wypadku niewykorzystany urlop przepadnie.

2e **Czy podane wyrazy to synonimy?**

a) *pracodawca – pracownik*
b) *żądać – pytać*
c) *plany macierzyńskie – plany dotyczące urodzenia dzieci*
d) *zakazywać – pozwalać*

Proszę ułożyć zdania z tymi wyrażeniami.

2f **Proszę opisać osobę niezadowoloną ze zmian zaprezentowanych w ćwiczeniu 2d.**

....

....

....

....

....

....

....

....

2. Dla tych, którzy lubią pracować krótko, ale intensywnie. Pracownik może poprosić pracodawcę (na piśmie) o skrócenie tygodnia pracy – pracuje wtedy mniej niż pięć dni w tygodniu, ale dłużej...

3. Jakich informacji pracodawca może żądać od kandydata do pracy? Są to: imiona, nazwisko, imiona rodziców, data urodzenia, adres zamieszkania, PESEL, wykształcenie... . (...) Pracodawca nie może pytać kobiet o plany macierzyńskie.

4. (...) Do tej pory kodeks zakazywał nierównego traktowania ze względu na płeć, wiek, niepełnosprawność, rasę, narodowość, przekonania („zwłaszcza polityczne lub religijne") oraz przynależność, pochodzenie etniczne, orientacja seksualna oraz rodzaj zatrudnienia (...)

Pracodawca musi też przeciwdziałać mobbingowi.

5. Weszły w życie przepisy o warunkach zatrudnienia pracowników z państw Unii Europejskiej, skierowanych do pracy w Polsce. Muszą one być nie gorsze, niż wynika to z naszego kodeksu pracy.

na podstawie: „Gazeta Wyborcza" 2004, nr 3, „Praca" 2004, nr 1 i *Nowy Kodeks Pracy 2019 – kiedy wchodzi?*, www.radiozet.pl

WYRAŻANIE ZADOWOLENIA I NIEZADOWOLENIA

– Jestem zadowolony / zadowolona z tej decyzji.
– Jestem niezadowolony / niezadowolona ze zmian w kodeksie pracy.
– Cieszę się, że dobrze ci poszło.
– Udało mi się dostać pracę.
– To wspaniała wiadomość!

WYRAŻANIE ROZCZAROWANIA

– Szkoda! / Jaka szkoda!
– O nie!
– Naprawdę? Coś podobnego!
– Ładna historia.
– Jestem rozczarowany tą decyzją.
– To okropne!

3 **Proszę zareagować w następujących sytuacjach:**

a) Pana / Pani sąsiad jest od dwóch lat bezrobotny i nie ma z czego żyć.
b) Pana / Pani szef bardzo często mówi, że kobiety powinny siedzieć w domu i zajmować się dziećmi.
c) Ma Pan / Pani nową pracę. Szef powiedział, że może Pan / Pani pracować, kiedy chce. Praca musi być jednak zrobiona na czas.
d) Szuka Pan / Pani mieszkania. Kolega znalazł jedno, bardzo interesujące, ale on sam nie może pozwolić sobie na taką cenę. Proponuje Panu / Pani wspólne mieszkanie.
e) Dwaj koledzy z pracy prowadzą małą firmę. Modernizują produkcję i potrzebują osób lepiej wykwalifikowanych. Proponują Panu / Pani dobrze płatną pracę.

4a **Proszę przygotować opis pracy nauczyciela w Pana / Pani kraju. Proszę wziąć pod uwagę następujące elementy:**

– przeciętny czas pracy nauczyciela na etacie: lekcje, poprawianie zadań, udział w konferencjach i zajęciach pozalekcyjnych, wyjazdy na wycieczki szkolne itd.,
– płaca, którą otrzymuje / dostaje nauczyciel na etacie,
– zapłata za godziny pozalekcyjne,
– dotacje na podnoszenie kwalifikacji,

I jeszcze:

– Czy czas, który nauczyciel poświęca na pracę w szkole, jest, Pana / Pani zdaniem, adekwatnie opłacany? Innymi słowy: czy nauczyciel w Pana / Pani kraju zarabia dobrze?
– W jakich warunkach pracuje? Czy sale lekcyjne są dostatecznie duże, czy szkoły wymagają rozbudowy?
– Czy nauczyciele w Pana / Pani kraju często strajkują? Jakie mają żądania podczas strajku?

Proszę przedstawić opis warunków pracy nauczyciela w Pana / Pani kraju na forum grupy.

mp3 14 **4b** **Proszę posłuchać wystąpienia szefa związku zawodowego nauczycieli i określić, czy:**

a) prowadzi negocjacje?
b) organizuje strajk?
c) przedstawia żądania pracowników?

mp3 14 **4c** **Proszę wysłuchać tekstu jeszcze raz i uzupełnić tabelę:**

Jaki jest realny czas pracy nauczycieli?	Jakie są ich żądania?
• osiemnaście godzin	• żądają .... i zapłaty za ....
• dwie godziny dziennie	• chcą dotacji na .... i pieniędzy na ....
• jedna sobota w miesiącu	• chcą polepszenia ....
• dwa razy w roku	
• jeden raz w roku	

• GRAMATYKA

SKŁADNIA LICZEBNIKÓW

	rodzaj męski osobowy	rodzaj męski nieosobowy	rodzaj nijaki	rodzaj żeński
liczba pojedyncza	**jeden** student	**jeden** pies **jeden** dzień	**jedno** dziecko **jedno** mieszkanie	**jedna** studentka **jedna** książka
	rodzaj męskoosobowy	rodzaj niemęskoosobowy		
liczba mnoga	**dwaj** studenci **dwóch** studentów	**dwa** psy, dni, mieszkania	**dwoje** dzieci	**dwie** studentki, książki
liczba mnoga	**trzej, czterej** studenci **trzech, czterech** studentów	**trzy, cztery** psy, dni, mieszkania, studentki, książki	**troje, czworo** dzieci	

Liczebniki główne 5≥ występujące przed **rzeczownikami męskoosobowymi** mają formę:
pięci**u**, sześci**u**, siedmi**u**...

Liczebniki główne 5≥ występujące przed rzeczownikami **niemęskoosobowymi** mają niezmienioną formę:
pięć, sześć, siedem...

Po liczebnikach głównych 5≥ wszystkie rzeczowniki występują zawsze w dopełniaczu l. mnogiej:
pięciu, sześciu, siedmiu studentów
pięć, sześć, siedem kobiet / książek / psów

Po liczebnikach zbiorowych rzeczowniki występują zawsze w dopełniaczu l. mnogiej:
dwoje, troje, czworo, pięcioro, sześcioro, siedmioro, ośmioro, dziewięcioro, dziesięcioro dzieci

Liczebniki zbiorowe (*dwoje*, *troje*, *czworo*) używane są w połączeniu z rzeczownikami zbiorowymi, tak zwanymi kolektywami. Rzeczowniki zbiorowe określają:
• dzieci i inne istoty młode, np. *jedno kocię / troje kociąt*,
• co najmniej dwie osoby różnej płci, np. *dwoje rodziców*, *dwoje ludzi*,
• rzeczowniki (rzeczy) występujące w parze, podwójnie, np. *jedno oko / dwoje oczu*, *jedno ucho / dwoje uszu*,
• rzeczowniki posiadające tylko liczbę mnogą, tak zwane *pluralia tantum*, np. *dwoje drzwi*, *dwoje spodni*.

Więcej informacji znajdą Państwo w podręczniku *Odkrywamy język polski* z serii *HURRA!!!*

5a **Proszę przekształcić zdania według wzoru:**

0. Dwaj mężczyźni czekają w kolejce.

Dwóch mężczyzn czeka w kolejce.

1. Dwaj studenci odbierają stypendium.

....

2. Trzej dyrektorzy spotykają się w sprawie strajku.

....

3. Czterej przedstawiciele związków negocjują warunki.

....

4. Dwaj pracownicy przedstawiają żądania reszty.

....

5b **A teraz proszę przekształcić te same zdania, używając czasowników w czasie przeszłym według podanego wzoru.**

0. Dwaj mężczyźni czekają w kolejce.
   Dwóch mężczyzn czeka w kolejce.
   Dwóch mężczyzn czekało w kolejce.

1. ....

2. ....

3. ....

4. ....

5c **Proszę wybrać właściwą formę liczebnika:**

Przykład: Mam dwa / dwie siostry.

a) Przez dwa / dwóch dni będę mieszkać u rodziców. W moim mieszkaniu jest remont.
b) Oni mają jeden / jedno dziecko.
c) Wypożyczyłam dwa / dwie książki o Polsce.
d) Oglądałem już trzy / trzech mieszkania i żadne mi się nie podoba.
e) Dwaj / Dwa koledzy ze szkoły spotkali się na imprezie po latach.
f) Trzy / Trzech studentki nie przyszły na egzamin.
g) Czterej / Cztery egzaminy w sesji zimowej to nie za dużo. Na pewno je zdasz.
h) Czterech / Czterej chłopcy nie oddali jeszcze zadań domowych.

5d **Proszę wybrać właściwą formę liczebnika:**

Przykład: Mam pięć / pięciu córek.

a) Pięciu / Pięć studentów wciąż czeka na wynik egzaminu.
b) Pięć / Pięciu absolwentek szuka pracy w swoim zawodzie.
c) Sześć / Sześciu nauczycieli w tej szkole strajkuje.
d) Sześć / Sześciu godzin pracy w tygodniu to nie jest zbyt dużo.
e) Przed nami jeszcze osiem / ośmiu tygodni pracy, a potem wakacje.
f) W każdej firmie jest co najmniej siedem / siedmiu numerów telefonów.

5e **Proszę wybrać właściwą formę liczebnika:**

Przykład: Mają dwa / dwie / dwoje dzieci.

a) Pracuje na dwa / dwie / dwoje etaty.
b) Ma troje / trzy / trzech godziny pozalekcyjne.
c) Mieszka z nim jego trzy / troje / trzech braci.
d) Pracuję tylko cztery / czworo / czterech dni w tygodniu.
e) Dwie / Dwoje / Dwóch pensje nie wystarczają na życie. Mieszkanie jest bardzo drogie.
f) Mają pięć / pięcioro / pięciu dzieci.
g) On ma sześć / sześciu / sześcioro braci.
h) Na spotkanie ze związkami zawodowymi przyszło siedmioro / siedem / siedmiu pracownic.

6 Proszę użyć właściwej formy liczebnika:

1. Maria, ...czterdzieści...... (40) lat, mąż, ...dwoje....... (2) dzieci:

Moje życie jest bardzo trudne. Dzieci są coraz większe, coraz więcej musimy na nie wydawać. Nie udaje nam się nic zaoszczędzić. .... (2) pensje nie wystarczają na życie. Moja siostra ma .... (3) dzieci i małą rentę. Mąż nie pracuje. Jest im bardzo ciężko.

2. Jan, ... (53) lata, żona, ... (3) dzieci:

Zawsze chciałem mieć dużą rodzinę. Planujemy z żoną jeszcze .... (3) albo .... (4) dzieci. Najlepiej byłoby, gdyby urodziły się jeszcze .... (2) córki i .... (2) synowie. Jestem szczęśliwy, że mamy dużą rodzinę!

3. Ewa, ... (33) lata, rozwiedziona:

Miałam .... (3) mężów. .... (2) byli w moim wieku, a .... (1) był dużo starszy. Teraz jestem sama, ale nie czuję się samotna. Jestem zadowolona! Mam .... (2) psy i .... (1) papugę.

7a Proszę przeanalizować portret statystyczny kobiet i mężczyzn w Europie i na jego podstawie przygotować krótki opis aktualnej sytuacji obu płci.

na podstawie danych Głównego Urzędu Statystycznego, 2019

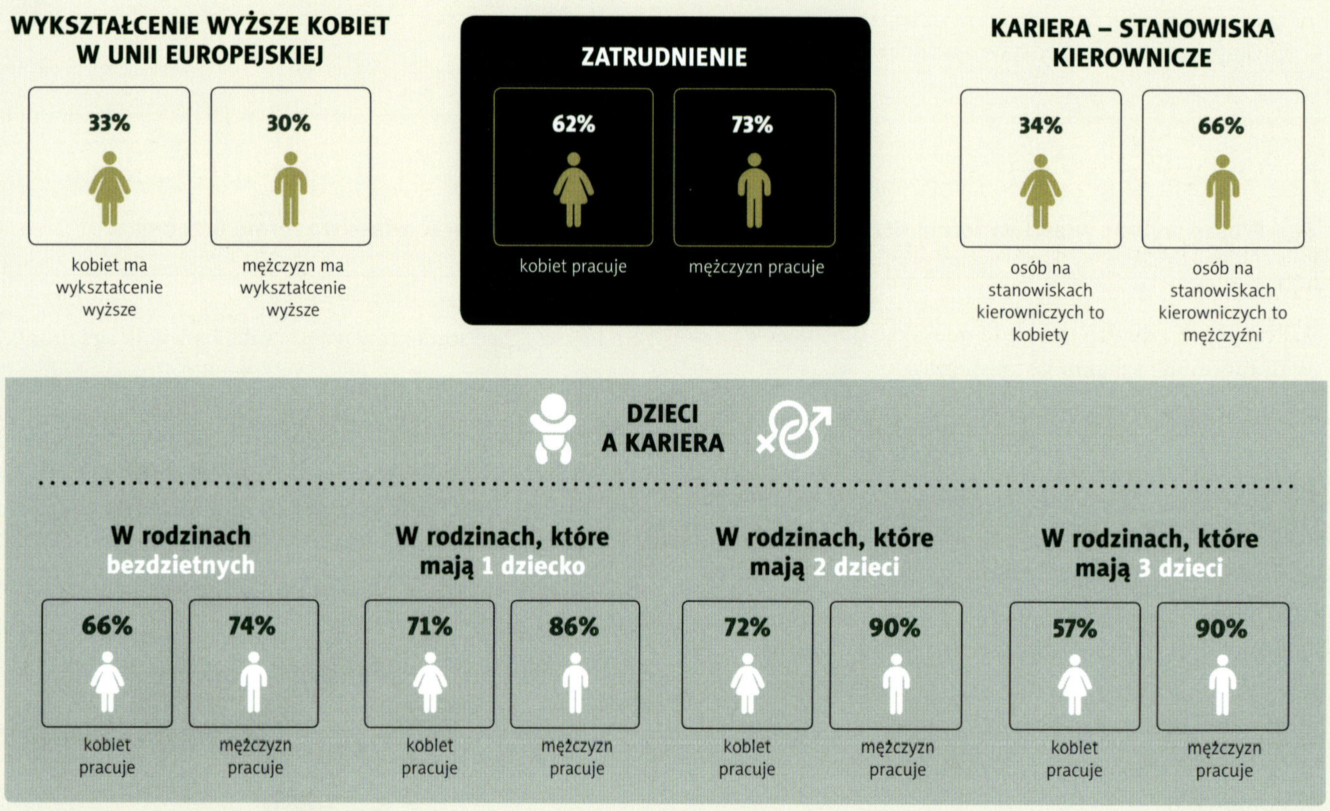

7b Proszę przedyskutować następujące problemy:

1. Jak Pan / Pani myśli, czy istnieją różnice w funkcjonowaniu rodzin bezdzietnych i mających dzieci? Jak wygląda na przykład:
   a) podział obowiązków między partnerami w rodzinach, które mają jedno, dwoje, troje i więcej dzieci?
   b) podział obowiązków między dziećmi z takich rodzin? Czy więcej dzieci oznacza mniej obowiązków dla rodziców i więcej dla dzieci?
2. Czy podział obowiązków wśród dzieci zależy od:
   a) liczby dzieci w domu,
   b) wieku dzieci,
   c) płci,
   d) innych czynników?

mp3 15-16

8 Proszę wysłuchać sondy ulicznej i odpowiedzieć na pytania:

a) Który z respondentów ma własne mieszkanie?
b) Który z respondentów posiada własny dom?
c) Kto z dwojga odpowiadających ma w domu zmywarkę do naczyń?
d) Który z respondentów kupuje książki? Kto ma zbiór książek powyżej 50 sztuk?
e) Czy zaprezentowane osoby są zadowolone ze swojej sytuacji materialnej?

9 Proszę zapoznać się ze statystykami opracowanymi na podstawie danych z portalu www.agdmaniak.pl i odpowiedzieć na pytania:

a) Których produktów, Pana / Pani zdaniem, będziemy w przyszłości kupować coraz więcej?
b) Które produkty będą coraz mniej popularne?
c) Z którego urządzenia można zrezygnować?
d) Osoba, która dba o środowisko, powinna zrezygnować z .... .

Oto dane dotyczące wzrostu zainteresowania artykułami AGD i RTV w drugiej połowie dekady 2010 – 2020 w Polsce.

NAJCHĘTNIEJ KUPOWANE ARTYKUŁY AGD – LISTA RANKINGOWA

RYNEK MAŁEGO AGD
1. bezprzewodowe odkurzacze
2. roboty odkurzające
3. blendery
4. suszarki do włosów
5. oczyszczacze powietrza

na podstawie: agdmaniak.pl

RYNEK DUŻEGO AGD
Kryterium wyboru – energooszczędność!
Produkty, których sprzedaż wzrosła to: energooszczędne lodówki, pralki, piekarniki i zmywarki

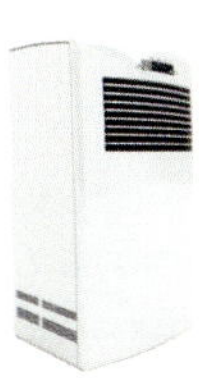

Idiomy

SŁOWNICTWO

10a Proszę dopasować poniższe idiomy do opisanych sytuacji.

☐ a) Upiec dwie pieczenie na jednym ogniu.
☐ b) Wtrącić swoje trzy grosze.
[1] c) Ni w pięć, ni w dziewięć.
☐ d) Być w siódmym niebie.

1. Marek chciał wziąć udział w dyskusji, ale jego opinia kompletnie nie pasowała do sytuacji.
2. Zrobił obiad i tym samym zużył wszystkie warzywa, które leżały w lodówce. Dzięki temu zrobiło się tam więcej miejsca.
3. Dostała pracę, o której marzyła. Kiedy się o tym dowiedziała, była bardzo szczęśliwa.
4. Jego ojciec zawsze musi dodać swoją opinię, nawet kiedy nikt go o to nie pyta.

10b Proszę przedyskutować na forum grupy następujące kwestie:

a) Co najbardziej denerwuje Pana / Panią podczas rozmowy w grupie? To, że ktoś mówi nie na temat, a więc ni w pięć, ni w dziewięć, czy to, że często wtrąca swoje trzy grosze nieproszony?
b) Kiedy ostatnio czuł się Pan / czuła się Pani w siódmym niebie?
c) W jakiej sytuacji zdarza się upiec dwie pieczenie na jednym ogniu?
d) Jak brzmią powyższe idiomy w Pana / Pani języku?

Literatura

10c Proszę przeczytać fragment pochodzący z książki „Podróże z Herodotem" Ryszarda Kapuścińskiego, a następnie odpowiedzieć na pytania poniżej:

Ukończyłem studia i zacząłem pracować w gazecie. Nazywała się „Sztandar Młodych". Byłem początkującym reporterem, jeździłem śladem nadsyłanych do redakcji listów. Ci, którzy pisali, skarżyli się na krzywdę i biedę, na to, że państwo zabrało im ostatnią krowę albo że w ich wiosce nie ma ciągle elektrycznego światła. Cenzura złagodniała, można było pisać, że na przykład w wiosce Chodów jest sklep, ale zawsze pusty, nic nie można w nim kupić. Postęp polegał na tym, że kiedy żył Stalin, nie można było napisać, że jakiś sklep jest pusty – wszystkie miały być świetnie zaopatrzone, pełne towaru. Tłukłem się od wioski do wioski, od miasteczka do miasteczka drabiniastym wozem albo rozklekotanym autobusem, bo prywatne samochody były rzadkością, nawet o rower nie było łatwo.

Trasa prowadziła mnie czasem do nadgranicznych wiosek. (...) Kusiło mnie czasem, żeby zobaczyć, co jest dalej, po drugiej stronie. Zastanawiałem się, co się przeżywa, przechodząc granicę. Co się czuje, co myśli? Musi to być moment wielkiej emocji, poruszenia, napięcia. Po tamtej stronie – jak to jest? Na pewno inaczej. (...).

Z moich kolegów w szkole i na studiach nikt nigdy nie był za granicą. Jeśli ktoś miał kogoś za granicą, wolał się z tym nie afiszować.

Ryszard Kapuściński, *Podróże z Herodotem*

Jaki obraz Polski powojennej przedstawia Kapuściński?

a) Czy ludzie byli zadowoleni z życia?
b) Czego brakowało mieszkańcom?
c) Na czym polegała różnica między czasami stalinowskimi, a tymi, które nastały po śmierci Stalina?
d) Co mówi autor na temat przekraczania granicy?

• SŁOWNICTWO

11a Proszę znaleźć w internecie informację na temat tego, co w historii Polski oznaczała „odwilż".

11b Proszę znaleźć w internecie informację na temat tego, kiedy zostały otwarte granice między Polską a pozostałymi krajami.

11c Proszę powiedzieć, czy lubi Pan / Pani wyjeżdżać za granicę? Dlaczego?

12a Proszę obejrzeć film o zatrudnianiu obcokrajowców i napisać, czy poniższe zdania są prawdziwe (P), czy nieprawdziwe (N).

DVD 3

1. Urzędnik, który dzwoni, najpierw zapyta, skąd pochodzi obcokrajowiec. P / N
2. Ważne dla urzędnika jest to, czy obcokrajowiec jest obecnie w Polsce. P / N
3. Nie jest ważne, jaki dokument daje prawo obcokrajowcowi na pobyt w Polsce, więc urzędnik o to prawdopodobnie nie zapyta. P / N
4. Urzędnik może, ale nie musi zapytać, czy obcokrajowiec pracował już wcześniej w Polsce. P / N

Zielona Linia, *Zatrudnianie cudzoziemców – Co warto wiedzieć dzwoniąc na infolinię?*, https://www.youtube.com/watch?v=qaXh1cOnm9w

12b W filmiku używane jest słowo „cudzoziemiec". Jest to synonim słowa „obcokrajowiec". Które z tych słów słyszy Pan / Pani częściej? Które z nich Pan / Pani woli? Proszę uzasadnić swój wybór.

12c Proszę podać antonim słowa „cudzoziemiec", a następnie opisać znaną osobę, która pochodzi z Pana / Pani kraju, a więc jest Pana / Pani ....

Mówienie

I Proszę opisać dwie fotografie poniżej. Proszę użyć następujących zwrotów:

Pierwsza fotografia przedstawia... / Druga fotografia przedstawia...
Na pierwszym planie... / Na drugim planie...
W głębi...
Po prawej stronie... / Po lewej stronie...
Można przypuszczać, że...
Prawdopodobnie...
Myślę, że...
Pierwsza fotografia przedstawia sytuację bardziej... / mniej...
Różnica między pierwszą i drugą sytuacją na obydwu fotografiach polega na tym, że...

II Proszę się przedstawić. Czy jest Pan żonaty / Pani mężatką, czy ma Pan / Pani dzieci? Pracuje Pan / Pani czy studiuje? Gdzie Pan / Pani mieszka?

III Statystyki mówią, że typowy Polak jest zadowolony ze swojej sytuacji życiowej. Czy przedstawiciel Pana / Pani kraju również należy do osób zadowolonych z życia? Proszę uzasadnić swoją opinię albo przypuszczenie (monolog).

LEKCJA 4

SYTUACJE KOMUNIKACYJNE porównywanie, opowiadanie, opis

SŁOWNICTWO Polacy za granicą i cudzoziemcy w Polsce, wielokulturowość, rzeczownik typu: *rodak, ojczyzna* • **IDIOMY:** *upaść na głowę, nie mieścić się w głowie, przyjąć kogoś z otwartymi ramionami, stanąć na własnych nogach*

LITERATURA Leszek Kołakowski, *Czy diabeł może być zbawiony i 27 innych kazań* (fragment)

GRAMATYKA I SKŁADNIA odmiana liczebników głównych w bierniku, dopełniaczu i narzędniku (np. *mieszkam tu od dwudziestu lat*), wyrażenia czasowe

CZĘŚĆ EGZAMINACYJNA pisanie

Żyć za granicą

1 Proszę przeczytać poniższe wypowiedzi, a następnie odpowiedzieć na pytania.

1. Dlaczego James i Oksana zdecydowali się zamieszkać w Polsce?
2. Jakie są plusy i minusy mieszkania w Polsce?
3. Jakie cele udało się zrealizować Oksanie, odkąd mieszka w Polsce?
4. Co James myśli o różnicach w stylu życia pomiędzy krajami, w których mieszkał?
5. Czy Oksana i James planują zostać w Polsce na stałe?

James
Poznań, Polska

Decyzja o przeprowadzce do Polski nie była dla mnie specjalnie trudna. Jestem Anglikiem, ale za granicą mieszkałem przez większość mojego dorosłego życia. Dwa lata w Tajlandii, rok w Wietnamie, trzy lata w Niemczech, krótkie kontrakty w Skandynawii, zwłaszcza w Danii, w Kopenhadze. Moją dziewczynę, która jest Polką, poznałem w Berlinie, gdzie oboje pracowaliśmy w tej samej firmie konsultingowej. Kiedy zaproponowano mi stanowisko w Polsce, moja dziewczyna nie chciała zmieniać pracy i została w Berlinie. Z Poznania do Berlina nie jest daleko, widujemy się co tydzień, a w przyszłym roku mamy zamiar przeprowadzić się do Londynu. Różnice w stylu życia pomiędzy Europą a Azją są ogromne, ale w krajach europejskich nie widzę większych różnic. W Anglii jest trochę inaczej, jak wiadomo jesteśmy krajem tradycyjnym i niechętnie wprowadzamy zmiany. Osobiście bardzo lubię mieszkać za granicą, poznawać nowych ludzi i specyfikę danego kraju. Minusem takiego stylu życia jest ograniczony kontakt z rodziną i z przyjaciółmi.

Oksana
Kraków, Polska

Do Polski trafiłam rok po zdaniu matury. Bezpośrednim powodem tej decyzji była sytuacja polityczna w moim kraju. Zdawałam na studia prawnicze na Uniwersytecie Jagiellońskim, ale niestety nie dostałam się. Pierwsze lata w Polsce to było prawdziwe zderzenie z rzeczywistością. Nie chodzi mi o ludzi, Polacy są naprawdę pozytywnie nastawieni do emigrantów i starają się pomóc. Problemem było to, że nie miałam wykształcenia, nie mówiłam dobrze po polsku, nie miałam rodziny, która mogłaby mi pomóc, ani przyjaciół. Zaczynałam jak większość młodych emigrantów. Sprzątałam prywatne mieszkania, pracowałam w restauracjach, opiekowałam się dziećmi. Nigdy nie zrezygnowałam z planów studiowania prawa, ale wiedziałam, że będzie mi trudno utrzymać się na studiach dziennych bez wsparcia rodziny. Udało mi się odłożyć pieniądze na studia zaoczne i w październiku zaczynam studiować prawo korporacyjne w Katowicach. Te kilka lat samodzielności w Polsce nauczyło mnie bardzo wiele: dyscypliny, cierpliwości, stawiania sobie realistycznych celów i planowania jak je osiągnąć. Polacy są bardzo przedsiębiorczy i aktywni, podobają mi się te cechy. Oczywiście zdarzyło mi się spotkać ludzi nieprzychylnych cudzoziemcom, ale tacy są wszędzie i są mniejszością. Chociaż lubię żyć w Polsce i planuję tutaj zostać na stałe, tęsknię za Ukrainą i za rodzicami, którzy zostali w Kijowie.

2 Proszę zapytać kolegę / koleżankę:

a) Czy wie, jaka liczba osób z jego / jej kraju mieszka za granicą?

b) Do jakich krajów emigrują jego / jej rodacy?

c) Czy ich emigracja ma charakter stały czy okresowy (nauka, praca, zdobywanie doświadczeń)?

d) Jakie są przyczyny emigracji w jego / jej kraju – zarobkowe czy polityczne?

• GRAMATYKA

3 Proszę uzupełnić odpowiedzi, podkreślając odpowiedni zwrot.

0. My też mamy dużo supermarketów, ale .....
   a) u nas jest trochę drożej niż u was.
   b) to nie takie proste.
1. ....., ludzie nie mają problemów ze znalezieniem pracy, jak u was.
   a) Mamy takie same problemy.
   b) U nas jest inaczej.
2. Mieszkałam przez rok w Indiach. Często pytają mnie, czy żyje się tam łatwiej, czy trudniej niż w USA, ale nie wiem, co powiedzieć – ..... .
   a) to trudno porównać.
   b) u nas jest taniej.
3. Zarobki w Polsce są jeszcze nieco niższe niż na Zachodzie, ale ..... .
   a) u nas jest podobnie, jak u was.
   b) tego nie można porównywać.

PORÓWNYWANIE

A jak jest u państwa / u ciebie / u was?

- U nas jest podobnie / tak samo, jak u was.
- U nas jest inaczej.
- U nas jest drożej / trudniej niż u was.
- Mamy takie same / podobne problemy.
- Mamy inne problemy niż wy.
- Nasze problemy są inne.
- Tego nie można porównywać.
- To trudno porównać.
- To nie (jest) takie proste, (jak myślisz).

4 Proszę wybrać jedną z poniższych sytuacji, a następnie przygotować dialog, w którym porównają Państwo warunki życia w niżej podanych miejscach.

1.
a) Jesteś mieszkańcem / mieszkanką dowolnego kraju Europy.
b) Jesteś mieszkańcem / mieszkanką dowolnego kraju Azji.

2.
a) Jesteś mieszkańcem / mieszkanką dowolnego kraju Ameryki Północnej.
b) Jesteś mieszkańcem / mieszkanką dowolnego kraju Afryki Południowej.

3.
a) Jesteś mieszkańcem / mieszkanką dowolnego kraju Europy Wschodniej.
b) Jesteś mieszkańcem / mieszkanką dowolnego kraju Europy Zachodniej.

Literatura

5 Proszę przeczytać fragment eseju filozofa Leszka Kołakowskiego. Czy autor krytykuje inne kultury, a może w tekście ukryta jest jakaś głębsza myśl? Proszę przedstawić grupie swoją opinię na temat tekstu.

Ktokolwiek powiada w Europie, że wszystkie kultury są równe, normalnie nie miałby ochoty, żeby mu odcinano rękę, kiedy oszukuje przy podatkach, albo by mu zaaplikowano biczowanie publiczne – czy ukamienowanie w wypadku kobiety – jeśli uprawia miłość z osobą, która nie jest jego legalną żoną (lub mężem). Powiedzieć w takim przypadku: „takie jest prawo kanoniczne, trzeba respektować inne tradycje", to powiedzieć w gruncie rzeczy: „u nas to by było okropne, ale dla tych dzikusów to w sam raz"; tak więc wyrażamy nie tyle respekt, ile pogardę dla innych tradycji, a zdanie „wszystkie kultury są równe" najmniej się nadaje do tego, by tę postawę opisać.

Leszek Kołakowski, *Czy diabeł może być zbawiony i 27 innych kazań*

Leszek Kołakowski, ur. w 1927 roku w Radomiu, zm. w 2009 roku w Oksfordzie, polski filozof zajmujący się głównie historią filozofii, historią idei oraz filozofią religii, eseista, publicysta i prozaik.

na podstawie: *Leszek Kołakowski*, www.wikipedia.org

6 Proszę dopasować definicje do podanych wyrazów.

a) Rozproszenie jakiejś narodowości wśród innych narodów (...); grupa tych ludzi; terytorium, na którym żyją.
b) Kraj, w którym się ktoś urodził i który jest krajem jego rodaków.
c) Wyjazd z ojczyzny do innego państwa w celu osiedlenia się tam; pobyt poza granicami ojczyzny po osiedleniu się tam.
d) Skupisko przebywającej na emigracji ludności polskiego pochodzenia.
e) Człowiek tej samej narodowości.

1. emigracja
2. rodak
3. diaspora
4. ojczyzna
5. Polonia

na podstawie: *Mały słownik języka polskiego*, Warszawa 1997 mp3 17 **7 Proszę wysłuchać nagrania i uzupełnić brakujące liczby.**

EMIGRACJA
w Unii Europejskiej: Polska nie jest już liderem

Skala polskiej emigracji zarobkowej z pewnością jest powodem do niepokoju. Według danych GUS-u i Eurostatu, w innych krajach UE obecnie mieszka mniej więcej ....2,5 mln.....[0] naszych rodaków. Skutki emigracji zarobkowej są widoczne m.in. na rynku pracy i mniejszych rynkach mieszkaniowych. Warto jednak zdawać sobie sprawę, że nie tylko Polacy masowo wyjechali do pracy za granicą. Mieszkańcy kilku innych państw Unii Europejskiej jeszcze częściej wybierają emigrację. Polacy mają poważną konkurencję na zachodnich rynkach pracy.

Mobilność Europejczyków sprawia, że oszacowanie rozmiarów migracji na Starym Kontynencie bywa trudne.

Polacy stanowią drugą najliczniejszą grupę emigrantów w obrębie UE: ....[1]. Jeszcze chętniej emigrują mieszkańcy Rumunii. W ubiegłych latach poza granicami ojczystego kraju przebywały prawie trzy miliony Rumunów. Trudno zatem dziwić się, że obywatele Rumunii stanowią konkurencję dla Polaków na rynkach pracy niektórych krajów UE, np. Niemiec oraz Wielkiej Brytanii.

Jeżeli chodzi o inne kraje „nowej Unii", to stosunkowo dużą liczbą emigrantów wyróżnia się też Bułgaria – ....[2]. W innych państwach UE dość trudno spotkać natomiast Czechów – ....[3], Estończyków – ....[4] oraz Słoweńców – ....[5]. Częściej wyjeżdżają m.in. Słowacy – ....[6], Węgrzy – ....[7], Litwini – ....[8] oraz Chorwaci – ....[9]. Uwagę zwraca również duża liczba Włochów i Portugalczyków, żyjących w innych krajach wspólnoty. Dla sporej części tych osób, motywacją do opuszczenia rodzinnego kraju był kryzys gospodarczy, połączony z wysokim bezrobociem wśród młodych osób.

Polska pod względem odsetka emigrantów ustępuje kilku innym państwom członkowskim UE. Szacunki z ostatnich lat wskazują, że osoby posiadające miejsce zamieszkania za granicą, wówczas stanowiły 6,2% oficjalnej liczby ludności Polski. Znacznie wyższe wyniki odnotowano dla:

- Rumunii – 15,1%
- Portugalii – 11,4%
- Litwy – 11,1%
- Chorwacji – 9,6%
- Łotwy – 9,2%
- Bułgarii – 8,9%
- Irlandii – 8,4%

Dość zaskakująca obecność Irlandii w grupie państw wymienionych powyżej, może być echem poważnego kryzysu gospodarczego, który przed dekadą dotknął ten wyspiarski kraj. Warto również dodać, że dwa lata temu Słowacja cechowała się bardzo podobnym wynikiem jak Polska.

na podstawie: RynekPierwotny.pl / Forsal.pl

• GRAMATYKA

8 **Proszę uzupełnić tabelę.**

ODMIANA LICZEBNIKA GŁÓWNEGO – RODZAJ MĘSKI, ŻEŃSKI I NIJAKI

prawie *co najmniej* *blisko* *ponad*	*około* *poniżej* *powyżej* *od... do...*	*między... a...* *przed*
mianownik / biernik	**dopełniacz**	**narzędnik**
jeden / jedna / jedno	jednego / jednej / jednego	jednym / jedną / jednym
dwa / dwie	dwóch	dwoma / dwiema (dwoma) / dwoma
trzy	trzech	trzema
cztery	czterech	
pięć	pięciu	pięcioma (pięciu)
sześć		
jedenaście	jedenastu	jedenastoma (jedenastu)
dwanaście	dwunastu	dwunastoma (dwunastu)
trzynaście	trzynastu	trzynastoma (trzynastu)
czternaście		
piętnaście		
szesnaście		
dwadzieścia	dwudziestu	dwudziestoma (dwudziestu)
dwadzieścia jeden	dwudziestu jeden	dwudziestoma (dwudziestu) jeden
dwadzieścia dwa /dwie	dwudziestu dwóch	dwudziestoma dwoma / dwiema (dwoma)
trzydzieści	trzydziestu	trzydziestoma (trzydziestu)
czterdzieści		
pięćdziesiąt	pięćdziesięciu	pięćdziesięcioma (pięćdziesięciu)
sześćdziesiąt		
sto	stu	stu (stoma)
dwieście	dwustu	dwustu (dwustoma)
trzysta	trzystu	trzystu (trzystoma)
czterysta		
pięćset	pięciuset	pięciuset
sześćset		
tysiąc	tysiąca	tysiącem
dwa tysiące	dwóch tysięcy	dwoma tysiącami
milion	miliona	milionem
dwa miliony	dwóch milionów	dwoma milionami
miliard	miliarda	miliardem
	dwóch miliardów	dwoma miliardami

Prawie sto tysięcy osób mieszka w Kaliszu.
Co najmniej trzysta trzydzieści kilometrów dzieli Kraków i Warszawę.
Blisko milion pięćset tysięcy (półtora miliona) Polaków wyjechało z kraju.
Wyremontowano **ponad** siedemdziesiąt domów.
W samolocie leciało **około** dwustu siedemdziesięciu pasażerów.
Bezrobocie wynosi **poniżej** siedmiu procent.
Wczoraj było **powyżej** trzydziestu stopni Celsjusza.
Prawo stałego pobytu otrzymało **od** tysiąca **do** dwóch tysięcy osób.
Za wynajęcie większego mieszkania musimy zapłacić **między** dwoma **a** trzema tysiącami złotych.
Przed dwoma miesiącami wyemigrował z kraju.

8a **Proszę wstawić liczebnik w odpowiedniej formie.**

0. Uczę się polskiego od ....dwóch...... (2) lat.
1. W Australii mieszka około .... (200 000) Polaków.
2. W katastrofie samolotu zginęło ponad .... (350) osób.
3. Wyjechałam z Polski przed .... (3) laty.
4. W przyszłym roku zapłacimy za mieszkanie od .... (7) do .... (10) procent więcej.
5. W Niemczech mieszkają prawie .... (2 000 000) Polaków.

8b **Proszę skreślić niepoprawną formę.**

0. Z Krakowa do Warszawy jest ~~między~~ / *ponad* trzysta kilometrów.
1. Jan wyjechał za granicę *prawie* / *poniżej* dwadzieścia lat temu.
2. Unia Europejska składa się z *blisko* / *co najmniej* trzydziestu państw członkowskich.
3. W wyborach wzięło udział *od... do...* / *co najmniej* sześćdziesiąt procent obywateli.
4. Studia magisterskie trwają *od* / *między* trzech *do* / *a* pięciu lat.
5. *Ponad* / *Przed* osiemdziesiąt procent Polaków aktywnie korzysta z internetu.
6. *Ponad* / *Około* czterdziestu procent młodych Polaków ma wyższe wykształcenie.
7. Julia zmieniała pracę *co najmniej* / *powyżej* pięć razy, zanim trafiła do naszej firmy.

9 **Proszę zapytać kolegę / koleżankę:**

1. Jak długo chodził / chodziła do szkoły?
2. Przed iloma laty zdawał / zdawała maturę lub inny ważny egzamin?
3. Od jak dawna studiuje / pracuje?
4. Jak długo uczy się języka polskiego?
5. Czy uczy się innego języka obcego? Od jak dawna?
6. Kiedy ostatnio zmienił / zmieniła mieszkanie?
7. Kiedy ostatnio był / była za granicą?

10a **Proszę obejrzeć film, a następnie odpowiedzieć na pytania:**

DVD 4

1. Do jakich krajów emigrowali Polacy na przestrzeni ostatnich 200 lat?
2. Jakie były główne powody emigracji?

MultimediaRevolution.eu, *Polonus 2015 – Migracje Polaków na przestrzeni dziejów*, https://www.youtube.com/watch?v=HUnCQknvPrs&t

10b **Proszę ponownie obejrzeć materiał filmowy, a następnie uzupełnić tekst.**

DVD 4

Mieszkam w .....Holandii.....[0] od ....[1] lat, do wyjazdu z Polski skłoniła mnie chęć ....[2] w nowym miejscu, poznania innej mentalności i zdobycia nowej wiedzy. Zaczynałem tutaj jako ....[3] a teraz sam wykładam ....[4]. Nie było mi łatwo podjąć decyzję o ....[5], a teraz po latach zastanawia mnie, o czym myślały rzesze ....[6] opuszczające Polskę na przestrzeni dziejów. Kazimierz Pułaski i Tadeusz Kościuszko wyjechali z Polski do ....[7] i walczyli o jej niepodległość. Na początku ....[8] wieku wybuchło powstanie listopadowe, a wraz z nim rozpoczęła się Wielka ....[9]. Polacy opuścili kraj, osiedlając się we ....[10], ...[11] czy ....[12].

........................[13], ciężka sytuacja gospodarcza i stan wojenny to były główne powody emigracji Polaków w ....[14] wieku. Wiele krajów przyjęło nas w tych trudnych chwilach z ....[15] ramionami. Zastanawiam się, kto będzie kolejnym wielkim Polakiem, którego zapamięta ....[16].

10c **Czy w historii twojego kraju zdarzały się migracje ludności? Do jakich krajów, kiedy i dlaczego emigrowali twoi rodacy? Proszę porozmawiać na ten temat w małych grupach.**

10d Proszę przeczytać tekst, a następnie dopasować pojęcia i definicje.

Strategie akulturacyjne

Dzisiejsza Europa jest kontynentem wielokulturowym. Mniejszości narodowe, etniczne, seksualne i religijne mieszając się ze sobą, tworzą tzw. *tygiel kultur.* W większości krajów europejskich dominuje polityka takiego modelu wielokulturowości, w którym wszystkie mniejszości mają prawo zachowywać swoją tożsamość i tradycje. Zwolennicy *multikulturalizmu* (wielokulturowości) wierzą, że tolerancja i akceptacja *tożsamości kulturowej* mniejszości nie utrudnia integracji imigrantów ze społeczeństwem, a wręcz umożliwia lepszą integrację, ponieważ gwarantuje równe i bardziej sprawiedliwe traktowanie każdego, niezależnie od pochodzenia.

Proces przystosowywania się do życia na emigracji nazywa się *akulturacją*, a jej efektem jest wykształcenie czterech typów postaw emigranckich: *integracji, asymilacji, gettoizacji, lub marginalizacji.* Dwie pierwsze są korzystne, a dwie ostatnie katastrofalne zarówno dla społeczeństwa, jak i emigrantów.

Marginalizacja jest odrzuceniem kultury kraju pochodzenia i kraju przyjmującego, tak się często dzieje w przypadku uchodźców zmuszonych do ucieczki z własnego kraju i witanych niechętnie lub jawnie odrzucanych przez kraj przyjmujący. Ta postawa często prowadzi do łamania prawa, bo jest efektem skrajnego rozczarowania społeczeństwem i utratą poczucia bezpieczeństwa.

Gettoizacja polega na odrzucaniu kultury kraju przyjmującego i dążeniu do utrzymania zwyczajów kraju pochodzenia. Jest to widoczne w dzielnicach etnicznych, np. Chinatown. Gettoizacja jest wygodna dla emigrantów pierwszego pokolenia, ale już ich dzieci na tym cierpią. Efektem zamknięcia w getcie kulturowym jest wykluczenie społeczne i konflikt międzypokoleniowy.

Asymilacja polega na odrzuceniu kultury własnego kraju na rzecz kraju przyjmującego. Jest to efekt kameleona, wtopienie się w cudze barwy za cenę własnej tożsamości. Polega na bezrefleksyjnym kopiowaniu ubioru, akcentu, gestykulacji, sposobu życia, zainteresowań i prowadzi do utraty poczucia własnej tożsamości. Skutki dla psychiki są katastrofalne, ceną asymilacji jest wykorzenienie.

Integracja jest najbardziej funkcjonalną strategią akulturacji i polega na przyjęciu nowej kultury bez wyrzekania się własnej. Jeśli jemy pierogi z krewetkami w sosie curry i popijamy prosecco to znaczy, że proces akulturacji zakończył się sukcesem.

Termin

a) *Wielokulturowość*
b) *Tożsamość kulturowa*
c) *Tygiel kulturowy*
d) *Akulturacja*
e) *Marginalizacja*
f) *Gettoizacja*
g) *Asymilacja*
h) *Integracja*

Definicja / synonim

1. Odrzucenie kultury kraju przyjmującego i dążenie do utrzymania zwyczajów kraju pochodzenia.
2. Proces przystosowywania się do życia na emigracji.
3. Odrzucenie kultury własnego kraju na rzecz kraju przyjmującego.
4. Identyfikacja z kulturą pochodzenia.
5. Przyjęcie nowej kultury bez wyrzekania się własnej.
6. Pomieszanie mniejszości narodowych, etnicznych, seksualnych i religijnych.
7. Multikulturalizm.
8. Odrzucenie kultury kraju pochodzenia i kraju przyjmującego.

• GRAMATYKA

za kilka lat	od kilku lat	przez kilka lat
	kilka lat	
kilka lat temu	przed kilkoma laty	kilka lat wcześniej / później

11 Proszę zaznaczyć poprawne wyrażenie.

0. Mieszkam za granicą od kilku lat / przez kilka lat.
1. Marek wyjechał z Polski kilka lat temu / od kilku lat.
2. Byłam we Francji od kilku lat / przed kilkoma laty.
3. Antek mieszkał w USA za kilka lat / przez kilka lat.
4. Michael przyjechał do Polski w 1999 roku. Zamieszkał w Warszawie, a kilka lat wcześniej / kilka lat później wyprowadził się do Krakowa.
5. Za kilka lat / kilka lat później zdam maturę i wyjadę na studia do Anglii.
6. Janusz przed kilkoma laty / od kilku lat nie widział swojej rodziny z Polski.

12a Poniżej zamieszczono 3 fotografie. Proszę wybrać jedną z nich, a następnie opowiedzieć, co mogło się wydarzyć w życiu tych osób przez ostatnie 10 lat.

Helena

Beata

Eric

12b Proszę wysłuchać wypowiedzi Erica, Beaty i Heleny, a następnie odpowiedzieć na poniższe pytania.

mp3 18-20

Kto:	**Eric**	**Beata**	**Helena**
studiował/a w Krakowie?	☒	☐	☐
pracował/a jako dziennikarz?	☐	☐	☐
ma córkę?	☐	☐	☐
otworzył/a własną firmę?	☐	☐	☐
napisał/a książkę o niepełnosprawnych sportowcach?	☐	☐	☐
ma rodzinę w Anglii?	☐	☐	☐

12c **Proszę jeszcze raz posłuchać wypowiedzi Erica, Beaty i Heleny, a następnie podsumować wydarzenia z ich życia.**

mp3 18-20

Eric	Beata	Helena
 10 lat temu przyjechał do Polski		

13a **Proszę uzupełnić czat wyrażeniami z ramki obok. Uwaga, wyrażenia mogą zostać użyte wiele razy.**

lat temu ✓ wtedy odtąd przez jakiś czas na początku następnie potem później w końcu od razu przez kilka lat

Renata Możesz teraz rozmawiać?

Jasne!!! **Martyna**

R Nie mogę uwierzyć, że mnie znalazłaś na fejsie! Przecież zmieniłam nazwisko!

M Znalazłam Cię przez Jacka, masz go w znajomych. Pisałam z nim ostatnio, mówił o Tobie i się zorientowałam, że widziałyśmy się ostatnio dziesięć ......lat temu......[0].

R Jak ten czas leci

M Starzejemy się. Widziałam na Twoim profilu, że mieszkasz w Pradze?!

R Tak

M Jak Ty trafiłaś do Pragi?! Mówisz po czesku???

R Po studiach ....[1] pracowałam w firmie, która ma filie w całej Europie. Pierwszy raz poleciałam do Pragi, kiedy byłam jeszcze stażystką, ...[2] wiedziałam, że chcę tam mieszkać.

M Dlaczego???

R Byłam zachwycona ludźmi, miastem kulturą, architekturą – wszystkim. Jak wróciłam z wyjazdu, to ....[3] zaczęłam się uczyć czeskiego.

M Wariatka

R No masz rację, zawsze byłam wariatką... Wszyscy chcą mieszkać w Londynie, Berlinie, w Paryżu, a ja w Pradze. Mój szef, fantastyczny człowiek, wiedział, że mam zajawkę na punkcie Pragi, wysyłał mnie tam ciągle na konferencje i ....[4] zaproponował mi, żebym wyjechała na rok pracować w filii. Zdecydowałam się ....[5].

M Odważna jesteś! Sama pojechałaś?

R Tak, pojechałam sama, nie byłam ....[6] w związku. Było świetnie, wiesz: zamieszkałam w pięknej kamienicy, w centrum miasta i chociaż ....[7] nie było łatwo, bo jednak czułam się samotna w obcym kraju, to ....[8] było coraz lepiej.

M Poznałaś jakichś fajnych ludzi?

R Tak, zaprzyjaźniłam się z kilkoma osobami z pracy, ...[9] poznałam mojego męża.

M Masz męża Czecha?

R Nie, mój mąż jest Algierczykiem.

M

R Tak, tak, jest bardzo przystojny.

M A Ty dalej pracujesz w tej samej firmie?

R Nie, po roku moja firma zlikwidowała filię w Pradze i ....[10] musiałam zdecydować albo wracać do Polski, albo zostać w Czechach, bezrobotna i zakochana. ....[11] szukałam pracy i już naprawdę się bałam, że będę musiała wrócić do Polski, ale ....[12] dostałam genialną propozycję od firmy, która szukała kogoś z biegłym angielskim i niemieckim, i z moim doświadczeniem. Przyjęłam propozycję ....[13] i to jest naprawdę fenomenalna praca.

M Szczęściara! No i widziałam Twoje posty, masz śliczną córeczkę

R O tak, jest śliczna, ale prawdziwy z niej

M Po tatusiu

R Tak!!! A Ty? Co się u Ciebie działo przez ostatnie 10 lat?

M Oj dużo! ... Kochana, ja muszę teraz kończyć, mam zaraz spotkanie. Napiszę później, dobrze?

R Jasne! Ja też muszę kończyć! Strasznie się cieszę, że się odnalazłyśmy. Miłego popołudnia! Pa!

M Ja też się bardzo cieszę! Trzymaj się kochana, pa pa!

13b **Proszę wybrać jedną z poniższych opcji.**

a. Proszę zapisać historię Renaty w formie e-maila do nauczyciela, którego Renata odnalazła na portalu społecznościowym.
b. Proszę stworzyć fikcyjną odpowiedź Martyny i zapisać ją w formie e-maila.

Proszę zastosować wybrane zwroty:

Szanowny Panie / Droga... / Kochana...
Pozdrawiam serdecznie / Całuję / Ściskam
Z wyrazami szacunku

Idiomy

14a **Proszę przeczytać tekst. Jak Pan / Pani myśli, dlaczego Karol postanowił wyjechać za granicę? Co było dalej?**

– Mamo, tato – powiedział Karol – w piątek wyjeżdżam za granicę.

– Co? – Matka patrzyła na Karola szeroko otwartymi oczyma. – O czym ty mówisz, dziecko?

– Postanowiłem wyjechać. – Spokojnie wyjaśnił syn.

– Upadłeś na głowę! – krzyknął wyraźnie zdenerwowany ojciec. – Nie możesz sobie tak nagle wyjeżdżać! Co z twoimi studiami?

– Zrezygnowałem ze studiów. Mam już bilet – odpowiedział Karol.

Rodzice i syn patrzyli na siebie przez kilka chwil w milczeniu, wreszcie matka przerwała ciszę.

– To się nie mieści w głowie – powiedziała. – Mówisz nam spokojnie, że właśnie zrezygnowałeś ze studiów i wyjeżdżasz. Czy nie rozumiesz, dziecko, że te studia są twoją życiową szansą?

– Mamo – odparł Karol – ja już wszystko zaplanowałem. Mam znajomych w Paryżu, na początku będę mógł u nich zamieszkać i poszukać pracy. Na pewno coś znajdę.

– Na pewno – ironizował ojciec – przyjmą cię tam z otwartymi ramionami i już pierwszego dnia dostaniesz setki propozycji...

– Może nie pierwszego dnia, tato. – Karol nie rezygnował. – Ale w końcu znajdę pracę i po kilku miesiącach stanę na własnych nogach, wynajmę mieszkanie i będziecie mogli mnie odwiedzić.

14b **Co oznaczają poniższe wyrażenia?**

Upadłeś na głowę!
a) Ojciec uważa, że Karol żartuje.
b) Ojciec uważa, że decyzja Karola jest zła.

To się nie mieści w głowie!
a) Matka jest trochę zdziwiona decyzją Karola.
b) Matka jest oburzona decyzją Karola.

Przyjmą cię tam z otwartymi ramionami.
a) Ojciec mówi z ironią, że Karol przyjedzie do Paryża bez pieniędzy, ale wszyscy będą chcieli mu pomóc.
b) Ojciec mówi, że wszyscy ucieszą się, kiedy Karol przyjedzie do Paryża.

Stanę na własnych nogach.
a) Karol mówi, że kiedy znajdzie pracę i zacznie zarabiać pieniądze, będzie niezależny finansowo.
b) Karol mówi, że założy swoją firmę.

14c **Proszę wymienić sytuacje, w których możemy użyć tych wyrażeń. Proszę napisać krótkie opowiadanie, w którym użyją Państwo przynajmniej dwu poznanych idiomów.**

- *upaść na głowę*
- *coś się nie mieści w głowie*
- *przyjąć kogoś z otwartymi ramionami*
- *stanąć na własnych nogach*

Pisanie

I **Proszę wybrać jeden z zestawów i wykonać oba polecenia.**

Zestaw 1

1.	Jest Pan / Pani na wakacjach w Polsce. Proszę napisać kartkę z pozdrowieniami do przyjaciół.	20 słów
2.	Dlaczego ludzie interesują się modą? Proszę napisać tekst argumentacyjny.	180 słów

Zestaw 2

1.	Napisz do sąsiadów e-mail, w którym uprzedzasz o planowanej imprezie (parapetówce) w swoim nowym mieszkaniu.	20 słów
2.	Od kilku lat mieszkam za granicą. Żyje się tu zupełnie inaczej niż w moim kraju. – Proszę napisać tekst porównawczy.	180 słów

Zestaw 3

1.	Chcesz sprzedać używany smartfon. Napisz ogłoszenie w formie posta na mediach społecznościowych.	20 słów
2.	Nie widzieliśmy się od dziesięciu lat... – Proszę napisać list do przyjaciela / przyjaciółki, w którym opowiada Pan / Pani, co wydarzyło się w Pana / Pani życiu przez ostatnie 10 lat.	180 słów

I. Reklamacja – wzór

Warszawa, 1 lutego 2021 r.

Anna Nowak
ul. Odnowy 14/45
00-999 Warszawa
tel. 7123456789
email: anna.nowak@mail.com

SiupSiup Sp. z o.o.
ul Plac Tęczy15
02-273 Warszawa

Sprawa: Reklamacja sprzętu

Szanowni Państwo! Z przykrością muszę stwierdzić, że zakupiona przeze mnie hulajnoga elektryczna marki SiupSiup, model: EX70A odbiega od normy i nie nadaje się do dalszego użytkowania.
Sprzęt ma prawdopodobnie uszkodzoną kierownicę lub źle skonfigurowaną nawigację GPS. Prawidłowo podłączyłam nawigację do mojego telefonu i zaprogramowałam drogę do pracy, która jest stosunkowo prosta: na trasie 2 kilometrów trzy skręty w prawo i ostatni w lewo. Niestety, za każdym razem, kiedy próbuję skręcić w lewo na parking pod budynkiem korporacji, w której pełnię funkcję Specjalisty HR ds. Wypalenia Zawodowego, moja hulajnoga zawraca i wiezie mnie w odwrotnym od zamierzonego kierunku. Od tygodnia nie jestem w stanie dotrzeć do mojego miejsca pracy i grozi mi zwolnienie dyscyplinarne.
Umowa z 20 stycznia 2021 roku przewiduje okres reklamacyjny, obejmujący 36 miesięcy od daty dokonania zakupu.
W tym wypadku reklamacja zostaje zgłoszona 10 dni od daty zakupu, toteż powinna być uwzględniona.
Zwracam się o pozytywne rozpatrzenie mojej prośby i uznanie mojej reklamacji.

Z poważaniem
Anna Nowak

Załącznik: Umowa sprzedaży

II. Rozprawka – wzór

Tytuł: Zalety życia na emigracji

Na wstępie chcę podkreśĺlić, że wyjazdy turystyczne i zwiedzanie świata różnią się, moim zdaniem, od mieszkania za granicą.

Uważam, że każdy człowiek powinien spędzić trochę czasu poza swoim krajem, aby mieć możliwość poznania innych sposobów myślenia i życia. Moim celem jest udowodnienie, iż migracje są potrzebne ludziom, a rozwój Unii Europejskiej jest najlepszym tego przykładem.

Przede wszystkim wyjazdy turystyczne i zwiedzanie świata są czymś innym niż mieszkanie za granicą. Kiedy podróżujemy, mamy szansę obejrzeć, jak żyją inni, ale nie możemy poczuć ich problemów i przyjąć ich perspektywy. Zaznaczam więc, że chcę skupić się na korzyściach płynących z życia na emigracji, a nie z podróżowania.

Po pierwsze, mieszkając za granicą, poznajemy język danego kraju w stopniu, który pozwala nam się w pełni komunikować z jego mieszkańcami. Nawiązujemy w ten sposób przyjaźnie i z rozmów dowiadujemy się, co jest ważne dla jego mieszkańców. W otwartych rozmowach z przyjaciółmi wymieniamy się opowieściami z życia prywatnego, doświadczeniami ze szkoły lub z pracy, poglądami na różne tematy. Dzięki temu poznajemy się lepiej i zaczynamy wzajemnie rozumieć swoje zachowania.

Drugim argumentem niech będzie fakt, iż studia lub praca w obcym kraju wymagają od nas zweryfikowania naszych przyzwyczajeń i oczekiwań. Poznajemy inną kulturę pracy, inne sposoby rozwiązywania problemów i inne systemy wartości. Dzięki temu mamy szanse zrewidować nasz sposób myślenia i nauczyć się czegoś nowego.

Następnie, moim zdaniem doświadczenie emigracji wzmacnia naszą odporność psychiczną. Musimy zmierzyć się z życiem bez rodziny i przyjaciół, którzy do tej pory byli dla nas na wyciągnięcie ręki. Bycie emigrantem może być trudne, ale jeśli uda nam się przetrwać pierwszy okres smutku i tęsknoty za domem, stajemy się bardziej odpowiedzialni, niezależni i samodzielni.

Reasumując, emigracja rozwija nas pod wieloma względami: uczymy się języka i nowych zachowań, poznajemy kraj od środka i mamy możliwość wczuć się w sytuację jego mieszkańców, wejść w ich skórę. Stajemy się silniejsi psychicznie i mądrzejsi, potrafimy patrzeć na świat z innej perspektywy. Te doświadczenia wzbogacają nie tylko nas samych, ale i innych ludzi. Jeśli powrócimy do kraju pochodzenia, przywieziemy ze sobą masę bezcennych doświadczeń, jeśli zaś zdecydujemy się zostać na stałe w kraju, który nas przyjął, wzbogacimy go o swoje indywidualne doświadczenie, wniesiemy trochę naszej kultury i doświadczeń.

LEKCJA 5

Powtórzenie materiału.
Przygotowanie do egzaminu certyfikatowego.
Ćwiczenia w formacie egzaminacyjnym.

Powtórzenie

Przygotowanie do egzaminu ROZUMIENIE ZE SŁUCHU

mp3 21 **1 Proszę uważnie słuchać tego nagrania i zaznaczać właściwe odpowiedzi. Uwaga! Nagranie zostanie odtworzone tylko jeden raz!**

Przykład: Ta wypowiedź oznacza, że osoba mówi:
a) bardzo dobrze,
b) średnio,
c) słabo.

1. Ta wypowiedź to fragment: a) diagnozy lekarza, b) lekcji w szkole, c) komunikatu policji.	8. Ta wypowiedź oznacza, że: a) jutro w nocy będzie zimniej niż dziś, b) jutro w nocy będzie cieplej, c) jutro rano będzie cieplej.
2. Ta wypowiedź to fragment rozmowy: a) o uczeniu się, b) o stylu życia, c) o pracy.	9. Ta wypowiedź oznacza, że firma: a) ma 5 nowych pracowników, b) zwolniła 5 pracowników, c) ma 5 nowych pracownic.
3. Ta wypowiedź oznacza: a) radę, b) propozycję, c) komplement.	10. To pytanie: a) o pracę, b) o dane osobowe, c) o stan cywilny.
4. Ta wypowiedź to synonim: a) Nie jestem pewny, b) Wiem na pewno, c) Nie wiem.	11. Ta wypowiedź oznacza, że kobieta: a) planuje wakacje, b) spodziewa się dziecka, c) chce się zwolnić z pracy.
5. Tę wypowiedź usłyszymy: a) na początku rozmowy, b) na końcu rozmowy, c) gdy ktoś chce się włączyć do rozmowy.	12. Ta wypowiedź dotyczy: a) przeszłości, b) teraźniejszości, c) przyszłości.
6. Ta wypowiedź to fragment: a) opisu przedmiotu, b) opisu osoby, c) opisu miejsca.	13. Ta wypowiedź oznacza, że wyemigrowało: a) więcej niż milion osób, b) dokładnie milion osób, c) mniej niż milion osób.
7. To zdanie może wypowiedzieć: a) urzędnik, b) nauczyciel, c) ksiądz.	14. Ta wypowiedź jest możliwa: a) w urzędzie, b) na poczcie, c) u lekarza.

mp3 22

2 Proszę uważnie słuchać tego nagrania i wykonywać zadanie zgodnie z podanym przykładem. Uwaga! Nagranie zostanie odtworzone dwa razy.
Proszę zaznaczyć właściwe odpowiedzi.

Przykład: Tekst informuje o:
a) programie integracji kobiet,
b) programie integracji mężczyzn i kobiet,
c) programie integracji mężczyzn.

1. Projekt był dla kobiet:
a) z Małopolski,
b) z Krakowa,
c) z Polski.

2. W projekcie mogły brać udział:
a) Polki i migrantki,
b) migrantki,
c) tylko Polki.

3. Projekt służył temu, aby uczestniczki:
a) mogły się spotkać, poznać kulturę, zainspirować,
b) mogły znaleźć pracę,
c) mogły razem gotować.

4. Celem projektu było również to, aby panie:
a) miały więcej czasu,
b) nie czuły się samotne i odizolowane,
c) opiekowały się sobą.

5. Podczas projektu nie było warsztatów:
a) integracyjnych,
b) kulinarnych,
c) filmowych.

ROZUMIENIE TEKSTÓW PISANYCH

Idiomy

3 Proszę – zgodnie z przykładem – połączyć tytuły z kolumny I z fragmentami tekstów z kolumny II. Odpowiedzi proszę wpisać do tabelki.

I		II	
0.	Połam sobie język!	A.	Jak poinformował rzecznik uniwersytetu, zatrzymano mężczyznę, który 3 razy poszedł na egzaminy za swoich kolegów. I były to egzaminy na 3 różnych kierunkach: medycynie, historii oraz ekonomii. Studenci przyznali, że zapłacili mu za to, a co najdziwniejsze – mężczyzna zdał wszystkie egzaminy, a nie studiuje na żadnym z tych kierunków.
1.	Trzeba mieć nerwy ze stali.	B.	Stereotyp, że język polski jest niezwykle trudny utrwalają chętnie demonstrowane obcokrajowcom łamańce językowe, w tym legendarne zdanie *W Szczebrzeszynie chrząszcz brzmi w trzcinie.*
2.	Żeby nie wyglądać jak siedem nieszczęść.	C.	Wielu osobom wydaje się, że życie w obcym kraju jest rajem: lepsza praca, lepsze mieszkanie, zwiedzanie pięknych miejsc. Wystarczy tylko wyjechać, by być szczęśliwym.
3.	Wyjedź, a będziesz w siódmym niebie!	D.	Wysypiaj się, jedz zdrowo, ćwicz codziennie, mniej pracuj, dbaj o swoje ciało i umysł. Dzięki temu będziesz długo cieszyć się pięknym wyglądem i tryskać energią. Łatwo powiedzieć, trudniej zrobić.
4.	To się nie mieści w głowie!	E.	Badania wykazują, że dystans, spokój i opanowanie są przydatne już w przedszkolu. Tu bowiem dzieci uczą się norm społecznych i życia w społeczeństwie.
5.	Co należy robić, aby wyglądać kwitnąco?	F.	Nie kupuj ubrań tylko dlatego, że są modne – radzą styliści. Ubiór powinien pasować do sylwetki, okazji, wieku. A przede wszystkim do twojego stylu życia.

0.	1.	2.	3.	4.	5.
B.					

lekcja 5

4 Proszę – zgodnie z przykładem – uzupełnić tekst wyrazami z ramki.

ze *dla✓* *jazdy* *między innymi* *mieszkań* *cudzoziemcom*

Witaj w Polsce – Informator ..dla.. *(przykład)*[0] **cudzoziemców**

Broszura zawiera informacje ....[1] na temat zasad korzystania ....[2] służby zdrowia i edukacji, możliwości uzyskiwania świadczeń socjalnych i ubezpieczeń, zasad wykonywania pracy. Znajdziemy też informacje o sposobie postępowania w przypadkach bycia ofiarą przestępstwa oraz o wynajmie ....[3] i uzyskiwaniu prawa ....[4]. Znalazły się w niej także przydatne adresy urzędów i organizacji w Krakowie świadczących ....[5] pomoc, w tym bezpłatną pomoc prawną. Dokument został opracowany przez Centrum Pomocy Prawnej im. Haliny Nieć w ramach zadania finansowanego przez Urząd Miasta Krakowa.

na podstawie: *Pakiet powitalny dla cudzoziemców*, www.otwarty krakow.pl

5 Proszę przeczytać fragmenty tekstów i zaznaczyć właściwe odpowiedzi, zgodnie z przykładem.

Przykład: Aby umówić się na spotkanie z konsulem, należy sprawdzić zasady zapisu na spotkanie w wybranym konsulacie – zazwyczaj jest to zapis przez stronę internetową e-konsulat oraz / lub telefonicznie. Niestety, ze względu na wielkie zainteresowanie otrzymaniem Karty Polaka w niektórych konsulatach, okres oczekiwania na rozmowę z konsulem może się wydłużać

na podstawie: *Tryb przyznawania Karty Polaka*, www.msz.gov.pl

Z tego fragmentu wynika, że na rozmowę z konsulem:
a) czeka się krócej niż zwykle,
b) czeka się dłużej niż zwykle,
c) nie czeka się.

1. Najbliższy egzamin certyfikatowy odbędzie się 7–8 marca (poziomy B1, B2 i C1 w grupie dostosowanej do potrzeb osób dorosłych oraz B2 w grupie dostosowanej do potrzeb dzieci i młodzieży).

na podstawie: www.certyfikatpolski.pl

Z tego tekstu wynika, że:
a) dzieci i młodzież mogą zdawać egzamin na wszystkich poziomach,
b) dzieci i młodzież mogą zdawać egzamin tylko na poziomie B2,
c) Dorośli mogą zdawać tylko egzamin na poziomie B2.

2. Stany Zjednoczone to kraj z największą Polonią na świecie. Główne miejsca zamieszkiwania Polonii w USA to miasta: Chicago, Denver, Detroit, Los Angeles, Nowy Jork i Seattle. Szacuje się, że w Stanach Zjednoczonych mieszka blisko 10 mln osób pochodzenia polskiego, a około 600 tys. z nich używa języka polskiego na co dzień.

na podstawie: *Polonia w Stanach Zjednoczonych*, www.wikipedia.org

Z tego tekstu wynika, że:
a) 10 mln Polaków nie mówi po polsku,
b) 600 tys. osób z Polonii w USA mówi codziennie po polsku,
c) 600 tys. osób z Polonii w USA nie mówi codziennie po polsku.

3. Dała się oszpecić do roli prostytutki i seryjnej morderczyni, zgoliła głowę na łyso, by zagrać w postapokaliptycznym filmie i przytyła blisko 20 kilo, by zagrać kobietę zmęczoną macierzyństwem. Charlize Theron to mistrzyni ekranowych metamorfoz.

na podstawie: Alicja Sterna, *Charlize Theron: mistrzyni ekranowych metamorfoz*, www.onet.pl

Z tego tekstu wynika, że Charlize Theron:
a) gra w tym samym typie filmów,
b) nie boi się zmieniać wyglądu do filmu,
c) jest zawsze piękną aktorką.

4. Urlop ojcowski daje pracodawca. Nie ma prawa odmówić – jeśli to zrobi, pracownik będzie mógł rozwiązać umowę z winy pracodawcy i uzyskać odszkodowanie.

Z tego tekstu wynika, że urlop dla taty:
a) jest obowiązkowy,
b) jest jego prawem i pracodawca musi się na niego zgodzić,
c) trwa rok.

5. Struktura zatrudnienia w polskiej gospodarce odbiega od europejskich standardów, gdyż 12,6% ludności pracuje w rolnictwie (przy średniej unijnej 5,0%), w przemyśle pracuje 30,4% ludności (średnia UE to 24,9%), natomiast w sektorze usług pracuje 57% ludności Polski (średnia UE to 70,1%).

na podstawie: *Polska*, www.wikipedia.org

Z tego tekstu wynika, że w Polsce:
a) więcej osób pracuje w rolnictwie niż średnio w Unii,
b) mniej osób pracuje w rolnictwie niż średnio w Unii,
c) we wszystkich sektorach polskie dane statystyczne są podobne do europejskich.

POPRAWNOŚĆ GRAMATYCZNA

6 Proszę – zgodnie z przykładem – podkreślić poprawne formy wyrazów podanych w nawiasach (odmiana rzeczowników, przymiotników oraz liczebników).

Uniwersytet Jagielloński jest (najstarszym, najstarszą, najstarsza)[0] uczelnią w Polsce i jedną z najstarszych w tym regionie (Europy, Europa, Europą)[1]. Ufundowany został 12 maja 1364 roku przez (królem polskim, króla polskiego, królowi polskiemu)[2] Kazimierza Wielkiego. Studium generale – tak wówczas nazywano Uniwersytet – miało składać się z (trzech, trzy, trzema)[3] wydziałów: sztuk wyzwolonych, medycyny i prawa. Za życia fundatora funkcjonowały jednak tylko (dwa, dwie, dwóch)[4] pierwsze wydziały. Po śmierci króla uczelnia przestała istnieć.
Po nieudanych próbach jej odnowienia w latach (dziewięćdziesiątych, dziewięćdziesiąt, dziewięćdziesięciu)[5] XIV wieku, została ponownie ufundowana przez króla Władysława Jagiełłę 26 lipca 1400 roku.
Najstarsze i (główne kolegium, główny kolegium, głównego kolegium)[6] uniwersyteckie nosiło nazwę Królewskiego, a potem Większego (Collegium Maius). W XV wieku powstały jeszcze dwa – Prawnicze (Collegium Iuridicum) i Filozoficzne (Collegium Minus), a także (kilku bursom, kilka burs, kilku bursach)[7] dla studentów i młodszych wykładowców. Uniwersytet ulokowany w ówczesnej stolicy (Królestwo Polskie, Królestwem Polskim, Królestwa Polskiego)[8] nie zaprzestał już swej działalności. Stanowi on nie tylko symbol ciągłości państwa polskiego, ale czyni z Krakowa jeden z (najważniejsze, najważniejszym, najważniejszych)[9] ośrodków edukacyjnych w kraju.

na podstawie: Krzysztof Stopka, *Historia*, www.uj.edu.pl

7 Proszę – zgodnie z przykładem – podkreślić poprawne formy wyrazów podanych w nawiasach (aspekt i tryby).

Igor: Wiesz, (muszę, musiałbym, musiałem)[0] zdać egzamin certyfikatowy na B1. (Chciałbym, Chciałabym, Chciałem)[1] starać się o pobyt stały. Ty kiedy zdałeś?

Paul: W czerwcu zeszłego roku. Ale (zdałem, zdawałem, zdawałbym)[2] dwa razy. Za pierwszym (oblałem, oblewałem, obleję)[3] gramatykę.

Igor: Rozumiem. A trudno było się (zapisać, zapisywać, zapisałbym)[4]?

Paul: Tak, najtrudniej w Krakowie, bo jest za dużo chętnych, a za mało miejsc. Dlatego na twoim miejscu (spróbuj, spróbowałbym, spróbujesz)[5] zapisać się gdzieś indziej, np. do Rzeszowa lub Katowic.

Igor: Dzięki za radę, tak (zrobię, robię, zrobiłbym)[6].

Paul: Nie ma za co. I (robisz, rób, zrób)[7] ćwiczenia – najlepiej albo z podręczników, albo testy ze strony certyfikatpolski.pl. Im więcej (robisz, zrobisz, zrobiłbyś)[8], tym lepiej (piszesz, napiszesz, napisałbyś)[9] egzamin. Powodzenia!

Igor: Jak Polacy mówią: nie (dziękuję, dziękuj, podziękuję)[10], bo zapeszę!

8 Proszę uzupełnić zdania wyrazami podanymi w ramce, zgodnie z przykładem. Uwaga: jeden wyraz w ramce jest niepotrzebny.

lub✓	a	za	do	to	ze	dla

W słowniku języka polskiego słowo „senior" określa najstarszego wiekiem członka rodziny ..lub.. rodu, jak i osobę w wieku emerytalnym, odnosząc się ....[1] szerokiej i zróżnicowanej grupy wiekowej. ....[2] dolną granicę starości umownie przyjmuje się 65 lat, osoby w wieku 65–75 lat zalicza się do starszego wieku, 76–85 lat do wieku podeszłego, powyżej 85 roku życia ......[3] osoby sędziwe. „Wiek okołoemerytalny" odnosi się do przedziału pomiędzy 50 ....[4] 70 rokiem życia, kiedy najwięcej osób opuszcza rynek pracy. Emerytura jest wieloaspektowym zjawiskiem społecznym, które opiszemy na czterech powiązanych ....[5] sobą wymiarach: zdrowotnym, psychologicznym, ekonomicznym i społecznym.

na podstawie: Daria Jarema, *Zrozumieć seniora – potrzeby i emocje osób starszych*, www.doz.pl

9 **Proszę – zgodnie z przykładem – podkreślić poprawne formy wyrazów podanych w nawiasach (stopniowanie przymiotników i przysłówków).**

Warszawa z (największą, najwięcej, najbardziej)[0] liczbą turystów w 2018 roku.

W 2018 roku łączna liczba przyjazdów turystów do Warszawy przekroczyła po raz pierwszy 10 milionów. Padł również rekord w liczbie przyjazdów turystów z jednego kraju – (największe, najwięcej, największym)[1] z Wielkiej Brytanii – zanotowano aż 385 tys. przyjazdów.

Turyści przyjeżdżali (częściej, najczęściej, częstszy)[2] zwiedzać zabytki, wypoczywać oraz odwiedzać krewnych i znajomych. (Największą, Najwięcej, Większą)[3] popularnością cieszyły się takie atrakcje jak Stare Miasto, Łazienki Królewskie, Pałac Kultury i Nauki, Centrum Nauki Kopernik oraz Muzeum Powstania Warszawskiego.

Coraz (chętniejszy, chętniej, najchętniej)[4] turyści udają się także poza ścisłe centrum miasta, aby odkrywać lokalne klimaty, autentyczne historie i oryginalne smaki dzielnic stolicy. Warszawa jest także celem podróży ze względu na organizowane w niej liczne festiwale, koncerty światowej sławy gwiazd i wydarzenia sportowe. Warszawa, będąc (największym, większym, więcej)[5] i (najważniejszym, ważniejszym, ważniej)[6] miejscem spotkań dla wydarzeń naukowych i biznesowych, jest liderem turystyki MICE w Polsce.

na podstawie: *Warszawa z rekordową liczbą turystów w 2018*, www.wot.waw.pl

10 **Proszę użyć wyrazu podanego w nawiasie i przekształcić zdanie zgodnie z podanym przykładem tak, by nie zmieniło sensu.**

Przykład: Nie zdałem egzaminu. (oblać) Oblałem egzamin.

1. Powinnaś to zrobić! (na twoim) ....
2. To osoba starsza, szczupła i dość niska. (jest) ....
3. Chcesz kawę? (ochota) ....
4. Bezrobocie spadło o 2%. (zmniejszyć) ....
5. Nie mam zdania. (trudno) ....

PISANIE

11 **Proszę wybrać jeden z zestawów i wykonać obydwa polecenia (a i b) z tego samego zestawu.**

Zestaw I

a.	Planuje Pan / Pani zdać egzamin certyfikatowy B1. Proszę napisać e-mail do kolegi, który zdał już ten egzamin, z zapytaniem o procedury egzaminu.	30 słów
b.	Proszę opisać osobę, którą spotkał Pan / spotkała Pani na koncercie.	170 słów

Zestaw II

a.	Proszę napisać e-mail do Pana / Pani lektora języka polskiego i w imieniu całej grupy poprosić o przełożenie terminu zajęć.	20 słów
b.	Proszę napisać list do przyjaciela, z którym dawno nie miał Pan / nie miała Pani kontaktu, i opisać swoje ostatnie 10 lat życia w kraju lub za granicą.	180 słów

Zestaw III

a.	Pana / Pani koleżanka dostała nową pracę. Proszę jej pogratulować w SMS-ie.	20 słów
b.	Był Pan / była Pani świadkiem morderstwa. Proszę opisać policji, jak wyglądał morderca.	180 słów

MÓWIENIE

12 **Proszę z kolegą / koleżanką wybrać jeden z poniższych zestawów, a następnie przygotować prezentację.**

Zestaw I
Zadanie 1.
Proszę opisać fotografię i przedstawioną na niej sytuację.

Zadanie 2.
Proszę opisać bliską Panu / Pani osobę.

Zadanie 3.
Pana / Pani kolega został zwolniony z pracy. Proszę do niego zadzwonić, pocieszyć go i mu poradzić, co może zrobić w tej sytuacji.

Zestaw II
Zadanie 1.
Proszę opisać fotografię i przedstawioną na niej sytuację.

Zadanie 2
Mieszkać w kraju czy emigrować? Proszę wyrazić swoją opinię.

Zadanie 3
Chciałby Pan / chciałaby Pani zapisać się na kurs języka polskiego. Proszę zadzwonić do biura szkoły językowej i zapytać o szczegóły kursu.

LEKCJA 6

SYTUACJE KOMUNIKACYJNE wyrażanie konieczności, prośba o przyzwolenie, przyzwalanie i odmawianie

SŁOWNICTWO typy urzędów i załatwianie spraw, dokumenty • IDIOMY: *mieć ręce pełne roboty, papierkowa robota, załatwić coś od ręki*

LITERATURA Konstanty Ildefons Gałczyński, *Biurokrata na wakacjach*

GRAMATYKA I SKŁADNIA alternacja *ę : ą* w deklinacji, *mieć* + bezokolicznik, odmiana rzeczowników r. nijakiego zakończonych na *-ę*

CZĘŚĆ EGZAMINACYJNA rozumienie tekstów pisanych

Muszę załatwić kilka spraw

1a Proszę porozmawiać z kolegą / koleżanką.

1. Jak lubisz załatwiać sprawy? Wolisz to zrobić osobiście, telefonicznie czy pisemnie?
2. Jakie są wady i zalety załatwiania spraw przez internet?
3. Jak wygląda załatwianie spraw w Twoim kraju? Czy w urzędach trzeba długo czekać? Czy są kolejki? A może załatwia się sprawy bardzo szybko i od ręki?
4. Czy załatwiałeś / załatwiałaś już jakieś sprawy urzędowe w Polsce? Jakie? Kiedy? Jak to wyglądało?
5. Jaki, twoim zdaniem, powinien być dobry urzędnik?

• SŁOWNICTWO

1b Proszę przeczytać na głos adresy i numery telefonu wszystkich urzędów. Dokąd Pan / Pani pójdzie lub zadzwoni, jeśli chce Pan / Pani...

- zapytać, ile kosztuje i jak długo idzie przesyłka polecona za granicę
- zameldować się
- zarejestrować się jako bezrobotny
- zapłacić podatek
- uzyskać kartę czasowego pobytu
- zapłacić cło

Urząd Celny	ul. Chopina 6	81 555 50 81
Urząd Miasta	al. Mickiewicza 15	71 777 77 11
Urząd Pocztowy 4	pl. Słowackiego 56	80 106 60 66
Urząd Pracy	os. Kopernika 12	78 078 00 00
Urząd Skarbowy	ul. Skłodowskiej 51	19 514 95 14

Jeśli chcę..., pójdę / zadzwonię do...

1c Proszę przeczytać na głos adresy internetowe. Na którą stronę internetową Pan / Pani wejdzie, jeśli chce Pan / Pani...

- dowiedzieć się, co to jest Karta Polaka
- sprawdzić aktualne informacje podatkowe
- potwierdzić swoje kwalifikacje zawodowe, żeby pracować w Polsce
- zgłosić się na egzamin z języka polskiego
- wziąć ślub w Polsce

http://certyfikatpolski.pl

www.migrant.info.pl

https://obywatel.gov.pl

www.podatkigazetaprawna.pl

https://www.biznes.gov.pl/pl/firma/cudzoziemcy

• GRAMATYKA

2a **Proszę uzupełnić odmianę słowa *urząd*.**

RZECZOWNIK *urząd*

przypadek / pytania	liczba pojedyncza	liczba mnoga
mianownik *kto? co?*	..*Urząd*... miasta jest w centrum.	W niedzielę ..*urzędy*... są nieczynne.
dopełniacz *kogo? czego?*	Nie pamiętam adresu .... skarbowego.	Na tej ulicy jest wiele ....
celownik *komu? czemu?*	Przyglądam się .... miasta – ładnie go odremontowali.	Inicjatywa ta udała się dzięki nowym .... pracy.
biernik *kogo? co?*	Taksówka podjechała pod .... miasta.	Znam wszystkie .... w mieście.
narzędnik *(z) kim? (z) czym?*	Na parkingu przed .... skarbowym nie było już wolnego miejsca.	Regularnie koresponduję ze wszystkimi ....
miejscownik *o kim? o czym?*	Muszę załatwić kilka spraw w .... miasta.	Słyszałem o aferze korupcyjnej w kilku .... skarbowych.

mp3 23 **2b** **Proszę posłuchać nagrania i sprawdzić swoje odpowiedzi.**

2c **Proszę porozmawiać z kolegą / koleżanką. Które z podanych poniżej rzeczowników mają podobną odmianę do słowa *urząd*? Proszę odmienić te słowa przez przypadki i napisać z nimi kilka przykładowych zdań.**

mąż, imię, wąż, ząb, ramię, ręka, mąka, dąb

2d **Proszę uzupełnić tabelę odpowiednimi formami rzeczownika *imię*:**

imię imię imienia imieniem imieniu o imieniu
imiona ✓ imiona imionami imion imionom o imionach

przypadek / pytania	liczba pojedyncza	liczba mnoga
mianownik *kto? co?*		*imiona*
dopełniacz *kogo? czego?*		
celownik *komu? czemu?*		
biernik *kogo? co?*		
narzędnik *z kim? z czym?*		
miejscownik *o kim? o czym?*		

2e **Odmiana słowa *imię* jest odmianą rzadką. Taką odmianę ma tylko kilka rzeczowników. Najpopularniejsze to *imię* i *ramię*. Proszę odmienić wyraz *ramię* według wzoru z ćwiczenia 2d i napisać kilka przykładowych zdań z tymi dwoma słowami.**

• SŁOWNICTWO

3a **Proszę wysłuchać dialogów i zaznaczyć właściwe odpowiedzi.**

mp3 24-27

Dialog 1
a) Kobieta chce się dowiedzieć, gdzie może odebrać prawo jazdy.
b) Kobieta potrzebuje wyrobić sobie nowy paszport.
c) Kobieta pyta, czy wystarczy, gdy pokaże prawo jazdy.

Dialog 2
a) Mężczyzna musi zarejestrować samochód.
b) Mężczyzna musi wypełnić formularz.
c) Mężczyzna musi pójść do pokoju 402.

Dialog 3
a) Mężczyzna chce już wyjść.
b) Mężczyzna chce uzyskać jakąś informację.
c) Mężczyzna chce pomóc.

Dialog 4
a) Obcokrajowiec musi się zameldować jak najszybciej.
b) Obcokrajowiec musi pilnie wyjechać z Polski.
c) Obcokrajowiec za trzydzieści dni wyjedzie z Polski do przyjaciółki.

3b **Proszę wysłuchać dialogów jeszcze raz i zaznaczyć w tabelce zwroty, które się w nich pojawiają.**

mp3 24-27

WYRAŻANIE KONIECZNOŚCI

☐ Czy to konieczne?	☐ Tak, to absolutnie konieczne. ☐ Nie, to nie jest konieczne.
☐ Kiedy muszę to zrobić? ☐ Czy to bardzo ważne / pilne?	☐ Jak najszybciej! (Trzeba to zrobić) jeszcze dziś! ☐ Tak, to jest bardzo ważne. ☐ Nie, to nie jest takie pilne.
☐ Co muszę zrobić?	☐ Musi pan / pani wypełnić ten formularz.
☐ Czy muszę pójść do...? ☐ Czy mam tutaj czekać?	☐ Tak, proszę tam pójść. ☐ Nie, może pan / pani poczekać tutaj.
☐ Co jest do tego potrzebne? ☐ Czy wystarczy prawo jazdy?	☐ Potrzebna jest karta kredytowa i paszport. ☐ Prawo jazdy nie wystarczy. Potrzebny jest paszport.
☐ Czy mam najpierw wypełnić formularz, czy zapłacić? ☐ Czy mogę wypełnić ten formularz po angielsku? ☐ Czy mam pani / panu pomóc?	☐ Najpierw musi pan / pani wypełnić formularz. ☐ Nie, musi pan / pani to zrobić po polsku. ☐ Tak, proszę.

PROŚBA O PRZYZWOLENIE	PRZYZWALANIE	ODMAWIANIE
☐ (Czy) można? ☐ Czy mogę już iść? ☐ Czy można tu palić? ☐ Można już wejść? ☐ Mogę tu zaparkować? ☐ Czy możemy przejść na „ty"? ☐ Czy możemy sobie mówić po imieniu? ☐ Czy możemy mówić po polsku? ☐ Czy można tak powiedzieć po polsku? ☐ Czy mogę stąd zadzwonić?	☐ Tak, oczywiście. ☐ Tak, proszę. ☐ Proszę bardzo.	☐ Raczej nie. ☐ Nie, niestety nie. ☐ Przykro mi, ale to niemożliwe.

3c Proszę dopasować pytania (1–10) do odpowiedzi (a–k).

- [d] 0. Musimy załatwić kilka spraw: zameldować się, odebrać prawo jazdy i zrobić zakupy. Jak myślisz, w jakiej kolejności to załatwimy?
- [ ] 1. Czy to konieczne?
- [ ] 2. Czy to bardzo pilne?
- [ ] 3. Czy to jest dla pana bardzo ważne?
- [ ] 4. Gdzie można zapalić?
- [ ] 5. Czy można tu zaparkować?
- [ ] 6. Czy możesz zadzwonić do urzędu skarbowego?
- [ ] 7. Czy mam panu pomóc napisać to pismo?
- [ ] 8. Czy możemy sobie mówić po imieniu?
- [ ] 9. Czy mam ci podać adres urzędu pracy?
- [ ] 10. Co jest potrzebne, żeby załatwić tę sprawę?

a) Tak, trzeba to zrobić jak najszybciej.
b) Tak, oczywiście, to parking dla interesantów.
c) Niestety, tu w urzędzie obowiązuje całkowity zakaz palenia. Może pani zapalić w pobliskim parku.
d) Najpierw pojedziemy do urzędu miasta, a potem do centrum handlowego.
e) Tak, to obowiązkowe.
f) Nie, ta sprawa nie jest dla mnie tak istotna.
g) Tak, proszę. Nie znam tak dobrze polskiego.
h) Tak, chętnie. Jestem Tomasz.
i) Nie musisz, byłem tam już kiedyś.
j) Potrzebny jest dowód osobisty i wypełniony formularz.
k) Mam zadzwonić dzisiaj czy mogę jutro?

3d Jak zapyta Pan / Pani, kiedy:

1. wolałby Pan / wolałaby Pani, żeby zamiast w sposób oficjalny, ktoś zwracał się do Pana / Pani po imieniu.
2. nie wie Pan / Pani, czy może Pan / Pani gdzieś zaparkować samochód.
3. ma Pan / Pani ochotę na papierosa, a nie wie Pan / Pani, czy palenie nie jest zabronione.
4. nie jest Pan pewien / Pani pewna, czy w jakiś sposób może Pan / Pani powiedzieć coś po polsku.
5. nie jest Pan pewien / Pani pewna, co ma Pan / Pani robić – nie wie Pan / Pani, czy ma Pan / Pani czekać, czy dokądś iść.

• GRAMATYKA

3e Proszę uzupełnić dialogi pytaniami. W pytaniach proszę użyć konstrukcji *mieć* + bezokolicznik.

0. – Proszę cię, odbierz moje prawo jazdy z urzędu miasta.
   – *Kiedy mam to zrobić*?
   – W przyszłym tygodniu.
1. – Nie mogę sobie z tym poradzić.
   – ....?
   – Tak, proszę, pomóż mi.
2. – Strasznie tu gorąco!
   – ....?
   – Tak, proszę otworzyć, jeśli pan może.
3. – Niestety nie mogę otworzyć pliku z załącznika.
   – ....?
   – Tak, proszę wysłać mi go jeszcze raz.
4. – Nie wiem, jak dojechać do urzędu skarbowego.
   – .... albo ....?
   – Tak, proszę, narysuj mi… albo nie, lepiej pokaż na planie miasta.
5. – O! Już tak późno? Muszę wrócić do domu, ale ostatni tramwaj pewnie już odjechał!
   – ....?
   – Tak, proszę, zamów. Znasz numer?

4a Musi Pan / Pani załatwić kilka spraw. Proszę ułożyć z kolegą / koleżanką minidialogi, używając zwrotów z ćw. 3a–3e.

Sytuacje do wyboru:

- zmiana miejsca zameldowania,
- zmiana taryfy telefonu,
- rejestracja firmy,
- założenie konta w banku,
- prośba o pomoc przy wypełnianiu zeznania podatkowego.

4b Ubiega się Pan / Pani o kartę czasowego pobytu lub Kartę Polaka. Proszę napisać e-mail do urzędu z zapytaniem w tej sprawie. Proszę użyć następujących słów i zwrotów:

zamieszkać   ponieważ   utrzymywać się z
miesięczne zarobki   planuję otrzymywać / otrzymać
do wniosku dołączam   czy muszę   jakie mam wypełnić
czy konieczne jest   czy wystarczy

5a Proszę uzupełnić ogłoszenie podanymi słowami.

załatwiać✓ pobyt zezwolenia karty odbierzemy urzędach imieniu załącznikami kontrolować cudzoziemca

http://www.migracjadopolski.pl

Nie masz czasu, aby ..załatwiać... formalności w ....?
Chcesz pracować i mieszkać w Polsce?
Masz firmę i chcesz zatrudnić .... i zagwarantować mu legalny .... w Polsce?
Zrobimy to za Ciebie!

Kompleksowo zajmiemy się całym procesem otrzymania:
- .... na pracę, w tym zmiany pracodawcy
- .... pobytu, Karty Polaka

Za Ciebie:
- przygotujemy wnioski wraz z ....
- będziemy .... terminy
- skontaktujemy się z urzędami w .... pracodawcy i cudzoziemca
- .... decyzje

Działamy na terenie całej Polski!
Zapraszamy do naszych biur lub do kontaktu drogą elektroniczną!

Wybierz miasto: Warszawa, Gdynia, Lublin, Łódź

5b Proszę przeczytać informację ze strony internetowej i odpowiedzieć na pytania.

1. Czy ktoś, kto szuka mieszkania, znajdzie na tej stronie odpowiednie ogłoszenie?
2. Czy ktoś, kto chce zaadoptować kota, może zamieścić ogłoszenie na tej stronie?
3. Ile kosztuje zamieszczenie ogłoszenia na trzy miesiące?
4. Czy w następny dzień po dodaniu ogłoszenia, można je jeszcze przeczytać?
5. Jakie elementy musi zawierać dodawane ogłoszenie?

http://www.ooogloszenia.pl

Tylko u nas darmowe oferty pracy, ogłoszenia kupna i sprzedaży nieruchomości, samochodów, artykułów agd i rtv, ogłoszenia o zwierzętach, ubraniach i wiele innych

WYBIERZ
swój region oraz kategorię i przeglądaj ogłoszenia

WYBIERZ KATEGORIE
Motoryzacja (67848)
Nieruchomości (106803)
Praca (180755)
Dom i ogród (90968)
Elektronika (11168)
Dla dziecka (11756)
Moda i Uroda (20490)
Rozrywka i rekreacja (13975)
Zwierzęta (21425)
Randki i przyjaciele (118547)
Usługi i firmy (182269)
Różne (8474)

DODAJ OGŁOSZENIE ZA DARMO
- Dodawanie ogłoszeń jest darmowe
- Bezpłatne odświeżanie po 24 h od dodania
- Ogłoszenie jest widoczne przez 90 dni

Tytuł ogłoszenia:

Kategoria:

Opis:

Dodaj zdjęcia i otrzymuj do 3 razy więcej odpowiedzi

Lokalizacja:

Adres e-mail: (nie będzie widoczny publicznie)

Osoba kontaktowa:

5c **Chce Pan zamieścić darmowe ogłoszenia na stronie internetowej z ćw. 5b. Proszę wybrać 2 kategorie i napisać ogłoszenia (10–20 słów). Proszę uwzględnić w nich typowe elementy:**

- **kategoria / tytuł ogłoszenia,**
- **kto pisze,**
- **w jakiej sprawie,**
- **czy coś oferuje,**
- **czy czegoś poszukuje,**
- **opis,**
- **termin,**
- **ewentualnie cena,**
- **lokalizacja i forma kontaktu.**

5d **Proszę przeczytać jedno ogłoszenie kolegi / koleżanki i streścić je na forum swoimi słowami, a następnie przetłumaczyć je na swój język.**

Idiomy

6a **Jak Pan / Pani myśli, co znaczą poniższe idiomy? Proszę porozmawiać z kolegą / koleżanką.**

mieć pełne ręce roboty
a) mieć chore ręce
b) mieć dużo pracy
c) mieć robota w domu

papierkowa robota
a) komputer z drukarką
b) praca dziennikarza
c) wypełnianie, pisanie, czytanie dokumentów

załatwić coś od ręki
a) złamać sobie rękę
b) załatwić od razu, szybko
c) załatwić coś osobiście

Idiomy

6b **Proszę podpisać ilustracje idiomami z ćw. 6a i uzupełnić zdania.**

1. Kiedy jest się we własnym domu, to zawsze coś jest do zrobienia. Kiedy jest się u siebie, to ma się stale ....
2. Policjanci z „drogówki” mieli wczoraj od rana .... Zgłoszono około 20 wypadków.

....

3. Mieliśmy szczęście, bo w urzędzie skarbowym załatwiliśmy dziś naszą sprawę ....
4. Niestety na odbiór nowych dokumentów trzeba czekać 2 tygodnie. Nie są wydawane ....

....

5. Zanim ostatecznie moja firma rozpocznie działalność, czeka mnie jeszcze ...., załatwianie spraw w różnych urzędach i podpisanie umowy ze wspólnikiem.
6. Od początku tego miesiąca urzędnicy nie wychodzą zapewne z pracy, są zawaleni .... w związku z nowymi przepisami.

....

7a DVD 5 **Proszę obejrzeć reportaż z Telewizji Kraków z wyłączonym dźwiękiem i zdecydować z kolegą / koleżanką, które z poniższych słów i zwrotów raczej się w nim nie pojawią. Mogą Państwo korzystać ze słownika. Proszę uzasadnić swoją odpowiedź.**

zalegalizować pobyt *dokumenty* *egzamin z polskiego* *przepisy* *urzędniczka* *pieczątka* *złożyć dokumenty* *cudzoziemiec* *wypełnić wniosek* *studia medyczne* *założyć restaurację* *potwierdzić kwalifikacje zawodowe* *polska gramatyka* *imiona rodziców* *ogłoszenie* *potrzebować tłumacza* *założyć rodzinę* *uzasadnienie* *straż graniczna* *przebywać* *apelować* *wnioski abolicyjne*

7b DVD 5 **Proszę obejrzeć i wysłuchać reportażu i zdecydować, na jaki jest temat.**

1. Student z Wietnamu, który chce się ożenić i założyć rodzinę w Polsce, załatwia formalności.
2. Bracia z Wietnamu przebywający nielegalnie w Polsce składają wniosek o kartę pobytu.
3. Ojciec był w urzędzie, żeby zalegalizować swój pobyt w Polsce.

7c DVD 5 **Proszę ułożyć fragmenty zdań w kolejności takiej, w jakiej pojawiają się w reportażu.**

- [0] Na tę pieczątkę w paszporcie Mich Nguyen Tien czekał 7 lat,
- [ ] wtedy bowiem przyjechał do Krakowa.
- [ ] na pomoc w wypełnianiu wniosków może liczyć każdy cudzoziemiec.
- [ ] Jego dokument skontrolowała straż graniczna,
- [ ] zgodnie z przepisami przebywał w naszym kraju nielegalnie.
- [2] Jeden z jego studiujących w Krakowie synów założył rodzinę.
- [ ] Syn Tiena po wyjściu z urzędu apelował do wszystkich cudzoziemców:
- [ ] Tutaj wszyscy chętnie pomagają: od urzędników do straży granicznej,
- [ ] Mich Nguyen Tien w krakowskim Urzędzie Wojewódzkim złożył dokumenty z uzasadnieniem,
- [10] Dokumenty o zalegalizowaniu pobytu złożyły w Małopolsce trzy osoby, kolejne dwie odebrały wnioski abolicyjne
- [ ] teraz czeka na postanowienie.

Wietnamczycy w Krakowie, Aleksandra Kurtyka, TVP Kraków

Literatura

8a **Proszę przeczytać satyryczny utwór Konstantego Ildefonsa Gałczyńskiego pt. „Biurokrata na wakacjach". Może Pan / Pani korzystać ze słownika lub internetu i pracować z kolegą / koleżanką.**

Biurokrata na wakacjach
Konstanty Ildefons Gałczyński
Teatrzyk Zielona Gęś ma zaszczyt przedstawić „Biurokratę na wakacjach"

Osoby: Biurokrata i Amator Kąpieli

Amator Kąpieli
(pośrodku jeziora): Ratunku!
Biurokrata
(na brzegu jeziora): Nazwisko?
Amator Kąpieli
(jw.): Dajmy na to Jankowski. Ratunku!
Biurokrata
(jw.): Imię?!
Amator Kąpieli
(jw.): Piotr. Ratunku!
Biurokrata
(jw.): Imię ojca?
Amator Kąpieli
(jw.): Też Piotr. Ratunku!
Biurokrata
(jw.): Imię matki?
Amator Kąpieli
(jw.): Balbina. Ratunku!
Biurokrata
(jw.): Obywatelstwo?! Zawód?!
Amator Kąpieli:
...gl... gl... gl... gl... gl... gl... gl...
...gl... gl... gl... gl... gl... gl... gl...
...gl... gl... (tonie)
Biurokrata
(jw.): Nic nie rozumiem!! (patrząc w niebo): Dzień zapowiada się pogodny.
KURTYNA

Konstanty Ildefons Gałczyński, *Biurokrata na wakacjach*, [w:] *Teatrzyk Zielona Gęś*, Iskry

8b **Proszę odpowiedzieć na pytania.**

1. Jak Pan / Pani rozumie ostatnie zdania wypowiedziane przez biurokratę? Jak można zinterpretować to zakończenie?
2. W utworze pojawia się skrót: jw. Co on oznacza? W formularzach możemy znaleźć także inne skróty (np. w adresach). Czy może Pan / Pani podać ich przykłady?

8c **Proszę porozmawiać z kolegą / koleżanką i zrelacjonować Państwa opinie na forum grupy.**

1. Utwór został napisany w 1950 roku. Czy uważasz, że nadal jest aktualny? Dlaczego tak / nie?
2. Czy byłeś / byłaś kiedyś w „podobnej" sytuacji jak Amator Kąpieli? Kiedy? Jak się czułeś / czułaś? Co zrobiłeś / zrobiłaś?
3. Jak sądzisz, jak będzie wyglądało załatwianie spraw za kilkadziesiąt lat? Czy np. urzędów już nie będzie, bo wszystko będziemy załatwiać przez internet?

8d **Proszę ułożyć z kolegą / koleżanką dialog w urzędzie, który mógłby wydarzyć się naprawdę, a byłby podobny do utworu Gałczyńskiego.**

Rozumienie tekstów pisanych

I **Proszę zaznaczyć poprawną odpowiedź.**

0. Wstęp wzbroniony!
Ten napis oznacza, że:
a) można wchodzić,
b) nie wolno wchodzić,
c) trzeba wchodzić.

1. Przyjmowanie paczek i przesyłek poleconych
Ten napis można spotkać:
a) w urzędzie skarbowym,
b) w urzędzie pocztowym,
c) w urzędzie miasta.

2. Rejestracja podmiotów gospodarczych
Ten napis oznacza, że:
a) można tu zarejestrować firmę,
b) można tu zarejestrować samochód,
c) można tu zarejestrować gospodarstwo rolne.

3. Zameldowania i wymeldowania
Ten napis można spotkać:
a) w urzędzie pracy,
b) w urzędzie celnym,
c) w urzędzie miasta.

4. PKO
Ten skrót oznacza:
a) urząd,
b) bank,
c) samochód.

5. Rejestracja pojazdów
Ten napis można spotkać:
a) w urzędzie miasta,
b) w urzędzie pocztowym,
c) w urzędzie pracy.

6. Twój list jest naszym priorytetem!
Ten napis to reklama:
a) usługi bankowej,
b) usługi telefonicznej,
c) usługi pocztowej.

7. Prawo do obsłużenia poza kolejnością przysługuje kobietom z widoczną ciążą, inwalidom i niepełnosprawnym
Ten napis oznacza, że:
a) kobiety, inwalidzi i niepełnosprawni nie muszą stać w kolejce,
b) kobiety, które spodziewają się dziecka, muszą stać w kolejce,
c) niepełnosprawni nie mogą stać w kolejce.

8. Wzory prawidłowego wypełniania formularzy pocztowych
Ten napis oznacza, że:
a) na poczcie trzeba wypełniać wzory formularzy,
b) podane zostały przykłady prawidłowego wypełniania formularzy,
c) na tej poczcie brakuje prawidłowych formularzy.

9. US
Ten skrót oznacza:
a) partię polityczną,
b) państwo,
c) urząd.

10. Wpłaty i wypłaty
Ten napis oznacza, że w tym okienku:
a) można kupić znaczek,
b) można zapłacić rachunek za telefon,
c) można zapłacić kartą kredytową.

II Po przeczytaniu fragmentów tekstów proszę zaznaczyć poprawną odpowiedź.

0. Program przeciw korupcji

Program realizowany we współpracy z Helsińską Fundacją Praw Człowieka.

Celem Programu jest przeciwdziałanie korupcji i upowszechnianie standardów przejrzystości życia publicznego. Prace Programu Przeciw Korupcji zainicjowała w 2000 roku kampania edukacyjna pod hasłem „KorupcJa. NIE MUSISZ DAWAĆ, NIE MUSISZ BRAĆ w tym udziału."

www.batory.org.pl

1. Biurokracja...

To prawdziwa plaga społeczna. Potrafi utrudnić życie każdemu obywatelowi, a nawet władzom. (...) Papierki, pieczątki, dziesiątki urzędów, tu rejestracja, tam zapis, gdzie indziej – kolejka, opłaty urzędowe i skarbowe – i to wcale nie takie małe. (...) Prawie na wszystko trzeba mieć zezwolenia, rejestracje, wypisy, odpisy, itp. i wszystko to kosztuje...

Krzysztof „Critto" Sobolewski, www.critto.webpark.pl

2. Paczka pocztowa

Terminy doręczenia:

Priorytetowa – przewidywany termin realizacji usługi to następny dzień roboczy po dniu nadania (D+1) pod warunkiem nadania do godziny 15.00,

Ekonomiczna – przewidywany termin realizacji usługi to trzy dni robocze po dniu nadania (D+3).

Paczka UKRAINA PLUS to paczka nadawana na Ukrainę w korzystnej cenie, bo o połowę niższej niż w przypadku zwykłej paczki nadawanej do tego kraju. Doręczona do adresata w terminie gwarantowanym.

www.poczta-polska.pl

3. Administracja publiczna

Tworzą ją wszystkie instytucje i urzędy, których zadaniem jest bezpośrednie, praktyczne zarządzanie różnymi dziedzinami życia społecznego. W Polsce administracja publiczna ma dwa poziomy: centralny (rząd) i wojewódzki (wojewodowie).

www.interklasa.pl

4. Integracja europejska

Studia dla przyszłych urzędników UE, a także pracowników administracji publicznej, samorządu i organizacji pozarządowych. Studia trwają dwa semestry i obejmują 180 godzin zajęć. Zajęcia odbywają się co dwa tygodnie w soboty oraz w niedziele. Oba semestry kończą się egzaminami. Warunkiem uzyskania dyplomu jest zaliczenie zajęć, zdanie egzaminów oraz przedłożenie pracy dyplomowej lub udział w projekcie dyplomowym.

www.wse.krakow.pl

5. Zezwolenie na zamieszkanie na czas oznaczony – karta czasowego pobytu

Cudzoziemiec ma prawo wystąpić z wnioskiem o wydanie karty czasowego pobytu, jeśli wykaże, że zachodzą okoliczności uzasadniające jego zamieszkanie na terytorium Polski przez okres dłuższy niż 12 miesięcy. Mogą to być:

- uzyskanie zezwolenia na zatrudnienie lub wykonywanie innej pracy zarobkowej,
- prowadzenie działalności gospodarczej,
- podjęcie nauki,
- zawarcie związku małżeńskiego z obywatelem polskim albo cudzoziemcem posiadającym zezwolenie na osiedlenie się.

www.mswia.gov.pl

0. Ten tekst informuje o tym, że:

a) Helsińska Fundacja Praw Człowieka finansuje program przeciw korupcji,
b) program przeciw korupcji zaczął być realizowany w 2000 roku,
c) w 2000 roku program realizowany był pod hasłem „kampania edukacyjna".

1. Ten tekst mówi, że:

a) prawie na wszystko można sobie pozwolić,
b) każdy obywatel ma prawo do władzy,
c) opłaty urzędowe i skarbowe są wysokie.

2. Ten tekst informuje, że:
a) teraz paczki do Ukrainy doręczane będą szybciej,
b) adresat otrzyma paczkę ekonomiczną w następny dzień po dniu jej wysłania,
c) paczka priorytetowa będzie u adresata szybciej niż paczka ekonomiczna.

3. Z tego tekstu dowiadujemy się, że:
a) osoby pracujące w urzędach i instytucjach są z reguły praktyczne,
b) różne urzędy i instytucje tworzą administrację publiczną,
c) w Polsce są dwa wojewódzkie centra administracyjne.

4. Ten tekst informuje o tym, że:
a) zajęcia na kierunku Integracja Europejska prowadzone są w weekendy,
b) studia trwają dwa lata,
c) warunkiem uzyskania dyplomu jest zdanie egzaminów lub udział w projekcie dyplomowym.

5. Ten tekst jest informacją o tym, że:
a) obcokrajowiec, który mieszka w Polsce rok, musi studiować,
b) obcokrajowiec może ubiegać się o kartę czasowego pobytu,
c) jeśli obcokrajowiec jest w związku małżeńskim, musi pracować w Polsce.

III Oto strona internetowa z ogłoszeniami drobnymi. Proszę dopasować ogłoszenie do odpowiedniego działu.

0	1	2	3	4	5	6	7	8	9	10
f										

http://www.twoje-ogloszenia-drobne.pl

0. STOMATOLOGIA
1. MEDYCYNA NATURALNA
2. PROBLEMY Z UZALEŻNIENIEM
3. BEZPIECZNE AUTO
4. NAUKA JAZDY
5. DAM PRACĘ
6. KOREPETYCJE
7. NIERUCHOMOŚCI
8. BIURA MATRYMONIALNE
9. ZWIERZAKI
10. USŁUGI PORZĄDKOWE

a) Kocięta brytyjskie, tel. 12 345 67 12 (dzwonić wieczorem).
b) Blokady, alarmy, zamki centralne, Puławskiego 14, tel. 22 412 09 11.
c) Czyszczę auta, dywany, żaluzje, tel. 17 213 09 78.
d) Angielski, studentka anglistyki, tel. 12 341 09 76.
e) Do wynajęcia czteropokojowe mieszkanie z balkonem, od zaraz, tel. 17 564 09 12.
f) Prywatny gabinet dentystyczny, pn., śr. 10–18, tel. 17 765 01 23.
g) Poradnia antyalkoholowa, terapia indywidualna i grupowa, tel. 41 112 34 90.
h) Nadzieja w ciężkich chorobach. Zwiększanie odporności. Zioła. Tel. 41 328 93 10.
i) Szkoła kierowców, bezstresowo, kursy teoretyczne i praktyczne, tel. 12 512 09 11.
j) Poznaj partnera na całe życie. Zapewniamy dyskrecję, tel. 17 298 14 23.
k) Zatrudnię panią do pomocy w domu. Obowiązki: sprzątanie i wyprowadzanie psa. Tel. 509 978 123.

LEKCJA 7

Usługi

SYTUACJE KOMUNIKACYJNE obiecywanie i zapewnianie, oferowanie, podziękowanie

SŁOWNICTWO nazwy warsztatów, rodzaje usług, wyrazy typu: *usterka, wadliwy* • **IDIOMY:** *złota rączka, mieć coś w małym palcu, nie kiwnąć palcem, siedzieć z założonymi rękami*

LITERATURA Katarzyna Michalak, *Dla Ciebie wszystko*

GRAMATYKA I SKŁADNIA przymiotnikowa odmiana rzeczowników typu: *znajomy, podróżny*, imiona zakończone na *-y, -i* (*Jerzy, Antoni*) i nazwiska zakończone na *-ski, -cki, -ska, -cka*

CZĘŚĆ EGZAMINACYJNA rozumienie ze słuchu

1a **Proszę przeczytać wpisy z portalu społecznościowego. Proszę dopasować wpisy do sytuacji.**

Druga w tym miesiącu ✓ *2 tygodnie bez jedzenia !!!!*
Moje ulubione *Czy ktoś wie, czy w Bydgoszczy jest szewc?*
powrót z urlopu *nie ma jak w domu* *taka sytuacja*
Życzę temu, kto to zrobił, żeby ktoś mu porysował samochód i uciekł *druga godzina czekania na ślusarza*

 **marzeeen-ka**

Druga w tym miesiącu :(:(:(

Wejdź na www.rowerowo.pl, przyjeżdżają na miejsce z oponą

 **karlos_nowak**

....

parkiet do wymiany, polecam www.drewnianepodlogi.eu

 **sandra_dii**

....

Napisz do @Aga_Krawcowa, dopasuje ci sukienkę

 **Mateo**

....

Koło dworca, między apteką a księgarnią jest mały serwis *Magik*, naprawiają wszystkie telefony i tablety bardzo szybko i tanio.

Kamila189

....

mój dziadek! 0602802992

Norman_owski

....

Trzeba było zostawić otwarte okno ;-)

Marta Kobylec

....

Znam lakiernika, jeśli potrzebujesz.

1b Proszę uzupełnić tabelę według wzoru.

przebita opona ✓ *rozbity reflektor w samochodzie* *za długie spodnie* *zepsuty zamek* *zepsuty rower* *zalane mieszkanie* *za ciasna sukienka* *pęknięta opona* *porysowana karoseria* *rozbita szybka w telefonie* *złamany obcas* *brak wody* *zatrzaśnięte drzwi*

punkt usług / serwis	rodzaj problemu
mechanik samochodowy / warsztat samochodowy	
krawiec / usługi krawieckie	
ślusarz / pogotowie ślusarskie	
naprawa telefonów	
serwis i naprawa rowerów	przebita opona,
szewc	
hydraulik / pogotowie hydrauliczne	

lekcja 7

1c Proszę zapytać kilku osób w grupie, czy kiedykolwiek znalazły się w jednej z poniżej wymienionych sytuacji. Jak rozwiązały swój problem?

Czy kiedykolwiek...
... zepsuł ci się samochód / rower / motocykl / telefon / laptop?
... miałeś / miałaś w domu awarię wody / centralnego ogrzewania / elektryczności?
... musiałeś / musiałaś przerobić / dopasować ubranie / spodnie / sukienkę?
... zapomniałeś / zapomniałaś klucza / zepsuł ci się zamek do drzwi?
... zepsuł ci się sprzęt domowy / lodówka / pralka / zmywarka?

2 Proszę uzupełnić fragment z książki Katarzyny Michalak „Dla ciebie wszystko" wyrazami z ramki. Jaką myśl przekazuje autorka? Proszę porozmawiać o tym w grupie.

zepsuło✓ zepsuci zepsute naprawić mąż i żona mechanika opieki jednorazowe skarpetki złom małżeństwie związek nieładne

Katarzyna Michalak (Lisiecka), ur. w 1969 roku w Warszawie, polska pisarka, z wykształcenia lekarka weterynarii, specjalizuje się w literaturze obyczajowej.

na podstawie: *Katarzyna Michalak*, www.wikipedia.org

[...] kiedyś, gdy coś się ......zepsuło......[0], ludzie próbowali to ....[1]. Zepsuła się pralka, nieśli ją do ....[2]. Przetarły się ....[3], więc się je cerowało. Zaczynało źle się dziać w ....[4], to cała rodzina próbowała pomóc naprawić związek, a ....[5], zamiast od razu biec do sądu z pozwem rozwodowym, próbowali ratować ....[6]. Dziś wszystko jest ....[7]. Pralki, telewizory, komputery... Zepsują się, to na ....[8] i do sklepu po nowe. Starzy rodzice, ...[9], nie przydadzą się na nic? To do domu ....[10], na śmietnik. Niedługo zacznie się wyrzucać ....[11] dzieci, bo chore, bo niegrzeczne, bo ....[12]...

Katarzyna Michalak, *Dla Ciebie wszystko*

3 Proszę wybrać jedną z sytuacji przedstawionych na poniższych ilustracjach. Proszę zrelacjonować wydarzenie w formie wpisu w mediach społecznościowych. Proszę wykorzystać zwroty z tabeli.

- Jak Pan / Pani myśli, dlaczego te osoby znalazły się w tej sytuacji?
- Jak rozwiązały swój problem?

– Nie uwierzysz, co się stało... / co mi się (ostatnio) przytrafiło
– W ogóle się tego nie spodziewałam / spodziewałem
– Najpierw nie miałem / nie miałam pojęcia, co (z)robić
– Byłem / byłam (totalnie, całkowicie) zaskoczony/a, zdezorientowany/a
– Wpadłem / wpadłam na pomysł, żeby...
– Najpierw próbowałem / próbowałam...
– W końcu postanowiłem / postanowiłam...

4 Zapytaj kolegę / koleżankę, a następnie na forum opowiedz o jego / jej doświadczeniach.

- Z jakich usług najczęściej korzystasz w swoim kraju?
- Czy korzystałeś / korzystałaś już z jakichś usług w Polsce?
- Jeśli tak, to czy byłeś zadowolony / byłaś zadowolona?
- Jeśli nie, to dlaczego nie byłeś zadowolony / byłaś zadowolona?
- Czy masz zamiar skorzystać z jakichś usług w Polsce?

usługi *rz. nmos, blp, D. -ug* / działalność mająca na celu zaspokojenie wielorakich ludzkich potrzeb, prowadzona przez ludzi mających odpowiednie kwalifikacje i dysponujących potrzebnym sprzętem, lokalem itp. / Usługi krawieckie, stomatologiczne, transportowe, pogrzebowe. Świadczyć usługi w jakimś zakresie.

na podstawie: *Słownik współczesnego języka polskiego*, red. B. Dunaj, Warszawa 1996

5 Czy wiedzą Państwo, jakie usługi świadczą firmy i zakłady, których szyldy zamieszczono poniżej? Proszę powiedzieć, w jakiej sytuacji z nich korzystamy?

Idziemy do salonu kosmetycznego, żeby zrobić peeling, ...

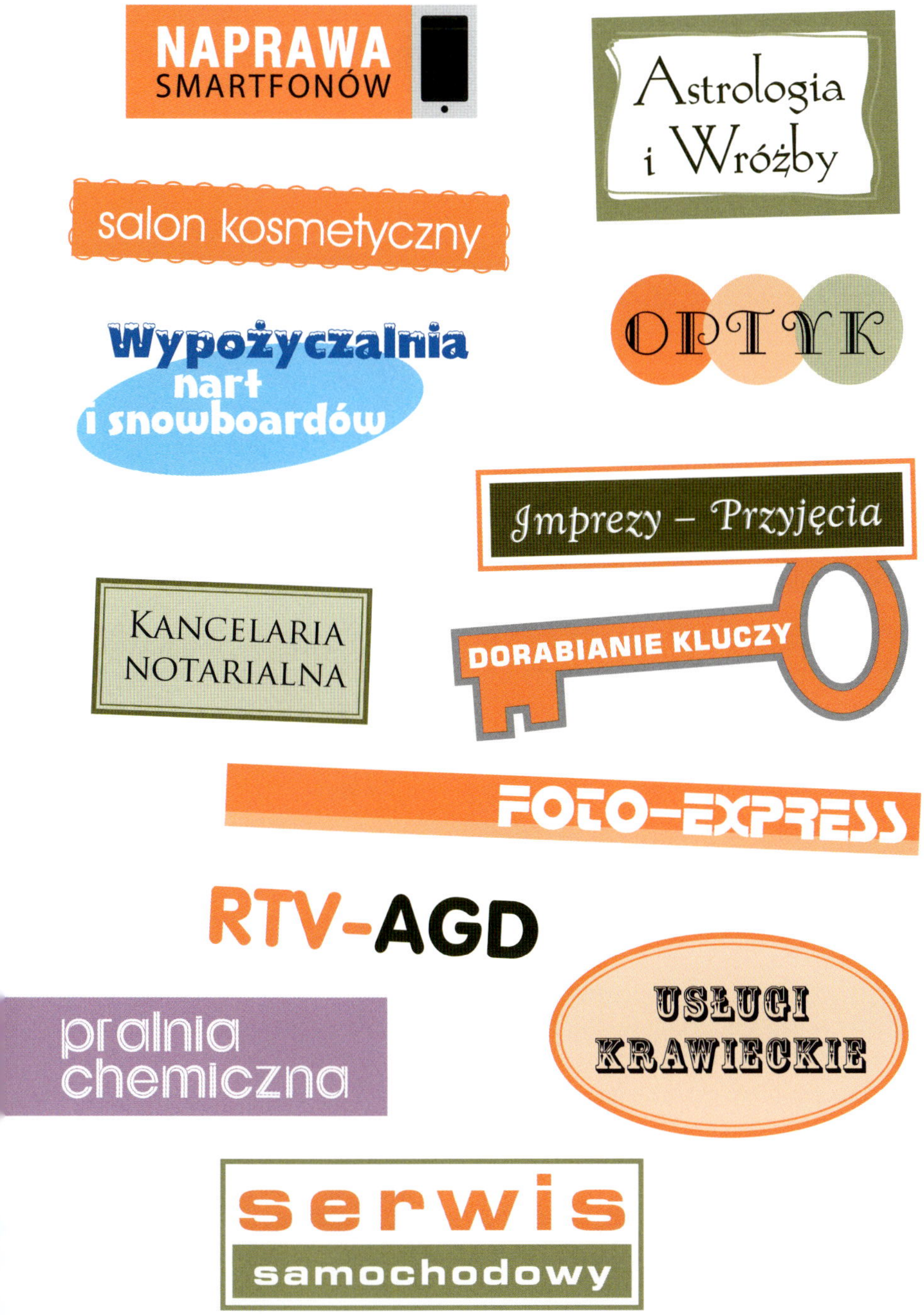

6 Proszę przygotować w grupach listę najpopularniejszych usług online w kategoriach:
– transport
– zdrowie i uroda
– wypoczynek
– naprawy
Proszę porównać w grupie ceny usług w Państwa krajach.

mp3 28

7 Proszę wysłuchać wypowiedzi i minidialogów, a następnie zakreślić właściwą odpowiedź.

1. Ta wypowiedź jest możliwa:
   a) w zakładzie krawieckim,
   b) w zakładzie fryzjerskim,
   c) u kosmetyczki.
2. Ta wypowiedź jest możliwa:
   a) na poczcie,
   b) u lekarza,
   c) u prawnika.
3. Ta osoba dzwoni do:
   a) hydraulika,
   b) mechanika,
   c) szewca.
4. Ta wypowiedź jest możliwa:
   a) w zakładzie krawieckim,
   b) w zakładzie fryzjerskim,
   c) w punkcie napraw sprzętu RTV.
5. Ta osoba dzwoni do:
   a) salonu samochodowego,
   b) warsztatu samochodowego,
   c) myjni samochodowej.
6. Ta osoba dzwoni do:
   a) punktu napraw sprzętu RTV,
   b) punktu napraw sprzętu AGD,
   c) pogotowia hydraulicznego.

lekcja 7

8 **Proszę przeczytać zwroty w poniższej tabeli, a następnie zdecydować, które z nich wypowiada osoba świadcząca usługi, a które jej klient.**

______ PYTANIE O GOTOWOŚĆ ŚWIADCZENIA USŁUG	– Czy można tutaj...? / Czy mogą państwo...? – Czy naprawiają państwo...? / Czy zajmują się państwo naprawą...? – Czy jest szansa, że...? – Jak szybko mogą państwo przyjechać? /... przysłać kogoś?
______ OFEROWANIE ZROBIENIA CZEGOŚ	– W czym mogę pomóc? – W czym mogę panu / pani / państwu / ci pomóc? – Może w czymś pomóc? – Co mogę dla pana / pani / państwa / ciebie zrobić?
______ OBIECYWANIE, ZAPEWNIANIE	– Obiecuję, że... / Obiecuję! / Na pewno! – Pomogę panu / pani / państwu / ci! – Myślę, że mogę... / Spróbuję panu / pani / państwu / ci pomóc. – Zapewniam pana / panią / państwa / cię, że... – Nie obiecuję, ale...
______ PODZIĘKOWANIE	– Dziękuję bardzo. – Będę panu / pani / państwu / ci zobowiązany / zobowiązana! – Będę panu / pani / państwu / ci bardzo wdzięczny / wdzięczna! – To miło z pana / pani / państwa / twojej strony!
______ ODMOWA	– Nie mogę panu / pani / państwu / ci tego niestety obiecać. – Niestety, nie mogę tego zrobić.

9a **Proszę wysłuchać nagrania i zaznaczyć, czy poniższe zdania są prawdziwe (P), czy nieprawdziwe (N).**

mp3 29

0. Wiktor i Dorota mają problem z DVD. (P) / N
1. DVD Wiktora i Doroty w ogóle nie działa. P / N
2. Dorota znalazła numer pana Jabłońskiego w książce telefonicznej. P / N
3. Pan Jabłoński prowadzi własny punkt napraw RTV. P / N
4. Pan Jabłoński potrafi naprawiać sprzęt AGD. P / N
5. „Kubacki-Serwis" nie ma w tym tygodniu czasu, żeby przysłać fachowca. P / N
6. „Skorpion" to punkt napraw RTV. P / N
7. „Skorpion" zajmuje się naprawą tylko niektórych dostępnych na rynku modeli DVD. P / N
8. „Skorpion" nie naprawia sprzętu w domu klienta. P / N
9. Pan Jabłoński obiecuje, że na pewno naprawi DVD Doroty i Wiktora. P / N
10. Dorota jest wdzięczna, że pan Jabłoński chce im pomóc. P / N

9b **Proszę ponownie wysłuchać nagrania i odpowiedzieć na pytania.**

mp3 29

1. Dlaczego Dorota mówi o panu Jabłońskim „złota rączka"?

....

2. Dlaczego Wiktor niechętnie zgadza się, żeby pan Jabłoński obejrzał ich DVD?

....

3. Dlaczego Wiktor nie chce skorzystać z usług punktu napraw „Kubacki-Serwis"?

....

4. Dlaczego Wiktor nie decyduje się na usługi punktu napraw „Skorpion"?

....

mp3 29

9c Proszę wysłuchać nagrania po raz ostatni, a następnie uzupełnić poniższe zdania.

0. Dzwoniłeś wczoraj ...w sprawie.... naszego DVD?
1. ...., podobno świetnie naprawia każdy sprzęt RTV.
2. „Kubacki-Serwis", w czym ....?
3. A czy jest ...., że przyślecie kogoś do nas?
4. Nie mogę panu ...., mamy dużo klientów. Może w przyszłym tygodniu.
5. Wszystkie dostępne .... modele.
6. A .... przysłać do nas fachowca, żeby obejrzał DVD?
7. A jaki jest .... usługi?
8. .... państwu pomóc, ale nie mogę obiecać, że to się uda naprawić.
9. Tak czy inaczej, będziemy ...., panie Tadeuszu!

GRAMATYKA

PRZYMIOTNIKOWA ODMIANA RZECZOWNIKÓW

	liczba pojedyncza		liczba mnoga	
mianownik	znajom**y**, -**a**	Poniatowsk**i**, -**a**	znajom**i**, -**e**	Poniatows**cy**, -sk**ie**
dopełniacz	znajom**ego**, -**ej**	Poniatowsk**iego**, -**ej**	znajom**ych**, -**ych**	Poniatowsk**ich**, -**ich**
celownik	znajom**emu**, -**ej**	Poniatowsk**iemu**, -**ej**	znajom**ym**, -**ym**	Poniatowsk**im**, -**im**
biernik	znajom**ego**, -**ą**	Poniatowsk**iego**, -**ą**	znajom**ych**, -**e**	Poniatowsk**ich**, -**e**
narzędnik	znajom**ym**, -**ą**	Poniatowsk**im**, -**ą**	znajom**ymi**, -**ymi**	Poniatowsk**imi**, -**imi**
miejscownik	znajom**ym**, -**ej**	Poniatowsk**im**, -**ej**	znajom**ych**, -**ych**	Poniatowsk**ich**, -**ich**

10a Proszę wstawić podane w nawiasach rzeczowniki w odpowiedniej formie. Uwaga, proszę pamiętać o tym, że imiona rodzaju męskiego zakończone na -y lub -i odmieniają się tak, jak przymiotniki.

0. Czy masz numer telefonu ...Jerzego Kowalskiego....? (Jerzy Kowalski)
1. W sobotę jedziemy ze .... na narty. (znajomi)
2. Powiedz ...., że mam dla niego tę książkę. (Ignacy)
3. Pielęgniarka opiekuje się .... (chorzy)
4. Rozmawiałam wczoraj z Anią i Martą o pani .... (Dobrowolska)
5. Konduktor poprosił .... o bilet. (podróżny)

10b Proszę ułożyć zdania w czasie przeszłym z podanymi niżej wyrazami. Podmiot w pierwszej osobie, w dowolnym rodzaju.

0. kupić / prezent / Jerzy
   ...Kupiłam Jerzemu prezent.......................................
1. mieszkać / blisko / Radziejowscy
   ....
2. nie znać / siostry / Ewa i Kasia / Małeckie
   ....
3. pożyczyć / ładowarka / znajoma
   ....
4. słuchać / wystąpienie / posłanka / Kowalska
   ....

11a Poniższy artykuł opisuje najnowsze trendy w e-commerce. Zanim przeczytasz tekst, omów ten temat w małej grupie. Postarajcie się odpowiedzieć na poniższe pytania:

- Co rozumiesz pod pojęciem „e-commerce"?
- Czy korzystasz ze sklepów internetowych? Jakie są ich plusy i minusy?
- Jak myślisz, jakie warunki powinien spełniać sklep internetowy, żeby odnieść sukces na rynku?
- Jak myślisz, jak zmieniają się oczekiwania klientów sklepów internetowych?
- Jak oceniasz wykorzystanie mediów społecznościowych przez e-commerce?

Najważniejsze trendy e-commerce – przygotuj swój sklep internetowy do skutecznej sprzedaży

1. Mobile First Index, czyli M-commerce wyrocznią Twoich pozycji

Jeżeli sklepy internetowe chcą działać na wysokim poziomie, muszą umożliwiać robienie zakupów przez telefon. Urządzenia mobilne są wykorzystywane przez konsumentów zarówno do dokonywania transakcji, jak i samego przeglądania produktów, dlatego strona e-sklepu musi być responsywna i dostosowana do odbiorcy mobilnego.

2. Sprawna obsługa klienta e-commerce

W dobie internetu i portali społecznościowych każdy niezadowolony klient może wyrazić swoją opinię, ukazując ją wszystkim Twoim odbiorcom. Czarny PR nie jest tym, czego potrzebuje sklep internetowy, dlatego należy dbać o sprawną obsługę klienta, a jeżeli już pojawi się jakaś wpadka, musisz reagować niczym sprinter, aby złość i niezadowolenie nie odbiło się na wizerunku całego sklepu i nie poskutkowało utratą innych klientów.

3. Customer experience

Do jednego z ważniejszych trendów należy dbałość o odczucia klientów. Na customer experience składa się zarówno jakość obsługi, jak i dostosowywanie się do preferencji klientów, odpowiednia komunikacja oraz dawanie klientom poczucia wyjątkowości.

4. Unikatowe treści są zawsze w cenie

Wartościowe treści w sklepie internetowym, to droga do Twojego sukcesu, także pod względem pozycjonowania. Twój serwis będzie lepiej widoczny, kiedy umieścisz w nim własne opisy produktów oraz usług. Dodatkowym wzmocnieniem mogą okazać się także wpisy na blogu i używanie słów kluczowych (tagów) w swoich tekstach.

5. Media społecznościowe i Social Commerce – sprzedaż w mediach społecznościowych

Komunikowanie i aktywne działanie w social mediach to trend, który z roku na rok będzie umacniał swoją pozycję. To fanpage budują lojalność i przywiązanie klientów do danego sklepu internetowego. Sprzedaż społecznościowa to trend, który dopiero raczkuje, ale posiada wielki potencjał na przyszłość. To przecież właśnie social media zrzeszają na swoich platformach wielu potencjalnych klientów, więc warto się tą nowością nieco zainteresować. Fanpage dają markom coraz większe możliwości. Firmy na Facebooku mogą tworzyć katalogi ze swoimi produktami, natomiast Instagram pozwala oznaczać je na zdjęciach.

6. Chatboty w e-commerce

Wymagania klientów względem sklepów internetowych stale rosną. Użytkownicy internetu poszukują idealnych rozwiązań i produktów o różnych porach dnia. E-sklepy muszą dotrzymać im tempa, dlatego nadeszła era chatbotów. Pozwalają one na całodniowy kontakt z klientami, jednak muszą być dobrze zaprogramowane. Pamiętajmy, że to tylko sztuczna inteligencja, która nie przewidzi wszystkich problemów Twoich klientów.

7. Rozszerzona rzeczywistość wirtualna – VR

Technologia idzie do przodu, a wraz z nią pojawiają się kolejne trendy w e-handlu. Czy pomyślałbyś kilka lat temu, że będziesz mógł wybierać produkty na podstawie realnych wizualizacji? Dziś to możliwe! Przykładem jest Ikea, która z duchem nowoczesności postawiła na aplikację. Nie jest to jednak taki zwykły dodatek. Dzięki rozszerzonej rzeczywistości wirtualnej możesz zobaczyć, jak produkty z oferty szwedzkiej sieciówki prezentują się w Twoim domu jeszcze przed ich zakupem.

8. Darmowe zwroty a e-commerce

Brak kolejek do przymierzalni i kas, zakupy we własnym domu – to cechy, które tworzą przewagę sklepów internetowych nad tymi stacjonarnymi. Ale to nie wszystko! Zakupy online coraz częściej można bardzo łatwo zwrócić. Klienci zamawiają kilka produktów, przymierzają je w domu i wybierają jeden z nich. A co z resztą? Pozostałe artykuły odsyłane są kurierem na koszt firmy. Dla klientów to ogromna wygoda, która przyciąga ich do sklepów internetowych oferujących darmowe zwroty.

9. Błyskawiczna dostawa to podstawa e-commerce

Same day delivery to kierunek, który najlepiej radzi sobie w obszarze e-sklepów z artykułami spożywczymi. Klienci są skorzy zapłacić więcej, aby otrzymać zamówiony produkt tego samego dnia. To znak dla e-sklepów, aby umożliwiały taką opcję swoim nabywcom.

10. Zakupy przez zdjęcia

Skoro już wiemy, jak ważne są wyjątkowe zdjęcia i jaką rolę odgrywają w procesie zakupów online, pora pójść o krok dalej. Zakupy przez zdjęcia to trend, który pozwala na przejście do danego produktu w sklepie internetowym, bezpośrednio z poziomu grafiki umieszczonej w mediach społecznościowych. Popularne platformy, jak eBay czy Instagram, już wprowadziły opcję wyszukiwania obrazami.

11. Content video

Materiały w formie filmów cały czas są na topie. Platforma YouTube jest jedną z najbardziej popularnych wyszukiwarek, co świadczy o potrzebie dostarczania klientom właśnie takich treści. Sklepy internetowe mogą w ten sposób dotrzeć do zupełnie nowych odbiorców, zyskując na tym więcej możliwości promocji. Filmy instruktażowe, tutoriale – to one będą cały czas rządzić!

12. Influence marketing

Niezaprzeczalnym trendem w branży e-handlu jest współpraca z blogerami i znanymi osobami. Podrzucanie kodów zniżkowych influencerom do przekazania dla obserwatorów może poskutkować pobiciem rekordu odsłon Twojego sklepu internetowego chwilę po opublikowaniu przez nich filmu.

Aneta Lewandowska

Link builderka fascynująca się wszystkim, co kryje się pod słowami marketing internetowy. Prywatnie uzależniona od przeglądania Instagrama, czytania poradników brańżowych i... owsianki z jabłkiem. W wolnym czasie trenuje pole dance oraz zagłębia się w ciemne zaułki kampanii Google Ads.

na podstawie: 20 największych trendów e-commerce – przygotuj swój sklep internetowy na rok 2019, www.empressia.pl

11b Proszę przeczytać tekst, a następnie zaznaczyć lub wyszukać i wpisać poprawną odpowiedź.

0. Branża e-commerce rozwija się w zawrotnym tempie – sformułowanie to oznacza, iż:
a. Rozwija się szybko,
b. Rozwija się w zmiennym rytmie.

1. Strona e-sklepu musi być dostosowana do odbiorcy mobilnego – sformułowanie to oznacza, iż:
a. Strona musi być dostępna dla klientów, którzy dużo podróżują,
b. Strona musi być dostępna dla użytkowników telefonów komórkowych.

2. Fragment (2), ***Sprawna obsługa klienta e-commerce***, mówi o tym, że:
a. Sprawna obsługa klientów zapewnia czarny PR sklepu internetowego,
b. Niezadowolenie klientów jest antyreklamą sklepu internetowego.

3. Proszę przeczytać fragment (3) i wymienić trzy czynniki, które składają się na tzw. „customer experience".

....

4. „Unikatowe treści są zawsze w cenie" – sformułowanie to oznacza, iż:
a. Oryginalność zwiększa szanse na sukces,
b. Atrakcyjna cena zwiększa szanse na sukces.

5. Proszę przeczytać fragment (5) i zdecydować, czy poniższe zdania to prawda, czy nieprawda:
a. Działanie w mediach społecznościowych to rosnący trend P / N
b. Sprzedaż społecznościowa buduje lojalność klientów P / N
c. Zadowoleni klienci zakładają fanpage produktów P / N

6. Proszę zakreślić sformułowania, które zgadzają się z treścią fragmentu (6):
a. Chatboty umożliwiają całodobowy kontakt z klientami,
b. Chatboty są zaprogramowane, aby przewidzieć wszystkie problemy klientów,
c. Chatboty to sztuczna inteligencja.

7. Proszę przeczytać fragment (7) i dokończyć zdanie:
Dzięki rozszerzonej rzeczywistości wirtualnej klient może zobaczyć ....
....

8. Proszę przeczytać fragment (8) i zdecydować, czy poniższe zdania to prawda, czy nieprawda:
a. Brak kolejek i zakupy we własnym domu – to cechy, które zwiększają atrakcyjność sklepów internetowych P / N
b. Darmowa dostawa towaru to ogromna wygoda dla klientów, która przyciąga ich do sklepów internetowych P / N

9. Proszę przeczytać fragment (9) i dokończyć zdanie:
Dostawa w dniu zamówienia to kierunek, który najlepiej sobie radzi w obszarze ....
....
Klienci są skorzy zapłacić więcej, aby ....
....

10. Fragment: „Zakupy przez zdjęcia to trend, który pozwala na przejście do danego produktu w sklepie internetowym, bezpośrednio z poziomu grafiki umieszczonej w mediach społecznościowych", oznacza, że:
a. Możemy zamawiać obrazy przez internet,
b. Możemy robić zakupy przez wyszukiwanie obrazów w serwisach internetowych.

11. Proszę przeczytać fragment (11) i zdecydować, czy poniższe zdania to prawda, czy nieprawda:
a. Sklepy internetowe mogą dotrzeć do nowych odbiorców poprzez filmy instruktażowe i tutoriale P / N
b. Nowi odbiorcy potrzebują filmów instruktażowych i tutoriali uczących, jak robić zakupy online P / N

12. Proszę przeczytać fragment (12) i uzupełnić zdania:
a. Ważnym trendem w branży e-handlu jest współpraca z .... i znanymi osobami.
b. Podrzucanie .... influencerom do przekazania dla obserwatorów może poskutkować pobiciem rekordu .... twojego sklepu internetowego chwilę po opublikowaniu przez nich ....

11c Proszę porozmawiać z kolegą / koleżanką na temat przeczytanego artykułu. Proszę uwzględnić poniższe pytania:

1. Czy po przeczytaniu artykułu zmieniła się twoja opinia na temat e-commerce? W jaki sposób?
2. Jakie nowe trendy w handlu internetowym uważasz za najbardziej skuteczne?
3. Czy masz doświadczenie z e-commerce jako przedsiębiorca lub klient? Opowiedz o nim.

11d Proszę razem z kolegą / koleżanką wybrać jedną z podanych niżej sytuacji, przygotować krótką scenkę i odegrać ją przed grupą.

1. Twój telefon ma rozbity ekran. Wchodzisz do serwisu i pytasz o warunki naprawy.
2. Koleżanka proponuje ci pomoc w sprzątaniu mieszkania. Przyjmujesz pomoc.
3. W twoim mieszkaniu pękła rura. Dzwonisz po pogotowie hydrauliczne.
4. Kolega pyta, czy możesz mu pomóc remontować mieszkanie. Nie jesteś pewny / pewna, czy to będzie możliwe.
5. Do biura, w którym pracujesz, wchodzi kobieta. Nic nie mówi, stoi i patrzy na ciebie.
6. Chcesz radykalnie zmienić fryzurę, rozmawiasz z fryzjerem.
7. Masz popsuty samochód, ustalasz z mechanikiem termin naprawy.
8. Chcesz napisać testament, rozmawiasz o tym z prawnikiem.

DVD 6

12a Proszę obejrzeć materiał filmowy, a następnie odpowiedzieć pisemnie na pytania:

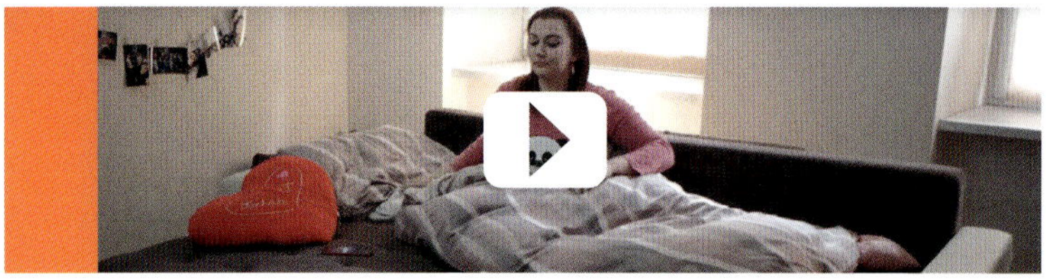

Karol Froń, *Sprzedawcą się nie rodzisz, sprzedawcą się stajesz. Najtrudniejszy zawód świata,* https://www.youtube.com/watch?v=ja8vzzctDKc

W jakim zawodzie pracuje bohaterka filmu?

....

Co dla bohaterki filmu jest główną motywacją osiągnięcia sukcesu w pracy?

....

Jakie są największe wyzwania i trudności w pracy bohaterki filmu?

....

Jakie strategie stosuje bohaterka filmu, aby osiągnąć sukces w pracy?

....

12b Proszę wspólnie z kolegą lub koleżanką wybrać i omówić jeden z poniższych tematów.

a. Czy trudności, z jakimi zmaga się bohaterka filmu, są uniwersalne? Czy zna Pan / Pani podobne sytuacje z własnego doświadczenia lub z opowieści swoich znajomych? Proszę porównać te dwie sytuacje. Proszę podzielić się refleksjami na forum grupy.

b. Proszę wspólnie z kolegą lub koleżanką zastanowić się nad mocnymi i słabymi stronami bohaterki filmu. Co Państwa zdaniem poprawiłoby jej skuteczność? A może macie dla bohaterki propozycje zmiany zawodu? Proszę podzielić się sugestiami na forum grupy.

Idiomy

13a Proszę przeczytać tekst. Jak Pan / Pani myśli, dlaczego Antek był niezadowolony, że ojciec Agnieszki naprawił odkurzacz?

– Muszę naprawić wreszcie ten odkurzacz – zdecydował Antek.
– Nic nie musisz naprawiać – odezwała się Agnieszka.
– Jak to? – zdziwił się Antek.
– Odkurzacz jest naprawiony.
– Kto go naprawił?
– Mój ojciec.
– Dlaczego prosiłaś ojca, żeby naprawił nam odkurzacz? – zdenerwował się Antek. – Przecież mogłem zrobić to sam! Sama wiesz, że elektronikę mam w małym palcu.
– Czekałam, aż naprawisz odkurzacz, ale przez dwa miesiące nie kiwnąłeś palcem – wyjaśniła Agnieszka. – A mój ojciec, sam wiesz, to złota rączka. Wszystko umie naprawić.
– No pewnie. Twój tata wszystko umie. – Antek był zirytowany.
– A co, może nieprawda? – zapytała Agnieszka. – Naprawiał nam już kilka razy telewizor, lodówkę i pralkę.
– Ale ja też to umiem!
– Ja wiem, że umiesz, ale nigdy nie masz czasu, siedzisz z założonymi rękami i czekasz, aż wszystko samo się zrobi.

13b Co oznaczają poniższe wyrażenia?

Mam to w małym palcu.
a) Antek zna osoby, które potrafią naprawiać sprzęt elektroniczny.
b) Antek zna się na elektronice.

Nie kiwnąłeś palcem.
a) Agnieszka mówi, że Antek nie chciał naprawiać odkurzacza.
b) Agnieszka mówi, że Antek przez dwa miesiące nie zrobił nic, żeby naprawić odkurzacz.

Mój ojciec to złota rączka.
a) Agnieszka mówi, że jej ojciec jest wykwalifikowanym fachowcem.
b) Agnieszka mówi, że jej ojciec jest utalentowany. Umie wszystko naprawić, chociaż nie jest fachowcem.

Siedzisz z założonymi rękami.
a) Agnieszka mówi, że Antek nic nie robi, tylko czeka, aż ktoś zrobi coś za niego.
b) Agnieszka mówi, że Antek lubi obserwować, jak ktoś coś naprawia.

13c Proszę wymienić sytuacje, w jakich możemy użyć tych wyrażeń. Proszę napisać tekst, w którym użyją Państwo przynajmniej dwóch poznanych idiomów.

- *mieć coś w małym palcu*
- *nie kiwnąć palcem*
- *złota rączka*
- *siedzieć z założonymi rękami*

Rozumienie ze słuchu

mp3 30 **I Wypowiedzi pojedyncze. Proszę uważnie słuchać i zaznaczać właściwe odpowiedzi. Nagranie będzie odtworzone tylko jeden raz.**

0. Ta wypowiedź wyraża:
   ⓐ obawę,
   b) zmartwienie,
   c) nadzieję.

1. Ta wypowiedź wyraża:
   a) pewność,
   b) sposób,
   c) opinię.

2. Ta wypowiedź jest możliwa:
   a) przed egzaminem,
   b) podczas egzaminu,
   c) po egzaminie.

3. Ta wypowiedź to:
   a) rada,
   b) propozycja,
   c) prośba.

4. Ta wypowiedź to:
   a) opinia,
   b) komplement,
   c) podziękowanie.

5. Ta wypowiedź to:
   a) zniechęcanie,
   b) zachęcanie.

6. Ta wypowiedź to:
   a) opinia,
   b) krytyka,
   c) przekonywanie.

7. Ta wypowiedź to:
   a) porównanie,
   b) przekonywanie,
   c) rada.

8. Ta wypowiedź wyraża:
   a) zadowolenie,
   b) niezadowolenie,
   c) rozczarowanie.

9. Ta wypowiedź wyraża:
   a) zadowolenie,
   b) komplement,
   c) nadzieję.

10. Ta wypowiedź to:
   a) propozycja,
   b) oferowanie pomocy,
   c) obietnica.

mp3 31 **II Proszę wysłuchać opowiadania Ani i zaznaczyć, czy poniższe zdania są prawdziwe (P), czy nieprawdziwe (N). Nagranie zostanie odtworzone dwukrotnie.**

0.	Kilka lat temu Ania i jej chłopak wybrali się na wakacje do Francji.	Ⓟ/ N
1.	Zaprosiła ich do siebie ich wspólna przyjaciółka, która miała dom w Bordeaux.	P / N
2.	Z Paryża do Bordeaux musieli pojechać autostopem, bo skończyły im się pieniądze.	P / N
3.	Udało im się zatrzymać samochód dopiero po czterech godzinach.	P / N
4.	Mężczyzna, który się zatrzymał, jechał bezpośrednio do Bordeaux.	P / N
5.	Po 20 minutach jazdy mężczyzna powiedział, że musi wracać do Paryża.	P / N
6.	Mężczyzna powiedział, że musi wracać do Paryża, bo zapomniał kluczy od domu.	P / N
7.	Ania i jej chłopak chcieli wrócić do Paryża, ale kierowca wysadził ich na autostradzie.	P / N
8.	Po godzinie czekania zatrzymała się koło nich policja i ich zaaresztowała.	P / N
9.	Policjanci zawieźli Anię i jej chłopaka na dworzec w najbliższym miasteczku.	P / N
10.	Ania i jej chłopak zdecydowali, że jednak pojadą do Bordeaux pociągiem.	P / N

mp3 32 **III Proszę uzupełnić brakujące fragmenty tekstu. Nagranie zostanie odtworzone dwukrotnie.**

W czasie, gdy wyjście z domu i kontakt z drugim człowiekiem niesie ze sobą ryzyko zarażenia ..koronawirusem..[0], a rząd promuje akcję #zostańwdomu, większość osób szuka alternatyw dla tradycyjnych ....[1]. Polacy już wcześniej lubili kupować ....[2], a teraz robią to jeszcze chętniej. Nic więc dziwnego, że wiele firm w okresie pandemii zanotowało duży wzrost ....[3] z kanałów sprzedaży ....[4]. Wyjątkowo dobrze radzą sobie ....[5] z sektora e-grocery oraz firmy oferujące jedzenie z ....[6] do domu. Obie te ....[7] bardzo szybko zareagowały na zmieniające się warunki i dopasowały swoje usługi do nowej ....[8]. Pandemia sprawiła, że jakiekolwiek formy ....[9] poza domem niemal z dnia na dzień przestały być możliwe. Nie powinno więc dziwić, że zamknięte w czterech ścianach ....[10] zaczęło poświęcać więcej czasu (i wydawać więcej pieniędzy) na konsumpcję usług ....[11]. Zwiększonym zainteresowaniem cieszą się ....[12] takie jak np. Ipla czy Player, które oferują użytkownikom dostęp do telewizji na żądanie. Zyski liczą też producenci ....[13] komputerowych.

na podstawie: *Koronawirus a gospodarka – które branże zyskują na pandemii?*, www.startup.pfr.pl

LEKCJA 8

SYTUACJE KOMUNIKACYJNE wyrażanie pewności i niepewności

SŁOWNICTWO pieniądze, styl życia • **IDIOMY:** *mieć węża w kieszeni, obiecywać złote góry,* przysłowie: *pieniądze szczęścia nie dają*

LITERATURA Katarzyna Grochola, *Trochę większy poniedziałek* (fragment)

GRAMATYKA I SKŁADNIA odmiana rzeczowników *pieniądz, miesiąc*

CZĘŚĆ EGZAMINACYJNA rozumienie tekstów pisanych

Pieniądze szczęścia nie dają...

• SŁOWNICTWO

1a Proszę zrobić ankietę w grupie, zadając kolegom poniższe pytania (można wybrać maksymalnie 3 z poniższych). Uwaga: proszę notować odpowiedzi w czasie ankietowania.

Ankieta: Budżet studenta / studentki języka polskiego

a) Jak nazywa się waluta jego / jej kraju? Jaki jest aktualny kurs złotego?
b) Zwykle płaci kartą czy gotówką?
c) Czy ma internetowe konto bankowe?
d) Co woli: wydawać czy oszczędzać pieniądze? Na co najczęściej wydaje, na co oszczędza?
e) Kto w jego / jej domu decyduje o budżecie domowym, kto płaci rachunki?
f) Czy miał / miała kieszonkowe jako dziecko? Co mógł / mogła za to kupić?
g) Jaka jest średnia pensja w jego / jej kraju?
h) Czy pieniądze są ważne w jego / jej życiu? Na ile w skali 1–10?

1b Proszę napisać krótką notatkę z ankiety z ćwiczenia 1a, używając wybranych słów z poniższej tabelki:

ankieta pokazuje *według ankiety*
większość *mniejszość* *ponad 50%*
mniej niż połowa *więcej niż połowa*

2a Czy znają Państwo program telewizyjny „Milionerzy"? Jeśli nie, proszę przeczytać notkę z Wikipedii.

Milionerzy – polski teleturniej prowadzony przez Huberta Urbańskiego i emitowany na antenie TVN od 3 września 1999, oparty na brytyjskim formacie *Who Wants to Be a Millionaire?* Główną nagrodą w polskiej wersji programu jest milion złotych, która padła trzykrotnie w historii programu (…) Średnia oglądalność programu wynosi około 2,58 mln widzów.

na podstawie: *Milionerzy* (teleturniej), www.wikipedia.org

Adres internetowy polskiej wersji programu: www.milionerzy.tvn.pl

WYRAŻANIE PEWNOŚCI I NIEPEWNOŚCI

Z całą pewnością!	Nie jestem całkiem pewien / pewna, ale ...
Na pewno!	Możliwe, że ...
Na sto procent!	Wydaje mi się, że ...
Jestem całkowicie pewien / pewna.	(To) trudno powiedzieć.
Absolutnie!	Być może.
Bez wątpienia ...	

2b Praca w parach. Biorą Państwo udział w polskiej edycji „Milionerów". Proszę odpowiedzieć na pytania, wybierając odpowiedź a–d. W czasie ćwiczenia proszę używać fraz pewności i niepewności.

PYTANIE ZA 500 ZŁ
1. Na polskich banknotach są podobizny:
A: polskich naukowców
B: polskich aktorów
C: polskich królów
D: polskich premierów

PYTANIE ZA 1 000 ZŁ
2. Skrót NBP oznacza:
A: Narodowe Biuro Polityczne
B: Nowy Bank Publiczny
C: Narodową Bibliotekę Publiczną
D: Narodowy Bank Polski

PYTANIE ZA 2 000 ZŁ
3. Gdzie można wymienić walutę?
A: w kantynie
B: w kantorze
C: w punkcie ksero
D: w stołówce

PYTANIE ZA 5 000 ZŁ
4. Skrót złotego to:
A: PLN
B: NZS
C: RP
D: BP

PYTANIE ZA 10 000 ZŁ
5. Waluta Wielkiej Brytanii to:
A: korona
B: funt
C: frank
D: hrywna

PYTANIE ZA 20 000 ZŁ
6. Pieniądze szczęścia nie dają, ...
A: ale żyć pomagają.
B: więc ludzie ich nie mają.
C: ale dobrze je mieć.
D: bo szybko je wydaję.

PYTANIE ZA 40 000 ZŁ
7. Ile waży milion złotych w banknotach po 200 zł?
A: tonę
B: ok. 1 kg
C: ok. 9 kg
D: ok. 20 kg

PYTANIE ZA 75 000 ZŁ
8. Obiecywać złote góry oznacza:
A: obiecywać niemożliwe
B: obiecywać podróż na Alaskę
C: niczego nie obiecywać
D: być realistą

PYTANIE ZA 125 000 ZŁ
9. Liczba mnoga (mianownik) od słowa pieniądz to:
A: pieniądze
B: nie ma liczby mnogiej
C: pieniędzy
D: pieniędzmi

PYTANIE ZA 250 000 ZŁ
10. Ma węża w kieszeni ten, kto:
A: dużo wydaje
B: dużo zarabia
C: dużo oszczędza
D: jest skąpy, nie lubi wydawać pieniędzy.

PYTANIE ZA 500 000 ZŁ
11. Łacińskie powiedzenie *Pecunia non olet* można przetłumaczyć:
A: Pieniądze nie pachną.
B: Pieniądze nie oszczędzają.
C: Kieszonkowego nie dawaj!
D: Pieniądze nie śmierdzą.

PYTANIE ZA 1 000 000 ZŁ
12. Pierwszym polskim banknotem po 1918 r. była:
A: złoty
B: rubel
C: talar
D: marka polska

Odpowiedzi: 1c, 2d, 3b, 4a, 5b, 6a, 7c, 8a, 9a, 10d, 11d, 12d

Idiomy

2c **Proszę z kolegą / koleżanką zastanowić się, jakie znaczenie mogą mieć poniższe wyrażenia.**

- *mieć węża w kieszeni*
- *obiecywać złote góry*

2d **Proszę z kolegą / koleżanką przeczytać na głos poniższe dialogi.**

1)
– Spotkałam wczoraj Krystynę.
– I co u niej?
– Jak zwykle narzeka, że ma za mało pieniędzy.
– Tak? Ale przecież ona i Rafał mają świetną pracę, dobrze zarabiają.
– Oczywiście, ale nigdzie nie wychodzą: ani do kina, ani do restauracji czy kawiarni. Ciągle oszczędzają. Moim zdaniem oni po prostu mają węża w kieszeni.
– Może masz rację. Ale ja ich rozumiem. Też nie lubię wydawać pieniędzy.

2)
– Byłeś w tej nowej firmie na rozmowie w sprawie pracy?
– Tak, ale chyba nic z tego nie będzie.
– Dlaczego? Przecież masz kwalifikacje i doświadczenie.
– Tak, ale ta firma chyba nie jest wiarygodna. Obiecują mi złote góry: świetne zarobki, komórkę i samochód, sekretarkę, płatny urlop. A sami nie mają porządnego biura.

2e **Proszę zilustrować te wyrażenia:**

mieć węża w kieszeni

obiecywać złote góry

2f DVD 7 **Jak Państwo myślą, czy uda się przeżyć tydzień za 50 zł? Proszę obejrzeć eksperyment Aleksandry Szejnogi, która postanowiła to sprawdzić, a następnie zanotować:**

1. Dzień 1: co będzie jeść i co planuje kupić?
   ....
2. Dzień 2: na co i ile pieniędzy wydała?
   ....
3. Dzień 3: na co i ile pieniędzy wydała?
   ....
4. Dzień 4:
   – co zjadła na śniadanie i na obiad?
   ....
   – co kupiła i ile pieniędzy wydała?
   ....
5. Dzień 5:
   – czy coś kupiła?
   ....
   – co zjadła?
   ....
6. Dzień 6:
   – co kupiła?
   ....
   – ile pieniędzy jej zostało?
   ....
7. Jak się czuje po tym eksperymencie?
   ....
8. Czy według niej można przeżyć tydzień za 50 zł?
   ....
9. Jaki pozytywny wniosek wyciągnęła z tego eksperymentu?
   ....

Aleksandra Szejnoga, *Czy dam radę przeżyć 7 dni mając 50 zł*, https://www.youtube.com/watch?v=LQd9b5Y0nzQ&list=PL8sADpMSNxptjseGG0Xvt81iiIEuMek6k&index=33&t

• GRAMATYKA

3a **Proszę uzupełnić deklinację rzeczownika *pieniądz*, następnie uzupełnić zdania a–e odpowiednimi formami tego rzeczownika.**

RZECZOWNIK *pieniądz*

	liczba pojedyncza	liczba mnoga
mianownik	pieniądz	pieniądze
dopełniacz	pieniądza	....
celownik	....	pieniądzom
biernik	pieniądz	....
narzędnik	....	....
miejscownik	....	o pieniądzach

a) Już prawie połowa klientów używa na co dzień kart kredytowych, nazywanych plastikowymi ....
b) Dlaczego wszyscy mówią o ....?
c) Kto powiedział, że .... rządzą światem?
d) Dzięki .... od sponsorów szpital może kupić nowy sprzęt medyczny.
e) Wszystko można kupić za ....?

3b **Na podstawie odmiany słowa pieniądz z ćwiczenia 3a, proszę uzupełnić odmianę rzeczownika *miesiąc*, a następnie uzupełnić zdania.**

RZECZOWNIK *miesiąc*

	liczba pojedyncza	liczba mnoga
mianownik	miesiąc	miesiące
dopełniacz	....	miesięcy
celownik	....	....
biernik	....	....
narzędnik	....	miesiącami
miejscownik	....	....

a) Za kilka .... jedziemy na urlop!
b) W zimowych .... są wyższe koszty ogrzewania.
c) Od tego .... zaczynam nową pracę.
d) Luty jest najkrótszym .... roku.
e) Od trzech .... mam bankowe konto internetowe.

3c **Proszę uzupełnić zdania rzeczownikami *pieniądz*, *miesiąc* w odpowiedniej formie (deklinacja rzeczowników w liczbie pojedynczej i mnogiej).**

1. W tym .... nie mam .... na nieplanowane wydatki, jak książki czy wyjście do miasta ze znajomymi.
2. Dobrze jest oszczędzać .... w bankach, nie w szafie czy skarpecie.
3. Lokaty krótkoterminowe, na 2–3 ...., są dobrą metodą szybkiego oszczędzania ....
4. Ojej, nie wziąłem portfela! Nie mam przy sobie .... Ani złotówki!
5. Od ilu .... mieszka pan w Polsce? Cztery ....?
6. Kurs .... jest zmienny, nie stały.
7. Po co iść z .... na zakupy? Możesz płacić kartą.

3d **Proszę uzupełnić tekst rzeczownikami w odpowiedniej formie (deklinacja w liczbie pojedynczej i mnogiej).**

Koniec ..wakacji... (wakacje)[0] to dla większości .... (domowy budżet)[1] trudne .... (miesiąc)[2]. W tym roku na materiały szkolne dla dzieci .... (rodzic)[3] wydadzą średnio 1,7 tys. .... (złoty)[4]. Przede wszystkim na artykuły szkolne, odzież oraz podręczniki. 75 procent szuka najlepszych .... (cena)[5] i planuje zrobić zakupy w kilku różnych miejscach, także w sklepach internetowych.

mp3 33

3e Czy można uniknąć konfliktów o pieniądze w związku? Młoda para – Magda i Janusz – wyraża swoje opinie na ten temat. Słuchając nagrania, proszę odpowiedzieć na poniższe pytania. Nagranie zostanie odtworzone dwukrotnie.

1. Na co Magda i Janusz wydają wspólne pieniądze?

....

2. Co opłacają rodzice?

....

3. Jaką sumę Magda i Janusz oszczędzają co miesiąc?

....

4. Ile lat mieszkają razem?

....

5. Za co płacą osobno?

....

6. Co ślub zmieni w ich życiu?

....

3f Na podstawie ćwiczenia 3e i własnego doświadczenia, proszę napisać, co mogliby Państwo poradzić parom na temat ich finansów?

5 porad, jak nie kłócić się o pieniądze w związku:

1. ....
2. ....
3. ....
4. ....
5. ....

mp3 34

3g Wypowiedzi pojedyncze. Proszę uważnie słuchać i zaznaczać właściwe odpowiedzi. Nagranie będzie odtworzone tylko jeden raz.

0. Ta wypowiedź jest możliwa:
   a) na ulicy,
   b) w sklepie,
   c) w toalecie.

1. Ta wypowiedź jest możliwa:
   a) w domu,
   b) na ulicy,
   c) u lekarza.

2. Ta wypowiedź jest możliwa:
   a) w szkole,
   b) w restauracji,
   c) w kantorze wymiany walut.

3. Ta wypowiedź jest możliwa:
   a) na plaży,
   b) w sklepie,
   c) w parku.

4. Ta wypowiedź jest możliwa:
   a) w księgarni,
   b) w sklepie mięsnym,
   c) w kiosku.

5. Ta wypowiedź to informacja:
   a) o kursie walut,
   b) o lokatach bankowych,
   c) o rachunku.

6. Ta wypowiedź to:
   a) informacja,
   b) protest,
   c) krytyka.

7. Ta wypowiedź oznacza:
   a) pewność,
   b) niepewność,
   c) obojętność.

8. Ta wypowiedź to:
   a) rozkaz,
   b) prośba,
   c) informacja.

9. Ta wypowiedź oznacza:
   a) pewność,
   b) niepewność,
   c) obojętność.

10. Ta wypowiedź oznacza:
   a) strach,
   b) nadzieję,
   c) obojętność.

• SŁOWNICTWO

4a Czy wie Pan / Pani, na czym polega idea dzielenia się transportem, miejscem? Proszę wyjaśnić ten pomysł, a następnie przeczytać poniższe teksty i dopasować je do tytułów.

1. Auta na minuty to nie tylko czystsze powietrze, ale także wolne chodniki i miejsca parkingowe w centrum miasta – jeden samochód carsharingowy może zastąpić od 8 do 20 samochodów prywatnych.

2. Być może spotkałeś się już z terminem scooter-sharing lub car-sharing. W gruncie rzeczy jest to bardzo prosty temat – wypożyczasz skuter lub auto, jeździsz, gdzie chcesz i ile chcesz, zostawiasz praktycznie gdziekolwiek, a na koniec płacisz za wykorzystane minuty.

3. Przedsiębiorca może zdecydować, czy chce wynająć tylko jedno biurko, kilka biurek położonych obok siebie, czy też może cały pokój, w którym zmieści się cały jego zespół. Do potrzeb odbiorcy dopasowany jest także czas wynajmu – można zdecydować się na wynajęcie przestrzeni na godziny, dni, tygodnie etc. W praktyce z coworku skorzysta freelancer, który znalazł się w mieście i potrzebuje cichego miejsca na kilka godzin pracy, jak i zespół pracowniczy, który szuka miejsca na kilka miesięcy.

Traficar to nowy rozdział w historii polskiej motoryzacji a ◯

Na czym polega coworking? b ◯

Skutery elektryczne na minuty c ◯

na podstawie:
Beata Kostrzycka, *Na czym polega coworking*, www.poradnikprzedsiebiorcy.pl
Michał Nowak, *Skutery elektryczne na minuty*, www.motocykl-online.pl
Carsharing, czyli auto na minuty, www.traficar.pl

4b Pan Sebastian jest grafikiem komputerowym. Pracuje w domu jako wolny strzelec, ale jest zmęczony ciągłym siedzeniem w domu. Proszę przekonać go, że coworking jest dla niego dobrym rozwiązaniem. Proszę użyć poniższych zwrotów.

według mnie | *uważam, że* | *po pierwsze* | *po drugie* | *co więcej* | *ponadto* | *na pewno* | *bez wątpienia*

4c Dużo jeździ Pan / Pani po mieście. Zastanawia się Pan / Pani nad wypożyczeniem skutera na minuty. Proszę zrobić listę argumentów za i przeciw, a następnie podjąć decyzję.

Argumenty za	Argumenty przeciw
Reasumując:	

Literatura

4d Proszę przeczytać fragment książki Katarzyny Grocholi *Trochę większy poniedziałek*. Czy zgadza się Pan / Pani z tą myślą? Proszę dopisać 1 podobne zdanie.

Za pieniądze można mieć zegarek, ale nie czas.
Za pieniądze można mieć budynek, ale nie dom.
Za pieniądze można mieć seks, ale nie miłość.
Za pieniądze można mieć lekarstwa, ale nie zdrowie.
(...)
Za pieniądze można mieć ubranie, ale nie dobry gust.
Jednym słowem, za pieniądze można mieć...
ale nie można być.

na podstawie: Katarzyna Grochola, *Trochę większy poniedziałek*

ROZPRAWKA (tekst argumentacyjny)
– zasady pisania tekstu

To tekst, w którym musimy udowodnić jakąś ideę, myśl. W tym celu podajemy logiczne argumenty, analizujemy za i przeciw, a na końcu podajemy wnioski.
Najważniejsze elementy rozprawki:
- jest opinią autora,
- zawiera argumenty i kontrargumenty, dowody logiczne,
- na końcu zawiera podsumowanie (resume).

Uwaga! Rozprawka musi zawierać zwroty wyrażające opinię autora, np.:
według mnie / moim zdaniem / uważam, że / sądzę, że / myślę, że / na pewno / z całą pewnością / jestem całkowicie pewien, że / wydaje mi się, że / możliwe, że

Schemat rozprawki:
1. moja ogólna opinia: *według mnie, wydaje mi się, że, jestem przekonany, że*
2. początek: *zacznę od, na początku, na wstępie*
3. argumentowanie: *po pierwsze, po drugie, z jednej strony, z drugiej strony, po trzecie, co więcej, następnie, ponadto*
4. podsumowanie: *kończąc, na zakończenie, reasumując, krótko mówiąc*

Przykładowe tezy rozprawki:
– Pieniądze szczęścia nie dają.
– Bogaci są piękni, zdrowi i szczęśliwi.
– Życie w mieście jest droższe niż życie na wsi.

Przykładowe hipotezy rozprawki:
– Jak znaleźć szczęście bez pieniędzy?
– Czy praca w coworkingu jest lepsza niż w domu?
– Czy ruch *zero waste* to nasza przyszłość?

4e Proszę ułożyć we właściwej kolejności fragmenty rozprawki „Czy pieniądze dają szczęście"?

	Moja odpowiedź na pytanie zawarte w temacie to: „pieniądze szczęścia nie dają".
3	Warto również zwrócić uwagę na to, że za pieniądze nie możemy wszystkiego kupić. Zdrowie jest nam niezbędne do życia, nie możemy go jednak nabyć. Gdy mamy pieniądze, zdrowie nie jest dla nas ważne, ale gdy się skończy, jesteśmy w stanie zrobić wszystko, by je odzyskać.
	Myślę, że moje argumenty przekonują, iż pieniądze szczęścia nie dają. Lepiej jest żyć biedniej, ale wśród kochających ludzi.
	Dlaczego? Pierwszym i najważniejszym argumentem jest to, że – mając pieniądze – stajemy się łatwym celem dla złodziei. To właśnie pieniądze prowokują ludzi do tego, by kradli i zabijali. Motyw ten stał się inspiracją dla wielu pisarzy i reżyserów.
	Chciałbym dodać, że – mając pieniądze – stajemy się samolubni, przez co tracimy najbliższych. Ebenezer Scrooge, bohater „Opowieści wigilijnej" Charlsa Dickensa przez pieniądze stracił tych, na których zależało mu najbardziej. Bez przyjaciół stał się złym, zimnym człowiekiem.

na podstawie: *Czy pieniądze dają szczęście*, www.sciaga.pl

4f KOMPOZYCJA ROZPRAWKI: proszę wpisać podane wyrażenia w odpowiednie pola tabeli.

moja ogólna opinia	początek	argumentowanie	zakończenie
jestem pewien			

kończąc po pierwsze według mnie krótko mówiąc wydaje mi się, że jestem przekonany, że zacznę od na początku na wstępie reasumując po drugie z jednej strony na zakończenie z drugiej strony po trzecie co więcej następnie ponadto jestem pewien ✓

4g Proszę przeczytać podany poniżej tekst i dopasować usunięte z niego fragmenty zgodnie z przykładem. Uwaga! Jeden fragment jest zbędny.

Czym jest zero waste?

Zero waste (w dosłownym tłumaczeniu „brak śmieci" lub „brak marnowania") to styl życia, [...F...][0] aby nie zanieczyszczać środowiska.

[........][1], bo trudno samemu coś wyhodować, kupić żywność bezpośrednio od rolnika albo znaleźć jakiś sklep z produktami spożywczymi na wagę. Trudno też pamiętać o własnej siatce, słoikach na fasolki, butelkach na mleko i o worku na chleb. Przyzwyczailiśmy się też do kupowania przez internet, a przecież nikt nie wyśle nam tych rzeczy luzem.

[........][2] Ale czy chodzi tylko o to?

Bezśmieciowe życie to w praktyce konsekwentne stosowanie kilku zasad, tak zwanych pięciu eRek (5R).

Po pierwsze *Refuse* (odmawiaj) – odmawiaj ulotek reklamowych, jednorazowych opakowań, a także produktów wyprodukowanych ze szkodą dla środowiska, generujących odpady i zanieczyszczenia.

Po drugie *Reduce* (ograniczaj) – [........][3]

Kolejne to *Reuse* (używaj ponownie) – nie stosuj rozwiązań jednorazowych. Używaj wielorazowych opakowań (na przykład słoika po ogórkach konserwowych używaj do robienia przetworów lub kupowania i przechowywania ryżu), termosów, a nawet artykułów higienicznych (golarki na żyletki, pasty cukrowej do depilacji).

[........][4] – segreguj śmieci (papier można przetwarzać 6-krotnie) i przerabiaj rzeczy (na przykład ze starego materiału uszyj torbę na zakupy).

Po piąte *Rot* (kompostuj) – kompostuj odpadki organiczne, aby otrzymać z nich energię lub naturalny kompost.

Kończąc – dla mnie życie w stylu zero waste to nieustanna nauka, próby i błędy, ale też ciągłe szukanie nowych, bezśmieciowych rozwiązań. Często jest to powrót do praktyk, które pamiętam z własnego dzieciństwa lub opowieści rodziców i dziadków. Osobiście czerpię inspirację z dyskusji w grupie Zero Waste Polska, licznych blogów i stron internetowych, jak również proekologicznych książek.

na podstawie: Dorota Czopyk, *Czym jest zero waste*, www.zero-waste.pl

0.	1.	2.	3.	4.
F				

A. redukuj liczbę przedmiotów, żyj możliwie minimalistycznie. Powinieneś mieć tylko to, czego faktycznie używasz.
B. Zero waste to oszczędność pieniędzy i ochrona środowiska?
C. Chodzenie z własną materiałową torbą i odmawianie plastikowej jednorazowej reklamówki stało się symbolem stylu zero waste.
D. Ponadto Recycle (segreguj i przetwarzaj)
E. Z jednej strony wielu ludziom takie życie wydaje się niemożliwe
F. zgodnie z którym człowiek stara się generować jak najmniej odpadów,

4h Na podstawie podanych niżej argumentów, proszę napisać rozprawkę na temat: *Życie samemu jest droższe niż w związku.*

argumenty za:
- trzeba płacić samemu za jedzenie, rachunki, mieszkanie
- wakacje dla singli są droższe (np. jednoosobowy pokój)
- jazda samochodem samemu jest nieekonomiczna

argumenty przeciw:
- koszty życia dla 2 osób ogólnie są wyższe: za większe mieszkanie płacisz wyższy czynsz, wyższe rachunki za prąd
- w restauracjach płacicie większy rachunek i dajecie większy napiwek
- gdy wychodzicie do miasta ze znajomymi, to kosztuje 2 razy więcej

4i Proszę wybrać jeden z tematów, zebrać argumenty i napisać rozprawkę.

Czy warto oszczędzać?
Czy czas to pieniądz?
Im jesteś bogatszy, tym masz więcej czasu.
Minimalizm to sposób na dobre życie.

Plan pracy:
- wybrać temat
- przemyśleć wstęp
- spisać argumenty
- pamiętać, aby dodać swoją opinię na końcu jako podsumowanie
- napisać rozprawkę

Rozumienie tekstów pisanych

I **Proszę zaznaczyć poprawną odpowiedź.**

0. **Wypłata / sprawdzenie salda**
Ten napis widzimy:
a) na ekranie bankomatu,
b) w kasie supermarketu,
c) w kantorze wymiany walut.

1. **Niedziela niehandlowa**
Ten napis oznacza, że:
a) w niedzielę sklepy są zamknięte,
b) w niedzielę sklepy są otwarte,
c) w niedzielę jest święto narodowe.

2. **Cennik usług**
Ten napis można spotkać:
a) w punkcie ksero,
b) w sekretariacie szkoły,
c) w teatrze.

3. **Kursy walut**
Ten napis można spotkać:
a) w barze,
b) w pociągu,
c) w kantorze wymiany walut.

4. **Opłata za jazdę bez ważnego biletu wynosi 250 zł**
Ten napis można spotkać:
a) w taksówce,
b) w kinie,
c) w autobusie.

5. **PLN**
Ten skrót oznacza:
a) złote,
b) euro,
c) franki.

6. **Masz prawo zwrotu do 30 dni**
Ten napis można spotkać:
a) u fryzjera,
b) w kinie,
c) w sklepie.

7. **Sprzedaż biletów za odliczoną kwotę**
Ten napis można spotkać:
a) w kiosku,
b) w tramwaju i autobusie,
c) w kinie.

8. **Wpłaty i wypłaty**
Ten napis można spotkać:
a) w restauracji,
b) na poczcie,
c) w gazecie.

9. **Kasa do 10 artykułów**
Ten napis można spotkać:
a) na dworcu,
b) na poczcie,
c) w hipermarkecie.

10. **Sprzedaż ratalna**
Ten napis można spotkać:
a) w konsulacie,
b) w sklepie meblowym,
c) w szkole.

II **Proszę – zgodnie z przykładem – podkreślić poprawne formy wyrazów podanych w nawiasach.**

Jak myślisz, czy (poświęcając, rezygnując, ignorując)[0] z jednej małej kawy dziennie w drodze do pracy, można zaoszczędzić pieniądze?
Tak zwany „efekt latte" nawiązuje do (słabych, drobnych, wielkich)[1] wydatków, których zwykle nie bierzemy pod uwagę. Taka kawa na wynos kosztuje 10 zł. Jeśli kupujemy ją 5 razy w tygodniu (przed, po, między)[2] pójściem do pracy, z tych 10 zł, w skali roku możemy otrzymać sumę 2400 zł.
I teraz wyobraź sobie, że po 5 latach (wydawania, kupowania, oszczędzania)[3] na lokacie w banku, ta kwota może wynosić już 12 630 zł. A po 10 latach można uzyskać (rabat, obniżkę, sumę)[4] 26 000 zł. A nawet ponad, bo dokładnie 26 588 zł.
Ktoś by powiedział, że oszczędzanie (dużych, niewielkich, wielkich)[5] sum niewiele daje. Ale gdyby spojrzeć na to w ten sposób, można się doszukać właśnie bardzo dużych oszczędności. Tak działają małe kwoty, których zazwyczaj po prostu nie bierzemy pod (uwagę, oszczędności, wydatki)[6].
„Efekt latte" został tak nazwany (z, przez, dla)[7] amerykańskiego doradcę finansowego Davida Bacha właśnie dlatego, że Amerykanie codziennie rano kupowali sobie kawę na wynos. I on się tutaj doszukał oszczędności.

na podstawie: bloga i podcastu Diany Litwin Dolezińskiej *Pieniądz jest kobietą*, https://www.pieniadzjestkobieta.pl/jak-oszczedzac-pieniadze

III Po przeczytaniu fragmentów zamieszczonych poniżej tekstów, proszę zaznaczyć poprawną odpowiedź.

0 Jeżeli złożysz wniosek o kredyt mieszkaniowy w terminie od 10.03 do 10.05 nie zapłacisz żadnych prowizji.

Ten tekst informuje, że:

a) można wziąć kredyt na samochód,

b) bank nie bierze prowizji za udzielenie kredytu,

c) czas oferty jest niesprecyzowany.

1 Minister polityki społecznej powiedział, że renty i emerytury będą wyższe. Ale w wywiadzie dla polskiej telewizji minister podkreślił, że musi to być realizowane stopniowo.

Ten tekst informuje, że:

a) od następnego miesiąca wzrosną pensje,

b) od następnego miesiąca wzrosną emerytury i renty,

c) emerytury i renty wzrosną powoli.

2 Nowy prezes banku powinien być nominowany w tym tygodniu – poinformował w piątek rzecznik prasowy banku. W piątek prezesem przestał być Teofil Kawowski, który złożył rezygnację.

Ten tekst informuje, że:

a) zmieni się prezes banku,

b) przez rok nie będzie prezesa,

c) prezes Kawowski został dyrektorem.

3 Wybierz LOKUM DUO złotowo-dewizowy. To kredyt mieszkaniowy w dwóch walutach. Tego jeszcze nie było na polskim rynku.

Ten tekst informuje, że:

a) można tanio kupić mieszkanie za złotówki,

b) od kilku lat na polskim rynku są takie kredyty,

c) kredyt można spłacać w złotówkach i innej walucie.

4 Bank Profi przez pierwsze 3 miesiące tego roku zarobił 12 mld PLN. To najlepszy wynik na rynku. A jeszcze 5 lat temu groziło mu bankructwo.

Ten tekst informuje, że:

a) w zeszłym roku sytuacja finansowa banku była dobra,

b) od początku tego roku sytuacja finansowa banku jest bardzo dobra,

c) 5 lat temu sytuacja Profi SA była najlepsza.

5 Po wejściu Polski do Unii wzrosły ceny artykułów spożywczych. Najbardziej podrożało mięso i niektóre importowane owoce i warzywa.

Ten tekst informuje, że:

a) przed wejściem Polski do Unii wszystko było tanie,

b) po wejściu Polski do Unii za wszystko trzeba płacić więcej,

c) po wejściu Polski do Unii trzeba płacić więcej za niektóre produkty.

LEKCJA 9

SYTUACJE KOMUNIKACYJNE wyrażanie warunku i konsekwencji
SŁOWNICTWO słownictwo związane z pracą • **IDIOMY:** *jaka praca, taka płaca, żadna praca nie hańbi, bez pracy nie ma kołaczy, wyścig szczurów, weź się do roboty!*
LITERATURA Józef Konrad Korzeniowski, *Jądro ciemności* (fragment)
GRAMATYKA I SKŁADNIA POWTÓRZENIE: zdania warunkowe: *jeśli masz, miałbyś, będziesz miał*
CZĘŚĆ EGZAMINACYJNA pisanie (streszczenie)

Weźmy się do roboty!

Literatura

1 Proszę przeczytać fragment pochodzący z książki „Jądro ciemności" Josepha Conrada (Józefa Korzeniowskiego), a następnie ustosunkować się do tekstu, odpowiadając na pytania poniżej. Proszę przedstawić swoją opinię na forum grupy.

Joseph Conrad (właściwie: Józef Teodor Konrad Korzeniowski), ur. w 1857 w Berdyczowie, zm. w 1924 w Bishopsbourne, angielski pisarz i publicysta polskiego pochodzenia. Publikując na obczyźnie, używał pseudonimu „Joseph Conrad", który utworzył z imion: Józef i Konrad.

na podstawie: *Joseph Conrad*, www.wikipedia.org

Nie, ja pracować nie lubię. Wolę próżnować i myśleć o wszystkich pięknych rzeczach, które można by zrobić. Nie lubię pracy – żaden człowiek jej nie lubi – ale lubię to, co jest w pracy – sposobność do odnalezienia siebie samego, swej własnej rzeczywistości – dla siebie, nie dla innych – której inni ludzie poznać nie mogą. Widzą tylko pozory i nigdy nie są w stanie powiedzieć, co one naprawdę znaczą.

- Czy zgadzasz się z autorem, że żaden człowiek nie lubi pracy?
- Czy każda praca daje sposobność odnalezienia siebie; jest formą samorealizacji?
- Jak rozumiesz słowa autora: „inni ludzie widzą tylko pozory naszej rzeczywistości"?
- Czy można odczuwać satysfakcję z pracy, jeśli inni ludzie nie doceniają tego, co robimy?

2 Proszę podkreślić słowa, które najlepiej charakteryzują twoją pracę. Proszę zapytać kilku osób w grupie, które słowa wybrali i dlaczego.

wolność, bezrobocie, przyjemność, pasja, pieniądze, zmęczenie, samodzielność, kontrakt, umowa, ambicja, przymus, pensja, obowiązek, prestiż, zlecenie, odpowiedzialność, etat, kreatywność, prokrastynacja

3 Pandemia koronawirusa w 2020 roku na zawsze zmieniła sposób, w jaki myślimy o pracy. Proszę zapytać kolegi / koleżanki:

- Jak zmieniły się sposoby pracy w twoim kraju podczas pandemii?
- Które zmiany w sposobach pracy pozostały na stałe, a co wróciło do normy?
- Jakie jest twoje doświadczenie z okresu pandemii?
- Jakie są zalety i wady pracy z domu?
- Jaka jest obecna sytuacja na rynku pracy w twoim kraju?
- Jakie zawody w twoim kraju są najbardziej atrakcyjne i najlepiej płatne, a które wychodzą z mody?

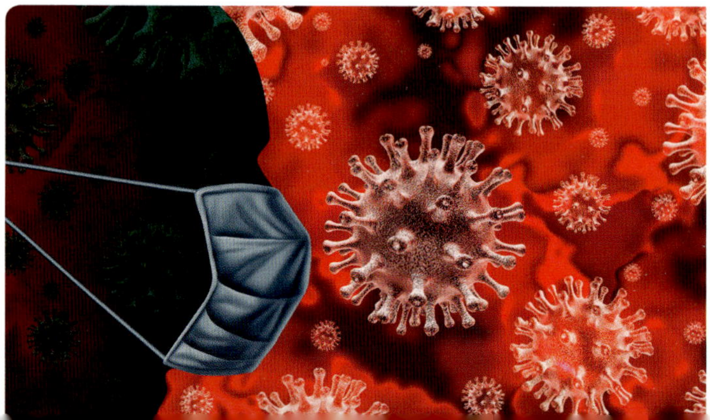

Idiomy

4 **Proszę przeczytać zdania, a następnie wybrać właściwe znaczenie poniższych wyrażeń frazeologicznych.**

1. *Bartek chciałby więcej zarabiać, ale ja mu powtarzam,* ***jaka praca, taka płaca****, nie dostaniesz podwyżki, jeśli nie włożysz wysiłku w to, co robisz.*
   a) zarobki są proporcjonalne do wysiłku,
   b) praca bez wysiłku przynosi zysk,
   c) płaca to wynagrodzenie za dodatkową pracę.
2. *Zanim nauczyłam się języka, przez pierwsze lata emigracji pracowałam jako sprzątaczka,* ***żadna praca nie hańbi****.*
   a) prestiżowa praca to wstyd,
   b) praca fizyczna nie przynosi wstydu,
   c) praca sprzątaczki to nie powód do dumy.
3. *Sylwia zrobiła doktorat po wielu latach nauki i wyrzeczeń,* ***bez pracy nie ma kołaczy****.*
   a) ciężka praca przynosi korzyść,
   b) bez pracy nie ma zabawy,
   c) kołacze to tytuły naukowe.
4. ***Wyścig szczurów*** *w dużych korporacjach jest powodem stresu i wypalenia zawodowego.*
   a) w korporacjach panuje niska higiena,
   b) pracownicy korporacji lubią oglądać wyścigi,
   c) w korporacjach panuje bezwzględna rywalizacja.
5. *Agnieszko, musisz oddać materiał do wydawnictwa przed 15 lutego, więc zamiast oglądać seriale,* ***weź się do roboty!***
   a) Agnieszka ciężko pracuje, chociaż wolałaby obejrzeć serial.
   b) Agnieszka zwleka z rozpoczęciem pracy, zamiast pracować.
   c) Agnieszka jest bezrobotna i szuka pracy.

DVD 8 **5a** **Proszę obejrzeć pierwszą część sondy ulicznej (do 1:25 min), a następnie zaznaczyć kolejność, w jakiej poniższe wypowiedzi pojawiają się w video.**

Lelum.pl, *Sonda uliczna: Czym dla Polaków jest bogactwo i ile pieniędzy to DUŻO pieniędzy?*, https://www.youtube.com/watch?v=rewHXBS9ZMw

☐ Trzeba strasznie się martwić, co zrobić z tym bogactwem, jak je chronić.

☐ Dla mnie bogactwem są relacje i przyjaciele.

☐ Bogactwo jest stanem, w którym mamy tyle pieniędzy, że możemy kupić sobie, co tylko chcemy i nie zastanawiamy się nad konsekwencjami.

☐ Bogactwo to klęska. Można mieć wszystko, ale jak się nie ma rodziny, to pieniądze nie dają szczęścia.

☐ Bogactwo, to jeśli nas stać na wszystko łącznie z potrzebami luksusowymi, które nie są niezbędne do życia.

☐ Bogactwo to posiadanie odpowiednich umiejętności, odpowiedniej wiedzy, jak i również pewnej bazy finansowej.

☐ Cześć! Jesteśmy dzisiaj w centrum Warszawy, żeby zapytać przechodniów, czym jest dla nich bogactwo i ile pieniędzy, to dużo pieniędzy.

DVD 8 **5b** **Proszę obejrzeć drugą część sondy ulicznej (od 1:26 min), a następnie zaznaczyć kwoty zarobków, które przechodnie definiują jako „dużo pieniędzy" / duże miesięczne wynagrodzenie.**

półtora tysiąca / pięć tysięcy / dziesięć tysięcy / piątka na miesiąc / osiem tysięcy / dwadzieścia cztery tysiące / półtora miliona / dycha / trzydzieści pięć tysięcy / milion / od trzech do czterech tysięcy / dwa tysiące

---

lekcja 9

6a Proszę przeczytać poniższy tekst, a następnie dopasować nagłówki akapitów.

Podstawowe elementy listu motywacyjnego.
Jak napisać list, czyli wskazówki techniczne.
List motywacyjny – co to takiego? ✓
Wstęp, rozwinięcie i zakończenie.

Jak napisać
dobry list motywacyjny,
który nie trafi do kosza?

Poszukiwanie pracy to często długi proces. W znalezieniu wymarzonego stanowiska pomaga dobrze przygotowany list motywacyjny. Ten dokument daje nam szansę na zaciekawienie pracodawcy naszą osobą, posiadanymi kwalifikacjami i profesjonalizmem oraz po części także osobowością. Warto więc sformułować go w taki sposób, aby przekonać rekrutera, że warto zaprosić jego autora na spotkanie. Podpowiadamy, jak napisać atrakcyjny list motywacyjny.

List motywacyjny – co to takiego?...

List motywacyjny to jeden z podstawowych dokumentów aplikacyjnych, którego głównym zadaniem jest przedstawienie motywacji kandydata do pracy na danym stanowisku oraz opowiedzenie o swoich umiejętnościach i kwalifikacjach. Bardzo ważne jest to, aby nie powielać w nim informacji zawartych w CV.

....

Jak każdy dokument, list motywacyjny powinien zawierać nazwę i adres pracodawcy. Do podstawowych elementów listu motywacyjnego zaliczamy:

- imię i nazwisko,
- numer telefonu oraz adres e-mail – czyli podstawowe dane kontaktowe kandydata,
- miejsce i datę napisania listu,
- najważniejsze dane adresata, do których zaliczamy: nazwę stanowiska, osobę (np. dyrektora działu) lub nazwę firmy oraz jej adres,
- informację o tym, gdzie znaleźliśmy dane ogłoszenie,
- nazwę stanowiska oraz jego numer referencyjny,
- na koniec listu motywacyjnego warto dodać krótką notkę grzecznościową o nadziei spotkania na rozmowie kwalifikacyjnej,
- dokument kończymy pozdrowieniami oraz podpisem.

....

Już na wstępie listu motywacyjnego postaraj się przykuć uwagę rekrutera. Najważniejsze jest dobre pierwsze wrażenie, które utwierdzi pracodawcę w przekonaniu, że będziesz dobrym pracownikiem. Dalsza część listu powinna składać się z trzech części. W pierwszej umieszczamy swoją odpowiedź na wymagania dotyczące oferty, w drugiej wskazujemy cechy charakteru i osobowości, które powinien posiadać dobry pracownik i które ty posiadasz. Trzecia część to powody, dla których chcesz podjąć pracę w danej firmie. Przedstaw rekruterowi korzyści, które płyną z zatrudnienia właśnie ciebie. Na końcu listu zamieść zwrot grzecznościowy, podpis – najlepiej własnoręczny oraz spis załączników.

....

List motywacyjny nie powinien być dłuższy niż strona formatu A4.

Aktualnie list motywacyjny nie jest już tak popularny jak kiedyś. Jednak z drugiej strony może być świetnym wsparciem dla podstawowego dokumentu rekrutacyjnego, jakim jest CV. Tego rodzaju dokument rozwinie twój zawodowy życiorys, zaprezentuje najlepsze strony osobowości, przedstawi niezbędne predyspozycje do konkretnego stanowiska, a także da rekruterowi znak, że jesteś zainteresowany otrzymaniem danej posady.

na podstawie: *Jak napisać dobry list motywacyjny, który nie trafi do kosza?*, www.szukampracy.pl

6b Proszę ponownie przeczytać tekst, a następnie wybrać właściwe informacje:

1. Poszukiwanie pracy to często:
a) długi proces,
b) łatwy proces.

2. List motywacyjny daje szansę na:
a) zaciekawienie pracodawcy,
b) zadowolenie rekrutera.

3. Głównym zadaniem listu motywacyjnego jest:
a) przedstawienie swoich oczekiwań finansowych,
b) przedstawienie swoich umiejętności i kwalifikacji.

4. Do podstawowych elementów listu motywacyjnego zaliczamy:
a) numer telefonu oraz adres e-mail,
b) zdjęcie paszportowe.

5. Na wstępie listu motywacyjnego postaraj się:
a) przekonać pracodawcę, że będziesz dobrym pracownikiem,
b) przykuć uwagę rekrutera.

6. Powody, dla których chcesz podjąć pracę w danej firmie, umieść:
a) na wstępie listu,
b) w dalszej części listu.

7. List motywacyjny:
a) nie powinien być dłuższy niż jedna strona,
b) powinien być długi na cztery strony.

7 **Proszę dopasować oferty pracy (Część A) do kandydatów (Część B), a następnie wspólnie z kolegą / koleżanką przygotować plan listu motywacyjnego zgodnie z wytycznymi podanymi w tekście z zadania 6a:**

CZĘŚĆ A

STANOWISKO: Kasjer / Kasjerka
PRACODAWCA: Supermarket Bobol, Warszawa
POZIOM STANOWISKA: Pracownik fizyczny
FORMA ZATRUDNIENIA: Pół etatu
APLIKUJ

STANOWISKO: Specjalista / Specjalistka ds. Przetwarzania Danych
PRACODAWCA: Info-tech Poland, Kielce
POZIOM STANOWISKA: Specjalista / Specjalistka
FORMA ZATRUDNIENIA: Kontrakt
APLIKUJ

STANOWISKO: Dekorator / Dekoratorka wnętrz
PRACODAWCA: Hotel SPOKO Sopot
POZIOM STANOWISKA: Asystent / Asystentka / stażysta / stażystka
FORMA ZATRUDNIENIA: Umowa zlecenie
APLIKUJ

STANOWISKO: Dyrektor / Dyrektorka szkoły
PRACODAWCA: V Liceum Ogólnokształcące, Końskie
FORMA ZATRUDNIENIA: cały etat
APLIKUJ

STANOWISKO: Kierownik / Kierowniczka zmiany
PRACODAWCA: Kawiarnia Kaffeterya, Poznań
FORMA ZATRUDNIENIA: Praca sezonowa, 3-miesięczny kontrakt
APLIKUJ

CZĘŚĆ C

Przygotowując plan listu motywacyjnego, upewnij się, czy zostały w nim uwzględnione:

- dane osobowe,
- kontakt,
- stanowisko na jakie aplikuje kandydat,
- krótkie wyjaśnienie, dlaczego kandydat jest zainteresowany stanowiskiem,
- poprzednie doświadczenie i wykształcenie, które mają znaczenie dla stanowiska,
- cechy charakteru, zainteresowania,
- uzasadnienie, dlaczego aplikant uważa, że jest odpowiednim kandydatem na stanowisko,
- co nowego kandydat chciałby wnieść do firmy / zmienić,
- formalne zakończenie.

CZĘŚĆ B

IMIĘ I NAZWISKO: Julia Nowak
WYKSZTAŁCENIE: studentka malarstwa
OBECNE ZAJĘCIE: kelnerka
DODATKOWE INFORMACJE: Julia jest na ostatnim roku studiów, interesuje się grafiką użytkową.

IMIĘ I NAZWISKO: Przemysław Barańczak
WYKSZTAŁCENIE: wyższe, magister historii
OBECNE ZAJĘCIE: nauczyciel w szkole średniej
DODATKOWE INFORMACJE: Przemysław jest prezesem stowarzyszenia nauczycieli historii w województwie, jest organizatorem wydarzeń kulturalnych i akcji charytatywnych, ma doświadczenie w zarządzaniu ludźmi.

IMIĘ I NAZWISKO: Inga Więch
WYKSZTAŁCENIE: wyższe ekonomiczne
OBECNE ZAJĘCIE: analityk finansowy w korporacji
DODATKOWE INFORMACJE: Inga studiuje zaocznie e-marketing, interesuje się marketingiem społecznościowym, jest blogerką.

IMIĘ I NAZWISKO: Marta Duda
WYKSZTAŁCENIE: podstawowe
OBECNE ZAJĘCIE: bezrobotna
DODATKOWE INFORMACJE: Marta jest matką bliźniaków, obaj chłopcy rozpoczynają wkrótce naukę w szkole podstawowej.

IMIĘ I NAZWISKO: Kacper Kacperczyk
WYKSZTAŁCENIE: średnie
OBECNE ZAJĘCIE: bezrobotny
Dodatkowe informacje: Kacper jest absolwentem liceum gastronomicznego, marzy o kursie kulinarnym we włoskiej Toskanii.

mp3 35

8 **Proszę wysłuchać wywiadu z panem Sebastianem Nowakiem, a następnie wybrać właściwe informacje.**

0. Nazwa firmy: a) Fast food, b) Jadalnia, c) Bar mleczny.	1. Adres firmy: a) ul. Hożna, Warszawa, b) ul. Chłodna, Gdańsk, c) ul. Hoża, Warszawa.	2. Główna oferta firmy: a) pizza, frytki, hamburgery, b) rzadkie polskie dania, c) gołąbki, pierogi, naleśniki.	3. Inne dania: a) małe naleśniki, b) ogromne naleśniki, c) sałatki ze szpinakiem.
	4. Główni klienci: a) osoby prywatne, b) przedszkola i szkoły, c) firmy.	5. Sytuacja finansowa: a) dobra, b) zła.	6. Plany: a) wyparcie z rynku fast foodów, b) wykreowanie mody na polskie dania, c) ekspansja za granicę.

lekcja 9

WYRAŻANIE WARUNKU I KONSEKWENCJI

jeśli, jeżeli, kiedy, jak	– **Jeśli** będzie ładna pogoda, pójdę na spacer do parku. – **Kiedy** jest ładna pogoda, zwykle chodzę na spacer do parku. – **Jeśli** masz jutro czas, przyjedź do mnie wieczorem.
gdyby / jeśliby..., ... -bym / -byś	– **Gdyby** była ładna pogoda, poszedł**bym** na spacer do parku. – **Gdybym** był bogaty, nie pracował**bym**.
więc *dlatego że / ponieważ / bo* *i dlatego*	– Nie miałem czasu, **więc** nie poszedłem. – Nie poszedłem, **dlatego że** nie miałem czasu. – Nie poszedłem, **ponieważ** nie miałem czasu. – Nie miałem czasu **i dlatego** nie poszedłem.
pod warunkiem, że... *warunki*	– Pójdę, ale **pod warunkiem, że...** – Moje **warunki** są takie:...
to zależy	– **To zależy** od pana / pani / państwa / ciebie / was. – **To zależy** od tego, czy...

9a **Proszę porozmawiać w grupach i zdecydować, jak zachowają się Państwo w podobnych sytuacjach? W rozmowie proszę wykorzystać typy zdań z powyższej tabeli.**

Co robisz w tej sytuacji?

- Jeśli chcesz zaaplikować o pracę za granicą, a nie jesteś pewien / pewna, czy w twoim CV po angielsku nie ma błędów?
- Jeśli w metrze jest strajk, ty nie masz samochodu, a nie chcesz spóźnić się do pracy?
- Jeśli jesteś zdenerwowany / zdenerwowana, bo musisz zostać w pracy po godzinach?
- Jeśli jesteś szczęśliwy, bo właśnie dostałeś podwyżkę?

Co zrobiłbyś w tej sytuacji?

- Gdybyś chciał zainwestować pieniądze w wizjonerski startup swojego 18-letniego dziecka?
- Gdybyś został / została szefem Facebooka?
- Gdyby nastąpił kryzys energetyczny i przez pół roku nie byłoby prądu?
- Gdybyś stracił wszystkie oszczędności i pracę w wyniku załamania rynków finansowych?

9b **Pracując w małych grupach, proszę napisać odpowiedzi na poniższe pytania. Proszę użyć zwrotów z tabeli ze strony 92.**

1. Dlaczego ludzie się śmieją?

....

2. Dlaczego ludzie wykonują pracę, której nie lubią?

....

3. Kiedy ludzie zostają zwolnieni dyscyplinarnie z pracy?

....

4. Dlaczego pracodawcy zadają podczas rozmowy kwalifikacyjnej dużo pytań?

....

5. Od czego zależy kariera w pracy?

....

6. Po czym poznać, że praca jest pasją?

....

7. Co zrobisz, jeśli nie dostaniesz spodziewanej premii w pracy?

....

8. Co zrobiłbyś / zrobiłabyś, gdyby twoja firma zaproponowała ci lukratywny kontrakt na drugiej półkuli?

....

9. Kiedy ludzie przechodzą na emeryturę?

....

10. Dlaczego bezrobotnej osobie jest trudno znaleźć pracę?

....

11. Jaką pracę chciałbyś / chciałabyś wykonywać, gdybyś był / była introwertykiem?

....

• GRAMATYKA

9c **Proszę połączyć fragmenty z kolumn w logiczne zdania.**

1. Gdyby firma zbankrutowała,
2. Jeśli nie masz pracy ani pieniędzy,
3. Praca z domu jest wygodna,
4. Firmy chronią dane osobowe klientów, dlatego
5. Jeśli nie masz przekonania, że chcesz pracować w tej firmie,

a) ponieważ oszczędzamy czas na dojazdy.
b) że takie jest prawo.
c) ludzie straciliby pracę.
d) nie aplikuj o pracę.
e) lepiej nie kupuj nic na kredyt.

9d **Proszę poprawić poniższe zdania, jeśli są w nich błędy.**

0. Nie zrobił tego, ~~dlaczego że~~ nie wiedział jak. ..*bo / ponieważ / dlatego że*..........
1. Zrobię to nad warunkiem, że mi pomożesz. ....
2. Gdybyś zrobiłbyś to wcześniej, teraz nie musiałbyś pracować. ....
3. Jeślibyście napisaliśmy ten list, moglibyście go dzisiaj wysłać. ....
4. Nie wiem, jak to zrobić, bo więc nie mogę ci pomóc. ....
5. Wszystko zależy na ciebie. ....

10a Proszę przeczytać poniższy tekst i zaznaczyć najważniejsze, kluczowe informacje.

Londyn, 29 marca 2020

Drodzy Studenci,

piszę do Was z pogrążonego w pandemii koronawirusa Londynu. Mam nadzieję, że w chwili, gdy czytacie ten list, wszystko wróciło do normy, przynajmniej w kwestii zdrowia. Nie mam wątpliwości, że życie po epidemii zmieniło się nie do poznania. Wy już to wiecie, bo jesteście w przyszłości, a ja nie, bo piszę ten list w marcu 2020 roku. Opowiem wam, jak wygląda praca w Londynie i jakie są moje przewidywania dotyczące konsekwencji pandemii. Będziecie mogli porównać swoje i moje doświadczenia, a może nawet wysłać mi maila z gratulacjami, jeśli miałam rację lub z pozdrowieniami, jeśli się pomyliłam.

Zanim jednak zacznę, należy Wam się wyjaśnienie, dlaczego jestem tu, gdzie jestem. Przyjechałam do Anglii w 2010 i mieszkam tu z moją rodziną. Po napisaniu tego podręcznika zmieniłam zawód i obecnie pracuję jako psycholog i psychoterapeuta.

Do rzeczy. Jak wiecie, koronawirus przybył z Chin do Europy na wiosnę 2020 i chociaż teoretycznie mogliśmy przewidzieć, co się stanie, to jednak daliśmy się zaskoczyć. Jeszcze tydzień temu przyjmowałam pacjentów w gabinecie, a dzisiaj pracuję głównie przez internet.

Przede wszystkim wielu ludzi, oprócz tak zwanych pracowników kluczowych, jak służba zdrowia, dostawcy żywności, policja itd. jest w samoizolacji. Możemy pracować z domu, jeśli mamy służbowe laptopy i dostęp do internetu. Videokonferencje odbywają się za pośrednictwem programów typu Zoom, Skype, Teams lub przez WhatsApp. Ludzie używają też innych programów i aplikacji, których nie znam. Oczywiście problemem jest ochrona danych i poufności informacji, które wędrują przez niezaszyfrowane programy i trafiają do chmury. Wielu hakerów czeka na okazję, żeby ukraść ważne informacje.

Nie wszyscy mają możliwość zdalnej pracy. Personel pozamykanych na czas pandemii zakładów usługowych: kawiarni, restauracji, sklepów, salonów fryzjerskich, siłowni, etc. pewnie straciłby pracę, gdyby nie system pomocy rządowej, która gwarantuje wypłatę 80% wynagrodzenia, jako pomoc dla właścicieli biznesów, które straciły klientów. Osoby, które mają działalność gospodarczą (samozatrudnienie), mają też obiecaną pomoc ze strony państwa, które będzie wypłacało procent (jeszcze nie wiemy w jakiej wysokości) od średnich zarobków.

Ta pomoc finansowa jest ogromną inicjatywą społeczną i dowodem na solidarność międzyludzką. Cieszę się, że żyję w czasach, w których ludzie troszczą się o siebie.

Jeśli chodzi o pracę z domu, nie jest to najłatwiejsze zadanie, zwłaszcza gdy ma się rodzinę. Trzeba przecież przygotowywać posiłki i pomagać dzieciom w lekcjach. Szkoły są pozamykane i dzieci uczestniczą w zajęciach online. Podobnie jest ze studentami. Rodziny są zamknięte na małej przestrzeni i często sfrustrowane brakiem ruchu, kontaktów z ludźmi i ograniczeniem prywatności. Życie jednak toczy się dalej, mimo niebezpieczeństwa. Ludzie zmieniają pracę i odbywają rozmowy kwalifikacyjne przez telefon, kontrakty i umowy podpisujemy przez internet, uczestniczymy w szkoleniach online. Praca przeniosła się do sieci tak jak informacje z twardych dysków, do chmury.

Myślę, że po zakończeniu pandemii, gospodarka będzie słaba, pewnie czeka nas kryzys finansowy. Mam nadzieję, że powoli z niego wyjdziemy, ale zmiany na pewno będą.

Myślę, że najkorzystniejszą zmianą byłaby możliwość zdalnej pracy kilka razy w tygodniu. Boję się jednak, że pracodawcy zauważą, jakie oszczędności finansowe przynosi zatrudnianie pracowników online i mogą naciskać, abyśmy pracowali z domu codziennie. Nie byłoby wtedy potrzeby opłacania kosztownych budynków, remontów i usług. Jest to jednak moim zdaniem bardzo niebezpieczne, bo potrzebujemy kontaktu z ludźmi.

Być może pojawi się nacisk na pracowników, którzy będą na zwolnieniu chorobowym, żeby pracowali online, to niedobrze, bo aby wyzdrowieć potrzebujemy spokoju. Z drugiej strony jest to doskonała perspektywa dla ludzi, którzy chcą pracować, ale są niepełnosprawni lub chwilowo unieruchomieni (złamana noga, zagrożona ciąża). Być może plusem pracy z domu będzie zmniejszenie dyskryminacji. Przestaniemy zwracać uwagę na wiek, płeć, przynależność etniczną albo orientację seksualną pracowników, liczyć się będą tylko ich umiejętności.

Mam głęboką nadzieję, że pewne zawody nie przeniosą się do sieci, a fizycznego kontaktu z drugim człowiekiem nie zastąpi sztuczna inteligencja. Mam nadzieję, że czytacie ten list, siedząc w klasie obok innych studentów, a lekcje prowadzi nauczyciel z krwi i kości, a nie twarz z telebimu. Mam też nadzieję, że w tym samym momencie, w którym to czytacie, siedzę w swoim gabinecie i rozmawiam z pacjentem na żywo, a mój laptop został w domu.

Drodzy Studenci, cieszy mnie to, że uczycie się polskiego i że wybraliście nasze książki. Mój język jest piękny i im bardziej się w nim będziecie zagłębiać, tym więcej odkryjecie tajemnic. Poznacie je, czytając polskie książki i rozmawiając z ludźmi, tak jak ja odkryłam i pokochałam angielski, język kraju, który stał się moim drugim domem.

Trzymajcie się Kochani i piszcie do mnie maile, adresu nie podaję, bo pewnie uda się Wam znaleźć mnie w sieci ;-) Pozdrowienia z 2020 roku!

Agnieszka Dixon (dawniej Burkat)

10b Proszę przeczytać list, a następnie zdecydować, które zdania są prawdziwe (P), a które nieprawdziwe (N).

0. Autorka listu jest współautorką podręcznika. (P) / N
1. Autorka listu odbywa kwarantannę w Polsce. P / N
2. Autorka listu uczy języka polskiego w Wielkiej Brytanii. P / N
3. Chociaż epidemia zaczęła się w Chinach, Europa dała się zaskoczyć. P / N
4. Pracownicy kluczowi znajdują się w izolacji. P / N
5. Wielu ludzi używa nowych technologii komunikacyjnych do pracy z domu. P / N
6. Używanie zaszyfrowanych programów jest ważne dla zachowania cyberbezpieczeństwa. P / N
7. 80% pracowników w sektorze usług nie dostaje pomocy od rządu. P / N
8. Szkoły i uniwersytety są zamknięte, a dzieci i młodzież mają zajęcia online. P / N
9. W obecnej sytuacji nie odbywają się żadne kursy i nikt nie zmienia pracy. P / N
10. Rodziny są zamknięte na małej przestrzeni i sfrustrowane brakiem ruchu i ograniczeniem prywatności. P / N

10c Praca w parach. Proszę ponownie przeczytać list, a następnie znaleźć w tekście prognozy na przyszłość, o których pisze autorka listu.

a. Zmiany ekonomiczne. *Gospodarka będzie słaba, czeka nas kryzys finansowy...*
b. Zmiany zasad pracy.
c. Zmiany w kontaktach z ludźmi.
d. Co się zmieni na lepsze?
e. Co się zmieni na gorsze?

10d Proszę na forum grupy omówić prognozy na przyszłość z marca 2020. Proszę uwzględnić następujące zagadnienia:

- Czy w Waszym kraju doszło do podobnych zmian, jak w Londynie?
- Jak się zmieniło życie na świecie po pandemii w 2020 roku?
- Czy przewidywania autorki listu się sprawdziły?

11 Proszę utworzyć 2 grupy robocze i opracować argumenty i kontrargumenty na jeden z wybranych tematów. Proszę przeprowadzić debatę w grupie.

Temat 1

Media społecznościowe i praca.

Grupa Pro
Wykorzystanie w pracy nowych technologii, takich jak media społecznościowe i komunikatory internetowe to dobry pomysł, bo buduje więzi między pracownikami.

Grupa Kontra
Wykorzystanie w pracy nowych technologii, takich jak media społecznościowe i komunikatory internetowe to zły pomysł, bo ingeruje w prywatność pracowników.

Temat 2

Nowoczesny model zarządzania i etyka zawodowa.

Grupa Pro
Nowoczesny model zarządzania, który zakłada zbliżanie się do pracownika, chwalenie i wrażliwość na jego potrzeby jest podejściem czysto humanistycznym i bazuje na empatii i poszanowaniu drugiego człowieka.

Grupa Kontra
Nowoczesny model zarządzania, który zakłada zbliżanie się do pracownika, chwalenie i wrażliwość na jego potrzeby jest podejściem czysto merkantylnym i bazuje na chciwości i manipulacji emocjami drugiego człowieka w celu uzyskania korzyści.

lekcja 9

Pisanie

Co warto wiedzieć:

- Tekst powinien mieć 150–200 słów.
- Należy napisać tylko najważniejsze informacje (wcześniej warto je podkreślić w tekście).
- Należy pisać krótkimi zdaniami.
- Należy unikać używania sformułowań z tekstu, pisać własnymi słowami.
- Cytaty zapisywać w cudzysłowie.
- Na końcu należy dodać własny komentarz (*Moim zdaniem... / Sądzę, że... / Uważam, że...*).
- Proszę zostawić sobie trochę czasu na przeczytanie pracy i korektę błędów.

Oceniane są:

- Treść, długość, forma, kompozycja.
- Poprawność gramatyczna.
- Słownictwo.
- Styl.
- Ortografia i interpunkcja.

I **Proszę zaznaczyć najważniejsze informacje z każdego akapitu poniższego tekstu.**

„Praca dla siebie, czyli lubimy franczyzę."

Jeszcze kilka lat temu prowadzenie biznesu na podstawie licencji zwanej franczyzą nie było w Polsce zbyt popularne. Teraz się to zmienia.

Wśród pierwszych marek, które zaczęły na tych zasadach inwestować na naszym rynku na początku lat 90., był McDonald's (światowy potentat rynku franczyzowego) i francuski koncern kosmetyczny Yves Rocher. Wśród polskich firm znalazły się m.in. cukiernie A. Blikle, sklepy obuwnicze „U Szewczyka" oraz pijalnie i sklepy z kawą „Pożegnanie z Afryką". (...) Na polskim rynku działa obecnie ponad 70 firm franczyzowych, w których, by założyć swoją firmę, nie trzeba mieć więcej niż 50 tys. złotych. Należą do nich głównie placówki bankowe, a także firmy oferujące licencje na małe punkty handlowe i usługowe. Z raportu, który przygotowała firma konsultingowa PROFIT System, wynika, że w ciągu ostatniego roku w branży franczyzowej w Polsce padł kolejny rekord. Franczyzobiorcy zainwestowali w firmy ponad 1,1 mld złotych. Z raportu „O franchisingu i systemach agencyjnych w Polsce" wynika, że ok. połowa wszystkich franczyzobiorców zainwestowała w swoje placówki średnio 110 tys. złotych. (...)

Obecnie franczyza rozwija się w Polsce głównie w sektorze usług i handlu. Najpopularniejsze w tym segmencie są zdecydowanie sklepy odzieżowe (na podstawie franczyzowych umów licencyjnych działają m.in. Reserved, House czy Cropp Town). (...) W handlu Polacy najchętniej otwierają sklepy spożywczo-przemysłowe (takim przykładem mogą być np. saloniki prasowe Kolporter). Dużą popularnością cieszą się też licencje na placówki z sektora bankowego. Na takie rozwiązanie banki decydują się z reguły w mniejszych miastach. (...)

Najtańszą na polskim rynku franczyzowym jest propozycja Niebieski Słoń. By rozpocząć „produkcję" personalizowanych książeczek dla dzieci, wystarczy zainwestować 3,5 tys. złotych. By natomiast zdobyć licencję na prywatną pocztę (np. PAF Operatora Pocztowego) trzeba zainwestować od ok. 40 do 250 tys. złotych. Podobnie jest z franczyzą bankową – od 25 do nawet 200 tys. złotych. (...) 350 tys. złotych – tyle należy zainwestować, by móc założyć supermarket spożywczy Intermarche. (...)

na podstawie: www.gazeta.pl

II Proszę streścić każdy akapit w 2–3 zdaniach. Proszę – jeśli to możliwe – unikać sformułowań z tekstu.

III Proszę wyrazić w formie komentarza swoją opinię na poruszony w tekście temat (150–200 słów).

LEKCJA **10**

Powtórzenie materiału.
Przygotowanie do egzaminu certyfikatowego.
Ćwiczenia w formacie egzaminacyjnym.

Powtórzenie

Przygotowanie do egzaminu ROZUMIENIE ZE SŁUCHU

mp3 36

1 Proszę uważnie wysłuchać tego nagrania i zaznaczyć poprawne odpowiedzi. Nagranie zostanie odtworzone jednokrotnie.

Przykład: Tę wypowiedź usłyszymy: a. w wypożyczalni samochodów, b. przy kasie w supermarkecie, c. w pociągu.	8) Tę wypowiedź możemy usłyszeć: a. w punkcie naprawy sprzętu RTV, b. w rozmowie znajomych, c. w sklepie elektrycznym.
1) Tę wypowiedź możemy usłyszeć: a. od kelnera w restauracji, b. od posła w sejmie, c. w rozmowie telefonicznej.	9) Tę wypowiedź możemy usłyszeć: a. u fryzjera, b. w salonie kosmetycznym, c. u mechanika samochodowego.
2) To pytanie jest: a. zaproszeniem na randkę, b. propozycją zwracania się do siebie po imieniu, c. zachętą do mówienia o sobie.	10) Tej informacji nie uzyskasz: a. w banku, b. w bankomacie, c. w kantorze wymiany walut.
3) Tę wypowiedź można usłyszeć: a. od pracownika biurowego, b. od ucznia szkoły średniej, c. od artysty grafika.	11) Tę wypowiedź usłyszysz od: a. klienta, b. pracodawcy, c. sprzedawcy.
4) Ta wypowiedź: a. wyraża konieczność, b. jest odmową, c. jest prośbą o pozwolenie.	12) Ta wypowiedź wyraża: a. całkowitą pewność, b. lekką wątpliwość, c. luźną obietnicę.
5) Ta wypowiedź jest: a. pytaniem o informację, b. zleceniem usługi, c. poradą od producenta.	13) Ta wypowiedź oznacza: a. warunek, b. konieczność, c. zaproszenie.
6) To pytanie zadaje: a. serwisant, b. klient, c. producent.	14) Ta wypowiedź oznacza: a. że decyzja z przeszłości ma konsekwencje w teraźniejszości, b. hipotezę, c. warunek.
7) Ta wypowiedź jest: a. obietnicą, b. ofertą pomocy, c. podziękowaniem za naprawę.	15) Ta wypowiedź: a. jest propozycją, b. wyraża warunek, c. podaje konsekwencje.

mp3 37 **2 Proszę wysłuchać wywiadu radiowego z prezydentem miasta Janem Nowackim i wybrać właściwą odpowiedź.**

1. W zeszłym roku zachodni inwestorzy byli zainteresowani regionem, więc
a) to niedobrze,
b) to dobrze,
c) to jest niebezpieczne.

2. Jeżeli zachodnie duże firmy otworzą fabryki w regionie,
a) bezrobocie się zmniejszy,
b) bezrobocie się zwiększy,
c) bezrobocie nie zmieni się.

3. Realizacja programu restrukturyzacji rolnictwa zależy od
a) decyzji prezydenta,
b) pieniędzy,
c) polityków.

ROZUMIENIE TEKSTU

3 Proszę przeczytać komunikat rządowy z 2020 roku. Proszę dopasować pytania i odpowiedzi.

GOV.PL

WALCZYMY Z FAŁSZYWYMI INFORMACJAMI

Plotki dotyczące koronawirusa zalewają internet. Nagle okazuje się, że każdy ma wśród rodziny lub znajomych kogoś, kto pracuje w agencji rządowej i codziennie dzieli się porcją wiarygodnych i tajnych informacji. To nieprawda! Właśnie dlatego, że miejskie legendy tak chętnie są podawane dalej, rozprawiamy się z nimi w tym miejscu. Najważniejsze mity dotyczące koronawirusa:

na podstawie: https://www.gov.pl/web/koronawirus/walczymy-z-falszywymi-informacjami

- [5] Czy psy i koty przenoszą koronawirusa?
- [ ] Czy służby chodzą po domach i sprawdzają przebywającym na kwarantannie temperaturę?
- [ ] Czy zachorowanie na koronawirusa często kończy się śmiercią?
- [ ] Czy koronawirus jest bardziej zakaźny od innych znanych nam wirusów?
- [ ] Czy picie alkoholu chroni przed wirusem?
- [ ] Czy częste picie wody zwalcza koronawirusa?
- [ ] Czy Warszawa zostanie otoczona kordonem sanitarnym?
- [ ] Czy na ulice polskich miast zostało wyprowadzone wojsko?
- [ ] Czy w Polsce zabraknie żywności?
- [ ] Czy domowe testy na koronawirusa są skuteczne?
- [ ] Czy sklepy zostaną zamknięte? Czy nie będzie można dostać jedzenia i leków?

1. Nie! W Polsce nie zabraknie żywności. Jesteśmy jednym z największych producentów żywności w Europie.
2. Nie! Picie alkoholu nie chroni przed wirusem. Alkohol obniża odporność organizmu.
3. Nie! Nie ma żadnej decyzji o zamykaniu Warszawy.
4. Nie! Wszystkie sklepy spożywcze, drogerie i apteki są otwarte – również te w galeriach i centrach handlowych.
5. Nie! Brak jest dowodów, że zwierzęta domowe mogą przenosić koronawirusa SARS-CoV-2, który powoduje COVID-19.
6. Nie! Policja sprawdza przestrzeganie kwarantanny bezkontaktowo.
7 Nie! Wiarygodny test na obecność koronawirusa może przeprowadzić tylko placówka medyczna.
8. Nie! U ponad 80% pacjentów przebieg choroby jest łagodny. Ciężkie powikłania występują u osób starszych, z obniżoną odpornością i z chorobami przewlekłymi.
9. Nie! Aby ograniczyć ryzyko zakażenia, przestrzegaj zasad higieny i unikaj kontaktu z dużymi skupiskami ludzi.
10. Koronawirus jest bardzo zakaźny, ale daleko mu do zakaźności wirusów takich jak odra czy ospa wietrzna.
11. Nie! Wojsko nie wyszło na ulice, nie zamyka miast.

lekcja 10

4 **Proszę przeczytać fragmenty tekstów i zaznaczyć właściwe odpowiedzi zgodnie z przykładem.**

Przykład: Osoba, która przekracza granicę państwową, ma obowiązek odbycia obowiązkowej kwarantanny, która trwa 10 dni. W takiej sytuacji osobie, która jest objęta ubezpieczeniem chorobowym, np. pracownikowi, zleceniobiorcy, przysługują świadczenia z tytułu choroby – wynagrodzenie za czas choroby wypłacane przez pracodawcę na podstawie art. 92 kodeksu pracy lub zasiłek chorobowy.

na podstawie: www.gov.pl

Z tego tekstu wynika, że:

a. osoba objęta ubezpieczeniem może ubiegać się o zasiłek w związku z obowiązkową kwarantanną,

b. osoba poddana kwarantannie ma obowiązek ubezpieczyć się na okres 10 dni.

1. Praca w domu daje również większe poczucie bezpieczeństwa i komfortu, ponieważ nie trzeba tracić czasu na dojazd do pracy, tym bardziej, że w ostatnim czasie zalecane jest ograniczanie przemieszczania się. Pracownik zdalny czuje się również bardziej wolny, ponieważ nie ma poczucia bezpośredniej kontroli przełożonego, nie musi też się martwić odpowiednim ubiorem.

na podstawie: www.gov.pl

Z tego tekstu wynika, że:

a. głównymi zaletami pracy w domu jest brak poczucia kontroli, swoboda i oszczędność czasu,

b. główną korzyścią dla pracodawcy jest zwiększenie wydajności pracownika, który nie musi dojeżdżać do pracy.

2. Aby uzyskać świadczenie z tytułu choroby, osoba objęta kwarantanną składa oświadczenie o odbywaniu obowiązkowej kwarantanny po przekroczeniu granicy. Oświadczenie należy złożyć w terminie 3 dni roboczych od dnia zakończenia obowiązkowej kwarantanny.

na podstawie: www.gov.pl

Z tego tekstu wynika, że:

a. jeśli osoba złoży wniosek w trzecim dniu trwania kwarantanny, dostanie świadczenie chorobowe,

b. osoba poddana kwarantannie dostanie świadczenie chorobowe, jeśli złoży wniosek do trzech dni po jej zakończeniu.

3. Jeśli nie wiesz co dokładnie dolega twojemu urządzeniu, a na dodatek chcesz dowiedzieć się, ile wyniesie jego naprawa, skorzystaj z darmowej diagnostyki! Nasi technicy z przyjemnością sporządzą specjalnie dla Ciebie wycenę naprawy usterki, a Ty nic za nią nie zapłacisz! Jesteśmy do Państwa dyspozycji: od poniedziałku do piątku od 9.00 do 18.00

na podstawie: www.naprawtelefon.pl

Z tego tekstu wynika, że:

a. jeśli skorzystasz z darmowej wyceny naprawy urządzenia, dostaniesz zniżkę na naprawę usterki,

b. firma oferuje darmową diagnostykę i wycenę naprawy urządzenia.

4. Podstawowym problemem dla pracodawców jest ograniczenie zaufania do pracownika, szczególnie takiego, którego pracodawca zna tylko z rozmowy kwalifikacyjnej, często również przeprowadzonej online. Pracodawca nie ma pełnej kontroli nad pracownikiem zdalnym oraz nad tym, czym się zajmuje w godzinach pracy. Może jedynie kontrolować efektywność jego pracy.

na podstawie: www.zielonalinia.gov.pl

Z tego tekstu wynika, że:

a. podstawowym mankamentem pracy zdalnej jest brak zaufania pracownika do pracodawcy,

b. pracodawca nie może kontrolować zachowania pracownika w godzinach pracy a jedynie jego efektywność.

5. Bitcoin to cyfrowa waluta. Możesz nią płacić w sklepach stacjonarnych, serwisach internetowych, czy wykonywać przelewy. Bitcoin jest częściowo anonimowy. Nie można sprawdzić, kto jest właścicielem portfela, natomiast można dowiedzieć się, ile środków zostało przelanych i na jaki adres.

na podstawie: www.bitbay.net

Z tego tekstu wynika, że:

a. nazwiska osób, które płacą bitcoinem są utajnione,

b. historia transakcji bitcoinem jest anonimowa,

c. bitcoin to waluta cyfrowa, obowiązująca w serwisach internetowych.

5 **Proszę dokończyć zdania, używając idiomów.**

mieć ręce pełne roboty *załatwić coś od ręki* *złota rączka*✓ *mieć coś w małym palcu* *nie kiwnąć palcem* *siedzieć z założonymi rękami* *mieć węża w kieszeni* *obiecywać złote góry* *żadna praca nie hańbi*

Przykład: Ktoś, kto potrafi wszystko naprawić, jest złotą rączką.

1. Ktoś, kto ma dużo rzeczy do zrobienia, ...
2. Ktoś kto nic nie robi, tylko czeka, żeby samo się zrobiło, ...
3. Ktoś, kto składa obietnice bez pokrycia, ...
4. Ktoś kto jest wyjątkowo skąpy, ...
5. Ktoś kto jest specjalistą w jakiejś dziedzinie, ...
6. Ktoś kto jest leniwy, ...
7. Ktoś kto żadnej pracy się nie boi, uważa, że ....
8. Ktoś, kto organizuje sprawy szybko, ...

POPRAWNOŚĆ GRAMATYCZNA

6 Proszę uzupełnić tekst wpisując poprawne formy wyrazów podanych w nawiasie.

a. Mój mąż Antoni pracuje w ...Urzędzie... (Urząd)[0] Miasta. Wąż mojego .... (mąż)[1] .... (Antoni)[2] ma na imię Jerzy i mieszka w akwarium w salonie. Kiedy mojego .... (mąż)[3] .... (Antoni)[4] nie ma w domu, rozmawiam z .... (wąż)[5] .... (Jerzy)[6] o różnych sprawach. Wąż Jerzy nie lubi rozmawiać o .... (pieniądze)[7], ale chętnie porusza tematy filozoficzne. Za kilka .... (miesiące)[8] mój mąż przechodzi na emeryturę i moje rozmowy z .... (Jerzy)[9] się skończą. Mówiłam mojemu .... (mąż)[10] .... (Antoni)[11], żeby spróbował porozmawiać z .... (Jerzy)[12], ale on nie wierzy, że można rozmawiać z .... (węże)[13]. Powiedziałam .... (wąż)[14] .... (Jerzy)[15], że za kilka miesięcy nasze rozmowy filozoficzne się skończą, no chyba że uda mu się przekonać .... (Antoni)[16], że .... (węże)[17] można o wszystkim powiedzieć.

b. Mówią, że pieniądze szczęścia nie dają, a jednak bez .... (pieniądze)[1] trudno żyć. Mówią, że za .... (pieniądze)[2] nie można kupić miłości, ale dzięki .... (pieniądze)[3] można spełnić czyjeś marzenia. Można obsypać ukochaną osobę .... (pieniądze)[4] tak, że będzie czuła się kochana i ważna.

c. Moi znajomi namawiają mnie na podróż do Ameryki Południowej. Wstępnie powiedziałam moim .... (znajomi)[1], że jestem zainteresowana, ale dopiero za kilka .... (miesiące)[2], bo muszę dokończyć projekt. Perspektywa długiej podróży ze .... (znajomi)[3] bardzo mi się podoba, w grupie zawsze jest weselej.

7 Proszę ułożyć zdania z podanych elementów.

Przykład: Za / dwa / miesiąc / zdać / egzamin / na / prawo jazdy
Za dwa miesiące zdam egzamin na prawo jazdy.

a. Przed / trzy / miesiąc / obronić / praca / doktorska
....

b. Siedem / miesiąc / temu / przeprowadzić się / do / duże / miasto
....

c. Od / kilka / lat / brać / urlop / tylko / w / miesiące / letnie
....

d. Rok / na / Merkury / równać się / ziemskie / trzy / miesiące
....

8 Proszę utworzyć formy rzeczownika i przymiotnika od poniższych wyrazów.

	rzeczownik
pracować	pracownik
zatrudnić	
zwolnić	
wynagrodzić	
urzędować	
załatwiać	
naprawiać	
oszczędzać	

	przymiotnik
mąż	mężny
pieniądz	
miesiąc	
tydzień	
zawód	
podatek	
bezrobocie	
profesja	

lekcja 10

9 **Proszę zmienić zdania według wzoru.**

Przykłady:

Jeśli będzie ładna pogoda, pójdę na spacer do parku.

Jutro pójdę do parku pod warunkiem, że będzie ładna pogoda.

Wczoraj nie poszedłem do parku, bo nie było ładnej pogody

Gdyby wczoraj była ładna pogoda, poszedłbym na spacer do parku.

1. Gdybym miała samochód, zawiozłabym cię na lotnisko.

   ....

2. Jeśli dostanę tę pracę, przeprowadzę się bliżej centrum.

   ....

3. Nie kupiłem mleka, bo nie wiedziałem, że się skończyło.

   ....

4. Gdybym zaczęła się uczyć tydzień wcześniej, zdałabym lepiej egzamin.

   ....

5. Odbiorę laptopa z serwisu pod warunkiem, że wytłumaczysz mi, jak tam dojechać.

   ....

6. Nie wytłumaczyłeś mi, jak dojechać do serwisu, więc nie odebrałem laptopa.

   ....

7. Jeśli będę miała czas, pomogę ci przygotować prezentację.

   ....

10 **Proszę uzupełnić tekst wyrazami z ramki, zgodnie z przykładem.**

więc *dlatego, że* *ponieważ* *bo* *i dlatego*
zależało od *pod warunkiem, że* *jeśliby* *kiedy*✓ *gdyby* *czy*

.....*Kiedy*.....[0] w 2020 zaczęła się w Europie epidemia Covid-19, wszyscy myśleliśmy, że za kilka miesięcy wszystko wróci do normy. ....[1] wcześniej podjęto odpowiednie kroki, na przykład, ...[2] od razu uszczelniono granice, wielu ludzi uniknęłoby zarażenia. ....[3] liczba zakażonych rosła, podjęto decyzję o zamknięciu krajów europejskich. Ludzie musieli nosić maseczki, ...[4] wirus roznosi się drogą kropelkową. Obywatele musieli zostać w domu, ...[5] kontakt z innymi ludźmi był niebezpieczny. Loty zostały wstrzymane, ...[6] ludzie przestali podróżować. Można było pojechać za granicę tylko ....[7] miało się ważny powód. Walka z opanowaniem pandemii była długa, wszystko ....[8] tego, ...[9] ludzie będą trzymali się nowych regulacji. Większość obywateli zachowywała się odpowiedzialnie ....[10] liczba zakażeń zaczęła spadać.

PISANIE

Uwaga! Proszę wybrać jeden z zestawów i wykonać obydwa zadania (a i b) z tego samego zestawu.

ZESTAW I

a.	Ma Pan / Pani rozbitą szybkę w smartfonie. Proszę napisać krótki e-mail z zapytaniem o możliwość, koszt i termin naprawy.	30 słów
b.	Znalazł Pan / Pani ofertę wymarzonej pracy w Polsce. Proszę napisać list motywacyjny	170 słów

ZESTAW II

a.	Chce Pan / Pani kupić tanio używany rower. Proszę napisać krótkie ogłoszenie do mediów społecznościowych.	30 słów
b.	Zastanawia się Pan / Pani nad wystąpieniem o status rezydenta w Polsce. Proszę napisać e-mail do urzędu z prośbą o informację. Proszę krótko opisać swoją sytuację zawodową / osobistą i podać powody, dla których chce Pan / Pani pozostać na stałe w Polsce.	170 słów

ZESTAW III

a.	Ma Pan / Pani problem z Wi-Fi. Proszę napisać krótki e-mail do dostawcy internetu z informacją, od kiedy i jak często są przerwy w dostawie sygnału.	20 słów
b.	Proszę napisać rozprawkę, rozwijając myśl Stefana Kisielewskiego: „Pieniądze szczęścia nie dają, ale każdy chce to sprawdzić”.	180 słów

MÓWIENIE

Proszę wybrać jeden z poniższych zestawów, a następnie przygotować prezentację.

ZESTAW 1

a. Proszę skomentować sytuację na poniższej ilustracji, rozwijając myśl „żadna praca nie hańbi”.

b. Proszę zadzwonić do banku i zablokować zgubioną kartę kredytową.

c. Proszę opowiedzieć o swoich (prawdziwych lub wymyślonych) doświadczeniach w pracy lub szkole z okresu pandemii koronawirusa.

ZESTAW 2

a. Proszę opisać i skomentować sytuację na ilustracji poniżej:

b. Proszę zadzwonić do serwisu i umówić się na naprawę laptopa.

c. Ma Pan / Pani pomysł na start-up, w którym na początek nie trzeba mieć pieniędzy. Proszę omówić swój pomysł.

LEKCJA **11**

SYTUACJE KOMUNIKACYJNE wyrażanie ważności, obojętności i dystansu

SŁOWNICTWO życie polityczne w Polsce • **IDIOMY:** *rządy silnej ręki, poprawność polityczna, okrągły stół, wotum zaufania*

LITERATURA Leszek Kołakowski, *Mini wykłady o maxi sprawach* (fragment)

GRAMATYKA I SKŁADNIA odmiana rzeczownika *rząd* • składnia zdania z podmiotem w dopełniaczu

CZĘŚĆ EGZAMINACYJNA pisanie

Polityka? To mnie nie interesuje!

1 Proszę przeczytać tytuły z portalu internetowego i odpowiedzieć na pytania zamieszczone pod nimi:

Prezydent musi być konsekwentny

Związki zawodowe a interesy pracowników

Porozumienie w sprawie rozbrojenia

Zieloni w ofensywie

Ranking polityków

Kandydaci na radnych zaczynają kampanię

„Nie" – dla nowej ustawy o szkolnictwie wyższym

Król Hiszpanii w Polsce

Stres – cichy morderca

Gdzie spędzić Sylwestra?

10 najlepiej ubranych Polaków

- Który z tytułów jest dla Pana / Pani najbardziej interesujący i dlaczego?
- Który tytuł nie interesuje Pana / Pani wcale? Dlaczego?
- Czy kupuje Pan / Pani gazety, czy woli Pan / Pani czytać informacje w internecie?
- Które tematy w internecie przyciągają Pana / Pani uwagę najmocniej?
- Jaka tematyka jest Panu / Pani całkowicie obojętna?

2a mp3 38-41 **Zapytaliśmy Polaków, czy interesują się polityką. Proszę wysłuchać odpowiedzi i określić, dla której z pytanych osób polityka jest:**

a) interesująca,
b) nudna,
c) obojętna.

WYRAŻANIE OBOJĘTNOŚCI I DYSTANSU

- Jest mi to obojętne.
- To nieważne.
- To nie mój problem.
- Mnie to nie interesuje.
- Wszystko mi jedno.
- Kompletnie mnie to nie interesuje.
- To nigdy mnie nie interesowało.
- To nigdy nie było w centrum mojego zainteresowania.
- To jest fascynująca dziedzina.
- To mnie autentycznie pasjonuje.
- To nie dla mnie.
- To nie moja bajka.

mp3 38-41 **2b Proszę wysłuchać dialogów jeszcze raz i odpowiedzieć:**

- Kiedy ankietowane osoby zaczęły się interesować polityką?
- Czy był to jakiś szczególny moment?

	OSOBA 1	OSOBA 2	OSOBA 3	OSOBA 4
Czy interesuje się polityką?				
Kiedy i dlaczego zainteresował się / zainteresowała się polityką?				

2c Proszę zaznaczyć w tabeli, czy podane zagadnienie jest dla Pana / Pani interesujące, czy nie. A może jest Panu / Pani obojętne?

	To dla mnie ważne.	To nie jest w centrum mojego zainteresowania.	Jest mi to zupełnie obojętne.	Nie zgadzam się z tym.
Jestem za tym, żeby na listach wyborczych było tyle samo kobiet, co mężczyzn. Parytety aktywizują panie do działania w polityce.				
Wybory powinny odbywać się w sobotę i w niedzielę, a nie tylko w niedzielę.				
Brak udziału w wyborach powinien być karany.				
Samorządy powinny lepiej komunikować się z mieszkańcami.				
Więcej pieniędzy z budżetu na oświatę!				
Prezydent powinien mieć więcej władzy.				
Powinno się zlikwidować senat.				
Radni powinni przygotowywać raporty swojej działalności i regularnie publikować je w internecie.				
Wybory parlamentarne i prezydenckie powinny być tylko online.				
Cisza wyborcza powinna być zlikwidowana.				
Budżet obywatelski powinien być większy. Mieszkańcy powinni w większym stopniu decydować o tym, na co wydaje się pieniądze.				

2d Proszę przeczytać tekst o budżecie obywatelskim i przedstawić swoją opinię na temat jego ważności dla rozwoju regionu.

Masz ciekawy pomysł na co wydać publiczne pieniądze, żeby dobrze służyły mieszkańcom regionu? Nie czekaj i już dziś zgłoś swój projekt w 4. edycji *Budżetu Obywatelskiego Województwa Małopolskiego*. To łatwiejsze niż myślisz, liczy się przede wszystkim kreatywność i odrobina chęci. Jeśli Twój projekt wygra głosowanie, to Urząd Marszałkowski zrealizuje to zadanie lub powierzy jego wykonanie organizacji pozarządowej. Budżet obywatelski pozwala mieszkańcom województwa decydować o tym, na co wydać pieniądze. Mieszkańcy mogą nie tylko wybierać zadania, które mają być zrealizowane, ale sami zostać ich autorami. Budżet obywatelski województwa pozwala Małopolanom kształtować ich najbliższe otoczenie, umożliwia określenie potrzeb, daje możliwość wskazania co jest dla nich szczególnie ważne. Dzięki niemu mieszkańcy określają priorytety dla rozwoju powiatów, subregionów oraz całej Małopolski.

Oto przykładowe obszary, w których można zaproponować inwestycje z budżetu obywatelskiego: edukacja, sport, infrastruktura, środowisko, turystyka, zdrowie.

na podstawie: *Budżet Obywatelski. Czym jest Budżet Obywatelski Województwa Małopolskiego?*, www.malopolska.pl

2e Proszę zaproponować inwestycje w ramach jednego z obszarów przedstawionych w ćwiczeniu 2d.

Przykład: Moim zdaniem, bardzo ważna jest infrastruktura, dlatego proponuję zainwestować w remont ulicy Królewskiej, albo zakup nowych autobusów.

Według mnie najważniejsza jest ....

Uważam, że kwestia .... jest nieważna, dlatego ja zainwestowałbym / zainwestowałabym w ....

Mieszkańcy potrzebują ....

Mieszkańcy nie są zainteresowani ....

2f Proszę podsumować pisemnie albo ustnie wypowiedzi kolegów / koleżanek z grupy.

Przykład: Większość kolegów i koleżanek z grupy uważa, ze najważniejsza inwestycja to ....

Niektórzy uważają, że ....

• SŁOWNICTWO

3 Proszę przestudiować poniższy schemat i odpowiedzieć na pytania poniżej:

WŁADZA USTAWODAWCZA

SEJM
- uchwala ustawy

SENAT
- analizuje i przyjmuje ustawy przyjęte przez Sejm

WŁADZA WYKONAWCZA

PREZYDENT
- powołuje premiera
- ma prawo wetowania ustaw
- jest wybierany co pięć lat
- kontaktuje się z przedstawicielami innych państw

RZĄD
- kontroluje wykonanie ustaw

WŁADZA SĄDOWNICZA

SĄDY

TRYBUNAŁY

Sejm i Senat to polski Parlament. Poza uchwalaniem ustaw Sejm i Senat kontrolują pracę rządu. Wybory do Sejmu i Senatu są co cztery lata. Mężczyzna, który jest członkiem Sejmu, to poseł, kobieta to posłanka, członek Senatu to senator.

- Jakie urzędy odpowiadają w Pana / Pani kraju instytucjom polskim?
- Jaką władzę ma prezydent?
- Jaki jest system (ustrój) polityczny w Pana / Pani kraju? Demokracja, monarchia?
- Czy zna Pan / Pani jakiś kraj na świecie, gdzie jest dyktatura?
- Jaka partia sprawuje obecnie władzę w Pana / Pani kraju? Prawicowa czy lewicowa?

4 **Proszę połączyć termin z definicją.**

a) organ władzy ustawodawczej, jego zadaniem jest analizowanie i akceptowanie ustaw uchwalonych przez sejm
b) ustawa główna
c) mają miejsce co cztery lata, pozwalają utworzyć nowy parlament i wybrać premiera
d) szef rządu
e) organ władzy wykonawczej
f) głowa państwa
g) jego elementarnym zadaniem jest uchwalanie ustaw
h) moja decyzja w wyborach
i) akt prawny uchwalany przez parlament

☐ prezydent
☐ premier
☐ sejm
☐ konstytucja
☐ ustawa
☐ wybory
☐ rząd
☐ senat
☐ głos

5 **Proszę połączyć w związki frazeologiczne słowa z obu kolumn:**

1. uchwalić	*a) kandydata prawicy*
2. głosować na	*b) ustawę*
3. zawetować	*c) koalicję*
4. zbudować	*d) ustawę*
5. wybierać	*e) prezydenta*

Proszę napisać zdania z powyższymi parami wyrazów.

Prezydent zawetował ustawę o biopaliwach. ....

....

....

....

....

....

6a **Na podstawie powyższych informacji proszę opisać system polityczny w Pana / Pani kraju.**

Proszę wykorzystać następujące zwroty:
Mój kraj to demokracja parlamentarna / monarchia / ....
Władzę ustawodawczą reprezentuje parlament / zgromadzenie narodowe / zgromadzenie plus senat / ....
Władzę wykonawczą reprezentuje rząd / prezydent / ....
Nie mamy prezydenta, ale mamy króla / kanclerza / ....
Parlament jest wybierany co cztery lata / pięć lat.
Prezydent jest wybierany co cztery lata / pięć lat.
Członek zgromadzenia narodowego to poseł / deputowany / ....
Szef rządu to premier / kanclerz...... .

6b **Proszę powiedzieć, jaki system polityczny jest w przedstawionych na zdjęciach krajach.**

Przykład: „Myślę, że pierwsze zdjęcie przedstawia..., ponieważ..."

7a Jakie są hasła wyborcze partii prawicowych i lewicowych? Co proponują w kwestii:

a) pracy i polityki socjalnej,
b) edukacji,
c) sytuacji kobiet,
d) przedsiębiorczości.

Który z tych punktów jest Pana / Pani zdaniem, dla nich ważny, a który obojętny?

7b Proszę przeczytać poniższe opisy i zdecydować, który dotyczy lewicy, a który prawicy. Następnie proszę uzupełnić opisy za pomocą słów „lewica" i „prawica" w odpowiedniej formie.

....

Termin wywodzi się z okresu rewolucji francuskiej (1789), kiedy to w Zgromadzeniu Narodowym przedstawiciele szlachty, arystokracja i duchowieństwo zasiadali po prawej stronie sali, zaś po lewej politycy żądający przemian społecznych i politycznych, w tym sekularyzacji i wprowadzenia republikańskiego ustroju (...) .

Określenie ....[1] przez cały XIX w. było kojarzone z ugrupowaniami republikańskimi i socjalistycznymi. Termin prawica-lewica zaczął być szerzej używany w okresie hiszpańskiej wojny domowej lat 30. XX wieku.

Cechą wspólną ugrupowań ....[2] są wartości takie jak egalitaryzm, kolektywizm – wyższość równości nad wolnością oraz dobra grup społecznych nad jednostką. ....[3] kieruje się aktywną rolą państwa w gospodarce, rozbudową programów socjalnych państwa, zwiększaniem wydatków na oświatę, służbę zdrowia oraz opiekę społeczną.

Do XX wieku mianem ....[4] określano republikanów i socjalistów, następnie termin ten zaczęto stosować w odniesieniu do nowych ruchów – ruchu praw obywatelskich, feminizmu, pacyfizmu, (...) i ruchów ekologicznych. Obecnie najsilniejszym nurtem ....[5] jest socjaldemokracja. Mianem skrajnej ....[6] są z kolei określane ideologie anarchizmu i komunizmu.

....

Określenie pochodzące z okresu rewolucji francuskiej, kiedy mianem prawicy określano ugrupowania przedstawicieli duchowieństwa, szlachty i arystokracji (...)

Do końca XIX wieku ....[7] była kojarzona z grupami zachowawczymi domagającymi się utrzymania feudalnych przywilejów. Współcześnie do ....[8] zalicza się partie o charakterze konserwatywnym, nacjonalistycznym, chadeckim, a niekiedy także liberalnym (gospodarczo, nie społecznie).

Wartościami uznawanymi przez zwolenników ....[9] za podstawowe w tejże ideologii są: wspieranie gospodarki wolnorynkowej, ochrona własności prywatnej, (...) oraz szacunek dla tradycji i istniejącej hierarchii społecznej.

Określenie ....[10] pierwotnie odnosiło się do tradycyjnych konserwatystów, monarchistów i reakcjonistów, z czasem do ....[11] zaliczani byli przedstawiciele nowo powstałych nurtów politycznych – neokonserwatyści, zwolennicy supremacji rasowej, nacjonaliści, faszyści, chadecy, fundamentaliści religijni i klasyczni liberałowie.

na podstawie: *lewica*, *prawica*, www.wikipedia.org

7c Proszę przeczytać poniższe wypowiedzi i zdecydować, które należą do osób o przekonaniach prawicowych, a które do sympatyków lewicy.

1. „Zawsze interesowałam się problematyką społeczną, biorę udział w wielu projektach pomocowych. Pracuję z niepełnosprawnymi i z osobami wykluczonymi"
2. „Szanuję tradycję i istniejące prawo. Ważna jest dla mnie stabilność państwa."
3. „Jestem feministką, uważam, że każda kobieta powinna decydować o tym, jak ma wyglądać jej życie. To, czy chce być aktywną kobietą biznesu, wykładowczynią, czy zajmować się domem, to jej autonomiczna decyzja".
4. „Najważniejszy jest rynek. To on reguluje wszystkie kwestie ekonomiczne, dzięki wolnemu rynkowi mamy zdrową konkurencję i mniejszą korupcję".
5. „Państwo powinno wspierać obywateli".
6. „Zapis o dziedzictwie chrześcijańskim powinien znaleźć się w konstytucji".
7. „Związki partnerskie są niepotrzebne. Wystarczy nam to, co jest, czyli małżeństwa".
8. „Nierówności społeczne są coraz większe, należy się im aktywnie przeciwstawiać".
9. „Nasza planeta umiera. Wszyscy jesteśmy za to odpowiedzialni, a największą winą za tę sytuację obarczamy wielki biznes".

7d Proszę zapytać kolegę / koleżankę:

- Czy interesujesz się polityką?
- Który z problemów przedstawionych w ćwiczeniu obok jest dla ciebie ważny, a który jest ci obojętny?
- Czy o sympatii dla danej opcji politycznej decyduje:
  – wiek,
  – wykształcenie,
  – sytuacja materialna,
  – wyznanie / światopogląd,
  – orientacja seksualna,
  – inne czynniki, jakie?

7e **Proszę przeanalizować w grupie odpowiedzi kolegów / koleżanek i zrobić podsumowanie.**

70% grupy interesuje się polityką.
Problemy przedstawione w programach partii są dla nich ważne, bo...
Są też postulaty całkowicie obojętne, ponieważ...
Ich zdaniem o sympatii dla opcji politycznej decydują takie czynniki jak...

....

....

....

....

....

....

....

....

lekcja 11

• GRAMATYKA

7f **Proszę przypomnieć, dlaczego mówimy:**

40% Polaków bierze udział w wyborach. A nie: **40% Polaków biorą udział w wyborach.*
40% Polaków wzięło udział w wyborach. A nie: **40% Polaków wzięli udział w wyborach.*

Proszę uzupełnić zdania za pomocą podanych w nawiasach czasowników w odpowiedniej formie. Proszę podać formy czasu teraźniejszego i przeszłego (aspekt dokonany lub niedokonany w zależności od kontekstu).

Przykład:

50% Polaków głosuje w referendum. (cz. teraźniejszy)

50% Polaków głosowało / zagłosowało w referendum. (cz. przeszły)

Większość Polaków .... (brać)[1] udział w wyborach. (cz. teraźniejszy)

Większość Polaków .... (brać)[2] udział w wyborach. (cz. przeszły)

30% obywateli .... (mieć)[3] prawo głosowania za granicą. (cz. teraźniejszy)

30% obywateli .... (mieć)[4] prawo głosowania za granicą. (cz. przeszły)

Coraz więcej kobiet .... (planować)[5] start w wyborach. (cz. teraźniejszy)

Coraz więcej kobiet .... (planować)[6] start w wyborach. (cz. przeszły)

Coraz więcej młodych ludzi nie .... (głosować)[7], bo nie .... (wierzyć)[8] w zmiany. (cz. teraźniejszy)

Coraz więcej młodych ludzi nie .... (głosować)[9], bo nie .... (wierzyć)[10] w zmiany. (cz. przeszły)

8 **Proszę wstawić właściwą formę rzeczownika *rząd*.**

0. Szef ..*rządu*... był z wizytą na Węgrzech.
1. Kupiłem bilety do kina. .... czwarty, miejsce drugie. Między .... jest dużo miejsca, można swobodnie przechodzić. W drugim .... zauważyłem kolegę. Siedział z dziewczyną. Postanowiłem zmienić miejsce, bo z mojego .... nie było nic widać. Niestety we wszystkich .... najlepsze miejsca były zajęte.
2. Wizyta szefa .... była bardzo udana, mimo że .... ma wielu przeciwników. Przeciw .... występuje opozycja, która uważa, że premier powinien podać się do dymisji. Reprezentanci innych .... nie mogą jednak dyskutować na ten temat, a więc debata w .... niemieckim nie mogła mieć miejsca.

lekcja 11

• SŁOWNICTWO

9 Proszę wyjaśnić znaczenie następujących idiomów, a następnie uzupełnić nimi zdania:

rządy silnej ręki · *poprawność polityczna* · *okrągły stół* · *wotum zaufania* · *okrągły stół✓*

Przykład: W tej sytuacji jedynym sposobem będzie zorganizowanie *okrągłego stołu*, który daje szanse na porozumienie.

1. Jedni uważają, że .... to forma cenzury, która uniemożliwia otwarte mówienie o tym, co się myśli, a drudzy mówią, że to wyraz szacunku dla mniejszości, szczególnie dla grup dyskryminowanych.
2. Rząd otrzymał .... i dlatego może spokojnie kontynuować swoją pracę.
3. Demokracja staje się coraz mniej atrakcyjna dla młodych ludzi, wielu z nich chce lidera, który wprowadzi ....
4. W 1989 roku władze komunistyczne i opozycja demokratyczna prowadziły negocjacje polityczne, które nazwane zostały ....

10 Proszę zrobić minilistę plusów i minusów poprawności politycznej, a następnie przedyskutować ją w grupie.

PLUSY	*Okazujemy szacunek naszym rozmówcom.*
MINUSY	*Musimy uważać na to, co mówimy.*

12 Proszę uzupełnić poniższe zdania za pomocą słów i zwrotów zamieszczonych w ramce:

tysiąc drzew · *nowe miejsca pracy* · *dobrobyt* · *do udziału w wyborach* · *iść na wybory* · *poprawy warunków życia✓*

Przykład: Pragniemy *poprawy warunków życia*[0].

Namawiam ....[1].

Zasadzimy ....[2].

Niedługo zacznie rosnąć ....[3].

Poprawią się warunki życia.

Jeśli otrzymamy władzę, powstaną ....[4].

Radzę wszystkim: trzeba ....[5].

DVD 9

13 Proszę obejrzeć film i powiedzieć, czy poniższe zdania są prawdziwe, czy nie:

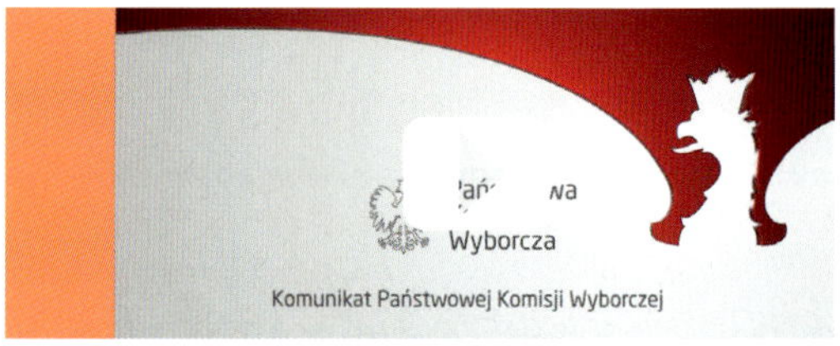

Państwowa Komisja Wyborcza, www.pkw.gov.pl, *Wybory do Sejmu i Senatu 2019: „Kto może głosować w wyborach do Sejmu i Senatu?"*, https://www.youtube.com/watch?v=xIjf3Lu7tiU

Przykład: W wyborach mogą głosować obywatele polscy – To prawda.

a) W wyborach mogą głosować osoby, które ukończyły 16 lat.
b) Można głosować za granicą.
c) Można głosować za granicą, ale trzeba złożyć wniosek u prezydenta.
d) Burmistrz sporządza spis wyborców.
e) Film podaje, jak można dostać zaświadczenie o prawie do głosowania.

Literatura

11 Proszę przeczytać fragment i wykonać zadania.

Były brytyjski kanclerz, gdy go w telewizji zapytano, czy chciałby być premierem, powiedział z niejakim zdziwieniem: „przecież każdy chciałby być premierem". To mnie z kolei zdziwiło, ponieważ wcale nie sądzę, że każdy chciałby być premierem: jest mnóstwo ludzi, którzy bynajmniej o takiej posadzie nie marzą – nie dlatego, że i tak nie mają szans, że to „kwaśne winogrona", ale dlatego, że uważaliby tę robotę za okropną (...), ciężka odpowiedzialność, z góry wiadomo, że człowiek będzie bez przerwy wystawiony na ataki, ośmieszanie, że będą mu przypisywali najgorsze intencje, itd.

Czy więc jest, czy nie jest prawdą, że „wszyscy chcą władzy"? To zależy od tego, jak daleko rozciągniemy sens słowa. W najszerszym znaczeniu „władzą" nazywamy wszystko, co pozwala nam wpłynąć na otoczenie – naturalne czy ludzkie – w pożądanym kierunku.

Małe dziecko, które po raz pierwszy potrafi samo wstać albo zaczyna chodzić, zdobywa pewien zakres władzy nad swoim ciałem i widzimy, że się z tego cieszy; pewnie też każdy wolałby mieć więcej raczej niż mniej władzy nad funkcjami ciała, które mogą być kontrolowane, jak mięśnie i stawy.

Leszek Kołakowski, *Mini wykłady o maxi sprawach*, Znak, Kraków 2004

11a Proszę znaleźć w internecie informację biograficzną o Leszku Kołakowskim. Proszę opisać jego życie zawodowe w kilku zdaniach.

11b Proszę przeczytać fragment jednego z wykładów z książki „Miniwykłady o maxi sprawach" i odpowiedzieć na pytania:

a) Czy to prawda, że każdy chciałby być premierem? Co Pan / Pani na ten temat sądzi? Jakie obowiązki ma premier?
b) Jakie są plusy i minusy posiadania władzy?
c) Jaką „władzę" ma według Kołakowskiego dziecko?
d) Czy słowo „władza" jest w tej sytuacji właściwa? Może lepsze jest słowo „kontrola"?
e) Co, według Pana / Pani, oznacza „mieć kontrolę nad swoim życiem"?

Pisanie

I **Proszę wybrać jeden z zestawów i wykonać oba polecenia.**

Zestaw 1

1.	Proszę napisać ogłoszenie o wyborach do samorządu studenckiego.	20 słów
2.	Planowałeś pojechać na weekend do kolegi, który mieszka w Polsce. Nie możesz tego zrobić, bo chcesz wziąć udział w drugiej turze wyborów. Proszę napisać list, w którym wyjaśniasz powody swojej decyzji o pozostaniu w domu.	180 słów

Zestaw 2

1.	Proszę napisać zaproszenie na spotkanie z posłem X.	20 słów
2.	Proszę napisać tekst argumentacyjny na temat: „Każdy obywatel powinien brać udział w wyborach".	180 słów

Zestaw 3

1.	Proszę napisać kartkę z gratulacjami do kolegi, który został przedstawicielem studentów na uniwersytecie.	20 słów
2.	Proszę wyrazić opinię na temat następującego stwierdzenia: Nie interesuje mnie polityka. W telewizji oglądam tylko filmy dokumentalne i programy muzyczne.	180 słów

Przykłady form pisemnych

Ogłoszenie

Ogłoszenie

Dnia 23 września bieżącego roku odbędą się wybory do samorządu klasowego. Kandydaci proszeni są o zgłaszanie się do wychowawcy klasy najpóźniej do czwartku, 16 września bieżącego roku.

Ogłoszenie

Jeśli jesteś kreatywny, odpowiedzialny i masz charakter lidera grupy, to zapraszamy Cię do udziału w wyborach do samorządu szkolnego. Już 15 września pierwsza tura! Wyślij swoją kandydaturę na adres:
samorząd@us.krakow.pl

Ogłoszenie

Dnia 24 października o godzinie 14.00 odbędą się wybory do Rady Studentów Zagranicznych przy naszej uczelni.
Oto kandydaci na radnych:
Oleg Wasiliew (Rosja)
Marta Załuska (Ukraina)
Greg Foller (Wielka Brytania)
Jean Franco (Belgia)
Antonia Grimaldi (Włochy)
Hans Gellert (Niemcy).
Oddajemy głos na jednego kandydata.
Głosować można przez stronę:
www.radastudentówzagranicznych.pl

Gratulacje – oficjalne i nieoficjalne

Szanowny Panie Dyrektorze,

proszę przyjąć wyrazy uznania i najszczersze gratulacje z okazji ponownego wyboru na szefa resortu.
Wyrażam głęboką nadzieję na kontynuowanie naszej owocnej współpracy w ramach projektów unijnych.

Z poważaniem
Adam Nowacki

Cześć Ewa, właśnie dowiedziałam się, że zostałaś ponownie wybrana przewodniczącą samorządu studenckiego. Gratuluję Ci serdecznie. Życzę Ci powodzenia w realizacji Twoich planów i jestem pewna, że poradzisz sobie z tą funkcją tak dobrze, jak to było do tej pory.

Pozdrawiam
Anka

LEKCJA **12**

Mam do tego prawo!

SYTUACJE KOMUNIKACYJNE przebieg rozmowy (cd.), dyskusja, wyrażanie opinii

SŁOWNICTWO równouprawnienie, dyskryminacja • **IDIOMY:** *albo w prawo, albo w lewo, na prawo i (na) lewo, prawo dżungli, jakim prawem?, obejść prawo, być ponad prawem, zrobić coś na lewo*

LITERATURA Stanisław Lem, *Powrót z gwiazd* (fragment)

GRAMATYKA I SKŁADNIA POWTÓRZENIE: nazwy państw w dopełniaczu • odmiana rzeczowników rodzaju męskiego zakończonych na *-anin*

CZĘŚĆ EGZAMINACYJNA mówienie

1a Proszę uzupełnić fragment Konstytucji Rzeczpospolitej Polskiej podanymi słowami.

pracę *przyczyny* *wszyscy*✓ *zatrudnienia* *nikt* *społecznym* *równe* *prawo*

Artykuł 32

1. ...Wszyscy... są wobec prawa równi. Wszyscy mają .... do równego traktowania przez władze publiczne.
2. .... nie może być dyskryminowany w życiu politycznym, społecznym lub gospodarczym z jakiejkolwiek ....

Artykuł 33

1. Kobieta i mężczyzna w Rzeczypospolitej Polskiej mają .... prawa w życiu rodzinnym, politycznym, ... i gospodarczym.
2. Kobieta i mężczyzna mają w szczególności równe prawa do kształcenia, ... i awansów, do jednakowego wynagradzania za .... o jednakowej wartości, do zabezpieczenia społecznego oraz do zajmowania stanowisk, pełnienia funkcji oraz uzyskiwania godności publicznych i odznaczeń.

1b Proszę porozmawiać z kolegą / koleżanką na poniższe tematy. Mogą Państwo korzystać ze słownika lub internetu.

- Ludzie są dyskryminowani m.in. ze względu na pochodzenie, wyznawaną religię, kolor skóry, wiek, płeć. Z jakich innych jeszcze względów?
- Czy są ludzie, którzy nie mogą korzystać ze wszystkich praw? Którzy? Z jakich praw? Dlaczego z nich nie korzystają?
- Czy naprawdę wszyscy mają równe prawa? Czy są grupy ludzi, które mają mniej lub więcej praw? Jakich i dlaczego?
- Jak można pomóc dyskryminowanym osobom / mniejszościom?
- Proszę zdefiniować kilka z podanych słów: rasizm, seksizm, szowinizm, antysemityzm, ageizm, ksenofobia, homofobia, transfobia.

mp3 42 **2a Proszę posłuchać audycji radiowej i zapisać, o jakich prawach mówią dzieci, a o jakich Rzecznik Praw Dziecka.**

Dzieci: ....

Rzecznik Praw Dziecka: ....

mp3 42 **2b W podanych poniżej fragmentach wypowiedzi z audycji brakuje niektórych słów. Proszę posłuchać nagrania jeszcze raz i uzupełnić poniższe zdania. Proszę także zaznaczyć, które z poniższych cytatów to wypowiedzi dorosłych, a które dzieci.**

Jakie prawo jest, ...[1], najważniejsze?

Czy mogę coś ....[2]? Ja ....[3] odpowiedzieć!

A jak ....[4], jakie inne jeszcze prawa są ważne?

Według ....[5] prawo do zabawy jest bardzo ważne!

Tak, ...[6] prawda!

No ....[7], prawo do zabawy. Ale my musimy się tyle uczyć.

Uważam, ...[8] prawo do ....[9] własnego zdania jest ważne.

Co macie ....[10] myśli?

Chodzi mi o to, że dzieci albo nastolatkowie mają prawo mówić, co myślą.
Mogą się na przykład nie ....[11] z dorosłymi.
I ....[12] o to, żeby mogli to powiedzieć.

Trochę się ....[13].

Uważam, ...[14] my też mamy prawo do prywatności.

Tak, masz ....[15]. To zależy oczywiście ....[16] tego, jak często i w jakich sytuacjach dorośli was kontrolują.

Co chce pan ....[17] to powiedzieć? Dlaczego niechętnie?

Czyje prawa, ...[18] was, są ważniejsze: dzieci czy dorosłych?

Trudno ....[19].

Zgadzam ....[20], że prawa i dorosłych, i dzieci są tak samo ważne.
Ale ....[21] jednak, że powinniśmy w pierwszej kolejności respektować prawa najsłabszych, których trzeba chronić, czyli między innymi dzieci.

2c Proszę porozmawiać z kolegą / koleżanką. Co sądzą Państwo o wypowiedziach dzieci z audycji? Czy zgadzają się Państwo z nimi? Jak można je jeszcze uzupełnić? O jakich prawach dziecka nie było mowy w audycji?

SŁOWNICTWO

3a **Poniżej podano zwroty typowe dla dyskusji. Proszę dopasować określenia z ramki do odpowiedniej rubryki w tabeli.**

> *NEGACJA* — *KONTROLA DYSKUSJI* ✓ — *WYJAŚNIANIE* — *WYRAŻANIE OPINII* — *KONIEC DYSKUSJI* — *PRZYTAKIWANIE* — *POCZĄTEK DYSKUSJI* — *PROŚBA O WYJAŚNIENIE* ✓

______	Chciałbym / chciałabym coś powiedzieć. Czy mogę coś powiedzieć?
______	Moim zdaniem... Według mnie... Uważam, że... Sądzę, że... To zależy od...
______ **PROŚBA O WYJAŚNIENIE**	Co chcesz przez to powiedzieć? Co chce pan / pani przez to powiedzieć? Nie wiem, czy dobrze zrozumiałem / zrozumiałam. Chodzi ci / panu / pani o to, że...? Co masz na myśli? Co ma pan / pani na myśli? Dlaczego? Czy według ciebie / pana / pani...?
______	Chodzi mi o to, że... Chcę tylko powiedzieć, że...
______ **KONTROLA DYSKUSJI**	Rozumiesz, o co mi chodzi? Rozumie pan / pani, o co mi chodzi? Chwileczkę, chciałbym / chciałabym dokończyć.
______	Rzeczywiście! To prawda! No właśnie! Zgadzam się z tobą / z panem / z panią. Masz rację. Ma pan / pani rację.
______	Ależ skąd! Nic podobnego! To przesada! Bzdura! Nieprawda. Nie zgadzam się z tobą / z panem / z panią. Nie masz racji. Nie ma pan / pani racji. Mylisz się. Myli się pan / pani.
______	To wszystko, co chciałem / chciałam powiedzieć na ten temat.

Wymowa

3b **Proszę wybrać kilka zwrotów, które Pan / Pani lubi najbardziej i przeczytać je na głos z odpowiednią intonacją.**

3c **Proszę porozmawiać z kolegami i koleżankami z grupy na kilka z zaproponowanych poniżej tematów, używając typowych dla dyskusji zwrotów. W których stwierdzeniach można znaleźć przejawy dyskryminacji?**

Stwierdzenie, że... jest przejawem dyskryminacji, bo według mnie...

- Obcokrajowcy mieszkający w jakimś kraju koniecznie powinni znać jego język.
- Obcokrajowcy nie powinni znajdować się w jakimś kraju w celach innych niż turystyczne.
- Najpierw trzeba poznać kulturę jakiegoś kraju, a potem dopiero można w nim zamieszkać.
- Każdy powinien mieszkać tam, gdzie się urodził.
- Każdy powinien móc podróżować i mieszkać tam, gdzie ma ochotę.
- Rodowici obywatele jakiegoś kraju powinni mieć pierwszeństwo, jeśli chodzi o pracę na pełnym etacie, obcokrajowcy powinni znajdować się na drugim miejscu.

• GRAMATYKA

4a **Proszę przeczytać artykuł i uzupełnić tabelę.**

Fala cudzoziemców zalewa Polskę?
Statystyki mówią wszystko!

Od kilku lat cała Europa żyje kwestią rozlokowania uchodźców, którzy uciekają z Bliskiego Wschodu w poszukiwaniu lepszego i spokojniejszego życia. Temat ten podzielił Unię Europejską. Okazało się, że nie wszystkie państwa członkowskie kierują się takimi samymi zasadami. To co dla jednych jest sprawą oczywistą, dla innych jest kojarzone z zagrożeniem i wielkim ryzykiem.

Cudzoziemcy w Polsce

Z raportu opublikowanego przez Urząd do Spraw Cudzoziemców wynika, że na terenie Polski żyje obecnie ponad 333 tysiące osób posiadających ważny dokument uprawniający do pobytu w naszym kraju. Największa grupa to obywatele Ukrainy, których liczba od 2015 roku wzrosła trzykrotnie i wynosi obecnie ponad 150 tysięcy osób. Prawo do legalnego pobytu posiada również około: 21 tysięcy Niemców, 16 tysięcy Białorusinów, 12 tysięcy Wietnamczyków, 9 tysięcy Chińczyków, 7 tysięcy Hindusów oraz 5 tysięcy Bułgarów.

na podstawie: *Fala cudzoziemców zalewa Polskę? Nowe statystyki mówią wszystko!*, www.tripybiznesekipy.pl

Obywatel, obywatele:	Obywatelka, obywatelki:	Kraj:	Obywatele...
Ukrainiec / Ukraińcy	Ukrainka / Ukrainki	Ukraina	Ukrainy
Niemiec / Niemcy	Niemka / Niemki	Niemcy	
/ Białorusini	Białorusinka / Białorusinki	Białoruś	
Wietnamczyk /	Wietnamka / Wietnamki	Wietnam	Wietnamu
/ Chińczycy	Chinka / Chinki	Chiny	Chin
Hindus / Hindusi	Hinduska / Hinduski	Indie	
/ Bułgarzy	Bułgarka / Bułgarki	Bułgaria	

4b **Proszę uzupełnić zdania zgodnie z treścią artykułu.**

0. W Polsce mieszka legalnie ponad 333 tysiące obywateli *różnych państw* .
1. Ponad 150 tysięcy obywateli .... mieszka w Polsce.
2. Ponad 21 tysięcy obywateli .... posiada prawo do legalnego pobytu w Polsce.
3. Obywatele .... to trzecia największa grupa zamieszkująca Polskę.
4. W sumie ponad 20 tysięcy obywateli .... i .... mieszka w Polsce.
5. Obywatele .... i .... mieszkający w Polsce to grupa licząca w sumie około 12 tysięcy osób.

4c **Proszę odpowiedzieć na pytania.**

- Obywatele jakich państw mieszkają w Pana / Pani kraju?
- Czy są z jakiegoś powodu dyskryminowani? W jakich sytuacjach?
- Jak są przedstawiani w mediach?
- Jaki mają dostęp do opieki zdrowotnej i edukacji? Czy taki sam jak rodzimi mieszkańcy?
- Jakie mają szanse na zrobienie kariery zawodowej?

• GRAMATYKA

5a **Rzeczowniki określające obywateli różnych państw i miast, zakończone na *-anin* mają specyficzną odmianę. Proszę uzupełnić tabelę podanymi formami.**

Rosjanin *Rosjanie* *Rosjaninie* *Rosjanina*
Rosjan *Rosjaninem* *Rosjanami* *Rosjanach*

przypadek / pytania	liczba pojedyncza	liczba mnoga
mianownik *kto? co?*		
dopełniacz *kogo? czego?*		Rosjan
celownik *komu? czemu?*	Rosjaninowi	Rosjanom
biernik *kogo? co?*	Rosjanina	
narzędnik *z kim? z czym?*		
miejscownik *o kim? o czym?*		

5b **Proszę podać inne przykłady takich rzeczowników. Może Pan / Pani pracować z kolegą / koleżanką i korzystać z internetu.**

5c **Proszę ułożyć kilka zdań z wybranymi rzeczownikami zakończonymi na *-anin*, w których będą one w innym przypadku niż mianownik. Może Pan / Pani pracować z kolegą / koleżanką.**

6a **Proszę przeczytać artykuł, korzystając ze słownika lub internetu i zdecydować, czy poniższe zdania są prawdziwe (P), czy nieprawdziwe (N). Jeśli zdanie jest nieprawdziwe, proszę podać prawdziwą informację z tekstu.**

Polonez równości
na studniówce w liceum „Bednarska"

Głośnym medialnym echem odbił się Polonez Równości zatańczony 19 stycznia br. przez maturzystów/ki Społecznego Liceum Ogólnokształcącego „Bednarska" w Warszawie. Inicjatywa wyszła ze *Stowarzyszenia Miłość Nie Wyklucza*. Cel? Pokazanie, że w polskich szkołach jest miejsce również dla jednopłciowych par – np. na studniówkach. By ludzie LGBT nie czuli się zmuszeni do ukrywania swej orientacji / tożsamości. Zarówno władze szkoły jak i sama młodzież bez wahania zgodziły się na przedsięwzięcie oparte na prostym pomyśle: tradycyjny polonez, tyle że tańczony przez pary tej samej płci – dziewczyna z dziewczyną, chłopak z chłopakiem. Krótki film z wydarzenia stał się hitem sieci. *Kiedy ja chodziłem do liceum, myśl o studniówce była dla mnie koszmarem i ostatecznie z uczestnictwa w niej zrezygnowałem. Miło jest pomyśleć, że kolejnemu pokoleniu jest już trochę łatwiej, a za dwa pokolenia może problem w ogóle przestanie istnieć.* – Komentował jeden z internautów.

na podstawie: „Replika" nr 78 / 2019

0. Studniówka w Liceum „Bednarska" była dużym tematem w mediach. P / N
1. Maturzyści tańczyli krakowiaka. P / N
2. Dyrekcja i uczniowie szkoły od razu zaakceptowali akcję wspierającą młodzież LGBT. P / N
3. Celem inicjatywy było pokazanie, że w polskich szkołach jest za mało miejsca. P / N
4. Na studniówce chłopcy tańczyli z chłopcami, a dziewczyny z dziewczynami. P / N
5. Komentujący akcję ma nadzieję, że w przyszłości osoby LGBT nie będą dyskryminowane. P / N

6b Proszę obejrzeć plakaty z różnych akcji przeciw homofobii i ustosunkować się do podanych poniżej stwierdzeń. Może Pan / Pani indywidualnie wyrazić swoją opinię lub porozmawiać z kolegą / koleżanką.

- Takie kampanie są bardzo ważne i potrzebne.
- Takie kampanie i tak nie zmienią negatywnego nastawienia osób, więc nie mają sensu.
- Publiczne ujawnianie swojej orientacji jest niepotrzebne, a czasem szkodliwe. To prywatna sprawa każdego człowieka.
- Młode osoby LGBT+ potrzebują pozytywnych wzorców i dlatego znane osoby koniecznie powinny publicznie się ujawniać.
- Osoby publiczne (np. politycy, aktorzy, dziennikarze) powinni wspierać takie inicjatywy przeciw homofobii.
- Każdy ma prawo do prywatności. Nikt nie powinien interesować się prywatnym życiem innych ludzi, ich orientacją czy wyznawaną przez nich religią.

Trudno powiedzieć.
Nie mam zdania na ten temat.
To złożona kwestia.
To delikatna sprawa.
Nigdy się nad tym nie zastanawiałem / zastanawiałam.

7a Proszę obejrzeć reportaż z Telewizji Kraków bez dźwięku i odpowiedzieć na poniższe pytania, a następnie z kolegą / koleżanką porozmawiać o tym, czego może dotyczyć reportaż.

DVD 10

Niepełnosprawni praca, Sylwia Pieczara, TVP Kraków

1. Co robi mężczyzna na początku reportażu? Czym się zajmuje, gdzie pracuje?
2. Które cechy pasują do niego? Kiedy mówi, jest: smutny, wesoły, zdenerwowany, zrelaksowany, pewny siebie, niespokojny, patrzy na rozmówcę i gestykuluje, często spuszcza wzrok?
3. Co pojawia się w dalszej części reportażu?

lekcja 12

7b Proszę przeczytać wypowiedzi, które pojawiają się w reportażu. Jak Pan / Pani myśli, w jakiej będą kolejności? Proszę obejrzeć reportaż z dźwiękiem i sprawdzić swoje odpowiedzi.

DVD 10

- [0] Jacek Małek pracuje w bufecie studenckim prowadzonym przez spółdzielnię socjalną „Równość" od 3 lat. Przygotowuje i wydaje posiłki.
- [ ] W Krakowie zorganizowano seminarium „Pełnosprawna niepełnosprawność".
- [ ] Jestem osobą chorą i po przejściach. (...) Los mnie tak zmusił, że musiałem podjąć pracę w cateringu.
- [ ] Spółdzielnia daje zatrudnienie osobom m.in. z depresją, po załamaniach nerwowych, ze schizofrenią. Prowadzą one bufet studencki i kawiarenkę przy Uniwersytecie Papieskim.
- [ ] To, że przychodzą tutaj i pracują, to jest dla nich duża wartość dodana. (...) Jest to motywacja, żeby wyjść z domu przede wszystkim, nie zamykać się, nie pogrążać się w chorobie.
- [ ] Pracodawcy, którzy zatrudniają niepełnosprawnych (...) zyskują bardzo lojalnych i odpowiedzialnych pracowników, dla których praca to także forma rehabilitacji i szansa na normalne życie.

7c Na podstawie obejrzanego reportażu proszę wymyślić treść strony internetowej kampanii dla pracodawców pt. „Każdy ma prawo do pracy" (50–100 słów). W tekście proszę użyć następujących słów i zwrotów:

niepełnosprawny prawo do pracy
równouprawnienie być dyskryminowanym
zatrudniać podjąć pracę pomagać
ze względu na trudności lojalny po przejściach

8 Proszę napisać wypracowanie (esej szkolny) na jeden z poniższych tematów (150–180 słów):

1. Na Konferencji ONZ w Wiedniu napisano w jej Deklaracji, że „Równouprawnienie kobiet i mężczyzn jest warunkiem demokracji." Czy zgadza się Pan / Pani z tym stwierdzeniem?
2. Wszyscy ludzie na Ziemi powinni mieć równy dostęp do edukacji, opieki zdrowotnej i pracy.
3. Każdy powinien mieć prawo do wyznawania wybranej przez siebie religii. Dzieci także.

W wypracowaniu proszę użyć następujących zwrotów:

moim zdaniem; uważam, że; sądzę, że; (nie) zgadzam się z tym, że; z jednej strony; z drugiej strony; po pierwsze; po drugie; poza tym; dlatego że; ponieważ; mieć prawo do; być dyskryminowanym; podsumowując

Idiomy

9a Proszę uzupełnić definicje słownikowe słowami z ramki.

dlaczego wszędzie tak✓ bezprawia łamać nielegalnie wykorzystać

0. albo w prawo, albo w lewo – trzeba się zdecydować; albo ......tak......, albo inaczej, tak albo siak
1. na prawo i (na) lewo – .... dookoła, tu i tam; bez umiaru
2. prawo dżungli – panowanie ...., przemocy, władza silniejszego.
3. jakim prawem? – ktoś pyta tak w sytuacji, gdy dzieje się coś niekorzystnego, inaczej: ....?
4. obejść prawo – znaleźć lukę prawną i ją ....
5. stawać ponad prawem – bezkarnie .... przepisy prawne
6. zrobić coś na lewo – potocznie: zrobić coś ....

na podstawie: https://sjp.pwn.pl/szukaj/prawo.html, https://www.wjps.pl,
Wielki słownik frazeologiczny z przysłowiami, oprac.: Anna Kłosińska, Elżbieta Sobol, Anna Stankiewicz, Warszawa: PWN 2009

9b Proszę uzupełnić poniższe zdania słowami lub zwrotami z ćw. 9a.

0. ...Jakim prawem...... to zrobili?
1. Podobno ta firma zatrudnia na .... pracowników? Tak, udało im się .... prawo!
2. Nie mamy już czasu na dyskusje, zdecyduj się ...., ... – chcesz, żebyśmy razem pracowali nad tym projektem, czy nie?
3. Jakim .... chce mnie pan zwolnić? To dyskryminacja i łamanie ....! Czy myśli pan, że może tak bezkarnie stawać .... prawem?
4. Wydawali pieniądze ...., i już w połowie urlopu przekroczyli swój budżet.
5. W naszej szkolnej stołówce rządzi .... Jeśli jesteś za wolny, twoją porcję weźmie ktoś inny.

Literatura

10a Proszę połączyć słowa i frazy, które występują we fragmencie powieści Stanisława Lema z definicjami lub synonimami. Może Pan / Pani pracować z kolegą / koleżanką lub korzystać ze słownika lub internetu.

0. wyróżnienie
1. rówieśnik
2. dwupłciowa grupa
3. zabieg
4. osobliwe kształcenie
5. wprowadzanie w funkcjonowanie świata
6. bogactwo i rozmaitość życia społecznego
7. wpajano zasady
8. współżycie
9. poszanowanie innych przekonań i postaw
10. nieistotność odmiennych, zewnętrznych cech fizycznych

a) grupa, w której są mężczyźni i kobiety / chłopcy i dziewczynki
b) równolatek, osoba w podobnym wieku
c) nagroda
d) opisywanie, jak funkcjonuje świat
e) wielość i różnorodność relacji międzyludzkich
f) różny wygląd ludzi nie ma znaczenia
g) np. masaż
h) nauczano reguł
i) szczególna edukacja
j) wspólne funkcjonowanie
k) tolerancja dla innych opinii i sposobu życia

10b Proszę przeczytać pierwszy fragment powieści i odpowiedzieć na pytania.

„Tak więc uzyskanie prawa do dziecka było teraz szczególnym wyróżnieniem, nie przyznawanym byle komu; dalej, rodzice nie mogli izolować dzieci od ich rówieśników – tworzono specjalnie dobierane, dwupłciowe grupy, w których reprezentowane były najrozmaitsze temperamenty; tak zwane dzieci trudne poddawano dodatkowym zabiegom hipnagogicznym, a uczenie wszystkich rozpoczynano niezwykle wcześnie. Nie była to nauka czytania i pisania..."

Stanisław Lem, *Powrót z gwiazd*

1. Jak Pan / Pani rozumie frazę: „uzyskanie prawa do dziecka było szczególnym wyróżnieniem"?
2. Czy rodzice mogli decydować o kontaktach dzieci z rówieśnikami?
3. Czym są, według Pana / Pani, „zabiegi hipnagogiczne"?

10c Proszę przeczytać drugi fragment powieści i odpowiedzieć na pytania.

„...osobliwe kształcenie najmłodszych polegało na wprowadzaniu ich – poprzez specjalne zabawy – w funkcjonowanie świata, Ziemi, w bogactwo i rozmaitość życia społecznego; już cztero-, pięcioletnim wpajano, właśnie w taki, niejako naturalny sposób, zasady tolerancji, współżycia, poszanowania innych przekonań i postaw, nieistotności najbardziej odmiennych, zewnętrznych cech fizycznych dzieci (więc ludzi) różnych ras."

Stanisław Lem, *Powrót z gwiazd*

1. Jak Pan / Pani sądzi, o jakich „specjalnych zabawach" pisze autor?
2. Dzieci były wprowadzane w funkcjonowanie czego?
3. Czego jeszcze uczono przedszkolaków w powieści Stanisława Lema?

10d Jest Pan / Pani (znaną) osobą, która podróżuje w czasie i wylądowała w przyszłości z powieści Stanisława Lema. Proszę napisać z kolegą / koleżanką dialog: rozmawia Pan / Pani z kimś, kto opisuje i wyjaśnia ówczesne reguły posiadania i wychowywania dzieci.

Mówienie

I Proszę przeczytać opis filmu i dodać swój komentarz. Może oglądał Pan / oglądała Pani film lub czytał Pan / czytała Pani książkę albo artykuł o podobnej tematyce? W swojej wypowiedzi proszę użyć następujących zwrotów:

W artykule czytamy o...
Ostatnio czytałem / czytałam / oglądałem / oglądałam...
Autor / autorka artykułu pisze, że...
Słyszałem / słyszałam też, że...
Według autora / autorki...
Według mnie...

O filmie ***Tato***

Michał pracuje w branży filmowej jako operator kamery. Pewnego dnia otrzymuje propozycję pracy za granicą przy realizacji nowego filmu. Po powrocie do domu o otrzymanej propozycji informuje żonę Ewę. Ta jednak niespodziewanie (...) wybiega z domu, wołając o pomoc. Sąsiedzi wzywają policję. Ewa mówi, iż pobił ją mąż. (...) Ewa odchodzi od męża, zabierając ze sobą córkę Kasię. Michał po odejściu żony znajduje w szufladzie jej recepty na leki psychotropowe, świadczące o jej częstych wizytach w poradni psychiatrycznej. (...) Wkrótce Ewa składa w sądzie pozew rozwodowy. Michał angażuje w sprawę panią adwokat, od której oczekuje, że pomoże mu uzyskać prawo do opieki nad dzieckiem. Niestety, pomimo udowodnienia w sądzie, iż Ewa wymaga leczenia psychiatrycznego, Kasia zostaje przekazana pod jej opiekę. Michał nie zgadzając się z wyrokiem sądu, odbiera żonie dziecko z zamiarem dalszej walki o opiekę nad nim. (...) Czy ojciec uzyska prawo do opieki nad dzieckiem?

Wzruszająca opowieść o walce ojca o prawa do opieki nad własnym dzieckiem. Świetna obsada, doskonała rola Bogusława Lindy i Doroty Segdy. Warto obejrzeć.

na podstawie: www.film.onet.pl

II Proszę wyrazić swoją opinię (z krótkim uzasadnieniem) na wybrany temat:

1. W instytucjach państwowych (np. w urzędach, na uniwersytetach, w parlamencie) powinna pracować taka sama liczba kobiet i mężczyzn.
2. Dzięki zmianom prawnym akceptującym prawa mniejszości, społeczeństwo staje się bardziej tolerancyjne.
3. Państwa, które nie dają wszystkim obywatelom takich samych praw to państwa niedemokratyczne.
4. Mniejszości mają prawo do walki o swoje równouprawnienie.
5. Ludzie powinni dbać o prawa zwierząt. One same nie mogą tego zrobić.

III **Proszę wybrać jeden z przedstawionych poniżej tematów, przygotować, a następnie wygłosić krótkie przemówienie skierowane do grupy słuchaczy. Proszę wykorzystać kilka z podanych zwrotów:**

PRZEMÓWIENIE

- Szanowni Państwo! / Szanowne Panie, Szanowni Panowie!
- Na wstępie chciałbym / chciałabym powiedzieć, że...
- Ważny jest również fakt, że...
- Nie możemy zapomnieć o tym, że...
- Po pierwsze...
- Po drugie...
- Z jednej strony..., ale z drugiej strony...
- Zatem...
- Trzeba podkreślić, że...
- Na koniec chciałbym / chciałabym jeszcze raz powiedzieć...

1. Nikt nie może być niczyim niewolnikiem.
2. Nie wolno ingerować w niczyje życie prywatne, rodzinne, domowe ani w jego korespondencję. Każdy człowiek ma prawo do prywatności.
3. Rodzina jest najważniejszą i podstawową komórką społeczeństwa.
4. Matka i dziecko mają prawo do specjalnej opieki i pomocy. Wszystkie dzieci, zarówno małżeńskie, jak i pozamałżeńskie powinny mieć takie same prawa.

Artykuł 4, 12, 16 i 25 Powszechnej Deklaracji Praw Człowieka, (ONZ, 10 grudnia 1948 r.)

IV **Proszę zapoznać się z artykułem i przeprowadzić z kolegą / koleżanką minidyskusję na temat „Kobiety w wojsku". Jedna osoba jest „za", druga „przeciw".**

Dumni z kobiet w Wojsku Polskim

na podstawie: *Dumni z postawy kobiet w Wojsku Polskim*, www.gov.pl

– Dziękuję wszystkim Paniom – powiedział podczas uroczystości z okazji Dnia Kobiet minister obrony narodowej 8 marca br. W spotkaniu wzięły udział między innymi uczestniczki wojskowych misji zagranicznych i kobiety służące w Wojskach Obrony Terytorialnej. – Chciałem podziękować za służbę poza granicami kraju. Mamy wspaniałe Panie, które były lub są na misjach, z których jesteśmy wszyscy dumni. Są żołnierzami bez taryfy ulgowej. Są doświadczonymi dowódcami i żołnierzami, są chlubą i dumą – zaznaczył szef MON podczas spotkania.

W spotkaniu, w Ośrodku Reprezentacyjnym MON w Helenowie uczestniczyły również nauczycielki ze szkół prowadzących klasy mundurowe. Minister obrony narodowej zwrócił uwagę na istotną rolę kobiet w kształtowaniu młodzieży oraz w rozwoju potencjału kadr Wojska Polskiego – Są także z nami panie, które są nauczycielkami, co też jest niezwykle istotne, to też służba. To zawód szczególny. Panie te mają poczucie misji, wychowują młodych ludzi i kształtują ich postawy. Bardzo serdecznie za to dziękuję. – powiedział minister.

Dowódca najmłodszego Rodzaju Sił Zbrojnych podkreślił, że w WOT służy ponad 2100 kobiet, czyli ponad 13% wszystkich żołnierzy z tej for-

macji. W Wojsku Polskim służą 6732 kobiety, co stanowi niemal 7% wszystkich żołnierzy zawodowej służby wojskowej. Liczba kobiet w Wojsku Polskim systematycznie wzrasta. Obecnie w Wojsku jest o 632 kobiety więcej niż w roku poprzednim. Kobiety służą we wszystkich rodzajach Sił Zbrojnych RP.

Podczas spotkania szef MON zapewnił, że w Wojsku Polskim nie ma miejsca dla nadużywania relacji służbowych w odniesieniu do kobiet. Przedstawicielem kobiet będących żołnierzami jest w resorcie obrony narodowej Rada ds. Kobiet. Do jej zadań należy przedstawianie Ministrowi Obrony Narodowej opinii i analiz w sprawach dotyczących wojskowej służby kobiet oraz udzielanie pomocy w sprawach służbowych. Rada jest wybierana demokratycznie przez kobiety służące w Siłach Zbrojnych RP.

LEKCJA 13

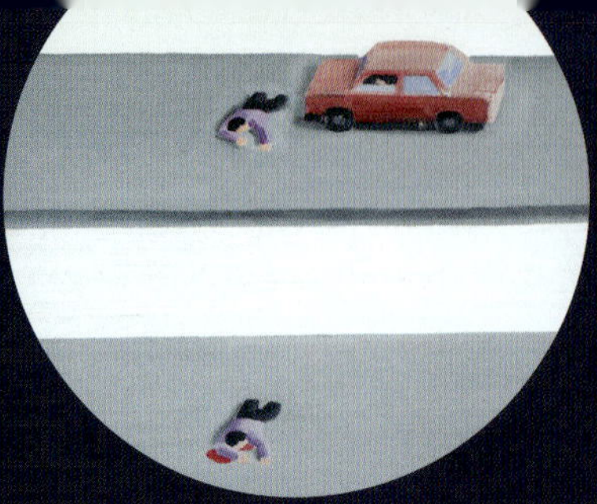

SYTUACJE KOMUNIKACYJNE przebieg rozmowy (cd.): m.in. wzywanie do mówienia, relacjonowanie

SŁOWNICTWO wypadki • **IDIOMY:** *na wszelki wypadek, wypadek przy pracy, w żadnym wypadku, przez przypadek, od przypadku do przypadku*

LITERATURA Wisława Szymborska, *Wypadek drogowy*

GRAMATYKA I SKŁADNIA mowa zależna: powtórzenie i rozwinięcie odmiana zaimków dzierżawczych

CZĘŚĆ EGZAMINACYJNA pisanie

W żadnym wypadku!

• SŁOWNICTWO

1a Proszę dopasować rysunki do poniższych zdań.

- ☐ Ratunku! Pali się! Pożar!
- ☐ No nie, zalało nam mieszkanie!
- ☐ Chyba złamałem rękę.
- ☐ Uważaj!
- ☐ Co się stało? Pomóc panu? Mam zadzwonić po pogotowie?
- ☐ Winda znowu nie działa?
- ☐ Słabo mi, zaraz zemdleję.
- ☐ Chciałem poinformować o wypadku samochodowym.
- ☐ Czuję dziwy zapach, chyba się gaz ulatnia.
- ☐ Zobacz, pies Baranowskich wpadł pod samochód!

4

7

8

1

2

5

9

3

6

10

1b **Proszę połączyć zdania (1–10) z nazwami odpowiednich służb (a–k). Uwaga! Czasem jest więcej poprawnych odpowiedzi, a nazwy niektórych służb można wykorzystać kilkakrotnie.**

Kiedy...	**pomoże...**
0. pali się	a) pogotowie ratunkowe.
1. był wypadek samochodowy	b) policja.
2. kaloryfer nie grzeje	c) straż miejska.
3. nie ma wody	d) straż pożarna.
4. nie ma prądu	e) pogotowie gazowe.
5. gaz się ulatnia	f) pogotowie energetyczne.
6. ktoś zemdlał	g) pogotowie centralnego ogrzewania.
7. dwie osoby biją się na ulicy	h) pogotowie wodociągowe.
8. winda się zepsuła	i) pogotowie dźwigowe.
9. telefon nie odpowiada albo jest ciągle zajęty	j) pomoc drogowa.
10. ktoś wpadł pod samochód	k) biuro napraw.

1c **Proszę porozmawiać z kolegą / koleżanką o wypadkach, które przytrafiły się Panu / Pani lub komuś, kogo Pan / Pani zna.**

- Czy byłeś / byłaś kiedyś świadkiem jakiegoś wypadku?
- Czy Tobie lub Twojemu znajomemu, komuś z Twojej rodziny zalało kiedyś mieszkanie?
- Czy ubezpieczasz mieszkanie? Od czego? Od zalania, włamania, pożaru?
- Czy złamałeś / złamałaś kiedyś rękę albo nogę?
- Czy kiedyś zemdlałeś / zemdlałaś? W jakiej sytuacji?
- Czy spadłeś / spadłaś kiedyś ze schodów?
- Czy utknąłeś / utknęłaś kiedyś w windzie?
- Czy dzwoniłeś / dzwoniłaś kiedyś za granicą po pogotowie / policję / straż pożarną? Kiedy? W jakiej sytuacji? Czy sprawiło Ci to jakieś problemy?

mp3 43-44

2a **Proszę wysłuchać dialogów i wpisać brakujące słowa.**

Dialog 1

– Proszę pana!
– Jezus Maria! Co się panu ....?
– Spadłem ze schodów. O Boże, chyba .... nogę. Strasznie mnie boli.
– .... panu? Co mam zrobić?
– Proszę zadzwonić po .... Zna pan numer?
– Tak, 999. Już dzwonię, niech pan się nie .... Wszystko będzie dobrze.
– Dziękuję panu bardzo.

Dialog 2

– Panie doktorze, chyba złamałem nogę.
– No ...., jak to się stało?
– Spadłem ze schodów.
– Musimy najpierw .... zdjęcie rentgenowskie.
– Panie doktorze, ... wszystko będzie dobrze?
– Tak, niech się pan nie denerwuje, zrobimy rentgen i .... zobaczymy dokładnie, co to jest. Aha, jeszcze jedna ważna rzecz – jest pan ...., prawda?
– Tak, tak, oczywiście.

• GRAMATYKA

2b **Proszę uzupełnić zgodnie z faktami z powyższych dialogów.**

Dialog 1

Pierwszy mężczyzna zapytał drugiego, co .... się stało. Drugi odpowiedział, że .... ze schodów. Dodał też, że chyba .... nogę. Powiedział, że noga strasznie .... boli. Pierwszy mężczyzna zapytał, czy .... Wtedy drugi poprosił, żeby pierwszy .... po pogotowie. Zapytał również, czy .... numer. Pierwszy poprosił, żeby drugi się .... Zapewnił również, że .... dobrze.

Dialog 2

Pacjent powiedział lekarzowi, że chyba .... nogę. Lekarz zapytał ...., jak .... Pacjent odpowiedział, że .... ze schodów. Lekarz poinformował pacjenta, że .... najpierw zrobić rentgen. Pacjent zapytał go, czy .... Lekarz zapewnił, że tak i powiedział pacjentowi, żeby .... Zapytał go również, czy ....

lekcja 13

3a Oto przebieg pewnego wypadku. Proszę ustalić chronologiczną kolejność wydarzeń w punktach od 0 do 12.

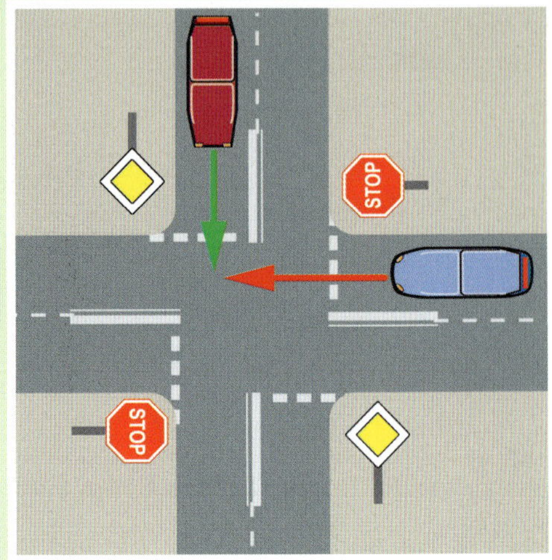

- [0] Kierowca niebieskiej toyoty jechał stosunkowo szybko.
- [ ] Kierowca toyoty nie zauważył znaku „stop",
- [ ] Kierowca poloneza zahamował, ale
- [2] w tym samym czasie do skrzyżowania podjeżdżał czerwony polonez.
- [ ] Ktoś zobaczył rozmawiających ze sobą kierowców, podszedł do nich i zaoferował pomoc. Szybko zadzwonił też po policję i pogotowie,
- [6] było już za późno, bo toyota była na środku skrzyżowania.
- [ ] nie zatrzymał się i wjechał na skrzyżowanie.
- [ ] Poza tym nikomu nic się nie stało.
- [ ] Polonez uderzył w prawe przednie drzwi toyoty.
- [ ] Toyota podjechała do skrzyżowania,
- [ ] który również wysiadł z samochodu.
- [ ] karetka zabrała pasażera toyoty, który miał złamaną rękę.
- [8] Kierowca toyoty od razu wysiadł z samochodu i poszedł do kierowcy poloneza,

3b Proszę pracować w parach lub grupach trzyosobowych. Proszę przygotować dialog na temat wypadku z ćw. 3a. Role do wyboru: policjant, świadek, uczestnik wypadku. Policjant pyta o przebieg wypadku, a uczestnik i świadek go relacjonują.

ZADAWANIE PYTANIA

- Chciałem / chciałam zapytać,...
- Czy wie pan / pani, czy... / gdzie... / kiedy... / kto... / dlaczego... / jak... / po co...?

- Proszę mi powiedzieć,...
- Przepraszam, że przerywam, ale muszę zapytać...

- Czy to prawda, że...
- Jak to możliwe?
- Co się stało?
- I to wszystko?
- Proszę mówić dalej.

RELACJONOWANIE WYPOWIEDZI

... powiedział / powiedziała, że...
... zapytał / zapytała, czy / kto / kiedy / gdzie...

- Powiedziałem / powiedziałam mu, że...
- Chciał / chciała, żeby mu / jej pomóc.
- Prosił / prosiła, żeby...

- Chciałbym / chciałabym coś dodać.
- To jeszcze nie wszystko.
- Nic więcej nie wiem.

- na (samym) początku
- najpierw
- potem
- później
- nagle
- na (samym) końcu

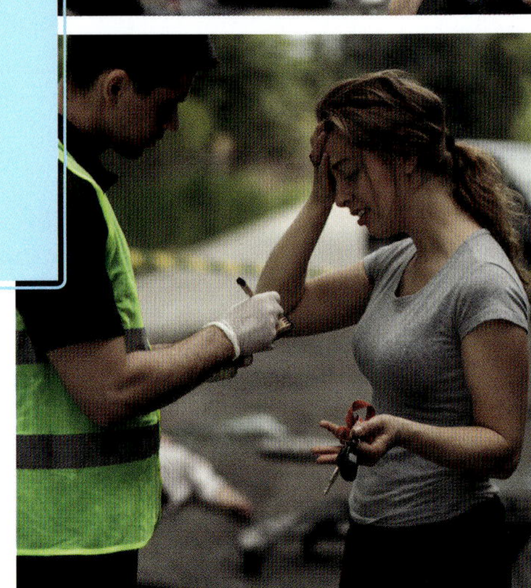

PROŚBA O POWTÓRZENIE

- Przepraszam, ale nie usłyszałem / usłyszałam.
- Czy może pan / pani powtórzyć?
- Czy może pan / pani mówić trochę głośniej / wolniej?
- Przepraszam, ale nie wszystko zrozumiałem / zrozumiałam.

3c **Jest Pan / Pani policjantem/ką. Na podstawie ćw. 3a proszę uzupełnić protokół z miejsca wypadku.**

Protokół z miejsca wypadku drogowego

....
(imię i nazwisko oraz funkcja)

przeprowadził/a w dniu ....
o godz. ....
w miejscowości ....
oględziny miejsca wypadku drogowego.

Stwierdzono:
Opis miejsca wypadku (opis sytuacji po zaistniałym wypadku, oświetlenie, stan drogi, znaki drogowe, szkody, stan zdrowia poszkodowanego/ej/ych).

....
....
....

Uczestnicy i świadek/świadkowie: imię, nazwisko, wiek, poruszający się (marka wozu) / pieszo / (inne)

Uczestnik 1: ....
zeznał/a, że ....
....
Uczestnik 2: ....
zeznał/a, że ....
....
Świadek/świadkowie:
....
Zeznania świadka/świadków
....
....
....

....
Podpis sporządzającego/ej protokół

3d **Na podstawie ćw. 3a proszę napisać e-mail do bliskiej osoby z przebiegiem wypadku. Może Pan zdecydować, czy jest Pan kierowcą toyoty, poloneza lub świadkiem zdarzenia.**

Proszę pamiętać o typowych elementach występujących w e-mailu:
- nadawca
- odbiorca
- data
- temat
- na początku zwrot powitalny
- na końcu zwrot pożegnalny
- zaimki osobowe w drugiej osobie pisze się grzecznościowo dużą literą np. Co u Ciebie słychać?

Proszę opisać:
- miejsce i czas zdarzenia
- jakie osoby brały udział w wypadku
- co robiły te osoby

Proszę użyć następujących słów i zwrotów (opis sytuacji):

OPIS SYTUACJI

na początku / najpierw
w tym samym czasie / jednocześnie
potem / później / następnie
nagle / niespodziewanie /nieoczekiwanie
myślałem / myślałam, że...
ale / niestety
(nie) widziałem / widziałam dokładnie
chyba / może / prawdopodobnie
momentalnie / od razu / natychmiast
zamyślony/a / nieuważny/a
zaniepokojony/a / zdenerwowany/a / zszokowany/a
wreszcie / nareszcie / w końcu
na zakończenie / na końcu

• GRAMATYKA

4a Z pomieszanych zdań proszę ułożyć trzy historyjki pt. „Wypadek", „Urlop" i „Nowe auto". Proszę zwrócić uwagę na słowa z tytułów. Wyrazy te występują w niektórych zdaniach.

WYPADEK

☐ ☐ ☐ ☐

URLOP

☐ ☐ ☐ ☐

NOWE AUTO

☐ ☐ ☐ ☐ ☐

1. Niestety miał wypadek, kiedy jechał jej samochodem.
2. Paweł pożyczył samochód od swojej koleżanki Kasi.
3. Joanna ma małe auto, więc chciała pożyczyć od swojego brata jego samochód, żeby jechać na urlop.
4. teraz jego koleżanka nie ma czym jeździć do pracy.
5. Na szczęście Pawłowi nic się nie stało, ale
6. Nie martwią się, że zanieczyszczą środowisko,
7. Niestety jej brat musiał oddać swój samochód do naprawy.
8. Niestety miała pecha – jej auto zepsuło się po drodze.
9. Ich samochód jest bezpieczny i ekologiczny.
10. Wawrzyniec sprzedał swój samochód.
11. Więc ostatecznie Joanna pojechała na wakacje swoim samochodem.
12. Wspólnie z Romanem kupił nowe auto.
13. więc często jeżdżą nim na wycieczki za miasto.

4b Proszę przeczytać jeszcze raz historyjki z ćw. 4a. Czy pamięta Pan / Pani, kiedy używamy zaimka dzierżawczego *swój*? A kiedy zaimków *mój / twój / jego / jej / nasz / wasz / ich*? Może Pan / Pani pracować z kolegą / koleżanką.

4c Zaimek dzierżawczy *swój* deklinuje się tak samo, jak zaimki *mój / twój / nasz / wasz* i przymiotniki. Proszę uzupełnić tabelę.

przypadek	liczba pojedyncza			liczba mnoga	
	r. męski	r. żeński	r. nijaki	r. męskoosobowy	r. niemęskoosobowy
dopełniacz	swojego	swojej		swoich	
celownik	swojemu	swojej			swoim
biernik	swojego / swój				
narzędnik		swoją	swoim		swoimi
miejscownik				o swoich	

4d Proszę uzupełnić zdania zaimkiem *swój* we właściwej formie.

0. Możesz pożyczyć mi ...swoje........... auto?
1. Muszę wyremontować .... dom. Silny wiatr zniszczył dach.
2. Rzadko odwiedza .... rodziców w ich domu. Mieszkają na dziewiątym piętrze, a mają starą windę, która niestety często nie działa.
3. Planuję sprzedać .... mieszkanie. Tanio, bo po tym jak ostatnio mi je zalało, wymaga kapitalnego remontu.
4. Po .... trzecim wypadku samochodowym Antoni stwierdził, że nie chce już jeździć autem.
5. Musisz koniecznie skontrolować .... kuchenkę. Mam ciągle wrażenie, że gaz się ulatnia.

5a Co się stało? Proszę porozmawiać z kolegą / koleżanką i ułożyć historyjkę we właściwej kolejności.

5b Proszę wybrać kogoś (lub kota) i zrelacjonować zdarzenie z ćw. 5a z jego perspektywy. Proszę użyć słów i zwrotów z ćw. 3b i 3c oraz zaimka dzierżawczego *swój* w odpowiedniej formie.

Idiomy

6a Proszę przeczytać definicje słownikowe i uzupełnić je słowami lub zwrotami z ramki.

nieplanowany małe los ✓
mianownik przypadku pewności
czasami nagle nigdy

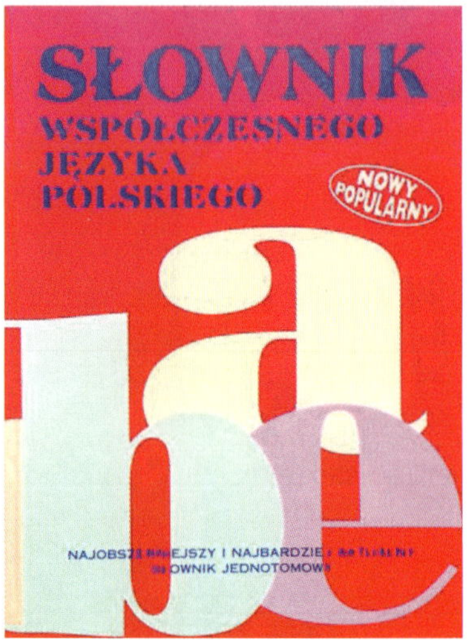

przypadek, -u I – zbieg okoliczności, traf, ...los...[0]: *Przypadek sprawił, że odnalazłem drogę. Przypadek chciał, że akurat była ładna pogoda.*

przypadek, -a II – kategoria gramatyczna określająca składniową funkcję rzeczownika, przymiotnika oraz zaimków, np. ....[1], dopełniacz, itd.

przypadkiem, przez przypadek, przypadkowo – w sposób ....[2] przez nikogo. *Przypadkiem uniknąłem zderzenia. Nie widziałeś przez przypadek moich okularów? Spotkałem go przypadkowo. Zgubiłem portfel przez przypadek.*

przypadkowy – **1.** będący wynikiem ....[3]: *Przypadkowa znajomość* **2.** mający związek z przypadkiem II: *System przypadkowy języka polskiego.*

od przypadku do przypadku – rzadko, ...[4]: *Andrzej nie jest kinomanem, chodzi do kina tylko od przypadku do przypadku.*

wypadek, -u – **1.** to, co się zdarzyło; to, co się stało ....[5]; zdarzenie, fakt, w wyniku którego ktoś poniósł straty materialne, utracił zdrowie lub życie: *Tragiczny, nieszczęśliwy wypadek. Wypadek samochodowy, kolejowy. Uniknąć wypadku. Na skrzyżowaniu doszło do wypadku. Miał miejsce, zdarzył się wypadek.*

wypadek przy pracy – *potocznie często żartobliwie:* nieprzewidziane, ...[6] niepowodzenie, uboczny efekt jakiejś aktywności: *Planowaliście to dziecko? Nie, wypadek przy pracy. Trener stwierdził, że (...) remis na własnym boisku to typowy wypadek przy pracy.*

w żadnym wypadku – (kategorycznie) ....[7], niezależnie od sytuacji (*występuje z czasownikiem w negacji*): *W żadnym wypadku się już z nim nie spotkam! Nie zgodzę się na to w żadnym wypadku!*

na wszelki wypadek – żeby się zabezpieczyć, dla ....[8]: *Zapowiadano ładną pogodę, ale na wszelki wypadek wziął ze sobą parasol.*

na podstawie: *Słownik współczesnego języka polskiego*, red. B. Dunaj, Warszawa 1996

6b Proszę uzupełnić poniższe zdania słowami lub zwrotami z ćw. 6a.

0. Dopełniacz to drugi ...przypadek........................ .
1. Nie znam dobrze Renaty, to tylko taka .... znajomość.
2. Nie interesuję się sztuką, na przykład do teatru chodzę ....
3. Spotkałem go .... na uniwersytecie.
4. .... nie pójdę do Grzegorza – nie ma mowy – wiesz przecież, że go nie lubię.
5. Wiesz co, ... weź ze sobą więcej pieniędzy – nie wiadomo, co może się stać w tak dalekiej podróży.
6. Nie chciałem zrobić błędu w tym zdaniu, to tylko ....
7. W języku polskim jest 7 ....
8. To był ...., że Marcin zaczął pracować w tej firmie – nie planował tego.
9. Słyszałem, że twój brat miał .... samochodowy.
10. .... przed egzaminem Mariusz powtórzył jeszcze raz materiał gramatyczny.

7a Proszę obejrzeć reportaż z Telewizji Kraków i odpowiedzieć na pytania.

DVD 11

Czerna, Jolanta Michalska, TVP Kraków

1. Ilu pieszych zostało rannych w wypadkach drogowych w Małopolsce?
2. Czy jest Pan / Pani w stanie odtworzyć napis na żółtym tle, który znajduje się na samochodzie policyjnym na początku reportażu?
3. Jakie powody wypadków pieszych wymienia policjant? Proszę podać przynajmniej dwa.
4. O czym mówi chłopiec na łące?
5. O czym mówi starsza kobieta w szkole?

7b Proszę przeczytać poniższe opisy. Może Pan / Pani pracować z kolegą / koleżanką i korzystać ze słownika. Następnie proszę obejrzeć reportaż jeszcze raz. W trakcie oglądania proszę ponumerować podane poniżej opisy w kolejności, w której pojawiają się w reportażu.

DVD 11

- [0] rozbita szyba samochodu ze śladami krwi
- [ ] strażak z grupą dzieci
- [ ] tabela z informacjami o wypadkach drogowych z udziałem pieszych wg województw
- [ ] klasa szkolna, w której z tyłu siedzą dziadkowie
- [ ] policjant
- [ ] dzieci na trawniku przed budynkiem
- [ ] dzieci rozdają starszym zawieszki odblaskowe
- [ ] mężczyzna w koszuli w kratkę
- [ ] mężczyzna w garniturze na tle wozów strażackich
- [ ] ratownik pokazuje dzieciom, jak robi się sztuczne oddychanie
- [ ] pieszy i rowerzysta

7c Proszę obejrzeć reportaż jeszcze raz i uzupełnić pojawiające się w nim wypowiedzi.

DVD 11

Małopolska należy do województw, w których odnotowuje się najwięcej wypadków z udziałem pieszych. Ubiegły rok to *ponad 1000 wypadków*[0], zginęło w nich 89 osób, 972 zostały ranne.

Do najczęstszych błędów popełnianych przez pieszych jest* nieostrożne ……………………[1] na jezdnię, przebieganie przez ……………………[2], przechodzenie w ……………………[3] niedozwolonych, przechodzenie poza wyznaczonymi przejściami dla ……………………[4], przebieganie czy przechodzenie na czerwone światło*, wychodzenie zza przeszkód, zza pojazdów.

Najwięcej wypadków z udziałem pieszych notuje się w okresie ……………………[5], gdy zapada zmrok, a piesi lub rowerzyści są słabo widoczni. Osoby starsze nie mają nawyku noszenia odblasków czy jazdy w kasku ……………………[6].

Jeżeli chcemy przejść, to najczęściej przez ……………………[7], a jeżeli nie ma blisko gdzieś pasów, a musimy przejść, na przykład na chodnik z drugiej strony, jak z jednej strony się kończy, no to musimy się rozglądnąć w lewo, ……………………[8], ……………………[9], ale oczywiście, jak są pasy, to też to obowiązuje. Rodzice i dziadkowie otrzymali też ……………………[10] i zostali zobowiązani przez dzieci do ich noszenia.

Chcemy, żeby dzieci były naszymi ambasadorami i pomogły nam dotrzeć do tych osób. Żeby powiedziały: Dziadziu, chcę Cię mieć na długo, zostań ze mną, ……………………[11] kask, dbaj o siebie.

Zajęcia z dziećmi, pokazy ratownictwa, udzielania ……………………[12] zorganizowało Ministerstwo Infrastruktury, Budownictwa oraz Krajowa Rada Bezpieczeństwa Ruchu Drogowego.

Musimy zadbać o ……………………[13] osób starszych, ale również pamiętać o bezpieczeństwie osób najmłodszych, które wielokrotnie podróżują do szkoły właśnie drogami mało oświetlonymi i chociażby bez ……………………[14].

Działania Krajowej Rady Bezpieczeństwa Ruchu Drogowego mają na celu ograniczenie liczby ……………………[15], stąd kolejne akcje poszerzające wiedzę osób starszych na temat przepisów i bezpieczeństwa. Najbliższa w listopadzie w Kluczach.

* przejęzyczenie, poprawnie: *Do najczęstszych błędów popełnianych przez pieszych należy (...) przechodzenie na czerwonym świetle...*

Literatura

8a **Polska noblistka Wisława Szymborska napisała wiersz pt. „Wypadek drogowy". Jak Pan / Pani uważa, które z podanych słów i zwrotów się w nim pojawią? Proszę porozmawiać z kolegą / koleżanką o swoich hipotezach. Jak Państwo myślą, jakie inne słowa i zwroty mogą się jeszcze pojawić w wierszu?**

pół godziny temu   stało się   na szosie   ktoś   makaron   liście   dzieci   kot   ktoś płacze
przed telewizorem   sąsiadka z pożyczoną patelnią   ogłoszenie   gdyby
popatrzył w niebo   chmury   miejsce wypadku   na porządku dziennym

mp3 45

8b **Proszę posłuchać wiersza czytanego przez autorkę. Czy Pana / Pani hipotezy się sprawdziły? Które z podkreślonych przez Pana / Panią słów i zwrotów z ćw. 8a naprawdę pojawiły się w wierszu?**

8c **Proszę przeczytać wiersz i zdefiniować podkreślone słowa i zwroty. Może Pan / Pani pracować z kolegą / koleżanką i korzystać ze słownika lub internetu.**

Wisława Szymborska

Wypadek drogowy

Jeszcze nie wiedzą,
co pół godziny temu
stało się tam, na szosie.
Na ich zegarkach
pora taka sobie,
popołudniowa, czwartkowa, wrześniowa.
Ktoś odcedza makaron.
Ktoś grabi liście w ogródku.
Dzieci z piskiem biegają dookoła stołu.
Komuś kot z łaski swojej pozwala się głaskać.
Ktoś płacze –
jak to zwykle przed telewizorem,
kiedy niedobry Diego zdradza Juanitę.
Słychać pukanie –
to nic, to sąsiadka z pożyczoną patelnią.
W głębi mieszkania dzwonek telefonu –
na razie tylko w sprawie ogłoszenia.
Gdyby ktoś stanął w oknie
i popatrzył w niebo,
mógłby ujrzeć już chmury
przywiane znad miejsca wypadku.
Wprawdzie porozrywane i porozrzucane,
ale to u nich na porządku dziennym.

pora taka sobie
....
odcedza makaron
....
grabi liście
....
z piskiem
....
pozwala się głaskać
....
Diego zdradza Juanitę
....
słychać pukanie
....
w głębi mieszkania
....
chmury przywiane znad miejsca wypadku
....
porozrywane
....
porozrzucane
....

8d **Proszę porozmawiać z kolegą / koleżanką na temat wiersza „Wypadek drogowy".**

1. Tytuł wiersza to „Wypadek drogowy"? Jakie sytuacje opisane są w wierszu? Dlaczego wiersz ma taki tytuł?
2. Jakie słowa i zwroty w wierszu, chociaż opisują różne sytuacje niezwiązane z wypadkiem, pasują do opisu wypadku? Np. *pół godziny temu,...*
3. Proszę dokończyć zdanie „Wypadek drogowy" to wiersz o ludziach, którzy jeszcze nie...
4. Jak się zachowują osoby z wiersza? Co robią?
5. Jak interpretuje Pan / Pani zakończenie wiersza? Jak Pan / Pani rozumie zdanie, że „chmury są porozrywane i porozrzucane" i to jest u nich „na porządku dziennym"?

Pisanie

I **Zwroty podane w tabeli są typowe dla różnych rodzajów tekstów. Proszę uzupełnić tabelę.**

nieformalna kartka pocztowa *list / e-mail formalny* *list / e-mail prywatny*
opowiadanie *relacja ze zdarzenia / opis sytuacji*

	• Szanowny Panie Dyrektorze / Profesorze • Szanowna Pani Dyrektor / Profesor • Chciałbym / Chciałabym Pana / Panią poinformować, że niestety... • Z poważaniem / Z wyrazami szacunku / Łączę serdeczne pozdrowienia
	• Drogi Wujku / Kochany Dziadku / Droga Ciociu / Kochana Babciu • Na początku chciałbym / chciałabym podziękować za Twój / Wasz list. • Pozdrawiam Cię / Was serdecznie • Serdeczne pozdrowienia dla wszystkich • Ściskam / Całuję • Wasz... / Twój... / Wasza... / Twoja...
	• Przesyłam serdeczne pozdrowienia z... / Pozdrawiam gorąco z... • Życzę szybkiego powrotu do zdrowia. / Życzę sukcesu na egzaminie. • Do zobaczenia w... • Trzymaj się! / Trzymajcie się!
	• Było to... / Pewnego dnia... • Wtedy... • W pewnym momencie... / Nagle...
	• Zdarzyło się to... (kiedy? gdzie?) • Na początku... / Najpierw... • Potem... / Później... / Następnie... • W tym samym czasie... / Jednocześnie... • Kiedy... • Ponieważ... • Na zakończenie... / Na końcu...

II **Proszę wybrać jeden z zestawów i wykonać obydwa polecenia (a i b). W tekstach proszę użyć odpowiednich zwrotów.**

Zestaw 1

1.	Proszę napisać kartkę z pozdrowieniami i życzeniami powrotu do zdrowia do kolegi, który leży w szpitalu.	20 słów
2.	Proszę napisać opowiadanie zaczynające się od słów: „Wszystko zapowiadało się tak pięknie.....”.	180 słów

Zestaw 2

1.	Miał Pan / miała Pani wypadek na nartach za granicą i niestety nie wróci Pan / Pani na czas do pracy. Proszę napisać e-mail do szefa, w którym go Pan / Pani o tym poinformuje.	20 słów
2.	Proszę napisać relację z ostatnio odbytej podróży.	180 słów

Zestaw 3

1.	Proszę napisać list do firmy ubezpieczeniowej w związku z poniesionymi szkodami spowodowanymi zalaniem mieszkania.	30 słów
2.	„Ostatnio miałem pecha” – Proszę napisać list do rodziny w Polsce.	170 słów

LEKCJA 14

W zgodzie z naturą

SYTUACJE KOMUNIKACYJNE POWTÓRZENIE: wyrażanie aprobaty i dezaprobaty, wyrażanie protestu

SŁOWNICTWO przyroda, klimat, ekologia • **IDIOMY:** *efekt cieplarniany, burza w szklance wody, suchy jak pieprz, królik doświadczalny*

LITERATURA Maria Dąbrowska, *Dzienniki* (fragment)

GRAMATYKA I SKŁADNIA POWTÓRZENIE: celownik liczby pojedynczej i mnogiej

CZĘŚĆ EGZAMINACYJNA rozumienie tekstów pisanych

• SŁOWNICTWO

1a Proszę połączyć słowo / zwrot z definicją:

1. Ocieplenie klimatu
2. Zanieczyszczenie środowiska
3. Tlen
4. Dwutlenek węgla
5. Węgiel
6. Smog
7. Ubój zwierząt

a) Związek chemiczny, niepalny i bezwonny. W dużej ilości jest szkodliwy dla zdrowia. Może być śmiertelny. W powietrzu jest go mało, ale jego rola w globalnym ociepleniu jest bardzo duża.

b) Pochodzi od dwóch angielskich słów „smoke" i „fog" i oznacza połączenie dymu, mgły i spalin. Zjawisko bardzo szkodliwe dla zdrowia.

c) Pierwiastek chemiczny o symbolu C, a także paliwo kopalne używane w systemach ogrzewania budynków.

d) Zabijanie zwierząt, które jest uregulowane prawnie.

e) Jest najbardziej rozpowszechnionym pierwiastkiem na Ziemi. Organizmy żywe potrzebują go do życia.

f) Stan środowiska, w którym jest za dużo substancji szkodliwych dla zdrowia człowieka, przyrody i klimatu, gleby i wody.

g) Obserwowany od połowy XX wieku wzrost temperatury na całym globie. Naukowcy dyskutują na temat tego, w jakim stopniu odpowiada za ten wzrost człowiek, a w jakim natura. Wszyscy zgadzają się jednak, że wpływ człowieka jest oczywisty.

1b Proszę dopasować ilustracje do podanych poniżej zwrotów:

☐ Segregowanie śmieci
☐ Sprzątanie lasów
☐ Odnawialne źródła energii
☐ Ochrona zwierząt
☐ Zaśmiecanie środowiska
☐ Wycinka lasów
☐ Piece węglowe
☐ Ubój zwierząt

2a **Proszę opowiedzieć, co przedstawia poniższe zdjęcie, a następnie odpowiedzieć na pytania poniżej.**

1. Jak Pan / Pani myśli, czy życie mieszkańców miasta na zdjęciach jest łatwe, czy nie? Dlaczego?
2. Jak mieszkańcy tego miasta spędzają wolny czas?
3. Czy mają kłopoty ze zdrowiem? Jeśli mają, to jakie i dlaczego?
4. Jak spędzają wakacje ich dzieci? A jak powinny spędzać?
5. Co mogą zrobić mieszkańcy tego miasta, żeby polepszyć ich jakość życia?
6. Jakie problemy z punktu widzenia ekologii mają miasta przemysłowe?

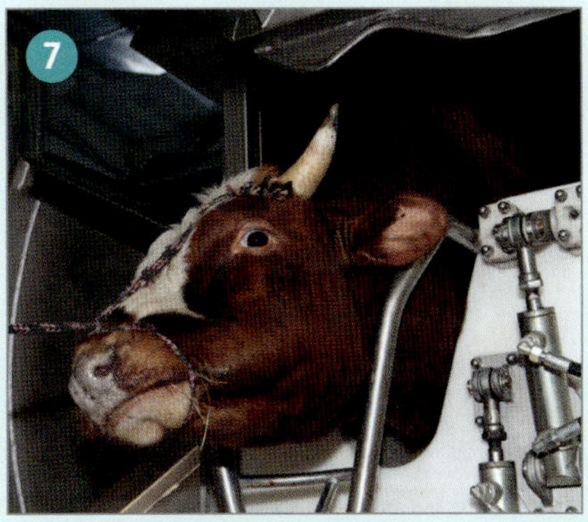

2b Proszę przeczytać poniższy tekst i wykonać zadanie poniżej.

Kraków. W życie wchodzi zakaz palenia węglem.
Nie wszyscy wymienili piece.

Od 1 września 2019 roku w Krakowie obowiązuje całkowity zakaz palenia węglem i drewnem. To pierwsze tego typu przepisy w Polsce. Uchwała wprowadzająca zakaz została uchwalona przez Sejmik Wojewódzki w 2016 roku. Od kilku lat w mieście trwała wymiana palenisk węglowych. Stare (...) zostały zastąpione ekologicznymi źródłami ciepła. Nie wszyscy zdążyli, często nie z własnej winy. Ci, którzy wciąż będą palić węglem lub drewnem, muszą się liczyć z kontrolami i karami finansowymi w wysokości nawet do 5 tys. zł. (...)

40 tys. pieców zlikwidowanych

Niemniej w Krakowie udało się zlikwidować ponad 40 tys. palenisk. Kraków, dzięki presji społecznej, wykonał ogromną pracę w walce o czyste powietrze. Jeśli chcemy maksymalnie zniwelować działanie smogu, w ślady Krakowa muszą teraz pójść gminy ościenne.

– To uchwała przełomowa. Jednak bez mieszkańców by jej nie było. Gdyby nie wychodzili na ulice, nie pokazywali, że chcą czystego powietrza. To była pełna mobilizacja, także po stronie mediów, która doprowadziła do zmiany nie tylko w Krakowie, ale i w całej Polsce – zaznacza Andrzej Guła z Krakowskiego Alarmu Smogowego (KAS). (...)

Historia uchwały antysmogowej

Krakowska uchwała antysmogowa rodziła się w bólach. Wszystko zaczęło się od mieszkańców, którzy skupieni w Krakowskim Alarmie Smogowym (KAS) zaczęli głośno mówić o niszczycielskim wpływie smogu na nasze zdrowie. W 2013 roku KAS zorganizował pierwsze manifestacje antysmogowe w Krakowie. Zaczęła się presja na polityków i samorządowców, aby wprowadzić przepisy, które pomogą w walce ze smogiem.

Pierwszą uchwałę antysmogową dla Krakowa uchwalono w 2013 roku. Została jednak zaskarżona przez kilku mieszkańców. Sąd stwierdził, że Sejmik przekroczył swoje kompetencje, a uchwała naruszyła m.in. prawo równości i wolności prowadzenia działalności gospodarczej. Konieczna była zmiana przepisów krajowych. Ta dokonała się w dużej mierze dzięki posłowi PO Tadeuszowi Arkitowi.

Ustawę umożliwiającą wprowadzenie lokalnych przepisów antysmogowych podpisał prezydent Andrzej Duda. Dzięki temu, w styczniu 2016 roku, Sejmik przyjął drugą uchwałę antysmogową, a jej zapisy zaczęły obowiązywać wczoraj.

na podstawie: Piotr Ogórek, *Kraków. W życie wchodzi zakaz palenia węglem. Nie wszyscy wymienili piece*, „Gazeta Krakowska", 31.08.2019

Prawda czy nieprawda?

Przykład: Od września 2019 roku można palić, czym chcemy. P / (N)

1. Od września 2019 roku nie można w Krakowie palić węglem. P / N
2. Od kilku lat krakowianie mogli wymieniać piece węglowe. P / N
3. Wszystkie piece zostały wymienione. P / N
4. Gminy ościenne nie mają problemu ze smogiem. P / N
5. Uchwała antysmogowa jest rezultatem aktywności i presji mieszkańców. P / N
6. Kraków dwa razy próbował uchwalić nowe przepisy antysmogowe. P / N

2c Proszę przedyskutować w grupie następujące kwestie:

a) Jakie zagrożenia dla człowieka powoduje smog?
- choroby układu oddechowego,
- choroby serca i układu krążenia,
- depresje,
- bezpłodność.

b) Jakie zagrożenia dla środowiska powoduje smog?
- kwaśne deszcze,
- niszczenie roślin,
- choroby zwierząt,
- zmniejszanie się warstwy ozonowej.

Przykład: Smog jest zagrożeniem dla człowieka i środowiska. Powoduje wiele chorób, na przykład, astmę, choroby serca.

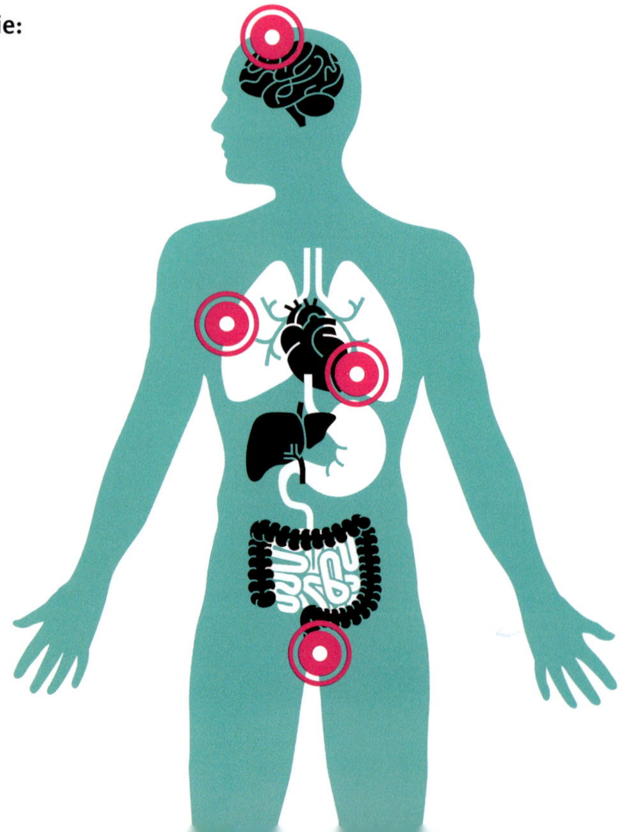

• GRAMATYKA

3 Proszę wstawić właściwą formę rzeczowników i przymiotników podanych w nawiasie.

Przykład: Zanieczyszczenie powietrza jest ...wielkim problemem... (wielki problem)[0] dzisiejszej cywilizacji.
Naukowcy przekonują, że .... (ludzkość)[1] grozi katastrofa, jeśli nie zmienimy naszego życia. Datą krytyczną jest rok 2050. Co możemy zrobić? Nie możemy pozwolić .... (temperatura)[2] rosnąć. Jeśli będzie wyższa o 2 stopnie, klimat ulegnie .... (rozregulowanie)[3]. Musimy ograniczyć emisję .... (dwutlenek węgla)[4]. Większość naukowców twierdzi, że to człowiek jest odpowiedzialny za .... (wzrost)[5] emisji dwutlenku i tym samym wzrost temperatury na naszej planecie. Wszyscy powinniśmy pomyśleć o .... (zmiana)[6] codziennych nawyków, które pomogą w .... (walka)[7] z zanieczyszczaniem środowiska.

lekcja 14

4 Proszę wstawić podane w nawiasie rzeczowniki, przymiotniki i zaimki w celowniku.

Przykład: Aktywiści protestują przeciw zanieczyszczeniu (zanieczyszczenie) wody w Wiśle.

1. Śmierć grozi .... (zwierzęta), które żyją w pobliżu terenu zanieczyszczonego.
2. Zanieczyszczenie zagraża nie tylko .... (ludzie), ale także .... (przyroda).
3. Dzięki .... (aktywność i zaangażowanie) mieszkańców Kraków będzie mieć czystsze powietrze.
4. Wbrew .... (opinia) specjalistów, burmistrz miasta zdecydował się na tę kosztowną inwestycję, która może zrujnować środowisko.
5. Przedstawiciele organizacji ekologicznych przekazali swoje stanowisko .... (premier).
6. Mieszkańcy dali .... (prezydent) czas na podjęcie decyzji do poniedziałku.

5 Proszę wpisać w tabelę podane poniżej wyrazy oraz dla każdego z nich podać formę celownika.

ryby✓ zanieczyszczenie✓ zwierzęta
noszenie wyrobów skórzanych
jedzenie mięsa budowa fabryk
subwencje rządowe ptaki leśne
rekiny żyrafy zebry
finansowanie badań na zwierzętach
testy na zwierzętach

Wyginięcie grozi...	Protestuję przeciw...
rybom	zanieczyszczeniu

• SŁOWNICTWO

6 Czy to jest to samo?

0. To jest efekt / skutek zanieczyszczenia. synonimy
1. Las jest zagrożony / chroniony.
2. Rybom grozi wyginięcie / śmierć.
3. Zmniejsza się / zwiększa się zanieczyszczenie powietrza.
4. Nadmierne / zbyt małe zainteresowanie ekologią to problem wielu krajów.
5. Zainteresowanie ekologią spadło / zmniejszyło się.
6. Liczba gatunków zwierząt nie zwiększyła się / nie wzrosła.

lekcja 14

7 **Proszę przeczytać tytuły prasowe. Czy budzą one Pana / Pani aprobatę czy dezaprobatę? Co Pan / Pani myśli o problemach, do których odsyłają tytuły?**

– Zgadzam się, powinno się...
– Co za pomysł! Karp to...

WYRAŻANIE APROBATY I DEZAPROBATY

- To fakt.
- Zgadzam się.
- Z całą pewnością.
- To bardzo możliwe.
- Ależ skąd!
- Co za pomysł!
- Nic podobnego.
- To wykluczone!
- Nonsens.
- Co Ty opowiadasz!

Karp? Tak, ale tylko na talerzu.

Smog a choroby układu krążenia.

Wielka akcja sprzątania lasów przez licealistów z Krakowa.

WISŁA ZANIECZYSZCZONA.

Wróbel to nasz przyjaciel.

Odnawialne źródła energii to nasza przyszłość.

Aquapark bez delfinów.

Centrum ochrony bocianów już otwarte!

8 **Proszę wyrazić swoją aprobatę lub dezaprobatę dla następujących wypowiedzi:**

- *Powinniśmy pracować w organizacjach ekologicznych!*
- *Dlaczego nie zaczniemy segregować śmieci?*
- *Trzeba zorganizować protest przed ministerstwem środowiska!*
- *Kochanie, od dzisiaj nie jemy mięsa i nie nosimy wyrobów skórzanych.*
- *Musimy przestać kupować reklamówki. Za dużo plastiku w naszym życiu.*
- *Ustawa o ograniczeniu uboju zwierząt jest zbyt restrykcyjna.*
- *Postanowiliśmy zamontować sobie panele fotowoltaiczne, możemy więc zrezygnować z pieca.*
- *Władze miasta sprzedały deweloperowi kolejny teren przy parku. Będą nowe bloki.*

9a **Proszę zaprezentować grupie następujące scenki:**

1) Pracuje Pan / Pani w organizacji ochrony zwierząt. Pana / Pani sąsiad nie chce chodzić na spacery z psem. Pies cały dzień siedzi w domu. Proszę wyrazić swoją dezaprobatę.

2) Wszyscy sąsiedzi segregują śmieci, ale jeden zaprotestował, bo mówi, że to nie ma sensu. Proszę przekonać go, że się myli.

3) W Pana / Pani mieście budują nową fabrykę samochodów na miejscu starego parku. Proszę wyrazić protest przeciw tej inwestycji.

4) Pana / Pani dziecko chce należeć do organizacji, która zajmuje się ochroną ptaków: sikorek, srok i dzięciołów. Proszę wyrazić swoją aprobatę dla tego pomysłu.

9b **Proszę zrelacjonować spotkanie mieszkańców z sąsiadem, który nie chce segregować śmieci (scenka 2).**

Przykład: Wczoraj miało miejsce spotkanie w sprawie segregowania śmieci. Wszyscy zgodzili się, że jest to konieczne, ale jeden z sąsiadów zaprotestował....

mp3 46

10 Proszę wysłuchać rozmowy z inicjatorką akcji przeciw transportowi zwierząt i odpowiedzieć w jej imieniu na następujące pytania:

1. Kiedy zainteresowałaś się problemem transportu koni?

....

2. Kto ci powiedział, że warunki, w których transportuje się konie, są nie do zaakceptowania? Jakie są to warunki?

....

3. Czy istnieje w Polsce jakaś organizacja, która aktywnie zajmuje się tym problemem?

....

4. Do kogo adresujecie wasz protest?

....

5. Ile podpisów udało wam się zebrać?

....

6. Jaka jest szansa, że ten protest przyniesie skutek? A może już przyniósł?

....

7. Czy są jeszcze inne problemy związane z traktowaniem zwierząt, którymi się interesujesz?

....

8. Jak oceniasz świadomość ekologiczną Polaków?

....

11 Proszę napisać list do władz lokalnych w sprawie budowy nowej fabryki samochodów w waszym regionie. Fabryka ma być zbudowana na miejscu starego lasu. (120 słów)

....

....

....

....

....

....

• SŁOWNICTWO

Idiomy

12a Proszę wyjaśnić znaczenie podanych idiomów, a następnie uzupełnić nimi poniższe zdania.

efekt cieplarniany | *króliki doświadczalne ✓* | *burza w szklance wody* | *suchy jak pieprz* | *królik doświadczalny*

Przykład: Maria postanowiła zrobić mały eksperyment naukowy w klasie, potraktowała więc swoich uczniów jak *króliki doświadczalne* .

1. Właściwie, nie wiadomo, dlaczego oni się tak ciągle kłócą. Wciąż robią o wszystko ....
2. Od dwóch tygodni nie było deszczu, ziemia jest ....
3. .... jest efektem dużej ilości gazów w atmosferze.
4. Nie chcę być ...., na którym ludzkość eksperymentuje z naturą.

12b Proszę przedyskutować w grupie następujące kwestie:

- Jakie skutki dla ludzkości może mieć efekt cieplarniany?
- Czy my już odczuwamy te skutki?
- Jakie skutki będą odczuwać następne pokolenia?
- Czy ekolodzy i naukowcy, którzy alarmują o zbliżającej się katastrofie, robią burzę w szklance wody, czy może mają rację?

Literatura

13a Proszę przeczytać fragment *Dzienników* Marii Dąbrowskiej i zdecydować, czy autorka mówi o:

a) miłości do zwierząt,
b) strachu wobec zwierząt,
c) postawie wobec zwierząt.

Co mówi mama w Pana / Pani kraju, kiedy jej dziecko podchodzi do nieznanego psa?

22 lipca 1953

Wracając, już na Polnej zobaczyłam młodą osobę, której dziecko, może czteroletnie, podbiegło do jednego z dwu psów prowadzonych przez jakąś kobiecinę. Mama powiedziała do dziecka: „Nie ruszaj pieska. Pieski nie lubią, jak je ruszać. One się tego boją, bo są niegrzeczne dzieci, które krzywdę pieskowi robią." Zapisuję to jako pozytywną obserwację. Normalnie polska mama powiedziałaby: „Nie ruszaj pieska, bo cię ugryzie", albo „bo brudny" itp…

Maria Dąbrowska, *Dzienniki*

lekcja 14

13b Proszę powiedzieć, które z poniższych ostrzeżeń pamięta Pan / Pani z dzieciństwa, kiedy był Pan / była Pani w sytuacji potencjalnie niebezpiecznej? Co Pan / Pani o nich myśli dzisiaj?

„Nie podchodź blisko ognia!"
„Nie baw się tym! To nie dla dzieci."
„Nie głaskaj tego psa!"
„Nie bierz tego do ust!"
„Nie pij tego."
„Nie wychodź bez czapki."
„Nie wracaj późno."

14a Proszę obejrzeć film na temat szkodliwości papieru i plastiku dla środowiska i uzupełnić poniższe zdania.

DVD 12

Tomasz Rożek, autor programu *Nauka. To lubię* próbuje wyjaśnić, która z popularnych toreb – plastikowa czy papierowa jest lepsza / gorsza dla środowiska. Najpierw przeprowadza ankietę wśród ……………………………………………[1].
Następnie podaje dane liczbowe. Na przykład dla zanieczyszczenia środowiska papier jest bardziej ……………………………[2], bo jego produkcja powoduje o ………………[3] większe zanieczyszczenie …………………………[4] niż ……………………[5].
Jeśli chodzi o zanieczyszczenie wody, to produkcja papieru jest o ………………[6] bardziej szkodliwa niż produkcja plastiku.
Uważa, że to nie produkt jest problemem, ale sposób jego używania. Powinniśmy używać toreb ……………………………[7] razy.

Tomasz Rożek, *Papier czy plastik? – Nauka. To lubię*, https://www.youtube.com/watch?v=pOxaxqvjvyo

14b

a) Jest Pan / Pani producentem toreb papierowych i zachęca Pan / Pani konsumentów do ich używania. Proszę zaprezentować inny punkt widzenia niż autor programu *Nauka. To lubię.*
b) Jest Pan / Pani producentem toreb plastikowych. Proszę pochwalić autora programu *Nauka. To lubię* za statystki dotyczące toreb papierowych i plastikowych, wykorzystując dane z nagrania.
c) Jest Pan / Pani obserwatorem strony *Nauka. To lubię* w mediach społecznościowych. Proszę wyrazić swoją opinię na temat obejrzanego filmu.

Rozumienie tekstów pisanych

I **Proszę zaznaczyć najważniejsze informacje z każdego paragrafu poniższego tekstu.**

1

Weganizm to coś więcej niż dieta

Bycie ProVeg to nowe podejście do pro-roślinnego stylu życia. Nie chodzi o to, żeby w 100% pasować do szufladki podpisanej „weganizm" albo „wegetarianizm", a o dokonywanie wyborów żywieniowych dobrych dla nas, zwierząt i naszej planety. Liczy się każdy krok w tym kierunku, każda pojedyncza decyzja czy to osób indywidualnych, czy firm lub instytucji. Jesteśmy ProVeg, kiedy wprowadzamy do naszej diety więcej posiłków roślinnych, kiedy do kawy wybieramy mleko roślinne, kiedy częstujemy znajomych wegańskimi potrawami i pokazujemy im, jakie mogą być pyszne, wprowadzamy roślinne opcje w naszym biznesie, uświadamiamy innych na temat zalet diety roślinnej. To wszystko przyczynia się do bardziej zrównoważonego rozwoju.

na podstawie: Joanna Szubierajska, *Weganizm to coś więcej niż dieta*, www.ekologia.pl

Pieśń zwycięstwa w duecie w wykonaniu ptaków tropikalnych

2

Niewielkie ptaki z gatunku *Laniarius aethiopicus* żyją w subsaharyjskiej części Afryki. Ich niezwykłość polega na tym, że śpiewają zarówno samce, jak i samice. Ptaki te żyją w monogamicznych związkach i często śpiewają w duecie, przy czym każdy osobnik wykonuje własną partię wokalną.

Odkrycia, że ptaki te wykonują wspólną pieśń zwycięstwa, dokonano przez przypadek. Ulmar Grafe i Johannes Bitz z niemieckiego Uniwersytetu Würzburga badali repertuar muzyczny ptaków z Wybrzeża Kości Słoniowej, nagrywając śpiewy, puszczając nagrania i badając reakcję zwierząt. Ekolodzy zauważyli, że gdy pakowali sprzęt i zabierali się do opuszczenia terytorium ptaków, te rozpoczynały bardzo charakterystyczny śpiew.

Śpiew – oznaka zwycięstwa jest sygnałem nie tylko dla przegnanego intruza, ale i dla pozostałych ptaków. Pomaga też ograniczyć przyszłe konflikty terytorialne.

Badacz przypomina, że kilka gatunków zwierząt wokalnie celebruje wygraną. Jednak tropikalne *Laniarius aethiopicus* są pierwszymi opisanymi w nauce ptakami, które pieśń zwycięstwa wykonują w duecie.

na podstawie: PAP, mat, 2004.02.15

Obszar Natura 2000

3

Obszar Natura 2000 – jedna z form ochrony przyrody stosowana w Polsce i jednocześnie element programu Europejskiej Sieci Ekologicznej – programu ochrony przyrody mającego na celu zoptymalizowanie działań na rzecz zachowania dziedzictwa przyrodniczego Europy, poprzez wydzielenie sieci obszarów ochrony na terenie Europy, a przede wszystkim UE. Celem wyznaczania tych obszarów jest ochrona cennych, pod względem przyrodniczym i zagrożonych składników różnorodności biologicznej Europy. Obszary wchodzące w skład sieci są bardzo zróżnicowane. Idea sieci opiera się na tradycyjnych metodach ochrony (ochrona obszarowa i gatunkowa) i ujednoliceniu działań administracyjno-prawnych. Do tej pory w Polsce wydzielone zostały 72 obszary.

na podstawie: *Obszar Natura 2000*, www.ekologia.pl

Błękitny Patrol WWF

4

Wolontariusze Błękitnego Patrolu WWF to ludzie w każdym wieku i pochodzący z różnych środowisk. Dzięki temu stanowią tygiel różnych pomysłów i działań, w którym tkwi największa siła. Ich energią jest zdolność do wspólnej mobilizacji w obliczu wyzwań wymagających interwencji. Wszyscy z nich myślą globalnie, lecz działają lokalnie. Wiedzą bowiem, że małe kroki zbliżają do wielkich celów. Działający od początku 2010 r. Błękitny Patrol WWF to jak dotąd największa i najciekawsza akcja WWF Polska. Pozwala na czynne zaangażowanie społeczności lokalnej w ochronę przyrody. 200 wolontariuszy, którzy zamieszkują całe polskie wybrzeże Bałtyku, na co dzień pomaga fokom, morświnom i ptakom morskim, a także wszystkim innym potrzebującym wsparcia zwierzętom.

na podstawie: *Błękitny Patrol WWF*, www.wwf.pl

Odnawialne źródła energii w Polsce i na świecie

5

Wśród państw z Europejskiego Obszaru Gospodarczego (EOG), a więc nie tylko członków UE, występują znaczne różnice w udziale odnawialnych źródeł energii w całkowitej konsumpcji. Wysoki wynik Norwegii (ponad 72,75% w 2018 r.) wynika z bardzo wysokiego stopnia wykorzystania energetyki wodnej. Podobnie w Islandii (72,21%), gdzie hydroenergetyce towarzyszy wykorzystanie źródeł geotermalnych. Dania, o ponad 30-procentowym udziale OZE, ten poziom osiągnęła dzięki energetyce wiatrowej, głównie morskiej. Z kolei Portugalia zbliża się do wyznaczonego celu za pomocą elektrowni słonecznych. Najsłabsze rezultaty wśród krajów UE osiągnęły Polska (11,28% przy celu krajowym 15%), Irlandia (11,06% – cel 16%), Wielka Brytania (11,02% i 15%), Belgia (9,42% i 13%), Luksemburg (9,06% i 11%), Malta (7,98% i 10%) oraz Holandia (7,39% i 14%).

na podstawie: Wojciech Kwinta, *Odnawialne źródła energii w Polsce i na świecie*, www.inzynieria.com

Jak segregować śmieci w małym mieszkaniu i jak wybrać śmietnik do kuchni?

6

Aby skutecznie segregować śmieci w mieszkaniu, należy najpierw zapoznać się z obowiązującymi w tej kwestii przepisami. Określa je między innymi Ministerstwo Środowiska, które wprowadza Jednolity System Segregacji Odpadów. Polega on na oddzielaniu odpadów nadających się do recyklingu od tych, których nie da się już przetworzyć.

W myśl obecnych przepisów odpady wytwarzane w mieszkaniach należy dzielić na pięć frakcji. Niezależnie od wielkości mieszkania, należy więc oddzielnie zbierać metale i tworzywa sztuczne, papier, szkło, odpady biodegradowalne i odpady zmieszane, czyli te, które nie pasują do żadnej z wcześniej wymienionych grup. Osobno należy również zbierać odpady niebezpieczne, takie jak lekarstwa czy baterie, które oddaje się do aptek lub stosownych punktów zbiórki. Wynika stąd, że w każdym gospodarstwie domowym, niezależnie od jego powierzchni przyda się co najmniej pięć osobnych pojemników na śmieci. W przypadku małych mieszkań, trudno wyobrazić sobie ustawienie tak wielu śmietników. Warto jednak pamiętać, że jeden kosz może mieć wiele komór, a zatem w rzeczywistości segregacja może przebiegać efektywnie z użyciem zaledwie dwóch czy trzech koszy na śmieci.

na podstawie: *Jak segregować śmieci w małym mieszkaniu i jak wybrać śmietnik do kuchni?*, www.ekofabryka.com.pl

Tekst 1. Ten tekst informuje o tym, że:
a) bycie ProVeg oznacza bycie weganinem,
b) bycie ProVeg to wybory żywieniowe,
c) bycie ProVeg to wybory żywieniowe, które prowadzą do weganizmu.

Tekst 2. Ten tekst informuje o tym, że:
a) ptaki nie umieją śpiewać w duecie,
b) niektóre gatunki śpiewają w duecie, kiedy się kochają,
c) niektóre gatunki śpiewają pieśń zwycięstwa.

Tekst 3. Ten tekst informuje o tym, że:
a) celem programu Natura 2000 jest wydzielenie obszarów ochrony w Polsce,
b) celem programu Natura 2000 jest wydzielenie obszarów ochrony w Polsce i w Europie,
c) celem programu Natura 2000 jest wydzielenie terenów edukacyjnych o ekologii w Polsce.

Tekst 4. Ten tekst informuje o tym, że:
a) wolontariusze Błękitnego WWF starają się angażować całe polskie społeczeństwo,
b) wolontariusze Błękitnego WWF starają się angażować społeczność lokalną,
c) wolontariusze Błękitnego WWF starają się angażować globalnych polityków do działań lokalnych.

Tekst 5. Ten tekst informuje o tym, że:
a) wysokie wyniki korzystania z odnawialnych źródeł energii państw Europy Północnej związane są z energią wiatrową i wodną,
b) wysokie wyniki korzystania z odnawialnych źródeł energii państw Europy Północnej związane są z energią wiatrową i słoneczną,
c) wysokie wyniki korzystania z odnawialnych źródeł energii państw Europy Północnej związane są z energią słoneczną i wodną.

Tekst 6. Ten tekst informuje o tym, że:
a) odpady należy zbierać w pięciu frakcjach niezależnie od wielkości mieszkania,
b) odpady należy zbierać w pięciu lub siedmiu frakcjach w zależności od wielkości mieszkania,
c) odpady nie muszą być zbierane w małych mieszkaniach.

LEKCJA 15

Powtórzenie materiału.
Przygotowanie do egzaminu certyfikatowego.
Ćwiczenia w formacie egzaminacyjnym.

Powtórzenie

Przygotowanie do egzaminu ROZUMIENIE ZE SŁUCHU

mp3 47

1 Proszę uważnie wysłuchać nagrania i wykonać zadanie zgodne z podanym przykładem. Proszę zaznaczyć TAK – gdy zdanie jest zgodne z tekstem, NIE – gdy nie jest zgodne z tekstem.

		TAK	NIE
	Przykład: W ramach budżetu obywatelskiego można zasadzić las.	X	
1.	W ramach budżetu obywatelskiego można wyremontować chodnik.		
2.	W ramach budżetu obywatelskiego nie można realizować zadań związanych z kulturą.		
3.	Sadzenie lasu to inicjatywa ekologiczna.		
4.	Mieszkańcy mogą kupić nowy autobus.		
5.	Projekt, który zgłosisz, może wygrać głosowanie.		
6.	Wygranie głosowania daje możliwość zrealizowania projektu.		
7.	Projekty budżetu obywatelskiego są realizowane przez prywatne firmy.		
8.	Budżet obywatelski jest stałym elementem na mapie inicjatyw lokalnych.		

mp3 48

2 Proszę uważnie słuchać tego nagrania i wykonywać zadanie zgodnie z podanym przykładem. Uwaga! Nagranie zostanie odtworzone tylko jeden raz. Proszę zaznaczyć właściwe odpowiedzi.

Przykład:
0. Ta wypowiedź ma miejsce:
a) w szkole,
b) podczas demonstracji,
c) podczas wyborów do samorządu studenckiego.

1. Ta wypowiedź jest typowa dla:
a) prezydenta,
b) przewodniczącego samorządu szkolnego,
c) szefa partii.

2. Ta wypowiedź jest typowa w:
a) gazecie,
b) szkole,
c) banku.

3. Ta wypowiedź jest typowa dla:
a) rzecznika praw dziecka,
b) przedstawiciela organizacji feministycznej,
c) szefa partii konserwatywnej.

4. Ta wypowiedź jest możliwa w:
a) lesie,
b) nas jeziorem,
c) w mieście.

5. Ta wypowiedź oznacza:
a) nadzieję,
b) złość,
c) obawę.

6. Ta wypowiedź oznacza:
a) złość,
b) strach,
c) nadzieję.

7. Ta wypowiedź ma miejsce w:
a) lesie,
b) nad jeziorem,
c) na ulicy.

8. Ta wypowiedź oznacza, że:
a) pacjent jest chory,
b) człowiek potrzebuje pomocy medycznej,
c) pacjent jest zdrowy.

9. Ta wypowiedź jest możliwa w:
a) supermarkecie,
b) parku,
c) warsztacie samochodowym.

10. Ta wypowiedź ma miejsce:
a) u lekarza,
b) u dentysty,
c) w szkole.

ROZUMIENIE TEKSTU

3 Proszę – zgodnie z przykładem – uzupełnić tekst wyrazami z ramki.

systemu Senatu wyborach Rzeczypospolitej sądowniczą
aktem✓ zagraniczną sądy kadencję Polskiej Sił

Konstytucja jest najwyższym .aktem....[0] prawnym. Fundamentem ....[1] politycznego w Polsce jest trójpodział władzy: mamy więc władzę ustawodawczą, wykonawczą i ....[2]. Władza ustawodawcza to parlament (Sejm – izba niższa – liczący 460 posłów, Senat – izba wyższa – liczący 100 senatorów) wybierany w powszechnych ....[3] na 4-letnią kadencję. Sejm uchwala prawo i kontroluje organy państwowe, w tym Radę Ministrów. Głównym zadaniem ....[4] jest współtworzenie z Sejmem polskiego prawa. Ordynacja wyborcza do Sejmu w Polsce zakłada próg wyborczy 5% – dla partii, lub 8% – dla koalicji wyborczych.

Władza wykonawcza to Rada Ministrów i Prezydent. Politykę wewnętrzną i ....[5] państwa prowadzi Rząd, tj. Rada Ministrów, której pracami kieruje Prezes Rady Ministrów (Premier). Premiera i – na jego wniosek – ministrów, powołuje Prezydent ....[6] Polskiej.

Prezydent Rzeczypospolitej ....[7] jest najwyższym przedstawicielem Rzeczypospolitej Polskiej, jest wybierany na 5-letnią ....[8] w wyborach powszechnych. Odpowiada za przestrzeganie Konstytucji i jest najwyższym zwierzchnikiem Polskich ....[9] Zbrojnych.

Władza sądownicza to ....[10] i trybunały.

4 Proszę przeczytać fragment opisu filmu „Dzień kobiet" Marii Sadowskiej, a następnie zaznaczyć: P – gdy zdanie jest prawdziwe, N – gdy jest nieprawdziwe.

Scenariusz filmu „Dzień kobiet" narodził się na podstawie afer związanych z nieludzkim traktowaniem pracowników super i hipermarketów. W filmie oglądamy wszystkie możliwe nadużycia pracodawców: od bezpłatnych nadgodzin, poprzez brak przerwy w pracy dla kasjerek.

Ten straszny świat oglądamy oczami Haliny, którą gra Katarzyna Kwiatkowska. Halina jest kasjerką w sklepie Motylek (skojarzenia są oczywiste), ale nagły awans daje jej szansę na lepsze życie. Musi jednak zaakceptować brudne reguły gry swoich szefów. Musi wejść w rolę, której nienawidzą pracownicy: a więc wykorzystywać i obrażać swoje dawne koleżanki. Na początku Halina podporządkowuje się nowym regułom, ale potem wypowiada wojnę bezdusznej korporacji. W tym momencie zaczynają się prawdziwe problemy Haliny.

„Dzień Kobiet" jest ważnym filmem – jest to głos wołający o godność i prawa kobiet wykorzystywanych przez duże sieci handlowe. Na długo w pamięci zostaje scena korporacyjnego treningu („Pro-duk-tyw-ność!"), a także klimat beznadziei oraz bardzo dobre role Katarzyny Kwiatkowskiej i Eryka Lubosa. Doskonale wypadają też aktorzy w rolach drugoplanowych i epizodycznych: Agata Kulesza i Dorota Kolak.

Ale to ciągle za mało, takich filmów powinno się kręcić więcej. Anonimowe kobiety, które zainspirowały reżyserkę, wciąż pracują po kilkanaście godzin dziennie przy kasie i zarabiają zbyt mało.

na podstawie: Jakub Demiańczuk, *„Dzień kobiet" – piekło na kasie*, www.dziennik.pl

		P	N
	Przykład: Scenariusz filmu narodził się na podstawie afer w firmach produkcyjnych.		X
1.	W filmie oglądamy, jak pracodawcy nie pozwalają kasjerkom skorzystać z przerwy.		
2.	Kasjerki dostają pieniądze za nadgodziny.		
3.	Halina dostaje awans w pracy.		
4.	Halina zaczyna mieć coraz mniej problemów po otrzymaniu awansu.		
5.	„Dzień kobiet" to film o prawach kobiet.		
6.	Aktorzy w rolach drugoplanowych nie wypadają dobrze.		
7.	Niektóre kasjerki pracują kilkanaście godzin dziennie.		

POPRAWNOŚĆ GRAMATYCZNA

5 Proszę podkreślić poprawną formę wyrazów podanych w nawiasach, zgodnie z przykładem (odmiana rzeczowników, przymiotników, zaimków oraz przyimków).

Najnowsze dane dotyczące (obcokrajowcy, obcokrajowców, obcokrajowcom)[0], mówią, że w (naszym kraju, naszym krajem, nasz kraj)[1] mieszka ponad 300 (tysiące, tysiącom, tysięcy)[2] osób posiadających ważny dokument, który umożliwia pobyt w (Polski, Polską, Polsce)[3]. Wszystkie (ci, te, tych)[4] osoby mówią lepiej lub gorzej po polsku. Część z (nimi, nich, ich)[5] uczy się na kursach językowych, część przyjechała do Polski już ze znajomością naszego języka. Największa grupa obcokrajowców to Ukraińcy, ale mamy też wielu (Niemcy, Niemców, Niemcom)[6], Białorusinów i Wietnamczyków. Ci ostatni pracują przede wszystkim w (gastronomią, gastronomii, gastronomię)[7].

Czy obcokrajowcy dobrze czują się w Polsce? Zapytaliśmy o to studentów, którzy przyjechali do naszego kraju (do, na, w)[8] wymianę studencką. Odpowiedzieli, że dzięki (kontaktów, kontaktami, kontaktom)[9] z Polakami zmienili opinię o (nami, nas, nam)[10] na lepszą.

6 Proszę zapytać o podkreśloną część zdania zgodnie z podanym przykładem.

Przykład:
To jest paszport Karoliny.
– ..Czyj...... to paszport?
– Karoliny.

1.
To jest dla nich duża motywacja.
– .... to dla nich motywacja?
– Duża.

2.
Wyborcy chcą rozmawiać z kandydatem.
– .... chcą rozmawiać wyborcy?
– Z kandydatem.

3.
Potrzebujemy nowego samochodu.
– .... potrzebujecie?
– Nowego samochodu.

4.
Muszę iść do biblioteki po tę książkę.
– ....musisz iść do biblioteki?
– Po tę książkę.

5.
Dowiedziałem się o tym z internetu.
– .... się o tym dowiedziałeś?
– Z internetu.

7 Proszę – zgodnie z przykładem – uzupełnić zdania wyrazami z ramki (spójniki). Uwaga! Jeden wyraz w ramce jest niepotrzebny.

ale	*albo*	*że*	*mimo że* ✓	*czyli*	*żebyśmy*	*i*

..Mimo że..[0] pogoda nie była najlepsza, chciałem wyjść z domu. Poszedłem na spacer do parku, w którym spotkałem Ewę. Zapytała, co u mnie słychać. Powiedziałem, ...[1] nic nowego i również zapytałem, co u niej. Odpowiedziała, że miesiąc wcześniej miała wypadek samochodowy, ...[2] na szczęście nic się nikomu nie stało. Zaproponowałem jej, ...[3] się spotkali w najbliższy weekend, w sobotę ....[4] w niedzielę. Zgodziła się ....[5] w ten sposób odnowiłem sympatyczną znajomość.

8 **Proszę uzupełnić tekst poprawnymi formami wyrazów z nawiasów, zgodnie z podanym przykładem (czas teraźniejszy i przeszły).**

Do dziś .pamiętam..... (pamiętać)⁰, że kiedy .... (być)¹ mała, chciałam być kierowcą rajdowym.
Potem, kiedy .... (skończyć)² szkołę, ... (zapomnieć)³ o tym dziecięcym marzeniu. Ale pewnego razu .... (pojechać)⁴ z koleżanką Ewą na zawody rajdowe. Byłam zachwycona.
Wracałyśmy do domu i obydwie .... (rozmawiać)⁵ o tych zawodach. Ewa .... (powiedzieć)⁶:

– Wiem, że chciałaś być kierowcą rajdowym. Czy nie .... (myśleć)⁷ o tym jeszcze czasami?

– Bardzo rzadko, ale dzisiaj, po tych zawodach marzenia .... (wrócić)⁸.

– I co .... (planować)⁹ z tym zrobić?

– Nic. W tej chwili nie mam na to czasu, bo .... (musieć)¹⁰ uczyć się do egzaminów. Moja przyszłość nie jest związana z motoryzacją.

– Szkoda. Może zmienisz zdanie. Wiem, że mogłabyś być dobra. Ja i Piotr doskonale .... (znać)¹¹ twoje umiejętności, często przecież jeździmy z tobą samochodem.

9 **Proszę użyć wyrazu podanego w nawiasie i przekształcić zdanie, zgodnie z przykładem tak, by nie zmieniło sensu.**

Przykład:

0. Dlaczego nie byłeś wczoraj na lekcji polskiego?
(było)
......Dlaczego nie było cię wczoraj na lekcji polskiego?..

1. Ten samochód jest lepszy niż tamten.
(od)
....

2. Ona jest nauczycielką.
(pracować)
....

3. Tęsknię za moim krajem.
(brakować)
....

4. Nie zapomnieliście obejrzeć tego filmu o ekologii?
(pamiętać)
....

5. Moje koleżanki dostały dobre oceny od nauczycielki polskiego.
(dała)
....

PISANIE

Uwaga! Proszę wybrać tylko jeden z zestawów i wykonać obydwa zadania (a i b) z tego samego zestawu.

ZESTAW I

a.	W Pana / Pani bloku organizowane są wybory do rady mieszkańców. Proszę napisać krótkie ogłoszenie o dacie i miejscu wyborów oraz zaprosić mieszkańców do aktywnego w nich udziału.	30 słów
b.	Proszę napisać opowiadanie do poniższej ilustracji. 	170 słów

ZESTAW II

a.	Proszę napisać krótki e-mail do kolegi, który organizuje spotkanie na temat ekologii dla dzieci. Planowałeś wziąć w nim udział jako współorganizator, ale zachorowałeś i musisz wyjaśnić swoją nieobecność.	40 słów
b.	Proszę napisać tekst argumentacyjny na temat: „Wszyscy kierowcy powinni mieć zakaz rozmawiania przez telefon podczas jazdy samochodem”.	160 słów

ZESTAW III

a.	Proszę napisać krótką reklamę społeczną promującą oszczędzanie wody.	30 słów
b.	Proszę napisać sprawozdanie z wycieczki do dowolnego regionu Polski.	170 słów

MÓWIENIE

10 Proszę opisać osobę na podanej ilustracji

11 Czy miał Pan / miała Pani kiedyś jakąś awarię w domu? Proszę ją opisać.

12 Proszę wyrazić swoją opinię na temat: „Jeśli Polacy chcą mieć wpływ na swoje życie, muszą brać udział w wyborach”.

LEKCJA 16

SYTUACJE KOMUNIKACYJNE nawiązywanie kontaktu w rozmowie i liście • pytanie

SŁOWNICTWO środki masowego przekazu • **IDIOMY:** *ciągnąć kogoś za język, wiadomość z pierwszej ręki, owijać w bawełnę*

LITERATURA Olga Tokarczuk, *Che Guevara* (fragment) • Wojciech Bojanowski, *Imperium* (fragment)

GRAMATYKA I SKŁADNIA odmiana zaimków przeczących: *nikt, nic, żaden* • **POWTÓRZENIE:** wołacz i jego funkcja

CZĘŚĆ EGZAMINACYJNA rozumienie tekstów pisanych

Czwarta władza

• SŁOWNICTWO

1a Z rozsypanych wyrazów proszę ułożyć słownikową definicję – czym są *środki masowego przekazu*?

do *dociera się* *radio,*
za pomocą *telewizja.* *odbiorcy:*
masowego *prasa,* *środki,*✓ *których*

Mass media / środki masowego przekazu –
środki,..
....
....
....

na podstawie: *Słownik współczesnego języka polskiego*, red. B. Dunaj, Warszawa 1996

1b Czy media są obecne w Pana / Pani życiu? Proszę porozmawiać z kolegą / koleżanką na ten temat. Oto pomocnicze pytania:

1. Co wolisz: radio, telewizję czy prasę? Dlaczego?
2. Co lubisz oglądać w telewizji, czego lubisz słuchać w radiu, a o czym najchętniej czytasz?
3. Jak często korzystasz z internetu? Jakie strony najczęściej odwiedzasz?
4. Skąd dowiadujesz się o bieżących wydarzeniach?
5. Jakie są teraz aktualne tematy w mediach w Twoim kraju?
6. O czym mówi się teraz w radiu i telewizji, a o czym pisze w prasie i internecie w Twoim kraju?
7. O czym się teraz za mało mówi i pisze według Ciebie?
8. Czy wiesz, o czym jest teraz głośno w Polsce?
9. Jaki interesujący albo szokujący reportaż / program w telewizji oglądałeś / oglądałaś ostatnio?
10. Jaki artykuł czytałeś / czytałaś ostatnio?

2a Jest Pan / Pani dziennikarzem radiowym lub telewizyjnym i przygotowuje Pan / Pani reportaż. Proszę napisać listę pytań, a następnie przeprowadzić wywiad z kolegą lub koleżanką z grupy na jeden z wybranych tematów. Proszę zanotować odpowiedzi i przedstawić je na forum grupy. W czasie rozmowy proszę użyć poniższych zwrotów:

- Proszę pana! Proszę pani!
- Przepraszam pana / panią / państwa.
- Przepraszam, czy pan Kowalski / pani Nowak?

- Przepraszam, że przeszkadzam, ale chciałbym / chciałabym o coś zapytać.
- Czy można o coś zapytać?
- Czy może pan / pani odpowiedzieć na kilka pytań?
- Chciałbym / chciałabym się dowiedzieć, czy / kiedy / jak / dlaczego...?
- Proszę mi powiedzieć, czy / kiedy / jak / dlaczego...
- Co pan / pani wie na temat...

- Czy może pan / pani podać jakieś przykłady?
- Przepraszam, że przerywam, ale...

- Nie wiem, czy dobrze zrozumiałem / zrozumiałam. Czy mówi pan / pani, że...
- Skąd pan / pani to wie?

TEMATY DO WYBORU:

- Telewizja kłamie.
- Internet jest zagrożeniem dla prasy.
- Radio wychodzi z mody.
- Korupcja.
- Bezrobocie.
- Sens reform ekonomicznych i politycznych.
- Wybory i mass media.
- Protesty, strajki, demonstracje – potrzebne czy nie?
- Uwaga! Fake news!
- Nikt dziś już nie czyta gazet.
- Dziennikarstwo to zawód z misją.

2b **Proszę pracować w grupach lub indywidualnie. Proszę poszukać w internecie notek biograficznych kilku znanych polskich dziennikarzy i przedstawić je grupie.**

2c **Proszę pracować z kolegą / koleżanką. Proszę wybrać jednego dziennikarza i jedną dziennikarkę, a następnie porozmawiać o tym, jakie pytania by im Państwo chętnie zadali. Proszę zapisać te pytania.**

- Zapytałbym / zapytałabym o to, czy... / kiedy... / gdzie... / skąd... / jak...
- Ja chciałbym / chciałabym się raczej dowiedzieć, czy... / kiedy... / gdzie... / skąd... / jak...
- Dla mnie byłoby też ciekawe, z kim... / o czym...
- Wolałbym / Wolałabym porozmawiać z nim / nią o...

- Rzeczywiście, to jest ciekawe pytanie.
- Ja zapytałbym / zapytałabym ją o to samo.
- Mnie się nie podoba to pytanie.
- Ja bym o to nigdy nie spytał / spytała.
- To pytanie jest nudne / zbyt prywatne / niepoważne!

• GRAMATYKA

3a **Czy pamięta Pan / Pani jaką funkcję ma wołacz w języku polskim? Czy może Pan / Pani podać przykłady wołacza i sytuacje, w których jego użycie jest obowiązkowe? Może Pan / Pani pracować z kolegą / koleżanką.**

3b **Proszę uzupełnić tabelę podanymi formami wołacza. Proszę także dodać swoje przykłady.**

Szanowna Pani Profesor *Szanowny Panie Profesorze*
Szanowni Państwo *Szanowna Pani* *Szanowny Panie* *Droga Pani Katarzyno*
Drogi Panie Tomaszu *Drodzy Studenci* *Drogie Studentki* *Szanowne Panie* *Szanowni Panowie*
Panie Dyrektorze *Pani Dyrektor* *Panie Kierowniku* *Pani Kierownik*
Kochana Mamo *Kochany Tato* *Kochani* *Kochane* *Moi Drodzy* *Moje Drogie*
Szanowna Redakcjo *Drogi Panie Redaktorze* *Droga Pani Redaktor* *Jurku* *Madziu* *Joasiu*
Mariuszu *Kasiu* *Katarzyno* *Aneto* *Agnieszko* *Pawle* *Małgorzato* *Gosiu*

WOŁACZ

liczba pojedyncza		liczba mnoga	
rodzaj męski	rodzaj żeński	rodzaj męskoosobowy	rodzaj niemęskoosobowy

3c **Proszę pracować z kolegą / koleżanką. Których z form podanych w ćw. 3b należy użyć w liście / e-mailu formalnym?**

4a Proszę napisać w imieniu grupy e-mail / list do wybranego dziennikarza / dziennikarki lub jego przyjaciela / przyjaciółki, w którym:

- poinformuje Pan / Pani, że poznał jego / jej biografię na kursie polskiego
- wyrazi szacunek i uznanie dla jego / jej pracy
- wyrazi zainteresowanie jego / jej sposobem pracy
- zada kilka pytań np. związanych z jego / jej warsztatem pracy
- zapyta o przyczyny wyboru jego / jej zawodu
- wyrazi wdzięczność z otrzymanej odpowiedzi / uprzejmie podziękuje z góry za odpowiedź

Proszę zwrócić uwagę na typowe elementy e-maila / listu formalnego.

4b Planuje Pan / Pani podjąć w przyszłym roku akademickim podyplomowe studia w zakresie mass mediów na uniwersytecie w Polsce. Potrzebuje Pan / Pani opiekuna naukowego i chce Pan / Pani dowiedzieć się, czy prof. Maria Kowalska podjęłaby się tej funkcji. Proszę napisać list do pani profesor.

W liście proszę wykorzystać następujące zwroty:

- *Szanowna Pani Profesor!*
- *Zwracam się z uprzejmą prośbą o...*
- *Jestem absolwentem / absolwentką...*
- *Planuję podjąć podyplomowe studia...*
- *Z góry bardzo dziękuję za...*
- *Z wyrazami szacunku*

4c Przeczytał Pan / przeczytała Pani artykuł, w którym dziennikarz Sławomir Kłamliwy podał niesprawdzone i nieprawdziwe informacje dotyczące nauki języka polskiego. Jest Pan / Pani oburzony/a i pisze sprostowanie do czasopisma. Proszę napisać list lub e-mail formalny. Oto kilka informacji o tym artykule:

Artykuł nosił tytuł:
„Polskiego nie można się nauczyć!
Dlatego nikt nie zna naszego języka".

W artykule m.in. napisano:

- „język polski jest skomplikowany, w gramatyce brakuje konsekwencji i logiki",
- „żaden obcokrajowiec nie ma szans nauczyć się poprawnie mówić po polsku",
- „nikomu nie chce się zapamiętywać końcówek",
- „nie da się nauczyć polskiej wymowy, bo w języku polskim jest za dużo spółgłosek",
- „ortografia polska jest skomplikowana i nawet Polacy mają z nią problemy".

Na końcu artykułu dziennikarz dochodzi do wniosku, że „nauka języka polskiego nie ma żadnego sensu".

• GRAMATYKA

5a **Proszę uzupełnić tabelę podanymi formami zaimków przeczących *nikt*, *nic*.**

nikogo *nic* *niczym* *nikt*
nic *niczym* *nikogo* *nikim*
niczemu *nikomu* *niczego* *nikim*

przypadek	*nikt*	*nic*
mianownik		
dopełniacz		
celownik		
biernik		
narzędnik		
miejscownik		

5b **Zaimek przeczący *żaden* deklinuje się tak samo, jak zaimki dzierżawcze *mój*, *twój*, *nasz*, *wasz*, *swój* i przymiotniki. Proszę uzupełnić tabelę odpowiednimi formami.**

przypadek	liczba pojedyncza			liczba mnoga	
	r. męski	r. żeński	r. nijaki	r. męskoosobowy	r. niemęskoosobowy
mianownik	*żaden*	*żadna*	*żadne*	*żadni*	*żadne*
dopełniacz					
celownik					
biernik					
narzędnik					
miejscownik					

• GRAMATYKA

5c **Proszę uzupełnić zdania, używając zaimków przeczących *nikt*, *nic* i *żaden* w odpowiedniej formie.**

0. *Nic*... o tym nie wiem.
1. Ten dziennikarz nie napisał .... artykułu na ten temat.
2. Media .... o tym nie mówiły.
3. Na razie nie mówiłem o tym ....
4. W telewizji nie było .... na ten temat.
5. Nigdzie nie ma na ten temat .... informacji.
6. Nie znam .... takiego jak on.
7. Z ...., o czym pani mówi, nie mam .... wspólnego.
8. Dziennikarz nie prosił polityka o .... innego oprócz odpowiedzi na dwa pytania.
9. Nie znam .... innego środka masowego przekazu, który byłby dziś tak popularny jak internet.
10. Nie słyszeliśmy reportażu na ten temat w .... ze stacji radiowych.
11. Z .... dziennikarką nie rozmawiało mi się tak dobrze jak z panią Anną.
12. Nie spotkałam jeszcze .... dziennikarza, który byłby tak zaangażowany w politykę jak on.
13. Nie wierzę w .... obietnicę, którą składa ten pracownik. Jest po prostu nierzetelny.
14. Nie prosiłam pana o .... komentarz w tej sprawie.
15. W tej sprawie niestety nie mogę liczyć na .... dziennikarza z redakcji. .... nie chce się zająć tym tematem.

6a Za moment posłucha Pan / Pani wywiadu na temat *fake newsów*. Co wie Pan / Pani na ten temat? Proszę porozmawiać z kolegą / koleżanką. Jak Państwo myślą, jakie słowa mogą pojawić się w wywiadzie? Proszę zrobić listę rzeczowników, czasowników i przymiotników. Mogą Państwo korzystać ze słownika lub z internetu.

6b Proszę posłuchać nagrania i ułożyć pytania redaktora w kolejności, w jakiej pojawiają się w audycji.

mp3 49

[0] Dzień dobry, witamy w naszym programie „Gość dnia". Dzisiaj w studiu jest z nami pani profesor Barbara Stępień, kulturoznawczyni. Witamy serdecznie, pani profesor.

[ ] Trudno jednak zrozumieć, dlaczego inteligentni ludzie, normalnie funkcjonujący, pracujący wierzą w te „kłamstwa społeczne", którymi są *fake newsy*?

[ ] Jak temu zaradzić, czy można zakazać stosowania *fake newsów*?

[ ] W nowych mediach dominuje anonimowość. Czy to pomaga twórcom *fake newsów*?

[ ] Dzisiejszym tematem są tak zwane fejki, czyli *fake newsy*. Pani profesor, dlaczego wierzymy w *fake newsy*?

[ ] Jak to zrobić?

[ ] To znaczy? O jakie mechanizmy tu chodzi?

[7] Dziękuję bardzo za rozmowę.

6c Proszę przeczytać odpowiedzi pani profesor i dopasować je do pytań redaktora z ćw. 6b. Proszę posłuchać nagrania i sprawdzić swoje odpowiedzi.

mp3 49

[0] Dzień dobry panu, dzień dobry państwu.

[ ] Nasz mózg jest leniwy, szuka prostych rozwiązań i lubi nas utwierdzać w pewnych przekonaniach. Jeśli mamy jakieś zdanie na jakiś temat, szukamy informacji, które je potwierdzą.

[ ] Te informacje są pisane i publikowane w celu wprowadzenia w błąd. Osoby, które je wymyślają, publikują i rozpowszechniają, umieją to robić. Wykorzystują mechanizmy świetnie znane w psychologii społecznej.

[ ] Obawiam się, że to niemożliwe. Nie chcemy przecież naruszać wolności słowa i wprowadzać cenzury. Nasz mózg z jednej strony pomaga nam wierzyć w *fake newsy*, a z drugiej jednak strony jest najlepszą bronią, którą możemy je pokonać.

[ ] Oczywiście. Wypowiedzi na forach i platformach internetowych, na portalach społecznościowych oderwane są od konkretnych osób, które je publikują. To oderwanie opinii od konkretnej osoby powoduje, że łatwiej o fałsz.

[ ] Na przykład naszą tendencję do stereotypowego myślenia, naszą słabość do podawania prostych odpowiedzi na skomplikowane pytania i naszą ufność wobec autorytetów – nawet jeśli są fikcyjne. I co typowe dla *fake newsów* – wykorzystują efekt „plotki", czyli to, że im częściej o czymś słyszymy, tym bardziej wydaje się nam to być prawdziwe.

[ ] Musimy być czujni, myśleć, szukać źródła informacji. Sprawdzać, czy informacja zaprezentowana jest w wiarygodny sposób. Jednym słowem, musimy mieć otwarty umysł.

6d Korzystając z tekstu wywiadu z ćw. 6b i 6c i innych informacji (np. z internetu) proszę sporządzić notatkę z najważniejszymi informacjami dotyczącymi *fake newsów*.

Idiomy

7a Proszę przeczytać dialog. Jak Pan / Pani myśli, co znaczą podkreślone idiomy?

owijać w bawełnę

a) grzecznie pytać
b) mówić o czymś pozytywnie
c) mówić o czymś nie wprost

wiadomość z pierwszej ręki

a) wiadomość uzyskana bezpośrednio od jakiejś osoby, wiadomość pewna, sprawdzona
b) plotka
c) wiadomość, o której się właśnie mówi

(po)ciągnąć kogoś za język

a) ciągle komuś przerywać
b) wypytać kogoś, uzyskać informację w jakiejś sprawie
c) przekonać kogoś do czegoś

– Oglądałeś wczoraj wieczorem wywiad z Oszukiewiczem?
– Nie, nie wiedziałem, że będzie w telewizji. Kto z nim rozmawiał?
– Taka młoda dziennikarka, bardzo profesjonalna i dociekliwa, nazywa się Alicja Rzetelna. Ciągnęła go za język na wszystkie sposoby.
– I co? Odpowiadał szczerze na pytania?
– A skąd? Jak zwykle owijał w bawełnę. Nie chciał wprost powiedzieć, że wie coś o aferze korupcyjnej.
– No, a co dziennikarka na to?
– Powiedziała, że ma wiadomości z pierwszej ręki, bo już rozmawiała z jego współpracownikami.

7b Proszę uzupełnić zdania właściwymi idiomami.

0. Niech pan przestanie ....*owijać w bawełnę*........ i nareszcie powie, o co tak naprawdę panu chodzi.
1. Jesteś pewna, że to ...., może to zwykła plotka?
2. Cenię go za to, że nigdy nie .... – zawsze mówi wprost, o co mu chodzi. Niektórym jednak to przeszkadza.
3. Kiedy dziennikarz zadał politykowi trudne pytanie, ten zaczął .... – po prostu nie chciał na nie odpowiedzieć.
4. W tej stacji telewizyjnej liczy się profesjonalizm. Dziennikarzy nie interesują plotki i niesprawdzone informacje, zawsze podają ....
5. Dziennikarka .... swojego rozmówcę ...., ale ten nie chciał powiedzieć, co wie na temat afery finansowej.

8a **Proszę zapoznać się ze stroną internetową Akademii Dziennikarstwa i zrobić notatki na temat proponowanych kursów: podstawowego i zaawansowanego. Proszę porównać swoje notatki z notatkami kolegi / koleżanki.**

W październiku tego roku w Warszawie ruszy druga edycja Akademii Dziennikarstwa.
Dla osób pasjonujących się światem mediów przygotowaliśmy 2 kursy – podstawowy i zaawansowany.
Zapisy potrwają do 30 września. Więcej informacji: https://akademia.stacja7.pl

DVD 13 **8b** **Proszę obejrzeć film reklamujący Akademię Dziennikarstwa i zdecydować, jak nazywają się i o czym mówią osoby ze zdjęć.**

Alina Petrowa-Wasilewicz	*swoich zajęciach na temat reportażu telewizyjnego*
Przemysław Śliwiński	*videoblogu*
Tomasz Rożek	*cechach dobrego dziennikarza*
Krzysztof Ziemiec	*fotografii dziennikarskiej*
Małgorzata Ziętkiewicz	*warsztacie pisarskim dziennikarza*
Jakub Szymczuk	*tym do kogo skierowana jest oferta Akademii Dziennikarstwa*

Stacja7.pl, *Akademia Dziennikarstwa 2017/18*, https://www.youtube.com/watch?v=GK7lcGwfL2A

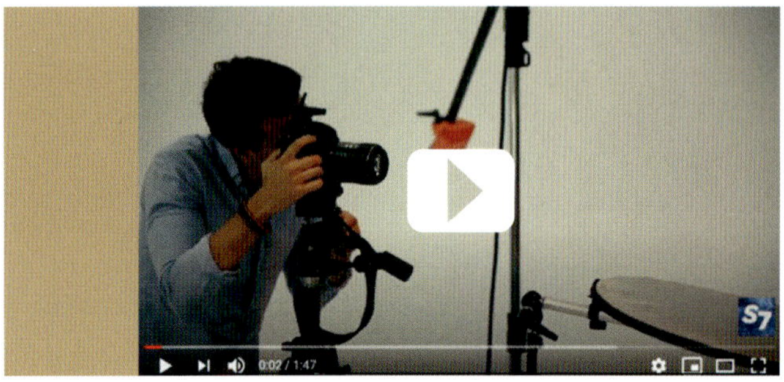

1. Pan ....
mówi o ....

2. Pan ....
mówi o ....

3. Pani ....
mówi o ....

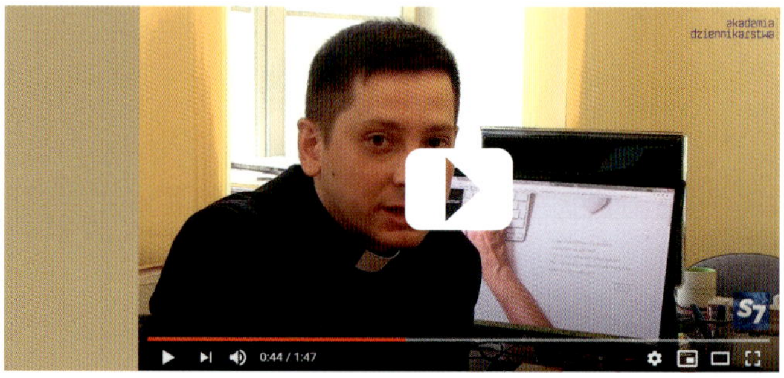

4. Ksiądz ....
mówi o ....

5. Pan ....
mówi o ....

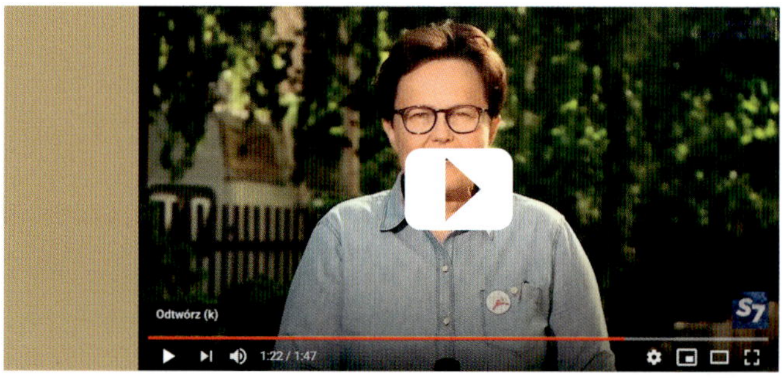

6. Pani ....
mówi o ....

DVD 13 **8c** **Proszę obejrzeć film jeszcze raz i uzupełnić zacytowane poniżej wypowiedzi.**

1. Dobra fotografia jest wtedy, kiedy jesteśmy w stanie .... opowiedzieć jak najbardziej obiektywnie historię danego ....
2. Dobry dziennikarz to ten, który umie ...., umie i chce .... To ktoś, kto lubi ....
3. Musimy rzeczywiście mieć dobrze przećwiczony warsztat, ... język. Żeby dobrze pisać, trzeba ....
4. Akademia Dziennikarstwa, to odpowiedź na znak czasu, że odbiorca stał się .... To odpowiedź i propozycja dla tych, którzy chcą publikować dobre .... w internecie, tworzyć .... internetowe, prowadzić profile ...., dobrze .... każdą stronę technologicznie.
5. Jedną z tych rzeczy, które nas różnią od zwierząt jest .... ciągłego uczenia się i bycie ciekawym. Ja jestem ciekawy i dlatego, między innymi stąd .... tego videobloga. Was zachęcam do bycia ciekawymi, no i do ....
6. Co to jest za gatunek dziennikarski, czym jest ....? Co zrobić, żeby telewizję ktoś chciał ....? O tym opowiem Wam na naszych zajęciach w tym roku. Zapraszam.

8d **Proszę rozwinąć wypowiedzi z ćw. 8c, dodając ilustrujący je przykład, komentarz lub uzasadnienie.**

– (Nie) w pełni zgadzam się ze stwierdzeniem, że...
– Moim zdaniem wypowiedź nr ... jest interesująca, ponieważ...
– Nie całkiem rozumiem stwierdzenie, że...
– Trudno powiedzieć mi, co... / czy... / dlaczego...

Literatura

9a **Proszę przeczytać fragment opowiadania Olgi Tokarczuk i reportażu Wojciecha Bojanowskiego i porozmawiać o nim z kolegą / koleżanką. Czy rozumieją Państwo wszystko? Jeśli nie, proszę poszukać nieznanych słów w słowniku lub w internecie.**

Mają w swoich tajnych siedzibach całe tony sprzętu, o jakim nam się nie śniło. Trzymają rękę na pulsie każdego z nas. Dyrygują historią, pociągają za sznurki, robią nam wodę z mózgu, każą widzieć to, co chcą – i my to widzimy. Podtykają nam pod nos gotowe zdania – i my je wypowiadamy. Drukują fałszywe gazety, w których opisują świat tak, jak im się podoba. Zmuszają nas, żeby wierzyć w coś, co nie istnieje i zaprzeczać temu, co oczywiste. I my to robimy.

Olga Tokarczuk, *Che Guevara* [w:] *Gra na wielu bębenkach*

Pod koniec szkolenia czytamy wskazówkę dotyczącą redagowania newsów: „Uważa", „myśli", „jego zdaniem" są wynikiem postmodernistycznych trendów relatywizujących prawdę (...). Prawda jest jedna i niezależna od czyjegoś zdania i opinii. Dlatego należy rzetelnie podawać informację, używając słów „stwierdził", „powiedział", „mówi".

Chodzi o to, żeby wychować dziennikarzy, ludzi, którzy chcą głosić Prawdę.

Wojciech Bojanowski, *Imperium* [w:] *20 lat nowej Polski w reportażach według Mariusza Szczygła*

9b **Proszę porozmawiać z kolegą / koleżanką o cytatach z ćw. 9a. Przykładowe pytania:**

- Jak rozumiesz zdanie „Drukują fałszywe gazety, w których opisują świat tak, jak im się podoba"? Jak myślisz, o kim jest mowa w tym cytacie? Kto „drukuje fałszywe gazety"?
- Jak myślisz, czy ludzie rzeczywiście są zmanipulowani przez media, które „każą widzieć, co chcą" i „zmuszają nas, aby wierzyć w coś, co nie istnieje i zaprzeczać temu, co oczywiste"?
- Czy zgadzasz się ze zdaniem, że „Prawda jest jedna i niezależna od czyjegoś zdania i opinii."?
- Czy uważasz, że powinno się „wychowywać" dziennikarzy na „ludzi, którzy chcą głosić Prawdę"? Jak sądzisz, dlaczego autor reportażu napisał „Prawda" dużą literą?
- Jaka jest twoja strategia, aby nie być zmanipulowanym przez media? Co robić, aby nie uwierzyć w *fake newsy*? Gdzie szukasz rzetelnie i obiektywnie przedstawionych informacji?

• SŁOWNICTWO

10a **Proszę przypomnieć sobie strukturę i zwroty typowe dla wypracowania (eseju szkolnego), w którym wyraża się swoją opinię na jakiś temat i ją argumentuje. Których słów lub zwrotów używa Pan / Pani najchętniej, a których za rzadko? Proszę porozmawiać o tym z kolegą / koleżanką.**

10b **Proszę wybrać jeden temat i ustosunkować się do niego pisemnie. W wypracowaniu proszę użyć typowych zwrotów, których dotąd używał Pan / używała Pani rzadko.**

1. Jesteśmy społeczeństwem spektaklu. Jak aktorzy musimy ciągle występować. Nieważne, czy dobrze, czy źle. Chcemy być widoczni w mediach.*
2. Media to inaczej czwarta władza. To określenie to świetna definicja mediów.
3. Dziennikarze mogą zmieniać świat. Szczególnie dziennikarze śledczy i reporterzy.

* na podstawie wypowiedzi prof. Rocha Sulimy

Rozumienie tekstów pisanych

Podczas egzaminu:

- Proszę przeczytać uważnie polecenie.
- Proszę się upewnić, czy dokładnie rozumie Pan / Pani, co trzeba zrobić.
- Proszę zacząć od tego, czego jest Pan / Pani absolutnie pewien / pewna.
- Nawet jeśli nie jest Pan pewien / Pani pewna pozostałych odpowiedzi, proszę odpowiedzieć na wszystkie pytania.

I **Poniżej podano informacje o sześciu osobach, ich zainteresowaniach i pracy (1–5) oraz informacje o różnych mediach (a–f). Proszę napisać, z których mediów skorzystają te osoby.**

0	1	2	3	4	5
c					

0. Tomek
jest wolontariuszem w urzędzie miasta. Pomaga przy wprowadzaniu w życie programu „Zielone miasto". Załatwia różne sprawy administracyjne i jest odpowiedzialny za stronę internetową zawierającą opis programu, a także zamieszcza dla wszystkich zainteresowanych wiadomości z zakresu ochrony przyrody.

1. Iwona
studiuje chemię, interesuje się podróżami i polityką. W przyszłym roku jedzie na roczne stypendium do Paryża. Koniecznie musi wcześniej podszkolić swój francuski.

2. Katarzyna
jest przedszkolanką. Pracuje z dziećmi i lubi korzystać z różnorodnych metod dydaktycznych. Przede wszystkim chce pobudzać ich kreatywne myślenie. Wie, że do dzieci bardzo przemawiają fotografie i barwne opisy.

3. Grzegorz
uczy angielskiego. Pracuje w szkole podstawowej, ale w przyszłym miesiącu planuje założyć biuro tłumaczeń, a po wakacjach własną szkołę językową. Interesuje się sportem.

4. Artur
jest żonaty i ma dwoje dzieci. Marek, starszy syn, ma 13 lat, a młodszy Andrzej – 11 lat. Artur uwielbia spędzać wolny czas ze swoją rodziną na wspólnej zabawie, słuchaniu muzyki czy siedzeniu po niedzielnym obiedzie przed szklanym ekranem.

5. Dominika
nie lubi polityki, woli kulturę. Uczy obcokrajowców polskiego. Za dwa tygodnie ma przeprowadzić kurs specjalistycznego języka dla dziennikarzy. Będzie musiała się więc zapoznać z aktualnymi wydarzeniami politycznymi.

a) **Pieniądze.pl**

Największy polski portal poświęcony tematyce finansowo-gospodarczej. Wiadomości, notowania, wskaźniki, kursy walut i akcji, informacje gospodarcze i finansowe. Masz lub chcesz założyć przedsiębiorstwo? Nasz serwis pozwoli Ci zrozumieć, co wpływa na Twoje dochody. Znajdziesz tu informacje i porady podatkowe. Dowiesz się, jak wybrać bank, rachunek i kartę płatniczą. Porównasz oferty firm ubezpieczeniowych. Dowiesz się, gdzie warto inwestować. U nas znajdziesz najbardziej aktualne informacje ekonomiczno-prawne. Zapraszamy.

b) **Teraz TV**

Całodobowa telewizja informacyjna. Przez całą dobę przekazujemy najważniejsze i najświeższe informacje z kraju i ze świata. Proponujemy również programy publicystyczne. Co pół godziny zapraszamy na przegląd bieżących wiadomości. Do serwisów dołączamy reportaże i transmisje „na żywo". Proponujemy wywiady z osobami komentującymi najważniejsze wydarzenie dnia. Nasi prezenterzy rozmawiają z ekspertami, politykami i naukowcami. Wiadomości sportowe prezentujemy co dwie godziny, a informacje o pogodzie przedstawiamy co godzinę.

c) **„Ziemia"**

Miesięcznik popularno-naukowy, poświęcony środowisku i jego ochronie. Założony w 1990 roku. Popularyzuje ochronę powietrza, wód i gleby, a także walkę z hałasem. Prezentuje stan środowiska i to, co mu zagraża. Porusza kwestie etyczne, filozoficzne, medyczne i prawne związane z ochroną przyrody. Do czasopisma dołączone są bezpłatne wkładki: „Ekologia w szkole" oraz „Zdrowa żywność". Magazyn skierowany jest do zróżnicowanego odbiorcy, m.in. do pracowników administracji państwowej, wyższych uczelni, instytutów naukowo-badawczych, stacji sanitarno-epidemiologicznych, nauczycieli, studentów i młodzieży szkolnej oraz innych osób zainteresowanych naszą Ziemią i jej ochroną.

d) **Multi**

Nasze radio nadaje swoje audycje w pięciu językach: polskim, angielskim, niemieckim, francuskim i rosyjskim. Można nas słuchać na falach długich, przez satelitę oraz w internecie. Przekazujemy informacje o Polsce i świecie. Nasze audycje informują także o sytuacji politycznej i gospodarczej w Polsce i na świecie. Zapraszamy na relacje z podróży, a także liczne konkursy dla naszych słuchaczy. Proponujemy codziennie popołudniowe audycje dla najmłodszych.

e) **Antena**

Grupa odbiorców, do których kierowany jest przekaz telewizji Antena to „widz masowy", w wieku 10–49 lat, szukający przede wszystkim zabawy i rozrywki. Prezentuje się tu filmy fabularne, teleturnieje, konkursy z nagrodami i przede wszystkim polskie seriale i telenowele gromadzące przed telewizorami całe rodziny. Dużo tu programów rozrywkowych, przedpołudniami nadawane są także programy kulinarne.

f) **„Tam i z powrotem"**

Jesteśmy najlepszym czasopismem podróżniczym w Polsce. Istniejemy już 15 lat. Na stu stronach prezentujemy kolorowe zdjęcia, ciekawe reportaże i mnóstwo informacji dotyczących podróży. Jesteśmy młodzi i uwielbiamy podróżować. Znamy się na tym, o czym piszemy. Tworzymy magazyn, sięgając do doświadczeń i wiedzy zdobywanych w czasie naszych wojaży. Opowiadamy przygody z wypraw i doradzamy, jak najlepiej podróżować. Chcemy Ci pomóc w zaplanowaniu podróży i poznawaniu świata. Prezentujemy sprzęt potrzebny w różnego rodzaju sytuacjach. Możesz skorzystać z naszych doświadczeń i praktycznych porad. Dzięki nam będziesz mógł rozwiązać wiele problemów, na które natrafisz, przygotowując się do podróży i w czasie jej trwania. Zapraszamy do lektury.

LEKCJA 17

SYTUACJE KOMUNIKACYJNE namawianie, przekonywanie
SŁOWNICTWO opis przedmiotu • **IDIOMY:** *przejść do rzeczy, nabić w butelkę, wpaść w ucho*
LITERATURA Marcin Wicha, *Jak przestałem kochać design* (fragment)
GRAMATYKA I SKŁADNIA odmiana zaimka *się* • powtórzenie deklinacji zaimków oraz trybu rozkazującego czasowników
CZĘŚĆ EGZAMINACYJNA rozumienie tekstów pisanych

Przejdźmy do rzeczy!

• SŁOWNICTWO

KULTOWY, PONADCZASOWY I LEGENDARNY: przedmioty, które przeszły do historii

1a Czy wiedzą Państwo, co przedstawiają te zdjęcia, i jakie historie są związane z tymi przedmiotami? Proszę porozmawiać o tym w grupie lub poszukać informacji w internecie.

1b Proszę wybrać i podkreślić najlepszą z trzech możliwości podanych w nawiasach, zgodnie z przykładem.

Szeryf prowadził na wybory, czyli (opowieść, fabuła, historia)[0] słynnego plakatu

Wiosną 1989 r. Tomasz Sarnecki (był, istniał, egzystował)[1] 23-letnim studentem grafiki na warszawskiej ASP. Przed wyborami postanowił stworzyć plakat, który zmobilizuje elektorat „Solidarności". Był na nim wizerunek amerykańskiego aktora Gary'ego Coopera w roli szeryfa (samemu, samotnie, osobno)[2] walczącego ze złem w westernie „W samo południe". Cooper nie miał broni, a w (rączce, rękach, dłoni)[3] trzymał kartkę wyborczą. Za plecami szeryfa i na jego piersi znalazło się logo „Solidarności". Kompozycję dopełnił (napis, szyld, anons)[4]: „W samo południe 4 czerwca 1989". Plakat Sarneckiego z początku nie spodobał się członkom Komitetu Obywatelskiego „S". Uważali, że jest zbyt (spokojny, konfrontacyjny, nudny)[5], obawiali się reakcji władz. O skierowaniu go do druku zdecydował sekretarz komitetu Henryk Wujec. Druk zaoferowali związkowcy z Włoch.

(...) Rano 4 czerwca plakaty „W samo południe" (stały, leżały, wisiały)[6] w centrum stolicy i na miejskich autobusach. W innych miejscach Polski pojawiły się przed drugą turą wyborów. Dzieło Tomasza Sarneckiego zaczęło żyć własnym życiem. W 1999 r. plakat z Cooperem znalazł się na (galerii, wystawie, pomniku)[7] „The Power of Poster" w Victoria and Albert Hall w Londynie wśród 100 najlepszych plakatów XX w.

na podstawie: Tomasz Urzykowski, Jarosław Osowski, *Szeryf prowadził na wybory, czyli historia słynnego plakatu*, www.wyborcza.pl

1c DVD 14 **Proszę obejrzeć film opisujący historię wizerunku świętego Mikołaja, a następnie zaznaczyć właściwe odpowiedzi: TAK / NIE.**

Fakt24.pl, Mikołaja ubranego na czerwono wylansowała Coca-Cola? – Suche Fakty, https://www.youtube.com/watch?v=EBdF3H8YHKw

	TAK	NIE
Przykład: Czarna broda, czerwona czapka, płaszcz – to atrybuty Świętego Mikołaja.		X
1. W wierszu „Wizyta świętego Mikołaja" Mikołaj był elfem, ubranym na brązowo, który jeździł saniami zaprzężonymi w renifery.		
2. W XX w. w magazynie „Harpers" Mikołaj został narysowany po raz pierwszy jako człowiek.		
3. W 1931 r. w reklamie Coca-Coli ilustrator Huddon Sundblom narysował św. Mikołaja takiego, jakiego znamy teraz.		
4. Prawdziwy św. Mikołaj urodził się w Turcji, w III wieku.		

1d **Proszę przeczytać tekst, a następnie – zgodnie z przykładem – dopasować usunięte z niego fragmenty (A–F).**

Godło Polski

Legenda mówi, że założyciel państwa Polan, Lech, podróżując przez piękną krainę pełną jezior, lasów i zwierząt, zobaczył pięknego orła na tle [...B....][przykład]. To był dla niego znak, że w tym miejscu powinien założyć miasto, które nazwał Gnieznem – od słowa „gniazdo". To część legendy o trzech braciach – Lechu, Czechu i Rusie, którzy założyli [........][1], południu i wschodzie. I ta legenda jest początkiem godła polskiego – [........][2].

Już w XI wieku polskie monety (denary) miały wizerunek ptaka, ale do dziś [........][3], czy był to orzeł, kogut czy może gołąb. Potem różne wersje graficzne orła występowały na pieczęciach, monetach, chorągwiach książąt i królów Polski.

Dzisiejsza forma godła pochodzi z 1927 r., ale ostatecznie została zapisana w 1989 r. Można ją zobaczyć [........][4] oraz na koszulkach polskich sportowców. To [........][5], z głową skierowaną w prawo, ze złotymi szponami i dziobem, na czerwonym polu. Ma też gwiazdki na skrzydłach.

A	symbolu Rzeczypospolitej Polskiej
B	czerwonego, zachodzącego słońca
C	na budynkach urzędów, w szkołach, na monetach
D	swoje państwa na zachodzie
E	orzeł w złotej koronie
F	historycy, numizmatycy i archeolodzy nie są zgodni

1e **Proszę przeprowadzić ankietę w grupie: proszę zapytać kolegów / koleżanki, z jakich produktów lub symboli są znane ich kraje lub regiony?**

1f **Z jakimi produktami lub symbolami kojarzą Państwo inne regiony europejskie i kraje spoza Europy? Proszę zrobić listę.**

OPIS PRZEDMIOTU

2a Proszę – zgodnie z podanym przykładem – połączyć opisy z kolumny I z tytułami z kolumny II. Odpowiedzi proszę wpisać do tabelki.

I.

1. Ostatnio bardzo modne są rzeczy z recyklingu, którym dajemy nowe życie, malując je na inny kolor, zmieniając tkaninę. Tu odnowiliśmy części drewniane, daliśmy nową tkaninę w pięknym kolorze mięty, dzięki czemu znów wygląda jak nowy, a nadal jest niezwykle wygodny. Nawiązuje do stylistyki projektu Chierowskiego: prosty, funkcjonalny, ascetyczny. W naszym sklepie dostępny też jest drugi, do kompletu.

2. Nie ma bez niej atmosfery świąt. Może być klasyczna zielona lub bardziej nowoczesna – srebrna, biała, a nawet niebieska. Udekorowana kolorowo albo tylko w jednym kolorze. Dawniej myśleliśmy, że sztuczna, wykonana z plastiku, jest bardziej ekologiczna, bo będziemy ją mieć przez następnych 5-10 lat. Lepiej jednak kupować żywe drzewko, w donicy, a po świętach zasadzić w ogrodzie, parku lub w lesie.

3. Klasyczna, biurkowa, ze stali. Dostępna w wielu kolorach. Dzięki niej pochmurny i deszczowy dzień będzie jaśniejszy i weselszy, a regulowane ramię i klosz pozwolą ci czytać nie tylko przy biurku, ale też w łóżku lub na kanapie.

4. To mebel, który pasuje do biura typu „open space": duży blat dla 2 pracowników, możliwość zestawienia dodatkowych szafek na dokumenty. Wszystkie elementy z tej serii można dowolnie łączyć, gdyż mają tę samą wysokość. Dostępne w kolorze kremowym, białym i czarnym.

5. Praktyczna, 3-osobowa; łatwo ją zamienić w wygodne łóżko. Z czarnej skóry ekologicznej. Powierzchnia spania 108 × 180 cm. Szerokość 181 x wysokość 81 x głębokość 91 cm.

na podstawie: jysk.pl

6. Wykonany ze szkła odpornego na wysoką temperaturę (maksymalnie do 180 stopni C). Posiada szklaną rączkę i pokrywę oraz prosty w użyciu filtr ze stali nierdzewnej, dzięki czemu przygotowanie napojów staje się łatwe i przyjemne. Idealny do zaparzania kawy, herbaty i różnego rodzaju ziół.

na podstawie: www.agatameble.pl

II.

A dzbanek BONA 1500 ml

B biurko

C choinka

D kanapa HOLSTEBRO, skóra ekologiczna

E lampka biurkowa ze stali

F fotel vintage

1.	2.	3.	4.	5.	6.
F					

lekcja 17

OPIS PRZEDMIOTU – zasady pisania tekstu

To tekst, w którym opisujemy cechy przedmiotu oraz swój stosunek emocjonalny do niego.

Najważniejsze elementy opisu przedmiotu:

1. Nazwa przedmiotu, gdzie znajduje się ten przedmiot i do czego służy.
2. Wygląd przedmiotu:
   – wielkość, np. *duży, średniej wielkości, mały,*
   – materiał, z którego jest wykonany, np. *metalowy, plastikowy, ceramiczny, z tkaniny,*
   – kolor, np. *czerwony, zielony, błyszczący, matowy, wielobarwny,*
   – forma, np. *okrągły, kwadratowy, podłużny,*
   – części, z których się składa, np. *okładka (książki), ucho (kubka), nogi (krzesła).*
3. Stosunek emocjonalny autora opisu do tego przedmiotu, np. *to mój ulubiony, uwielbiam, nie przepadam za.*

Uwaga: opis powinien być jak najbardziej dokładny. Tekst na ok. 120–130 słów (poziom B1).

Przydatne wyrażenia: *chciałbym / chciałabym opisać / to mój ulubiony / przypomina mi / jest podobny do / służy do / ma kształt / jest wykonany z*

2b **Proszę:**
– z ćwiczenia 2a wybrać słowa i wyrażenia przydatne do opisu przedmiotu i wpisać je do poniższych kategorii,
– dopisać inne słowa i uzupełnić puste kategorie.

wielkość	
materiał	*wykonana z plastiku*
kolor	
forma (kształt)	
części składowe	
stosunek emocjonalny autora	*dzięki niej dzień będzie weselszy*

2c **Proszę opisać przedmioty na zdjęciach, podając ich wielkość, kolor, kształt i materiał, z których są wykonane.**

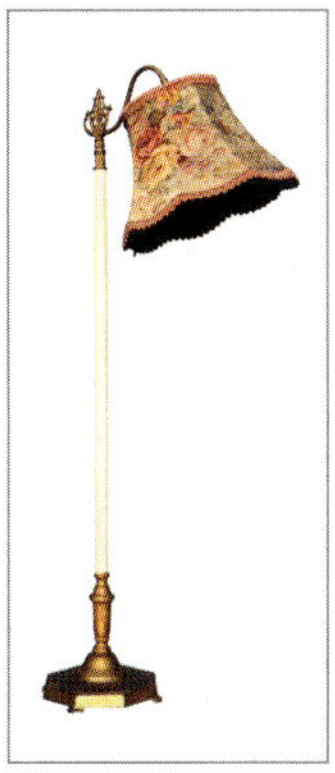

2d Proszę przeczytać poniższe zdania, a następnie zaznaczyć te, które zawierają subiektywną opinię autora o przedmiotach.

1. Uwielbiam tę torbę!
2. To prezent od rodziców i jestem do niego bardzo przywiązany.
3. Stół drewniany, prostokątny (długość 160 cm, szerokość 80 cm, wysokość 75 cm); dostępny od ręki.
4. Mamy ten fotel od 20 lat i chociaż jest już mocno zniszczony, nie zamienilibyśmy go za żadne skarby!
5. Wiedziałam, że tylko ta kanapa i żadna inna.
6. Posiada drewniane uszko i pokrywkę.
7. Według mnie jest dosyć banalna i niczym się nie wyróżnia.
8. Przypomina mi ostatnie, smutne wakacje u dziadków.
9. Praktyczna, łatwo ją zamienić w wygodne łóżko.
10. Dla mnie idealny do zaparzania kawy lub herbaty.

2e Na podstawie ćwiczenia 2d, proszę napisać swoje subiektywne opinie o przedmiotach z ćwiczenia 2c.

Przykład: To ulubiona kanapa mojej mamy, a wcześniej moich dziadków, chociaż ja za nią nie przepadam: jest bardzo niewygodna i nie pasuje do nowoczesnego mieszkania w stylu loft.

lekcja 17

Literatura

2f Proszę przeczytać fragment książki Marcina Wichy „Jak przestałem kochać design", a następnie dopasować kolory do ich opisów. Co Państwo myślą o opinii tych klientów na temat kolorów?

Czerwony	*Zielony*	*Beżowy*	*Czarny*	*Różowy*	*Żółto-zielony*	*Żółto-czerwony*

Grafik, który wdaje się w dyskusje na temat barw, stoi na przegranej pozycji. Dwadzieścia lat moich rozmów z klientami wszelkich płci da się streścić w ten sposób:

........................[1] – nie jesteśmy ekologami.
Żółty – nic nie widać.
........................[2] – hi, hi.
........................[3] – precz z komuną.
Fioletowy – czy to ciemnoróżowy?
........................[4] – brudny.
Szary – szary.
Brązowy – gówno.
........................[5] – smutny. Chociaż trzeba powiedzieć, że wygląda elegancko. Zwłaszcza w połączeniu ze złotym. Ale jednak trochę za ponuro. Może lepiej dać ciemnoszary?

Są też połączenia, które wywołują natychmiastowy protest:

........................[6] – przecena w supermarkecie.
Czarno-czerwony – nadchodzą ukraińscy nacjonaliści.
........................[7] – jajecznica ze szczypiorkiem!
Wszystkie? – tęcza? A kysz!

Marcin Wicha, *Jak przestałem kochać design*

2g Proszę:
1. przeczytać wywiad, a następnie napisać, jakie pytania mógł zadać rozmówcy dziennikarz.
2. zdecydować, które wyjaśnienie zaznaczonych w dialogu idiomów jest najtrafniejsze.

Przykład: – Jakim jest Pan klientem..?
– Myślę, że świadomym i oszczędnym. Nie daję się *nabić w butelkę* promocjami, wyprzedażami czy specjalnymi okazjami, które okazują się droższe niż bez okazji. Nie kupuję zbędnych rzeczy, a tylko te, które zaplanowałem.

– ....?
– Tak, zawsze. Robię listy zakupów i się ich trzymam. Reklamy na mnie nie działają, choć rzeczywiście melodie z reklam czy hasła reklamowe są tak wymyślone, że łatwo *wpadają w ucho*.

– ....?
– Nie, nie zaśpiewam, bo po pierwsze nie mam głosu, a po drugie zazwyczaj są dość irytujące – zwłaszcza puszczane wiele razy w ciągu dnia, w każdej przerwie reklamowej. Moje dzieci znają je wszystkie. Ale *przejdźmy do rzeczy*: mieliśmy rozmawiać o zakupach, nie o spotach reklamowych.

– ....?
– Dobrze, pokażę moje dzisiejsze zakupy i porównamy z listą zakupów. Spoza listy kupiłem w aptece tylko witaminy dla mamy i aspirynę, bo była promocja „kup dwa, zapłać za jeden", sześciopak żarówek na wyprzedaży – żarówki zawsze się w domu przydadzą. A, i tańsze mleko z krótkim okresem ważności. Chyba jednak nie jestem takim świadomym i oszczędnym klientem.

nabić w butelkę
a) oszukać, wprowadzić w błąd
b) powiedzieć prawdę
c) zamknąć w butelce

wpadać / wpaść w ucho
a) mieć problem ze słuchem
b) np. melodia, którą łatwo zapamiętać
c) usłyszeć

przejść do rzeczy
a) mówić bez sensu
b) wrócić do zaplanowanego tematu rozmowy
c) zrobić zakupy

mp3 50

2h Proszę wysłuchać nagrań opisujących poniższe symbole i dopasować do nich ilustracje.

1 a

2 ☐

3 ☐

4 ☐

5 ☐

2i Proszę uzupełnić zdania słowami z ramki, podając je w odpowiedniej formie gramatycznej.

dostępny	wyprzedaż ✓	
ostatnie sztuki	obniżka	
obniżka	promocyjny	nowość
wiadomość	ikona	żyć
skóra	szklany	drewniany

Przykład: Sezonowa ...wyprzedaż... trwa! Nie czekaj!

1. Czarny piątek! .... do 40% na wybrane produkty.
2. W Muzeum Polskiego Wzornictwa można obejrzeć przedmioty codziennego użytku, które stały się .... stylu.
3. Tylko do końca roku .... tego rocznika mitsubishi nawet o 10 tys. zł! Przyjdź i sprawdź!
4. Chcesz otrzymywać .... o naszych ....? Zapisz się na newsletter!
5. Kup 2 produkty, a tańszy otrzymasz w .... cenie!
6. Towar .... tylko w sklepie stacjonarnym.
7. .... stoły pasują do nowoczesnej aranżacji, a .... lepiej będą wyglądać w bardziej tradycyjnym wnętrzu.
8. Buty wykonano z ekologicznej ...., więc są przyjazne wegetarianom i weganom.
9. Zostały 4 .... To koniec tej serii.
10. Zdjęcie Che Guevary w berecie zaczęło .... własnym życiem: przestało być symbolem rewolucji, a stało się przedmiotem popkultury: możesz kupić podkoszulki, torby, kubki z Che.

2j Proszę przygotować jeden z opisów (do wyboru), na 120 słów.

1. Ulubiony przedmiot z dzieciństwa.
2. Ulubiony przedmiot w domu.
3. Przedmiot, który zawsze mam przy sobie.
4. Przedmiot, którego nigdy nie oddam ani nie wyrzucę.

• GRAMATYKA

ZAIMEK ZWROTNY *SIĘ* I POWTÓRZENIE ZAIMKÓW

3a Proszę uzupełnić zdania formami zaimków dzierżawczych. Uwaga: w niektórych zdaniach są możliwe 2 formy.

Przykład: Ewa i Adam to małżeństwo; Adam poszedł do kina ze ..swoją..[0] żoną. ..Jego..[1] żona lubi filmy przygodowe.

1. Muszę kupić prezenty ....[2] rodzicom, ponieważ w tym roku zaprosili nas na święta. Nie kupujemy prezentów dla ....[3] teściów, bo mieszkają za granicą, ale składamy im życzenia przez Skype. ....[4] mąż nie jest fanem Bożego Narodzenia i zjazdów rodzinnych, dlatego Sylwester spędzamy już w ....[5] domu.
2. Uwielbiam ....[6] starą, skórzaną torbę i nie chcę kupować nowej. ....[7] pasek jest zepsuty, ale to mi nie przeszkadza.
3. Wieczne pióro, które dostałem od ....[8] taty, leży w szufladzie i już go nie używam, ale mam do niego sentyment. Mam nadzieję, że przekażę je ....[9] córce, gdy dorośnie.
4. Beata i Piotr są małżeństwem i przyjaźnią się z innym małżeństwem, Kingą i Grzegorzem. Pewnego dnia Piotr poszedł do kina ze ....[10] żoną, Beatą i tam spotkali ....[11] znajomych, Kingę i Grzegorza. Kinga robiła zakupy ze ....[12] mężem, Grzegorzem. Piotr i Beata zaprosili ich do ....[13] domu na kolację w sobotę.
5. Nie widziałeś ....[14] okularów? Przeciwsłoneczne, z ciemną oprawką. Nie mogę ich nigdzie znaleźć.
6. Gosia idzie do kina z ....[15] żoną (żoną Rafała).
7. Odbierając rzecz w paczkomacie, klient musi podać numer ....[16] telefonu i zamówienia.

3b **Proszę wpisać zaimek *się* w odpowiednie miejsca tekstów reklamowych.**

Przykład: ..x... nie ..x... mówi ..się.. o tym.

1. ...... nie ...... bój ...... mówić o bólu!
2. ...... nie ...... czujesz ...... młodo?
3. ...... nic ...... nie ...... dzieje ......?
4. ...... nie ...... zastanawiaj ...... dłużej!
5. ...... nie ...... martw ...... kredytem!
6. ...... nie ...... podoba ...... ci ...... twoje mieszkanie?

MIEJSCE ZAIMKA *się* W ZDANIU PRZECZĄCYM

On **się** nigdy nie budzi wcześnie rano.
On nigdy **się** nie budzi wcześnie rano.
On nigdy nie budzi **się** wcześnie rano.

zaimek *się*
- zwykle występuje w środku zdania
- rzadko na końcu zdania
- nigdy na początku zdania

My się nigdy nie spotykamy. / My nigdy nie spotykamy się. (rzadko)

UWAGA!

Zaimek *się* nie może rozdzielać słowa *nie* od formy czasownika, może wystąpić przed lub po nich, tzn. nie jest możliwa struktura:

~~*nie + się + forma czasownika*~~

3c **Z podanych wyrazów proszę ułożyć zdania, a następnie napisać ich zaprzeczenie.**

Przykład: czy – ty – polskiego – się – uczysz

Czy uczysz się polskiego?
Czy nie uczysz się polskiego?

1. się – łatwo – czyta

....

....

2. on – zdrowiem – się – cieszy – dobrym

....

....

3. przed użyciem – się – skonsultuj – z lekarzem

....

....

4. z – nim – spotkasz – dzisiaj – się

....?

....?

5. nudzi – się – ci

....?

....?

3d **Proszę – zgodnie z przykładem – podkreślić poprawne formy wyrazów podanych w nawiasach (odmiana rzeczowników, przymiotników i zaimków).**

W czasie wystawy *Art Basel Show* w Miami, jednego z (najważniejszych, ważny, najważniejszym)[0] wydarzeń w (sztuki, sztuką, sztuce)[1] (współczesnym, współczesnej, współczesną)[2], artysta Maurizio Cattelan zaprezentował nową wersję (swojej, swojemu, swoich)[3] (pracą, praca, pracy)[4] *Comedian*. To (zwykły, zwykła, zwykłą)[5] (banana, banan, bananem)[6], przyklejony za pomocą srebrnej (taśmą, taśma, taśmy)[7] klejącej do ściany. W czasie wystawy inny performer David Datuna podszedł i zjadł (ten, ta, to)[8] „dzieło sztuki".

Dzieło zaprezentowane w USA było jedną z (mojej, jego, ich)[9] wersji. Jak podały media, wcześniej francuski kolekcjoner sztuki kupił (poprzedni, poprzednią, poprzednie)[10] (wersję, wersji, wersją)[11] dzieła Cattelana. Za (tamten, tamtego, tamtą)[12] banana zapłacił 120 tysięcy dolarów.

na podstawie: Arkadiusz Grochot, *Banan przyklejony do ściany sprzedany za... 120 tys. dolarów*, www.rmf24.pl

3e **Proszę – zgodnie z przykładem – użyć wyrazu w nawiasie i przekształcić zdanie tak, by miało ten sam lub podobny sens.**

Przykład: Ta filiżanka jest porcelanowa. *(wykonany)* Ta filiżanka jest wykonana z porcelany.

1. Proszę potwierdzić pana zamówienie. *(swój)* ....
2. Oszukali panią. *(nabić w butelkę)* ....
3. Uwielbiamy nasze mieszkanie. *(swój)* ....
4. Bardzo lubię takie kolory. *(przepadać za)* ....
5. Czy mają państwo swoje kubki na kawę? *(wasz)* ....
6. Nie lubię tego domu. *(podobać się)* ....
7. Ten stół jest kwadratowy. *(kształt)* ....
8. Plakat Sarneckiego stał się ikoną stylu. *(jego)* ....

PRZEKONYWANIE, NAMAWIANIE

4a Czy reklama w Pana / Pani życiu jest ważna? Proszę porozmawiać na ten temat w grupie.

1. Czy zdarzyło się Państwu kupić coś pod wpływem reklamy? Jeśli tak – to co?
2. Czy kupili Państwo coś z oferty TV-Shop? Jeśli tak – to co to było?
3. Jaki typ reklamy należy do Państwa ulubionych?
4. Jakiego typu reklam Państwo nie lubią?
5. Jaka reklama bardziej Państwa przekonuje: prasowa, radiowa, telewizyjna, w formie plakatów, ulotek?

- Kup teraz! / Zamów jeszcze dzisiaj! / Zadzwoń! / Przyjdź do nas!
- Nie czekaj! / Nie szukaj więcej! / Nie przepłacaj!
- Najlepszy ze wszystkich! / Najnowszy... / Najtańszy... / Najszybszy...
- Tylko dla Ciebie! / Dla Twojej rodziny! / Dla każdego! / Dla Twojego zdrowia!
- Dzisiaj. / Aktualny. / Jedyny. / Wyjątkowy.

4b Co Państwa zdaniem można reklamować za pomocą poniższych sloganów?

Kupuj tylko u nas!

X – symbol jakości

Ciesz się zdrowiem

Nowa, ulepszona formuła

Twój X

O tym się mówi

Możesz więcej

NAJDOSKONALSZA TECHNOLOGIA

Niech Twoje dziecko będzie szczęśliwe!

4c Proszę przekształcić poniższe wyrażenia z bezokolicznikiem w zdania w trybie rozkazującym.

Przykład: wybrać coś dla siebie (ty) ...*Wybierz coś dla siebie!*...

1. skorzystać z promocji (wy) ....
2. zapisać się na newsletter (ty) ....
3. nie bać się zmian (ty) ....
4. te święta być wyjątkowe ....
5. twoi bliscy być z tobą ....
6. zobaczyć ofertę (wy) ....
7. zrobić szybko badania (pani) ....
8. zamówić online (ty) ....
9. dać czas na spotkania (my) ....
10. prenumerować (ty) ....

4d Jakich słów może Pan / Pani użyć, będąc w poniższych sytuacjach? Proszę napisać swoje propozycje z użyciem form trybu rozkazującego.

1. Namawia Pan / Pani przechodniów do kupna dzisiejszej gazety.

....

2. Poleca Pan / Pani koledze / koleżance płytę z muzyką etniczną.

....

3. Doradza Pan / Pani koledze / koleżance zakupy w sklepie z ekologiczną żywnością.

....

4. Poleca Pan / Pani koledze / koleżance swoją debiutancką książkę.

....

5. Jest Pan / Pani sprzedawcą w salonie samochodowym. Chce Pan / Pani sprzedać dużej rodzinie sportowy, dwuosobowy kabriolet.

....

6. Namawia Pan / Pani chorą sąsiadkę na pójście do lekarza i zrobienie badań.

....

Rozumienie tekstów pisanych

I Proszę przeczytać akapity i zaznaczyć właściwe odpowiedzi zgodnie z podanym przykładem.

Przykład: Meblościanka, mebel segmentowy zaprojektowany na konkurs na projekty mebli do małych mieszkań przez Bogusławę i Czesława Kowalskich w 1961 roku, po serii sukcesów na konkursach i wystawach wzornictwa została wprowadzona do masowej produkcji. Prosta, ergonomiczna, innowacyjna. Idealnie dopasowana do „przeciętnych Kowalskich".

na podstawie: Agata Szydłowska, *„Meblościanka" Bogusława i Czesław Kowalscy*, www.culture.pl

Ten fragment mówi, że:
a) Meblościanka nie była produkowana masowo,
b) Bogusława i Czesław Kowalscy zaprojektowali meblościankę do swojego mieszkania,
c) Meblościanka była meblem nagradzanym na konkursach.

1. Święto polskiego dizajnu plus najlepszy polski jazz to jesienne atrakcje dla mieszkańców Seulu. Ósma edycja wystawy „Elementarz polskiego dizajnu" jest zarazem jej azjatycką premierą.

Ten tekst informuje, że:
a) W Seulu będzie koncert jazzowy,
b) W Seulu będzie wystawa polskiego dizajnu,
c) Wystawa będzie wiosną.

2. 18 grudnia 2017 roku w Muzeum Narodowym w Warszawie została otwarta Galeria Wzornictwa Polskiego. To wyczekiwane od wielu lat miejsce ma przybliżać widzom dorobek polskich projektantów od końca XIX wieku do współczesności.

na podstawie: Anna Cymer, *Galeria Wzornictwa Polskiego – piękne przedmioty w Muzeum Narodowym w Warszawie*, www.culture.pl

Ten tekst informuje, że:
a) Galeria Wzornictwa znajduje się blisko Muzeum Narodowego,
b) Galeria została zamknięta w grudniu 2017 r.,
c) Galeria prezentuje prace projektantów z ponad stu ostatnich lat.

3. Żuraw, znajdujący się w logo zaprojektowanym przez Tadeusza Gronowskiego, stał się niezastąpionym symbolem największych polskich linii lotniczych. Kiedy LOT chciał zmienić swoje logo, rozgorzała burza w obronie projektu z 1929 roku, co tylko dowodzi jego ponadczasowości.

na podstawie: *Ikony polskiego dizajnu oczami młodych ilustratorów*, www.culture.pl

Ten tekst mówi, że:
a) Logo linii lotniczych LOT to polski orzeł,
b) Logo zostało zaprojektowane po II wojnie światowej,
c) Logo jest bardzo znane i lubiane.

4. W latach 30. XX wieku wyprodukowano dwa światowej klasy polskie statki transatlantyckie: MS Batory i MS Piłsudski. Ich eleganckie i dopracowane w każdym detalu wnętrza stworzone zostały przez najlepsze polskie projektantki i projektantów. Serwis śniadaniowy Julii Keilowej w modnym w latach 30. stylu art déco stanowił część wyposażenia stołowego transatlantyku Piłsudski.

na podstawie: *Ikony polskiego dizajnu oczami młodych ilustratorów*, www.culture.pl

Ten tekst informuje, że:
a) Wnętrza polskich statków Batory i Piłsudski zaprojektowali znani zagraniczni projektanci,
b) Serwis śniadaniowy na statku Piłsudski był w stylu art déco,
c) Wnętrza statków były tanie i nieprecyzyjnie wykonane.

5. Aparat fotograficzny Alfa wyróżniał się nowoczesnym kształtem, prostotą i jaskrawymi kolorami, a także funkcjonalnością. Projektanci chcieli zainteresować młodszych odbiorców i zdecydowanie im się to udało. Model niezmiennie cieszy się wielką popularnością, także wśród kolekcjonerów.

na podstawie: *Ikony polskiego dizajnu oczami młodych ilustratorów*, www.culture.pl

Ten tekst mówi, że:
a) Aparat Alfa miał spokojne, stonowane kolory,
b) Aparat był przeznaczony dla starszych, tradycyjnych klientów,
c) Aparat fotograficzny Alfa jest poszukiwany przez kolekcjonerów.

II **Proszę przeczytać tekst, a następnie – jak w przykładzie – zaznaczyć: TAK – gdy zdanie jest zgodne z tekstem, NIE – gdy nie jest zgodne z tekstem.**

Prawie połowa dzieci w wieku 10–14 lat woli kupować produkty znanych firm i deklaruje, że o kupnie produktu decydują same – wynika z badania ABC Rynek i Opinia, SFeRa modern media solutions i Fox Kids Europe.

Dzieci deklarują, że przy wyborze marki kierują się głównie zdaniem kolegów i rodziców, a reklama ma mniejsze znaczenie. Największe znaczenie marka ma w przypadku ubrań, butów, sprzętu grającego i napojów. W tych grupach produktów prawie 60% młodych ankietowanych wylicza swoje ulubione firmy.

To tylko deklaracje. Wpływ reklamy jest zawsze zaniżany – uważa dr Dominika Maison, psycholog społeczny.

		Tak	Nie
Przykład:	Badanie dotyczyło dzieci do 10 lat.		X
1.	Blisko 50% dzieci twierdzi, że same decydują o kupnie.		
2.	Wybierając markę produktu, dzieci nie pytają rodziców o zdanie.		
3.	Marka produktu jest ważna dla dzieci, kiedy kupują np. odzież.		
4.	Prawie 60% dzieci umie podać ulubione marki ubrań, butów, sprzętu grającego i napojów.		
5.	Dr Dominika Maison nie wierzy, że wyniki badań są prawdziwe.		

III **Proszę – zgodnie z podanym przykładem – połączyć tytuły z kolumny I z wypowiedziami z kolumny II. Odpowiedzi proszę wpisać do tabelki.**

	I
1.	2 kubki z podstawkami
2.	stolik
3.	fotel
4.	pióro wieczne
5.	zegar ścienny
6.	kalendarz książkowy

	II
A	Połączenie drewna i metalu to cechy charakterystyczne tego mebla. Blat z wysokiej jakości płyty meblowej imitującej drewno dębowe, podstawa z metalu. Idealnie się sprawdzi jako główny element dekoracyjny wnętrza.
B	Nasza szeroka oferta sprawi, że z pewnością wybierzesz coś dla siebie. Szare, pastelowe, materiałowe, guzikowane, na drewnianych nóżkach – są wygodnym, idealnym dopełnieniem i elementem dekoracyjnym salonu.
C	Zestaw porcelanowy z podstawkami bambusowymi i łyżeczkami w prezentowym opakowaniu. Nadają się do zmywarki oraz mikrofalówki (bez podstawki).
D	Nowa kolekcja Sonnet to współczesna elegancja i nowoczesne wykończenia z 18-karatowego złota. To komfort pisania i elegancki, klasyczny wygląd.
E	Format 14 × 20 cm, 128 stron. Informacje o imieninach, wschodach i zachodach słońca i księżyca. 1 tydzień na 2 stronach. Okładka w kolorze czerwonym.
F	Masywny, drewniany (dąb), pięknie prezentuje się na ścianie. Każdy egzemplarz jest inny. Może być idealnym prezentem.

1.	2.	3.	4.	5.	6.
C					

LEKCJA **18**

SYTUACJE KOMUNIKACYJNE wyrażanie opinii, upodobania, opowiadanie o wydarzeniach artystycznych

SŁOWNICTWO kultura, książka, film, muzyka • **IDIOMY:** *widać rękę artysty, świecić pustkami, połknąć bakcyla, otworzyć drzwi do kariery*

LITERATURA Adrianna Ginał, Anna Szulc, *Stacja Kraków* • Czesław Miłosz, *Miłość* • Stanisław Barańczak, *Jeżeli porcelana to wyłącznie taka*

GRAMATYKA I SKŁADNIA miejscownik po wyrażeniach przyimkowych określających obiekt, o którym się mówi

CZĘŚĆ EGZAMINACYJNA pisanie

Kultura

1 **Proszę wybrać jedną z ilustracji przedstawiających najważniejsze Pana / Pani zdaniem osiągnięcia kultury i uzasadnić swój wybór na forum grupy.**

Kultura

W szerokim znaczeniu kultura obejmuje to wszystko, co stanowi rezultat zbiorowej działalności członków społeczeństwa. Na przestrzeni lat wyróżniono kilka typów kultury (tradycyjna, ludowa, nowoczesna, masowa itp.), rożnych jej sfer i aspektów (np. materialna, duchowa, społeczna) czy odrębnych dziedzin (kultura polityczna, ekonomiczna, prawna, literacka, artystyczna). Mówi się też o kulturze jako tym, co w zachowaniu ludzkim jest wyuczone – w odróżnieniu od tego, co biologicznie odziedziczone. Dawniej słowo „cultura" odnosiło się głównie do uprawy roli. Od XVIII w. termin „kultura" zaczął opisywać moralny i umysłowy poziom człowieka. Od XIX w., określał całokształt duchowego i materialnego dorobku społeczeństwa. W tym znaczeniu używano go na zmianę z terminem „cywilizacja". W XX w. rozumiano kulturę jako charakterystyczne dla danego społeczeństwa wzory postępowania. Różnice w rozumieniu terminu „kultura" są niekiedy bardzo duże. Po pierwsze, dla jednych badaczy kultury najważniejsze jest uwydatnienie tego wszystkiego, co nie jest „naturą" i odróżnia społeczeństwa ludzkie od zwierzęcych, podczas gdy dla innych najważniejsze jest podkreślenie różnic między społeczeństwami ludzkimi, z których każde wytwarza swoje własne wierzenia, wzory postępowania, praktyki, instytucje itd. Po drugie, dla jednych badaczy termin „kultura" jest neutralny, podczas gdy dla innych jest terminem wartościującym i odnosi się jedynie do tych jednostek i grup, które stały się „kulturalne", tj. wzniosły się powyżej poziomu „prymitywizmu", „barbarzyństwa" itp. (tym samym można mówić o kulturach „wyższych" i „niższych"). Po trzecie, dla jednych badaczy kultura jest kategorią niezwykle szeroką (tzw. globalne pojęcie kultury), obejmującą np. całokształt duchowego i materialnego dorobku społeczeństwa, przekazywanych z pokolenia na pokolenie wierzeń i praktyk jego członków, przyjętych przez nich wzorów postępowania itd., podczas gdy dla innych kultura to jedynie fragment całości (literatura, teatr, muzyka itp.), do którego nie należą np. nauka czy technika.

na podstawie: *Kultura*, www.encyklopedia.pwn.pl

2a Proszę przeczytać tekst „Kultura", a następnie zdecydować, czy poniższe stwierdzenia są prawdziwe (P), czy nieprawdziwe (N).

0. Kultura obejmuje to wszystko, co stanowi rezultat zbiorowej działalności. (P) / N
1. Mówi się też o kulturze jako tym, co w zachowaniu ludzkim jest biologicznie odziedziczone. P / N
2. W XIX w. terminu „kultura" używano zamiennie z terminem „cywilizacja". P / N
3. Różnice w rozumieniu terminu „kultura" są nieznaczne. P / N

2b Proszę zaznaczyć jedną z poniższych definicji kultury, która NIE została wymieniona w tekście.

1. Wszystko, co nie jest „naturą" i odróżnia społeczeństwa ludzkie od społeczeństw zwierzęcych.
2. Właściwe dla danego społeczeństwa wierzenia, wzory postępowania, instytucje.
3. Zbiór dyscyplin naukowych (np. filozofia kultury, historia kultury, antropologia kulturowa, socjologia, etnografia) i różnych szkół naukowych (np. ewolucjonizm, funkcjonalizm, strukturalizm).
4. Jednostki i grupy, które stały się „kulturalne", tj. wzniosły się powyżej poziomu „prymitywizmu", „dzikości", „barbarzyństwa".
5. Całokształt duchowego i materialnego dorobku społeczeństwa, przekazywanych z pokolenia na pokolenie wierzeń i praktyk jego członków.
6. Wycinek duchowego i materialnego dorobku społeczeństwa (literatura, teatr, muzyka itp.), do którego nie należą np. nauka czy technika.

3 Proszę przeprowadzić ankietę (pytając 3 osoby z grupy), która zbada rozumienie terminu „kultura". Po zakończeniu badania proszę omówić wyniki swojej ankiety na forum grupy lub z partnerem.

	Osoba 1	Osoba 2	Osoba 3
1. Która z definicji „kultury" opisanych w tekście jest ci najbliższa?			
2. Czy uważasz się za „człowieka kulturalnego"? Dlaczego?			
3. Jakim obszarem kultury interesujesz się najbardziej?			
4. Co jest największym i najsławniejszym osiągnięciem kulturalnym w twoim kraju?			
5. Jakiej dziedzinie kultury chciałbyś / chciałabyś poświęcać więcej czasu.			

4 Proszę obejrzeć video i zaznaczyć te przykłady kultury, które nie zostały wymienione przez uczestników sondy ulicznej. Jaka odpowiedź na pytanie, czym jest kultura, pada Pana / Pani zdaniem najczęściej?

DVD 15

Warszawska Wyższa Szkoła Humanistyczna im. Bolesława Prusa, *[CNK] Co to jest kultura? Ktoś wie!?*, https://www.youtube.com/watch?v=BNmJ0XiiJ0k

dobre wychowanie, obrazy, rozrywka, inteligencja, zachowanie, popkultura, szacunek do innych ludzi, wydarzenia masowe, teatr, galeria sztuki, sposób wysławiania się, książki, nauka, opera, twórczość literacka, kino, film, architektura, malarstwo, rzeźba, malowidła na ścianach (graffiti), plakat, eventy, to co nas otacza, podróże, muzea, kultura osobista, zbiór wartości i tradycji, życie w społeczeństwie, sztuka teatralna, przepraszam, koncert, dziękuję, wystawa, czym człowiek odróżnia się od zwierzęcia.

• SŁOWNICTWO

5 Proszę połączyć wyrażenia z obu kolumn, tak aby powstały definicje.

1. przedstawienie	a. dobre maniery, normy współżycia z ludźmi
2. kultura osobista	b. człowiek, który ogląda przedstawienie, film
3. słuchacz	c. na przykład sztuka teatralna, musical
4. rozrywka	d. ktoś, kto słucha radia
5. kultura masowa	e. popkultura
6. widz	f. to, co służy odpoczynkowi i zabawie
7. wydarzenie artystyczne	g. na przykład koncert, gala rozdania nagród, przedstawienie teatralne

6 Poniższe zrzuty ekranu pokazują aktualności kulturalne w Polsce. Czy zna Pan / Pani tych artystów lub te wydarzenia? Proszę porozmawiać o tym w grupie.

na podstawie: *Idea*, etiudaandanima.pl

0

1

na podstawie: profil Fundacja WOŚP w serwisie Twitter

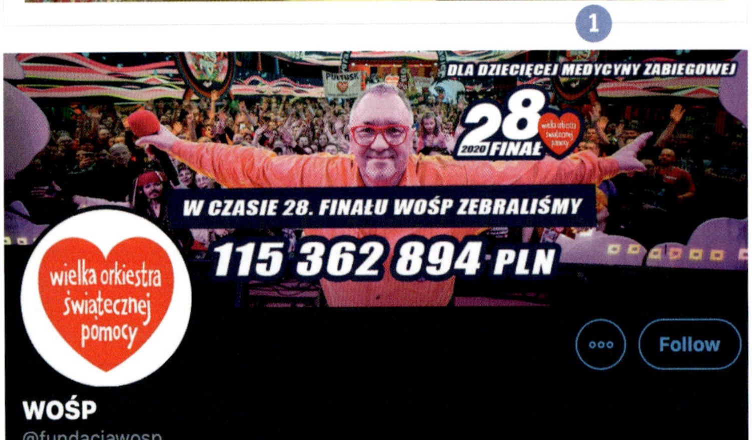

2

3

na podstawie: profil PL1918 w serwisie Twitter, Kancelaria Prezydenta Rzeczypospolitej Polskiej

6a Pracując w grupach proszę przygotować listę znanych na całym świecie artystów / artystek w jednej z poniższych kategorii. Może Pan / Pani poszukać w internecie. Proszę przedstawić wyniki poszukiwań na forum grupy.

A. Kino i teatr: filmy, reżyserzy / reżyserki, aktorzy / aktorki, operatorzy / operatorki i podobne zawody.

B. Muzyka: kompozytorzy / kompozytorki, utwory, zespoły, wykonawcy / wykonawczynie.

C. Literatura: pisarze / pisarki, poeci / poetki, dramaturdzy.

D. Sztuka: malarze / malarki, rzeźbiarze / rzeźbiarki, graficy / graficzki.

Czesław Miłosz (ur. 30 czerwca 1911 w Szetejniach, zm. 14 sierpnia 2004 w Krakowie) – polski poeta, prozaik, eseista, historyk literatury, tłumacz, dyplomata; w latach 1951–1993 przebywał na emigracji, do 1960 we Francji, następnie w Stanach Zjednoczonych; w Polsce do 1980 obłożony cenzurą; laureat Nagrody Nobla w dziedzinie literatury (1980); profesor Uniwersytetu Kalifornijskiego w Berkeley i Uniwersytetu Harvarda.

na podstawie: *Czesław Miłosz*, www.wikipedia.org

Stanisław Barańczak (ur. 13 listopada 1946 w Poznaniu, zm. 26 grudnia 2014 w Newtonville) – polski poeta, krytyk literacki, tłumacz, jeden z najważniejszych twórców Nowej Fali, działacz Komitetu Obrony Robotników. Został pochowany 3 stycznia 2015 na cmentarzu Mount Auburn w Cambridge (Massachusetts).

na podstawie: *Stanisław Barańczak*, www.wikipedia.org

Literatura

7 Proszę przeczytać wiersze dwóch polskich poetów – Czesława Miłosza i Stanisława Barańczaka i wybrać ten, który się Panu / Pani bardziej podoba. Proszę znaleźć w grupie osobę, która wybrała ten sam wiersz i wspólnie odpowiedzieć na poniższe pytania.

Czesław Miłosz

Miłość

Miłość to znaczy popatrzeć na siebie,
Tak jak się patrzy na obce nam rzeczy,
Bo jesteś tylko jedną z rzeczy wielu.
A kto tak patrzy, choć sam o tym nie wie,
Ze zmartwień różnych swoje serce leczy,
Ptak mu i drzewo mówią: przyjacielu.

Wtedy i siebie, i rzeczy chce użyć,
Żeby stanęły w wypełnienia łunie.
To nic, że czasem nie wie, czemu służyć:
Nie ten najlepiej służy, kto rozumie.

Stanisław Barańczak

Jeżeli porcelana to wyłącznie taka

Jeżeli porcelana to wyłącznie taka
Której nie żal pod butem tragarza lub gąsienicą czołgu,
Jeżeli fotel, to niezbyt wygodny, tak aby
Nie było przykro podnieść się i odejść;
Jeżeli odzież, to tyle, ile można unieść w walizce,
Jeżeli książki, to te, które można unieść w pamięci,
Jeżeli plany, to takie, by można o nich zapomnieć
gdy nadejdzie czas następnej przeprowadzki
na inną ulicę, kontynent, etap dziejowy lub świat

Kto ci powiedział, że wolno się przyzwyczajać?
Kto ci powiedział, że cokolwiek jest na zawsze?
Czy nikt ci nie powiedział, że nie będziesz nigdy
w świecie
czuł się jak u siebie w domu?

1. Jak Pan / Pani myśli, do jakich ludzi mogą być skierowane słowa wiersza?
2. Jak rozumie Pan / Pani fragment wiersza Czesława Miłosza:
   Miłość to znaczy popatrzeć na siebie, tak jak się patrzy na obce nam rzeczy.
3. Jak rozumie Pan / Pani fragment wiersza Stanisława Barańczaka:
   Jeżeli fotel, to niezbyt wygodny, tak aby nie było przykro podnieść się i odejść.
4. Jaka jest atmosfera wiersza? Smutna, radosna, podniosła, romantyczna, a może inna?
5. Jak Pan / Pani myśli, jakie wydarzenia / doświadczenia zainspirowały poetę do napisania tego wiersza?

mp3 51-55

8 Proszę wysłuchać wypowiedzi 5 osób, a następnie uzupełnić poniższą tabelę.

W jednym z warszawskich kin odbyła się premiera adaptacji filmowej sztuki znanego polskiego dramaturga. Jeszcze na długo przed premierą film był na ustach wszystkich, dużo mówiło się o nim w mediach. Dziennikarka pyta wychodzące z kina osoby o wrażenia i opinie o filmie.

	osoby	podobał mu / jej się film	nie podobał mu / jej się film	trudno powiedzieć, czy podobał mu / jej się film	jego / jej opinia o filmie
dialog 1	kobieta	X			
dialog 2	chłopak				
dialog 3	mężczyzna				
dialog 4	dziewczyna				
	chłopak				film jest wierną adaptacją sztuki
dialog 5	mężczyzna				

lekcja 18

mp3 51-55

8a Wypowiedzi osób zostały wymieszane. Proszę wysłuchać nagrania po raz kolejny, a następnie wraz z kolegą / koleżanką uporządkować i uzupełnić dialogi na stronie 173.

a) Piękny! Piękny! Naprawdę nie wierzyłam, że można zrobić taki udany film na podstawie sztuki teatralnej!

b) Szkoda czasu!

c) W sumie tak… przynajmniej mam to z głowy!

d) Żartujesz! W kinie nie ma takiej atmosfery jak w teatrze!

e) Jestem krytykiem filmowym, to mój obowiązek.

f) Wszystko: kostiumy, scenografia, gra aktorów… No po prostu jestem zachwycona!

g) Zdaję sobie sprawę z tego, że film nie wszystkim będzie się podobał, ale ze swojej strony nie mam uwag.

h) Ojciec miał bilety… Zresztą to moja lektura szkolna, nie będę musiał już czytać.

i) O, to normalne! On ma zawsze inne zdanie na każdy temat!

j) Nie bardzo… Nie lubię filmów kostiumowych. Nie podobało mi się też to, że aktorzy mówią wierszem. Ale szczerze mówiąc, nie spodziewałem się, że film mi się spodoba.

k) Ja po prostu nie rozumiem, po co przenosić sztukę teatralną na ekran? Nigdy nie widziałem udanej adaptacji.

l) Trudno powiedzieć… Pod pewnymi względami mi się podobał: na przykład kostiumy – bardzo odważne, ale interesujące. Ale generalnie nudny.

ł) Znakomita adaptacja, naprawdę wszystkim polecam. Przede wszystkim, jeśli chodzi o reżyserię, widać rękę artysty: rewelacyjna obsada, doskonałe tempo, scenografia…

m) Jak możesz tak mówić! Film jest wierną adaptacją sztuki, niczym się nie różni od przedstawienia w teatrze.

Dialog 1
Dziennikarka: Przepraszam, jak się pani podobał film?
Kobieta: ..A.
Dziennikarka: A co szczególnie się pani podobało?
Kobieta: .....

Dialog 2
Dziennikarka: A tobie podobał się film?
Chłopak: .....
Dziennikarka: To dlaczego przyszedłeś na premierę?
Chłopak: .....
Dziennikarka: No więc powinieneś być zadowolony.
Chłopak: .....

Dialog 3
Dziennikarka: A pan, co pan myśli o filmie?
Mężczyzna: .....
Dziennikarka: O, to naprawdę ostra ocena. Dlaczego pan tak uważa?
Mężczyzna: .....
Dziennikarka: Dlaczego w takim razie przyszedł pan na premierę?
Mężczyzna: .....

Dialog 4
Dziennikarka: Jak wam się podobał film?
Dziewczyna: .....
Chłopak: .....
Dziewczyna: .....
Dziennikarka: Widzę, że zdania są podzielone...
Dziewczyna: .....

Dialog 5
Dziennikarka: Jak wrażenia z filmu?
Mężczyzna: .....
Dziennikarka: Żadnych uwag krytycznych?
Mężczyzna: .....

SŁOWNICTWO

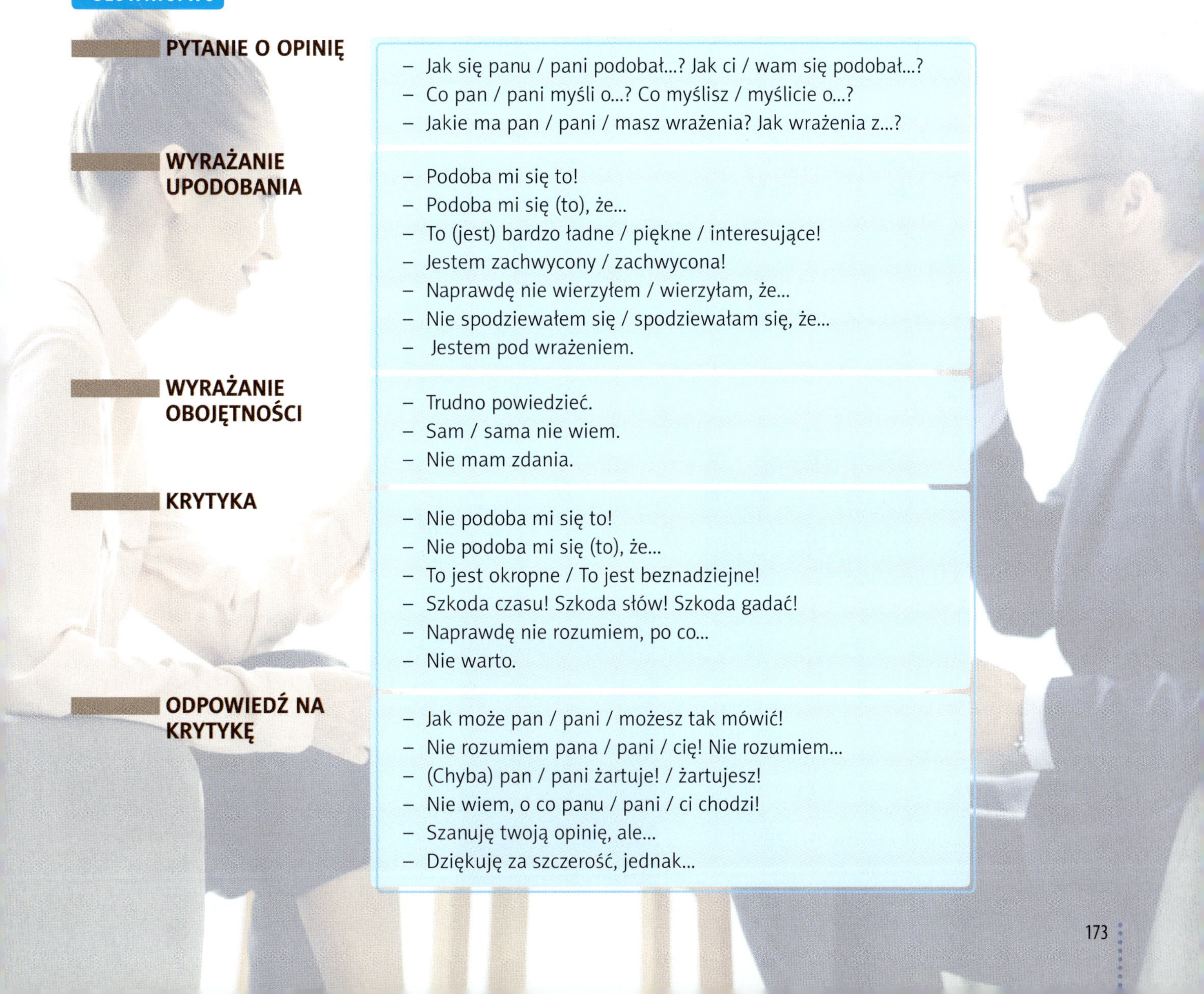

PYTANIE O OPINIĘ
- Jak się panu / pani podobał...? Jak ci / wam się podobał...?
- Co pan / pani myśli o...? Co myślisz / myślicie o...?
- Jakie ma pan / pani / masz wrażenia? Jak wrażenia z...?

WYRAŻANIE UPODOBANIA
- Podoba mi się to!
- Podoba mi się (to), że...
- To (jest) bardzo ładne / piękne / interesujące!
- Jestem zachwycony / zachwycona!
- Naprawdę nie wierzyłem / wierzyłam, że...
- Nie spodziewałem się / spodziewałam się, że...
- Jestem pod wrażeniem.

WYRAŻANIE OBOJĘTNOŚCI
- Trudno powiedzieć.
- Sam / sama nie wiem.
- Nie mam zdania.

KRYTYKA
- Nie podoba mi się to!
- Nie podoba mi się (to), że...
- To jest okropne / To jest beznadziejne!
- Szkoda czasu! Szkoda słów! Szkoda gadać!
- Naprawdę nie rozumiem, po co...
- Nie warto.

ODPOWIEDŹ NA KRYTYKĘ
- Jak może pan / pani / możesz tak mówić!
- Nie rozumiem pana / pani / cię! Nie rozumiem...
- (Chyba) pan / pani żartuje! / żartujesz!
- Nie wiem, o co panu / pani / ci chodzi!
- Szanuję twoją opinię, ale...
- Dziękuję za szczerość, jednak...

8b **Proszę przeczytać dialogi i uzupełnić je zwrotami z tabeli z poprzedniej strony.**

A.
– Jak ..ci się podobała.. wystawa?
– Byłam ....! To naprawdę świetny artysta. A ty, jakie .... z wystawy?
– Nie .... się, że będzie tak dobra!

B.
– Podobno byliście w kabarecie. Jak ....?
– .... Nie byłam zachwycona, ale w sumie nie był taki zły.

C.
– Słyszałam, że wybierasz się do teatru na tę popularną sztukę?
– Zgadza się.
– Nie idź! Naprawdę ....!
– Ale dlaczego?
– ....! Trzy godziny nudy.
– ....! Czytałam, że to świetny spektakl!

D.
– Idziemy na ten koncert?
– Chyba ....! Nigdy w życiu nie dam się namówić na ten koncert!
– Ale dlaczego?
– Ta ich muzyka jest po prostu okropna!
– Nie wiem ....! To świetny zespół!

9 **Proszę wspólnie z kolegą / koleżanką wybrać jedną z poniższych notatek o wydarzeniach artystycznych lub medialnych. Proszę wyobrazić sobie, że uczestniczyli Państwo w tym wydarzeniu, a następnie ułożyć dialog, w którym opowiadają Państwo o swoich wrażeniach. Proszę odegrać przygotowaną wspólnie scenkę.**

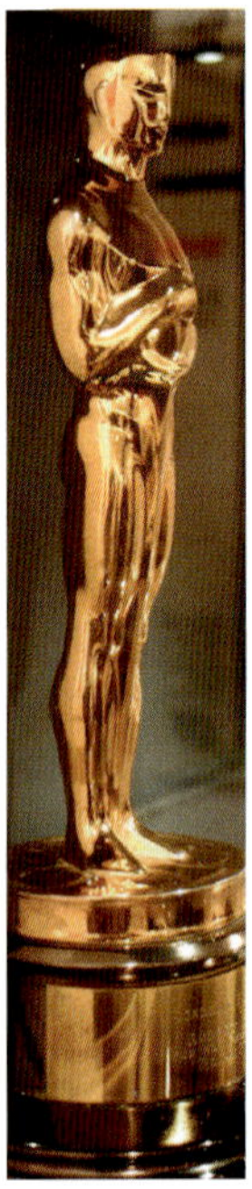

Oscary 2015: „Ida" z Oscarem jako najlepszy film nieanglojęzyczny!

W nocy z niedzieli na poniedziałek polskiego czasu w Los Angeles po raz 87. wręczono Oscary – najbardziej prestiżowe nagrody w amerykańskiej branży filmowej. „Ida" jest pierwszym filmem w historii polskiej kinematografii, który otrzymał nagrodę Amerykańskiej Akademii Filmowej dla najlepszego filmu nieanglojęzycznego. Od początku powstania nagrody Polska była nominowana w tej kategorii aż dziewięciokrotnie – po raz pierwszy w 1963 roku za „Nóż w wodzie" Romana Polańskiego, a ostatni raz w 2011 roku za „W ciemności" Agnieszki Holland.

na podstawie: Aleksandra Giersz, *Oscary 2015: Ida z Oscarem jako najlepszy film nieanglojęzyczny!*, ww.dziennikzachodni.pl

Możdżer, Danielsson, Fresco & Holland Baroque

Zapraszamy na wyjątkowy koncert Jazzowego Dream Teamu! Znakomity pianista Leszek Możdżer wraz ze szwedzkim wiolonczelistą i basistą Larsem Danielssonem oraz izraelskim perkusistą Zoharem Fresco wystąpią 22 kwietnia w łódzkiej Wytwórni na koncercie promującym wspólną płytę zatytułowaną „Just ignore it". Towarzyszyć im będzie holenderska orkiestra Holland Baroque. Możdżer, Danielsson, Fresco & Holland Baroque – bilety już w sprzedaży.

na podstawie: wytwornia.pl

PolAndRock Festival 2018 (Woodstock 2018). Kto wystąpi na Dużej Scenie? [PROGRAM DUŻA SCENA]

Jak co roku na PolAndRock Festival (dawniej Przystanek Woodstock) zespoły będą występowały na kilku scenach. Koncerty będą się odbywały na Dużej Scenie, Małej Scenie, w Wiosce Piwnej (scena Lecha) oraz w Pokojowej Wiosce Kryszny. Poniżej prezentujemy nazwy zespołów, które wystąpią na PolAndRock Festival 2018 w Kostrzynie nad Odrą.
Jesteście ciekawi kto wystąpi na Dużej Scenie? Sprawdźcie koncertowy rozkład jazdy!

na podstawie: *PolAndRock Festival 2018 (Woodstock 2018). Kto wystąpi na Dużej Scenie? [PROGRAM DUŻA SCENA]*, www.gazetalubuska.pl

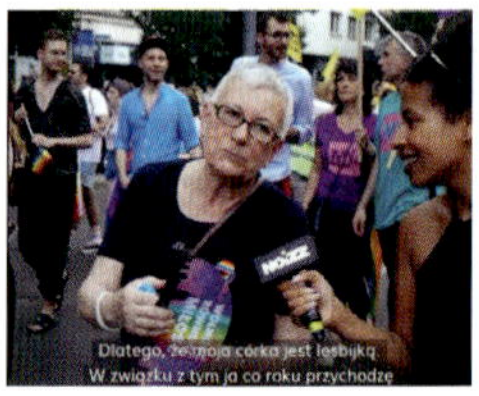

Kolorowe, uśmiechnięte pary, tęczowe rodziny, rodzice z dziećmi, babcie i dziadkowie – Parada Równości to nie tylko święto społeczności LGBT+, ale święto wszystkich, którzy wierzą, że nie ma lepszej i gorszej miłości i że wszyscy mamy równe prawa. W tym roku Parada znów pobiła frekwencyjny rekord – ulicami Warszawy przeszło 80 tys. ludzi. Zobaczcie, jak bawiliśmy się na platformie Miłość Nie Wyklucza i Ben & Jerry's i sprawdźcie, czy spotkała was nasza kamera.

na podstawie: *Nie ma lepszej i gorszej miłości. Parada Równości to nie tylko święto społeczności LGBT+*, NOIZZ.PL

Cyberpunk 2077 – premiera i najważniejsze informacje

Cyberpunk 2077 to następna, duża gra warszawskiego studia CD Projekt RED. To produkcja zupełnie inna od Wiedźmina 3, choć równie – a może nawet bardziej – ambitna. Twórcy przygotowują ogromne RPG, którego akcja osadzona jest w futurystycznej metropolii. Dla twórców gier wciąż najważniejsze pozostaje wykreowanie fascynującego świata i zaoferowanie angażujących wątków fabularnych.

na podstawie: *Cyberpunk 2077 – premiera i najważniejsze informacje*, eurogramer.pl

mówić *opowiadać*	***o* + miejscownik**	***o tym, że...*** ***o tym, jak...*** ***o tym, co...***
	Film opowiada o przyjaźni.	*Film opowiada o tym, jak ważna jest przyjaźń.*

10a Proszę streścić fragmenty tekstu, używając zwrotów z powyższej tabeli.

1. *Prosta historia* Davida Lyncha: pewien starszy człowiek wyrusza w podróż, aby odwiedzić swojego dawno niewidzianego brata.
   a) „Prosta historia" opowiada o podróży pewnego starszego człowieka.
   b) „Prosta historia" opowiada o tym, jak pewien starszy człowiek wyrusza w podróż, aby odwiedzić swojego dawno niewidzianego brata.

2. *Czarodziejska Góra* Tomasza Manna: Hans Castorp wyjeżdża w odwiedziny do swojego kuzyna Joachima, który przebywa w sanatorium dla gruźlików w Davos. Castorp ma tam spędzić trzy tygodnie. Jego pobyt potrwa 7 lat.
   a) ....
   b) ....

3. *Kiedy Harry poznał Sally* Roba Reinera: Harry i Sally poznają się w drodze do Nowego Jorku. Na początku się nie lubią, jednak po kilku latach zostaną przyjaciółmi. W końcu połączy ich miłość.
   a) ....
   b) ....

4. *Pani Bovary* Gustawa Flauberta: małżeństwo Emmy Bovary nie jest szczęśliwe. Młoda kobieta marzy o miłości. W końcu odnajdzie mężczyznę swojego życia, jednak to uczucie okaże się tragiczne.
   a) ....
   b) ....

5. *Schmidt* Alexandra Payne'a: pewien mężczyzna przechodzi na emeryturę. Jego żona wkrótce umiera i bohater zaczyna rozumieć, że jest samotny, a jego życie nie ma sensu. Postanawia odwiedzić córkę.
   a) ....
   b) ....

10b Każdy pisze na karteczce tytuł znanego filmu i oddaje ją nauczycielowi. Po wylosowaniu kartki, proszę opowiedzieć krótko treść filmu. Grupa zgaduje, o jakim filmie Pan / Pani mówi.

Nietykalni

na podstawie: GUTEK FILM

lekcja 18

lekcja 18

Idiomy

11a Proszę przeczytać tekst, a następnie odpowiedzieć na poniższe pytania.

Ostatni film Karola Koperka nie spodobał się ani widzom, ani krytykom. Zaraz po premierze ukazały się pierwsze recenzje, niestety bardzo negatywne. „Co się stało z Koperkiem? – zastanawiali się krytycy – W każdym z jego poprzednich filmów widać było rękę artysty, każdy był prawdziwym dziełem sztuki, świetnie wyreżyserowanym i wspaniale zagranym przez aktorów". Mówiło się, że Koperek potrafi zrobić głęboki dramat psychologiczny z najbanalniejszej historii miłosnej, tymczasem jego ostatni film jest zwykłą komedyjką romantyczną w stylu hollywoodzkim. Być może reżyser liczył na sukces komercyjny, ale i to się nie udało. Minął miesiąc, odkąd film wszedł na ekrany, a sale kinowe ciągle świecą pustkami – obejrzało go do tej pory niecałe 5 000 widzów.

Karol Koperek nazywany był nadzieją polskiego kina. Jego przygoda z filmem zaczęła się jeszcze w liceum, kiedy to razem z kilkoma kolegami założył Grupę Cine-Art i zaczął kręcić etiudy filmowe. Wtedy połknął bakcyla i postanowił zdawać na studia do Szkoły Filmowej. Potem były nagrody na festiwalach amatorskich i wreszcie znakomicie przyjęty przez krytykę debiut filmowy, który otworzył mu drzwi do kariery. Karol Koperek zaczął odnosić sukcesy w Polsce i za granicą, aktorzy marzyli o tym, żeby zagrać chociaż epizod w jednym z jego filmów, widzowie godzinami czekali pod kinem w kolejce po bilety. I nagle rozczarowanie.

Pozostaje tylko mieć nadzieję, że Koperek wróci do formy, a jego następny film będzie tak samo dobry, a może lepszy, niż poprzednie.

1. Jak Pan / Pani myśli, dlaczego Koperek postanowił nakręcić film w stylu hollywoodzkim?
2. Co będzie dalej z jego karierą?

11b Co oznaczają poniższe wyrażenia?

Widać było rękę artysty.
- a) Koperek zaangażował do filmu znanych artystów.
- b) Koperek jest artystą.

Sale kinowe *świecą pustkami.*
- a) Na film Koperka przychodzi mało osób.
- b) Kina nie wyświetlają już filmu Koperka.

Połknął bakcyla.
- a) Kiedy Koperek był w liceum, zaraził się bardzo groźną chorobą.
- b) W czasie nauki w liceum Koperek bardzo zainteresował się kinem.

Debiut filmowy *otworzył mu drzwi do kariery.*
- a) Po udanym debiucie filmowym krytycy i widzowie zainteresowali się Koperkiem. Tak zaczęła się jego kariera.
- b) Debiut filmowy był największym sukcesem Koperka.

11c Proszę wymienić sytuacje, w jakich możemy użyć tych wyrażeń. Proszę napisać tekst, w którym użyją Państwo przynajmniej dwóch poznanych idiomów.

- *widać rękę artysty*
- *świecić pustkami*
- *połknąć bakcyla*
- *otworzyć drzwi do kariery*

12a Proszę wysłuchać wypowiedzi pana Zenona Auguścika, księgarza, a następnie zdecydować, czy poniższe stwierdzenia są prawdziwe (P), czy nieprawdziwe (N).

mp3 56

1. Od wielu lat sytuacja na rynku książki wcale się nie zmienia. P / N
2. Ludzie nie kupują książek, bo są one za drogie. P / N
3. Ludzie kupują ilustrowane miesięczniki, bo są tanie. P / N
4. Syn pana Auguścika uważa, że ludzie za mało czytają. P / N
5. Syn pana Auguścika uważa, że czasy się zmieniają. P / N
6. Czytanie książek nie wymaga czasu ani koncentracji. P / N
7. Według pana Auguścika ludzie uważają, że wiedza zdobyta w prasie lub w kinie nie jest wystarczająca. P / N
8. Według pana Auguścika ludzie uważają, że wraz z „erą internetu" czas książki się skończył. P / N
9. Według pana Auguścika książki są nadal ważne. P / N

12b **Proszę wysłuchać ponownie nagrania, a następnie połączyć fragmenty zdań z obu kolumn.**

mp3 56

- ☐ 1. Muszę powiedzieć, że...
- ☐ 2. Ludzie myślą, że...
- ☐ 3. Ludzie nie kupują książek, bo mówią, że...
- ☐ 4. Mówi, że...
- ☐ 5. Rozmawiałem ostatnio z moim synem o tym, że...
- ☐ 6. Dyskutują o tym, że...
- ☐ 7. On mówi, że...
- ☐ 8. Nie akceptuję tego, że...
- ☐ 9. Nie zgadzam się z tym, co...

a) to nieprawda.
b) dzisiaj sytuacja na rynku książki i prasy bardzo się zmieniła.
c) usłyszałem od niego.
d) za mało się dzisiaj czyta.
e) czas książki się kończy...
f) czasy się zmieniają.
g) tak szybko zapominamy o rzeczach ważnych.
h) nie mają pieniędzy.
i) wystarczy pójść do kina...

13a **Proszę przeczytać tekst, a następnie odpowiedzieć na poniższe pytania.**

na podstawie: *Nagroda Literacka „Nike”*, www.wikipedia.pl

Nagroda Literacka „Nike” (NL „Nike”) – polska nagroda literacka za książkę roku przyznawana od 1997. Jej celem jest promocja polskiej literatury współczesnej, ze szczególnym uwzględnieniem powieści.

Zasady przyznawania nagrody i jej forma.
Konkurs obejmuje tylko autorów żyjących. Nagrody nie można podzielić lub nie przyznać; w konkursie nie mogą brać udziału opracowania lub prace zbiorowe. Laureat nagrody wyłaniany jest w trójetapowym konkursie, który trwa od maja do października. Pierwszy etap to przyznanie przez jury 20 nominacji, następnie wybór siedmiu finalistów i z tej grupy wyłaniany jest zwycięzca. Wyboru laureata Nike dokonuje jury na posiedzeniu w dniu wręczenia nagrody, w pierwszą niedzielę października.

Autor nagrodzonej książki otrzymuje statuetkę Nike zaprojektowaną przez Gustawa Zemłę oraz nagrodę pieniężną w wysokości 100 000 złotych.

Zdobywcy nagrody
- 2019 – Mariusz Szczygieł za zbiór reportaży *Nie ma*
- 2018 – Marcin Wicha za zbiór esejów *Rzeczy, których nie wyrzuciłem*
- 2017 – Cezary Łazarewicz za reportaż historyczny *Żeby nie było śladów*
- 2016 – Bronka Nowicka za tom *Nakarmić kamień*
- 2015 – Olga Tokarczuk za powieść *Księgi Jakubowe*
- 2014 – Karol Modzelewski za autobiografię *Zajeździmy kobyłę historii. Wyznania poobijanego jeźdźca*
- 2013 – Joanna Bator za powieść *Ciemno, prawie noc*
- 2012 – Marek Bieńczyk za zbiór esejów *Książka twarzy*
- 2011 – Marian Pilot za powieść *Pióropusz*
- 2010 – Tadeusz Słobodzianek za dramat *Nasza klasa*
- 2009 – Eugeniusz Tkaczyszyn-Dycki za tom poetycki *Piosenka o zależnościach i uzależnieniach*
- 2008 – Olga Tokarczuk za powieść *Bieguni*
- 2007 – Wiesław Myśliwski za powieść *Traktat o łuskaniu fasoli*
- 2006 – Dorota Masłowska za powieść *Paw królowej*
- 2005 – Andrzej Stasiuk za powieść *Jadąc do Babadag*
- 2004 – Wojciech Kuczok za powieść *Gnój*
- 2003 – Jarosław Marek Rymkiewicz za tom poetycki *Zachód słońca w Milanówku*
- 2002 – Joanna Olczak-Ronikier za powieść *W ogrodzie pamięci*
- 2001 – Jerzy Pilch za powieść *Pod Mocnym Aniołem*
- 2000 – Tadeusz Różewicz za tom poetycki *Matka odchodzi*
- 1999 – Stanisław Barańczak za tom poetycki *Chirurgiczna precyzja*
- 1998 – Czesław Miłosz za zbiór *Piesek przydrożny*
- 1997 – Wiesław Myśliwski za powieść *Widnokrąg*

a) Czy istnieją warunki, które musi spełnić książka, aby została nominowana do Nagrody Literackiej Nike?
b) Jakiego rodzaju książki zwyciężają najczęściej w konkursie Nike?
c) Kiedy odbywa się finał konkursu?

SŁOWNICTWO

13b Proszę zastąpić wyrażenia w nawiasach synonimami z ramki w odpowiedniej formie.

tylko	*nagroda*	*finansowa*	*przede wszystkim*	*dostawać*	*wybierany*	*zwycięzca*

Nagroda literacka Nike – prestiżowa polska .... (wyróżnienie)[1] dla najlepszej polskiej książki roku. Jej zadaniem jest promocja literatury polskiej, ... (szczególnie)[2] powieści. Konkurs dotyczy .... (wyłącznie)[3] autorów żyjących. Zwycięzca .... (wyłaniany)[4] jest w trzyetapowym konkursie. Wybór .... (laureata)[5] dokonywany jest przez jury na posiedzeniu w dniu wręczenia nagrody. Autor nagrodzonej książki .... (otrzymuje)[6] statuetkę Nike dłuta Gustawa Zemły oraz nagrodę .... (pieniężną)[7].

13c Od 2019 można oglądać na Netflixie adaptację serii książek Anrzeja Sapowskiego „Wiedźmin”. Na motywach książki powstała też gra komputerowa. Czy zna Pan / Pani tę lub inne adaptacje filmowe książek? Jakie jest Pana / Pani zdanie na temat ekranizacji literatury? Proszę podyskutować o tym w grupie.

Okładka gry Wiedźmin 3: Dziki Gon zamieszczona za zgodą CD PROJEKT S.A.

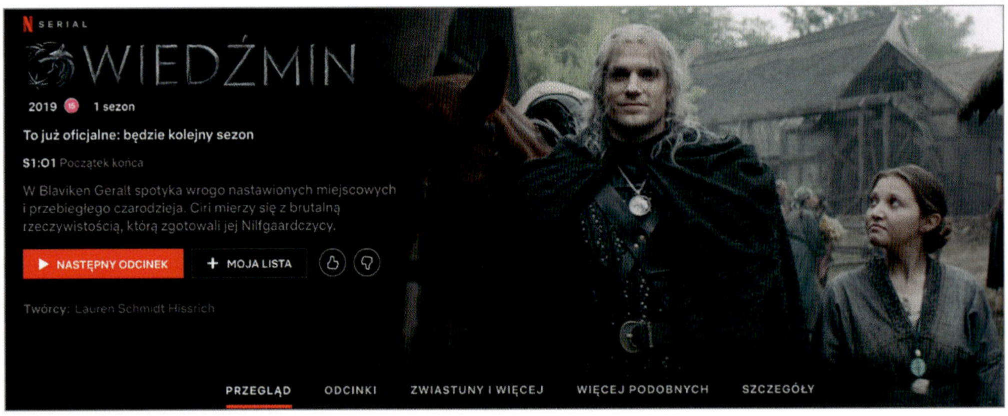

13d Jak Pan / Pani myśli, co ma znaczenie dla wymienionych niżej osób?

a) dla laureata nagrody literackiej
b) dla autora nominowanego do nagrody literackiej
c) dla autora bestselleru nienominowanego do nagrody literackiej

Czy jest to:
- wysoka sprzedaż
- prestiż
- popularność
- zainteresowanie mediów
- zyskanie stałych czytelników

Myślę, że dla laureata nagrody literackiej największe znaczenie ma prestiż i...

14a Proszę opowiedzieć koledze / koleżance o swojej ulubionej książce. Proszę uwzględnić takie elementy, jak sposób narracji, styl, język, tematyka, akcja, fabuła.

14b Proszę napisać recenzję ulubionej książki. Proszę skorzystać z tabeli SŁOWNICTWO na stronie 173 oraz podanych niżej pytań pomocniczych.

- Co i jak powinniśmy zaprezentować na wstępie? Pamiętajmy, że recenzja to nie opowiadanie! Może warto powiedzieć coś o autorze, jeśli nie jest znany? Jak zaprezentować problematykę, żeby nie opowiadać treści?
- Jakich środków artystycznych używa autor? Jaki ma styl? Język? Czy jest wierny tradycji, czy jest nowatorski?
- Czy tytuł i tematyka książki tworzą harmonijną całość? Czy temat jest przedstawiony ciekawie?
- Co jest jej atutem? Co słabą stroną?
- Jaka jest ostateczna ocena dzieła?

I Proszę wybrać jeden z zestawów i wykonać oba polecenia.

Zestaw 1

1.	Był Pan / była Pani uczestnikiem wydarzenia artystycznego (festiwal, wystawa, koncert). Proszę napisać krótki komentarz.	20 słów
2.	Gry video osadzone w wirtualnej rzeczywistości zastąpią tradycyjną kulturę wysoką – proszę napisać krótką rozprawkę.	180 słów

Zestaw 2

1. Na podstawie umieszczonego poniżej fragmentu, proszę napisać krótką wiadomość tekstową, w której poleca Pan / Pani książkę A. Ginał i A. Szulc znajomemu / znajomej. — 20 słów

Wstęp

Pomysł tej książki narodził się z ciekawości tego, jaka właściwie jest ludzka topografia Krakowa. Kto kogo zna? Lub nie zna? Choć to w Krakowie prawie niemożliwe. Tu wszyscy się znają albo poznają za chwilę. Może dlatego, że Rynek, do którego prowadzą wszystkie krakowskie drogi, jest wielkim placem towarzyskich spotkań. I sceną, na której rozgrywają się ludzkie tragedie i komedie. Może dlatego, że w podobną scenę zamienił się także krakowski Kazimierz...

Chciałyśmy dowiedzieć się, co od wieków przyciąga do Krakowa ludzi z różnych stron kraju i świata. Dlaczego kupili bilet w jedną stronę i zatrzymali się właśnie na tej stacji? Czy to Kraków stwarza wielkie osobowości, czy może raczej osobowości tworzą charakter miasta i naznaczają je swą obecnością?

na podstawie: Adrianna Ginał, Anna Szulc, *Stacja Kraków*

2.	„Kto czyta książki, żyje podwójnie" – proszę rozwinąć słowa Umberto Eco w formie krótkiej rozprawki.	180 słów

Zestaw 3

1.	Obejrzał Pan / Pani film godny polecenia. Proszę opisać swoje wrażenia z formie postu na media społecznościowe.	20 słów
2.	Jaką funkcję pełni kultura w życiu ludzi? Proszę napisać tekst argumentacyjny.	180 słów

LEKCJA 19

SYTUACJE KOMUNIKACYJNE POWTÓRZENIE: formułowanie pytań i hipotez

SŁOWNICTWO religia i wiara • **IDIOMY:** *mieć świętą cierpliwość, rzucić kamieniem jako pierwszy, wieża Babel, być alfą i omegą*

LITERATURA Jerzy Vetulani, Maria Mazurek, *Bez ograniczeń* (fragment); Aneta Prymak-Oniszk, *Bieżeństwo 1915, Zapomniani uchodźcy* (fragment)

GRAMATYKA I SKŁADNIA odmiana zaimków pytajnych *jaki, który, czyj* • POWTÓRZENIE: tryb warunkowy

CZĘŚĆ EGZAMINACYJNA pisanie

W co wierzymy?

1 Proszę opowiedzieć, co przedstawia poniższe zdjęcie, a następnie odpowiedzieć na pytania poniżej.

1. Na co patrzą ci ludzie?
2. Jaki to ma kształt? Do czego jest to podobne?
3. Który z elementów jest najbardziej tajemniczy? Dlaczego?
4. O czym Pan / Pani myśli, kiedy patrzy Pan / Pani na ten obiekt?
5. Jak nazwałby go Pan / nazwałaby go Pani?

• GRAMATYKA

Literatura

2a Proszę uzupełnić wywiad zaimkami z ramki.

Maria Mazurek: ....Czy.....[0] Bóg istnieje?

Jerzy Vetulani: W naszym mózgu na pewno. Pytanie, czy również poza nim. Na nie neurobiologia już nie odpowie.

MM: ....[1] nasz mózg miałby wymyślać sobie Boga?

JV: Po pierwsze: religia od początków ludzkości była tym, co scala społeczeństwa, daje poczucie jedności, decyduje o przetrwaniu grupy. Można wspomnieć chociażby Żydów, którzy tyle lat bez własnej państwowości zachowali swoją tożsamość. Podobną rolę odegrało chrześcijaństwo wśród Polaków, kiedy po zaborach nasze państwo przestało istnieć. Poza tym mamy też inną teorię, Michaela Gazzanigi, dlaczego ewolucja przypisała ludziom religijność…

MM: Ewolucja?

JV: Oczywiście. Jeśli jakaś cecha danego gatunku utrzymuje się przez długi czas, to znaczy, że została „przypieczętowana" przez ewolucję. A więc okazała się potrzebna danemu gatunkowi. Człowiek bez wątpienia od tysiącleci jest gatunkiem religijnym. Już neandertalczyk grzebał zwłoki, wierzył więc w istnienie życia po śmierci. A zatem miał jakieś wierzenia, jakąś religijność.

MM: ....[2] teoria Gazzanigi polega?

JV: W skrócie na tym, że ludzie, nie mogąc znieść swojej niewiedzy dotyczącej tego, skąd wzięły się świat i ich moralność, szukają jakichś wytłumaczeń. Człowiek jest istotą bardzo racjonalną. Wszystko chce sobie wytłumaczyć, nie znosi czegoś nie rozumieć. (…) Według niego ludzie nie rozumieli również, ...[3] mają system moralny. Wymyślili więc, że istnieją jacyś bogowie, Bóg, wyższy porządek, któremu musimy się podporządkować i którego efektem jest moralność.

MM: Ale przecież moralność nie jest cechą wyłącznie ludzi wierzących.

JV: Mało tego, to nawet nie jest cecha wyłącznie ludzi. Bo ....[4] jest moralność?

MM: Zbiorem zasad, kodem zachowań uznawanych za społecznie słuszne.

JV: A więc jest poświęceniem swojego egoizmu dla dobra wspólnego.

dlaczego	*na czym*
czym	*czy* ✓
czemu	

na podstawie: Jerzy Vetulani, Maria Mazurek, *Bez ograniczeń*, Warszawa, PWN 2015

2b **Proszę przeczytać jeszcze raz tekst i powiedzieć, czy poniższe zdania mógł powiedzieć profesor Vetulani, czy nie.**

	Według profesora:		
	To prawda	To nieprawda	To prawda, ale ....
a) Bóg istnieje.			X
b) Religia dzieli ludzi.			
c) Religia miała duży wpływ na trwałość niektórych narodów.			
d) Człowiek zawsze był gatunkiem religijnym.			
e) Teoria Gazzanigi mówi, że człowiek wszystko wie.			
f) Moralność to cecha ludzi religijnych.			
g) Moralność jest zbiorem zasad.			
h) Moralność to wyższość dobra wspólnego nad naszym własnym egoizmem.			

lekcja 19

2c **Proszę wytłumaczyć kolegom / koleżankom, którzy nie zrozumieli dobrze tekstu, na czym polega związek ewolucji z religijnością.**

Przede wszystkim Vetulani mówi, że religia zawsze ..... .
Daje przykład ....
Cytuje też Gazzanigę, który uważa, że ....

• GRAMATYKA

2d **Proszę dopasować pytania do następujących zdań:**

czyjej które jaką któremu czyjego jacy która czyje
jakie czyjego jaką jakie✓ którym jakim

Przykład:

1. *Na **jakie** pytanie nie może odpowiedzieć neurobiologia?* Neurobiologia nie może odpowiedzieć na takie pytanie.
2. .... Religia odegrała rolę jednoczącą.
3. .... Religia była potrzebna temu gatunkowi.
4. .... Człowiek był gatunkiem religijnym.
5. .... Ludzie nie mogą znieść swojej niewiedzy.
6. .... Ta religia miała podobny zbiór zasad.
7. .... Poświęcam się dla dobra wspólnego.
8. .... Istnieją jacyś bogowie.
9. .... Ludzie wierzą, że ich życie nie kończy się po śmierci.
10. .... Żydzi bez własnego kraju zachowali tożsamość.
11. .... Człowiek jest istotą racjonalną.
12. .... Musimy się podporządkować tym zasadom.
13. .... Neandertalczyk miał jakieś wierzenia.

3 **Proszę uzupełnić tabelę.**

ODMIANA ZAIMKÓW PYTAJNYCH: *jaki, który, czyj*

	liczba pojedyncza								
	rodzaj męski			rodzaj żeński			rodzaj nijaki		
mianownik	jaki	który	czyj	jaka		czyja	jakie		czyje
dopełniacz	jakiego		czyjego	jakiej	której		jakiego	którego	
celownik		któremu	czyjemu	jakiej			jakiemu		
biernik	jakiego / jaki	którego /	czyjego /		którą			które	
narzędnik	jakim	którym	czyim	jaką					
miejscownik	jakim		czyim		której	czyjej	jakim	którym	czyim

	liczba mnoga					
	rodzaj męskoosobowy			rodzaj niemęskoosobowy		
mianownik	jacy	którzy	czyi	jakie	które	
dopełniacz	jakich		czyich	jakich	których	
celownik	jakim	którym			którym	
biernik		których		jakie		
narzędnik	jakimi		czyimi		którymi	czyimi
miejscownik	jakich			jakich		

ZASIĘGANIE INFORMACJI

Dlaczego ludzie są religijni?
Jakie są największe religie monoteistyczne świata?
Jak nazywają się tradycje związane z religią w twoim kraju?
Kiedy obchodzi się święta religijne w twoim kraju?
Które święto jest najważniejsze?
Gdzie mieszka najwięcej wyznawców tej religii?

4 **Proszę zapytać kolegę / koleżankę:**

a) Jakie religie monoteistyczne zna? Jak nazywamy je po polsku?
b) Jaka religia dominuje w jego / jej kraju?
c) Jakie są tradycje religijne, które praktykują mieszkańcy jego / jej kraju? Proszę je opisać.
d) Które tradycje podobają mu / jej się najbardziej? Dlaczego?
e) Czy zna polskie tradycje religijne? Które są, według niego / niej najbardziej interesujące?
f) Czyje tradycje wydają mu / jej się przestarzałe, nieaktualne, niemożliwe do praktykowania w dzisiejszych czasach?
g) A co z tradycjami świeckimi? Które są nie do zaakceptowania dzisiaj?

5 Proszę uzupełnić zdania podanymi zaimkami pytajnymi w odpowiedniej formie:

jaki jaka jakie jacy jakie

a) .... religią się interesujesz?
b) .... wyznania jest Twoja żona?
c) .... są mężczyźni w twoim kraju?
d) Z .... reakcjami spotkała się twoja prezentacja?
e) O .... problemach dyskutujecie?

który która które którzy które

a) O .... godzinie zaczyna się prezentacja?
b) .... religia ma najwięcej wyznawców?
c) W .... roku urodził się Chrystus?
d) Do .... miasta powinien pójść każdy muzułmanin? Do Mekki czy do Medyny?
e) .... wyznawcy nie zaakceptowaliby łatwo nowej pozaziemskiej cywilizacji?

czyj czyja czyje czyja czyje

a) .... opinia jest bardziej wiarygodna? Moja czy twoja?
b) Z .... zdaniem się zgadzasz? Z jego czy jej?
c) O .... wykładzie chcesz podyskutować? Profesora Nowaka czy księdza Malinowskiego?
d) .... to są dzieci?
e) .... pomocy nie przyjął? Piotra czy Ewy?

6 Proszę wysłuchać nagranej rozmowy i odpowiedzieć na pytania.

mp3 57

1. Jakiego wyznania jest ta osoba?
....
2. Jakiego wyznania jest większość mieszkańców jej miasta i jej kraju?
....
3. Z jakimi problemami spotykają się wyznawcy tej religii?
....
4. Jak reagują na przykład dzieci w szkole na kolegów innego wyznania?
....
5. Jak wygląda sytuacja w małżeństwach mieszanych?
....

7 Czy mógłby Pan / mogłaby Pani zmienić wyznanie? Z jakiego powodu? Proszę przedyskutować następujące hipotetyczne sytuacje:

1. Pana żona / Pani mąż jest innego wyznania.
2. Dowiaduje się Pan / Pani, że istnieje życie pozaziemskie, a Pana / Pani wyznanie mówi, że to niemożliwe i że jest tylko jedna cywilizacja w całym kosmosie.
3. Wyjeżdża Pan / Pani do kraju, gdzie ludzie są bardzo nietolerancyjni. Planuje Pan / Pani zostać tam dłużej.
4. Dowiaduje się Pan / Pani, że Pana / Pani przodkowie dawniej należeli do innego kościoła niż Pan / Pani i Pana / Pani rodzice.

Gdyby moja żona była innego wyznania niż ja, zmieniłbym moją religię / nie zmieniłbym mojej religii, bo...

• SŁOWNICTWO

8 Czy wie Pan / Pani, jak nazywają się przedstawiciele różnych wyznań? A jak nazywają się główne religie świata? Proszę uzupełnić tabelę, korzystając ze słownika.

wyznanie	wyznawca
	buddysta
hinduizm	
	chrześcijanin
	protestant
katolicyzm	
	muzułmanin
judaizm	
prawosławie	

lekcja 19

9a **Proszę dopasować do siebie słowa z obu kolumn.**

1. ksiądz	a) cerkiew
2. pastor	b) kościół
3. pop	c) zbór
4. rabin	d) synagoga

9b **Proszę wyjaśnić znaczenie następujących wyrazów:**

0. Cerkiew to miejsce kultu religijnego prawosławnych. Cerkiew to świątynia prawosławnych.
1. Zbór to ....
2. Kościół to ....
3. Meczet to ....
4. Synagoga to ....

cerkiew

zbór

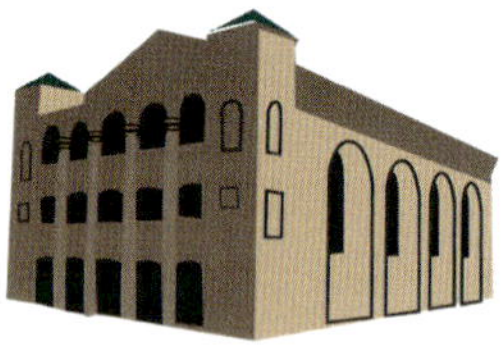

synagoga

meczet

kościół

0. Ksiądz to osoba duchowna w Kościele katolickim.
1. Pastor to ....
2. Pop to ....
3. Rabin to ....
4. Papież to ....
5. Kardynał to ....
6. Mułła to ....
7. Biskup to ....

10 **Które słowo nie pasuje do pozostałych? Proszę zdecydować w parach.**

0. msza	nabożeństwo	kościół
1. katolicyzm	ksiądz	prawosławie
2. modlić się	śpiewać	wierzyć
3. wyznanie	duchowny	religia
4. duchowny	ksiądz	wierzący
5. wierzący	agnostyk	rabin
6. mułła	kardynał	biskup

11 **Jak Pan / Pani myśli, dlaczego ludzie wierzą w Istotę Wyższą? Który z podanych niżej powodów uważa Pan / Pani za słuszny?**

– Bo musi istnieć coś, co jest doskonalsze od nas.
– Bo boją się śmierci.
– Bo lubią się modlić i chodzić na nabożeństwa.
– Bo tak są wychowani, taka jest tradycja.
– Z innych powodów.

Literatura

12a Proszę przeczytać fragment książki Anety Prymak-Oniszk „Bieżeństwo 1915. Zapomniani uchodźcy" i odpowiedzieć na pytania poniżej:

Gdy profesor Włodzimierz Pawluczuk, antropolog i badacz kultury ludowej udaje się do rodzinnych Rybołów (...) trzydzieści kilometrów od Białegostoku, wieczorem przychodzą gospodarze. Pawluczuk opowiada, że był na konferencji we Francji. „Jacy ludzie tam mieszkają, polscy czy ruscy?" – pytają. „Polscy". Profesor wrócił z wczasów z Bułgarii. „Te Bułgary to oni ruscy czy polscy?" – pytają. „Ruscy" – odpowiada profesor. Był we Włoszech? „A tam jacy?" „Polscy".

To historia z lat sześćdziesiątych. Ale ten podział świata znam ze swojego dzieciństwa. Na Podlasiu nie znika on zresztą do dziś. *Ruscy* to prawosławni, *polscy* to katolicy. *Ruscy* przy tym odnosi się nie do Rosji, jak wiele osób dziś sądzi, ale do Rusi; państw Słowian wschodnich, gdzie żyli ludzie „ruskiej wiary": prawosławni greckiego obrządku, przyniesionego tu jeszcze przez Cyryla i Metodego.

W szkole, do której chodzę w latach osiemdziesiątych, nie sposób nas – *polskich i ruskich* – rozróżnić. Podobnie się ubieramy i bawimy, oglądamy te same filmy, czytamy te same książki, nawet język nikogo nie zdradza. W szkole wszyscy rozmawiamy po polsku.

Ale w domach już niekoniecznie. *Polscy* na co dzień mówią po polsku, a *ruscy – po prostu.* (...) Tak określa się gwarę języka białoruskiego w okolicach Sokółki, Suchowoli, Gródka.

na podstawie: Aneta Prymak-Oniszk, *Bieżeństwo 1915. Zapomniani uchodźcy*

1. Czy Rosjanie i ruscy oznacza to samo?
2. Dlaczego, według profesora i mieszkańców Podlasia Francuzi i Włosi to *polscy*, a Bułgarzy to *ruscy*?
3. Czy *polscy* i *ruscy* używają tego samego języka w domu?
4. Czy narodowość jest zawsze identyfikowana z religią?
5. Czy przedstawiciele innych wyznań są w Pana / Pani kraju dyskryminowani? Proszę wyrazić swoją opinię na ten temat.

• SŁOWNICTWO

12b Proszę wybrać właściwe znaczenie poniższych zdań.

1. *Ruscy* nie odnosi się do Rosji.
   a) Słowo *ruscy* nie ma związku z Rosją.
   b) Słowo *ruscy* nie ma związku z Rusią.

2. Nawet język nikogo nie zdradza.
   a) Język nie pokazuje, jakiej jesteś narodowości.
   b) Język nie pokazuje, czy mówisz dobrze po polsku.

3. Nie sposób nas rozróżnić.
   a) Można nas łatwo rozróżnić jakimś sposobem.
   b) Nie można nas rozróżnić.

12c Proszę opisać region, w którym mieszkają przedstawiciele różnych wyznań. Można skorzystać z własnego doświadczenia, albo wymyślić historię, w której znalazłyby się następujące elementy:

Dawniej w naszym regionie / miejscowości mieszkali tylko ....
Była tylko jedna świątynia.
Po wojnie / po upadku systemu / w XIX wieku zmieniła się struktura demograficzna ....
Później w regionie pojawili się .... (tu narodowość / wyznanie / grupa etniczna...)
Chcieli mieć własny kościół / meczet / synagogę / zbór... Wybudowali więc ...
W szkole ich dzieci nie chodziły na religię, bo.... / zaczęły mieć lekcje religii .... .
Między mieszkańcami nie było żadnych konfliktów / było duże napięcie....

• SŁOWNICTWO

Idiomy

13 **Proszę połączyć podane zdania zawierające idiomy z opisami.**

Przykład: Kiedy patrzę, jak dużo czasu spędzasz z tymi dziećmi, jak wiele energii i poświęcenia im oferujesz, myślę czasem, że masz świętą cierpliwość.

1. Masz świętą cierpliwość.
2. To prawdziwa wieża Babel.
3. Jeśli uważasz, że to takie łatwe, rzuć pierwszy kamieniem.
4. Myśli, że jest alfą i omegą.

a) Nie lubię go, bo wydaje mu się, że zawsze ma rację. Nigdy nie zgadza się ze swoim rozmówcą, nie chce zaakceptować faktu, że ktoś może mieć inne zdanie i to zdanie jest prawdziwe.

b) W naszej szkole mamy dzieci ze wszystkich krajów świata. Na przerwach słychać wszystkie języki, a także różne rzadkie dialekty. To fascynujące miejsce.

c) Widzę Twoje zaangażowanie w opiekę nad rodzicami. Wiem, że to dla Ciebie trudne, ale nie rezygnujesz. Twoja determinacja jest imponująca. Co więcej, nie pokazujesz nigdy zmęczenia, ani negatywnych emocji.

d) Myślisz, że ta decyzja była dla niego łatwa? Dlaczego oceniasz negatywnie coś, czego nigdy nie musiałeś robić. To bardzo łatwe kogoś krytykować. Nie wiesz, jak zachowałbyś się w jego sytuacji.

DVD 16

14a **Proszę podkreślić, który symbol jednej z wielkich religii NIE został wymieniony w filmie:**

menora, Tora, Talmud, gwiazda Dawida, koło Dharmy, krzyż, półksiężyc, kaligrafia

fragment audycji *Lekcja religii*, Religia TV

14b **Proszę połączyć wymienione symbole z odpowiednią ilustracją:**

menora

Tora

Talmud

gwiazda Dawida

koło Dharmy

krzyż

półksiężyc

kaligrafia

Pisanie

I Proszę wybrać jeden z zestawów i wykonać oba polecenia.

Zestaw 1

1.	Proszę napisać kartkę świąteczną do rodziny w Polsce.	20 słów
2.	Proszę napisać tekst argumentacyjny na temat: Nieważne, jaką wyznaje się religię, ważne, żeby być dobrym człowiekiem.	180 słów

Zestaw 2

1.	Proszę napisać zaproszenie na święta do znajomych.	20 słów
2.	Proszę opisać święta Bożego Narodzenia w Pana / Pani kraju.	180 słów

Zestaw 3

1.	Proszę napisać kartkę do rodziny z podziękowaniem za organizację urlopu w górach w czasie Świąt Wielkanocnych.	20 słów
2.	Proszę napisać tekst argumentacyjny na temat: Religia w szkole – plusy i minusy.	180 słów

Kartka świąteczna

Zaproszenie na uroczystość prywatną / służbową

Język nieoficjalny

a)

> Droga Ewo,
>
> w przyszły piątek, dwunastego maja organizuję imprezę urodzinową. Byłoby mi bardzo miło, gdybyście wpadli z Robertem. Czekamy na Was w naszym domku na działce. Pamiętacie adres? Modrzewiowa 12, zaraz za sklepem.

b)

> Cześć Patryk, jutro widzimy się na imprezie u Marka. Weź Martę i przyjdźcie!

Język oficjalny

> Szanowni Państwo,
>
> mamy przyjemność poinformować Państwa o przedświątecznym spotkaniu, które odbędzie się 22 grudnia bieżącego roku o godzinie 19.00 w naszym instytucie.
>
> Serdecznie zapraszamy
> Dyrekcja

LEKCJA **20**

Powtórzenie materiału.
Przygotowanie do egzaminu certyfikatowego.
Ćwiczenia w formacie egzaminacyjnym.

Powtórzenie

Przygotowanie do egzaminu ROZUMIENIE ZE SŁUCHU

mp3 58

1 Proszę uważnie słuchać tego nagrania i zaznaczać właściwe odpowiedzi. Uwaga! Nagranie zostanie odtworzone tylko jeden raz.

Przykład: To zdanie oznacza: a) pytanie o drogę, b) pytanie o informację, c) pytanie o możliwość.	8. Ta wypowiedź oznacza: a) żart, b) odpowiedź na krytykę, c) niepewność.
1. Tę wypowiedź usłyszymy: a) w reklamie sklepu, b) w reklamie filmu, c) w reklamie wydarzenia kulturalnego.	9. Ta wypowiedź oznacza, że na ulicach: a) jest jasno, b) jest czysto, c) nie ma ludzi.
2. Ta wypowiedź to prośba, by: a) mówić głośniej, b) mówić wolniej, c) mówić wprost.	10. Ta wypowiedź oznacza, że produkt: a) nie jest dostępny, b) można kupić w zwykłym sklepie, c) można kupić tylko online.
3. Ta wypowiedź oznacza, że: a) film się nie podobał, b) film się podobał, c) trudno powiedzieć, czy film się podobał.	11. Ta wypowiedź oznacza: a) krytykę rozmowy z panią Anną, b) krytykę wszystkich dziennikarzy, c) pochwałę rozmowy z panią Anną.
4. Ta wypowiedź to prośba, by: a) pójść na zakupy, b) mówić na temat, c) spieszyć się.	12. Ta wypowiedź dotyczy: a) świąt Bożego Narodzenia, b) życzeń noworocznych, c) świąt Wielkanocy.
5. Ta wypowiedź oznacza, że: a) ta osoba jest pobożna, b) ta osoba nie lubi dzieci, c) ta osoba nie okazuje zmęczenia ani zdenerwowania w stosunku do dzieci.	13. Ta wypowiedź oznacza, że znajomość języków: a) pomoże w karierze, b) przeszkodzi w karierze, c) nie ma znaczenia dla kariery w tej firmie.
6. Ta wypowiedź oznacza, że ta osoba: a) nie ma zdania, b) jest sama, c) potrzebuje nowej informacji.	14. Ta wypowiedź oznacza, że osoba: a) nie zna tej sztuki, b) chciałaby obejrzeć tę sztukę, c) bardzo lubi tę sztukę.
7. Ta wypowiedź oznacza, że ten mebel: a) jest bardzo nietypowy, b) jest uniwersalny, c) jest tani.	

mp3 59

2 Proszę uważnie słuchać tego nagrania i wykonywać zadanie zgodnie z podanym przykładem. Uwaga! Nagranie zostanie odtworzone dwa razy.
Proszę wysłuchać nagrania i zaznaczyć, czy podane zdania są prawdziwe (P), czy nieprawdziwe (N).

	Jak napisać wywiad – poradnik dla uczniów	P	N
	Przykład: Jako autorzy, w wywiadzie nie podajemy własnych opinii.	X	
1.	Nie powinniśmy wcześniej informować rozmówcy o pytaniach, które chcemy zadać.		
2.	Trzeba przygotować się do wywiadu, zbierając informacje na temat rozmówcy.		
3.	Prawo wymaga, aby przed publikacją wywiadu oddać go do autoryzacji.		

ROZUMIENIE TEKSTÓW PISANYCH

Idiomy

3 Proszę – zgodnie z przykładem – połączyć tytuły z kolumny I z fragmentami tekstów z kolumny II. Odpowiedzi proszę wpisać do tabelki.

	I		II
0.	Klienci znanej sieci nabici w butelkę	A	Wygląda na to, że to koniec małych kin w naszym mieście. Klienci zdecydowanie wolą multikina w galeriach handlowych, z hollywoodzkim repertuarem, klimatyzacją, popcornem, darmowym parkingiem i tylko prawdziwi kinomaniacy są wiernymi klientami małych salek kinowych w centrum miasta, gdzie może nie jest tak wygodnie, za to można obejrzeć najlepsze filmy z całego świata.
1.	To wiadomość z pierwszej ręki!	B	Jak poinformowali zbulwersowani klienci jednego ze sklepów znanej marki, ceny w tym sklepie były niższe przed obniżką! Na przykład telewizor kosztował 2 tys zł (cena regularna), a po „obniżce" 2100 zł. Miała to być wyprzedaż sezonowa z obniżkami do 70%, a okazało się, że sklep najpierw podniósł ceny, by potem je obniżyć. Czekamy na komentarz zarządu firmy.
2.	Wieża Babel – nowa szkoła języków obcych w naszym mieście	C	Jeździmy na prywatne lekcje 3 razy w tygodniu, w weekendy synek gra przedstawienie, a dodatkowo kilka razy w miesiącu castingi do reklam lub filmów. I on to wszystko lubi! A w rodzinie nie było żadnego artysty, wszyscy porządni urzędnicy, lekarze, nauczyciele – śmieje się pani Beata, mama Antka.
3.	Dlaczego kina artystyczne świecą pustkami?	D	Oferujemy zajęcia dla tłumaczy pisemnych i symultanicznych z języka węgierskiego, japońskiego i fińskiego. Przygotowujemy do egzaminów unijnych. Gwarantujemy satysfakcję, wysoki poziom nauczania i przystępne ceny.
4.	Jak wygląda codzienność rodziców 7-latka, który połknął bakcyla aktorstwa?	E	Już wiemy, jak będzie wyglądał ślub pary celebrytów! Matka panny młodej zdradziła nam ten sekret. Mimo że państwo młodzi wiele razy deklarowali, że nie są głęboko wierzący i kwestia wyznania nie jest dla nich ważna, ceremonia będzie w katedrze, a poprowadzi ją sam biskup.
5.	Nie owijamy w bawełnę – po Nowym Roku będzie drożej	F	Jak przewidują ekonomiści, ceny produktów spożywczych wzrosną na początku przyszłego roku o około 5–10%. Ma też zdrożeć benzyna, energia elektryczna i gaz.

0.	1.	2.	3.	4.	5.
B					

4 Proszę przeczytać tekst i – zgodnie z przykładem – dopasować usunięte z niego fragmenty (A–E).

A. społeczeństwo ma wpływ na działania polityków
B. która stała się możliwa dzięki internetowi ✓
C. społeczność internautów
D. ułatwia zrzeszanie się
E. Piąta władza dąży do zrealizowania idei przejrzystego

Piąta władza

Piąta władza to [___][1], która dzięki ułatwionemu dostępowi do wiedzy i możliwości opiniowania, ma realny wpływ na rzeczywistość, funkcjonowanie społeczeństwa i działania prowadzone przez rząd.

„Piąta władza to nowa forma kontrolowania rządzących, [_B_][2]. To internet pozwala poszczególnym osobom dotrzeć do informacji i połączyć siły". Profesor William H. Dutton z uniwersytetu oksfordzkiego tak opisuje sposób oddziaływania piątej władzy na instytucje państwowe. Według zasad demokracji, [___][3]. Internet pomaga realizować projekty obywatelskie, [___][4] i daje możliwość uzyskania większego rozgłosu.

[___][5], otwartego rządu, tak aby obywatele mieli dostęp do budżetów i wewnętrznych dokumentów. Takie działania mają zwiększyć kontrolę nad pracą urzędników, a także pomóc w usprawnieniu systemu, poprzez wprowadzanie poprawek proponowanych przez obywateli.

na podstawie: *piąta władza*, www.wikipedia.org

5 Proszę – zgodnie z przykładem – podkreślić najlepszą spośród możliwości podanych w nawiasach.

Książka „Mitologia słowiańska" Jakuba Bobrowskiego i Mateusza Wrony zabiera (słuchaczy, czytelników, widzów)[przykład] w fascynujący (mikroklimat, świat, kosmos)[1] pradawnych Słowian oraz ich wierzeń. (Autorzy, Pisarze, Obaj)[2] w oparciu o aktualne opracowania naukowe z historii, religioznawstwa i językoznawstwa, barwnie prezentują sylwetki pradawnych bogów i herosów, jak również postacie słowiańskiej demonologii. Tym, co wyróżnia „Mitologię słowiańską", jest przyjazny każdemu czytelnikowi język przedstawionych historii, (bez, braki, od)[3] naukowych, często trudno zrozumiałych terminów. Publikacja ta (to, jest, ma)[4] zbiorem fabularnych opowiadań ilustrujących słowiańskie mity, jednak wszystkie (nazwy, imiona, tytuły)[5] bogów i demonów, ich atrybuty i zachowania – zgodne są z wiedzą naukową. Ta książka jest atrakcyjna nie tylko dla (naukowców, analityków, badaczy)[6] historii Słowian, ale także miłośników literatury fantasy i gier komputerowych.

na podstawie: *Mitologia słowiańska*, www.lubimyczytac.pl

POPRAWNOŚĆ GRAMATYCZNA

6 Proszę podkreślić poprawną formę wyrazów podanych w nawiasach, zgodnie z przykładem (odmiana rzeczowników, przymiotników, zaimków).

Przykład: Muzeum Sztuki (Nowoczesnego, Nowoczesnej, Nowoczesna) w Warszawie.

Muzeum to (ludźmi, ludzi, ludzie)[1]: artyści, zespół oraz publiczność. Pragniemy być użyteczni, traktujemy sztukę jako (narzędzi, narzędziem, narzędzie)[2] komunikacji, poznawania i rozumienia świata. Dzieło sztuki w Muzeum nie służy wyłącznie kontemplacji, używamy (niego, go, jego)[3], ucząc się społecznej odpowiedzialności, dialogu, krytycznego myślenia i wpływania na rzeczywistość, w (którym, której, któremu)[4] żyjemy. Językiem zaangażowania Muzeum we współczesność są wystawy, publikacje, programy (edukacyjni, edukacyjnych, edukacyjne)[5] i badawcze. Budowana przez (nami, nam, nas)[6] kolekcja sztuki współczesnej jest zapisem dynamicznych zjawisk i procesów, zachodzących lokalnie i globalnie. Tworzymy przestrzeń spotkań, wzajemnej inspiracji i refleksji, wychodzących poza obszar sztuki, lecz zawsze znajdujących w (nim, nią, niej)[7] swoje źródło. Muzeum związane jest z Warszawą, (jej, jego, ją)[8] historią i mieszkańcami, a jednocześnie aktywnie uczestniczy w życiu artystycznym w Polsce i na (świata, światem, świecie)[9].

na podstawie: *Misja Muzeum*, www.artmuseum.pl

7 **Proszę – zgodnie z przykładem – zapytać o podkreśloną część zdania.**

Przykład:
Wiele mówi się o nowej wystawie w galerii.
– ..O czym.. się mówi?
– O nowej wystawie.

1. Moi nowi znajomi są ateistami.
– .... znajomi są ateistami?
– Moi.

2. Torbę wykonano z ekologicznej skóry.
– .... wykonano torbę?
– Z ekologicznej skóry.

3. Podoba mi się ta sofa.
– .... sofa ci się podoba?
– Ta.

4. Nie mówiliśmy o tym nikomu.
– .... o tym mówiliście?
– Nikomu.

5. Wiem o tym z gazet.
– .... o tym wiesz?
– Z gazet.

6. Na tegorocznym festiwalu filmowym było wielu znakomitych gości.
– .... gości było na festiwalu?
– Wielu.

8 **Proszę – zgodnie z przykładem – uzupełnić zdania wyrazami z ramki (przyimki). Uwaga! Jeden wyraz w ramce jest niepotrzebny.**

na	*po*	*z*	*z*	*z*	*w*✓	*w*	*dla*	*o*	*o*

„Rozmyślanie przemyskie" – to najstarsza książka napisana ....w.....[przykład] całości ....[1] polsku. W sobotę, 19 marca, będzie można ją zobaczyć w Pałacu Rzeczypospolitej (Krasińskich) w Warszawie ....[2] ramach cyklu pokazów PIERWSZE / NAJSTARSZE, organizowanych ....[3] okazji 1050. rocznicy chrztu Polski.

Publikacja pochodzi ....[4] przełomu XV i XVI wieku, ale jest odpisem starszego utworu. Książka obecnie znajduje się w zbiorach Biblioteki Narodowej (BN). Zabytek liczy ponad 400 kart, ...[5] których znajduje się obszerna opowieść ....[6] życiu Maryi i Chrystusa, oparta ....[7] Ewangelię, legendy. „Jest arcyciekawym przykładem polskiej prozy późnego średniowiecza, stanowiąc dowód erudycji i literackich umiejętności, pozwalających zebrać historie z rozmaitych źródeł w jeden spójny wykład" – czytamy w komunikacie BN. Badacze łączą go ....[8] działalnością zakonu Bernardynów. Modlitwa zamieszczona w końcowej części rękopisu wskazuje, że pierwotnie księga służyła w klasztorze żeńskim.

na podstawie: *W sobotę w Warszawie można zobaczyć najstarszą zachowaną polską książkę*, www.naukawpolsce.pap.pl

9 **Proszę – zgodnie z przykładem – użyć wyrazów w nawiasie i przekształcić zdanie tak, by miało ten sam sens.**

0. Proszę mi podać jakieś fakty. (niech, pan) ..Niech mi pan poda jakieś fakty...........
1. Nikt z aktorów nie przyszedł na premierę. (żaden)
....
2. Czemu dziennikarze nie sprawdzili tej informacji? (dlaczego)
....
3. Proszę uprzejmie o odpowiedź na mój e-mail. (zwracam się)
....
4. Co powiesz twoim rodzicom? (swoim) ....
5. Nikt nie był wczoraj w biurze. (nikogo) ....

10 **Proszę – zgodnie z przykładem – uzupełnić zdania wyrazami z ramki (wskaźniki zespolenia). Uwaga! Jeden wyraz w ramce jest niepotrzebny.**

na której *a* *która*✓ *oraz* *oraz* *ponieważ*

Komiks

W 2008 roku zarządzeniem dyrekcji Biblioteki Uniwersyteckiej w Poznaniu powołano do życia Kolekcję Komiksów, ..którа.. przykład w lipcu 2017 roku została przekształcona w Pracownię Komiksu. Na początku 2020 roku w jej zbiorach znajdowało się ponad 15 tysięcy woluminów komiksów wydanych w Polsce ....[1] wielu innych krajach. Z wielu materiałów rzadkich należy wymienić gromadzone tam polskie ziny komiksowe, spuściznę po Henryku Derwichu ....[2] kolekcję komiksów Jerzego Skarżyńskiego. Biblioteka była wraz z Fundacją Centrala współorganizatorem niektórych edycji Międzynarodowego Festiwalu Sztuki Komiksowej Ligatura (2009-2012), ...[3] od roku 2017 jest głównym organizatorem Poznańskiego Festiwalu Sztuki Komiksowej.

W 2018 r. w Muzeum Narodowym w Krakowie odbyła się wystawa „Teraz Komiks", ...[4] zaprezentowano ponad 600 obiektów z lat 1871–2017, związanych z komiksem w Polsce.

na podstawie: www.wikipedia.org, komiks

PISANIE

11 **Proszę wybrać jeden z zestawów i wykonać obydwa polecenia (a i b) z tego samego zestawu.**

Zestaw I

a.	Proszę napisać e-mail do lektorki języka polskiego z podziękowaniem za pomoc w przygotowaniu do egzaminu.	30 słów
b.	Proszę opisać przedmiot, który jest dla Pana / Pani ważny.	170 słów

Zestaw II

a.	Proszę napisać e-mail do cioci, z zaproszeniem do siebie na święta.	20 słów
b.	Co jest lepsze – książka papierowa czy e-book? Proszę wyrazić swoją opinię.	180 słów

Zestaw III

a.	Chce Pan / Pani sprzedać fotel przez internet. Proszę napisać ogłoszenie o sprzedaży.	30 słów
b.	Proszę opisać Pani / Pana ulubione święto lub uroczystość.	170 słów

12 Proszę wybrać jeden z poniższych zestawów, a następnie przygotować prezentację – samodzielnie lub z kolegą / koleżanką.

Zestaw I

Zadanie 1.

Proszę opisać fotografię i przedstawioną na niej sytuację.

Zadanie 2.

Rzeczy, które zabrałbym / zabrałabym w podróż dookoła świata. Proszę je opisać i uzasadnić swój wybór.

Zadanie 3.

Proszę zadzwonić do kasy teatru i zarezerwować bilet na spektakl.

Zestaw II

Zadanie 1.

Proszę opisać fotografię i przedstawioną na niej sytuację.

Zadanie 2

Czy ma Pan / Pani profil na Facebooku, Instagramie lub Twitterze? Jeśli tak – dlaczego? Jeśli nie – dlaczego?

Zadanie 3

Proszę namówić kolegę / koleżankę do kupna nowej płyty z polską muzyką.

TRANSKRYPCJE
nagrań i filmów DVD

LEKCJA 1

mp3 1 **1a Proszę przeczytać poniższy tekst. Czy potrafi go Pan / Pani zrozumieć mimo błędów? Proszę porozmawiać z kolegą / koleżanką i porównać, co Państwo zrozumieli. Proszę posłuchać nagrania i sprawdzić swoje odpowiedzi.**

Zgodnie z najnowszymi badaniami brytyjskich uniwersytetów nie jest ważna kolejność liter przy czytaniu słów. Najważniejsze jest, aby pierwsza i ostatnia litera była na dobrym miejscu. Reszta może być nie po kolei i nie powinno być problemów ze zrozumieniem tekstu. Dzieje się tak dlatego, że nie czytamy wszystkich liter w słowie, ale całe słowa.

mp3 2-6 **2a Proszę wysłuchać wypowiedzi pięciu osób, które opowiadają o swoich ulubionych metodach nauki języka obcego, a następnie uzupełnić tabelę.**

Rolland, 29 lat, Francja
Dla mnie najskuteczniejszą metodą nauki języka jest połączenie pracy indywidualnej i grupowej. Lubię dyskusje na różne tematy z innymi studentami, ale wolę przeczytać tekst w domu, dzień wcześniej, żeby dobrze poznać nowe słownictwo. Dzięki temu mogę potem swobodnie rozmawiać.

Marina, 74 lata, Białoruś
Praca w grupie jest dla mnie bardzo stresująca, może dlatego, że na kursy językowe przychodzą młode osoby, które uczą się szybciej i mają inne niż ja zainteresowania. Lubię zajęcia indywidualne. Lektor czyta wyraz lub zdanie, a ja je powtarzam. Jest to dobra metoda, bo nauczyciel w pełni kontroluje poprawność moich wypowiedzi.

Joasia, 24 lata, Polska
Uwielbiam chodzić na kurs włoskiego! Pracujemy w parach albo w małych grupach i przez cały czas możemy mówić! Robimy różne zabawne ćwiczenia, gry, wywiady, wymyślamy śmieszne historie. W ten sposób można szybko zacząć mówić w obcym języku. A ćwiczenia gramatyczne robię sama w domu.

Igor, 31 lat, Ukraina
Bardzo krótko chodziłem na kurs angielskiego, około pół roku, ale mówię bardzo dobrze. Nauczyłem się w sposób praktyczny, przez bezpośredni kontakt z klientami i przez internet. Musiałem często szukać informacji, a w sieci trudno coś znaleźć, kiedy się nie zna angielskiego. Oprócz tego tłumaczyłem teksty piosenek.

Marcus, 45 lat, Austria
Uczę się polskiego na kursach językowych i bardzo to lubię, ale mam też swoje własne metody. Zapisuję nowe słowa na karteczkach i noszę je zawsze przy sobie. W wolnych chwilach przeglądam karteczki i przypominam sobie słowa. Poza tym codziennie oglądam polskie serwisy informacyjne w telewizji satelitarnej, w samochodzie obowiązkowo słucham kaset do nauki języka i powtarzam zdanie za lektorem. Od czasu do czasu nagrywam się na dyktafon, żeby sprawdzić, czy moje wypowiedzi po polsku brzmią poprawnie.

mp3 7 **5c Studenci, Petro z Ukrainy, Belen z Hiszpanii, Johannes z Niemiec i Darija z Bułgarii chodzą razem na intensywny kurs polskiego na polskim uniwersytecie. Rozmawiają na temat projektu, który muszą zrealizować. Proszę posłuchać nagrania i uzupełnić dialog słowami lub wyrażeniami z ćw. 5a. Uwaga! Nie wszystkie zwroty będą wykorzystane.**

Johannes: Cześć, co u was słychać? Byliście wczoraj na kursie? Co robiliście?
Darija: Czytaliśmy tekst o Europejskim Dniu Języków.
Johannes: A co to jest? Nigdy o takim dniu nie słyszałem.
Petro: Tu masz kopię, przeczytaj sobie!
Darija: Nasi lektorzy chcą, abyśmy coś zorganizowali. Słyszałam, że można dostać za darmo fajne koszulki, plakaty i książki z ćwiczeniami.
Johannes: Poważnie?
Belen: Problem polega na tym, że nie mamy za dużo czasu. Lektorzy chcą, abyśmy do końca tygodnia mieli gotowy projekt.
Johannes: Żartujesz! Jak to? To chyba niemożliwe.
Petro: Wyobraź sobie, że chcą nam wystawić ocenę za ten projekt! Możemy też dostać dodatkowe punkty kredytowe. Słyszałem, że w zeszłym roku wszystkie wyższe grupy razem coś zorganizowały. Mam propozycję: zróbmy wieczór o Ludwiku Zamenhofie albo Onufrym Kopczyńskim.
Belen: Nie znam ich. Nigdy o nich nie słyszałam.
Petro: Zamenhof wymyślił esperanto, a Kopczyński wprowadził polską terminologię gramatyczną. Czytałem gdzieś ostatnio, że jest nawet komiks o Zamenhofie.
Johannes: No dobrze, ale w tym Europejskim Dniu Języków chyba chodzi o to, żeby promować języki. Może by zrobić coś na temat dialektów polskich? My na przykład w Niemczech mamy dużo różnych dialektów.
Darija: Słuchajcie, mam inny pomysł! Zróbmy warsztaty czytania i pisania cyrylicą!
Belen: Co??
Johannes: Pisania czym? Nie mam pojęcia, co to jest.
Darija: Cyrylica to rodzaj alfabetu, którym pisze się w wielu językach słowiańskich.
Petro: A polski na przykład to też język słowiański, w którym pisze się alfabetem łacińskim. Tak samo jak w wielu innych językach w Europie...
Belen: Przepraszam, że przerywam, ale to wszystko za ambitne dla mnie. Nie możemy zrobić czegoś przyjemnego? Na przykład o polskim jedzeniu? Proponuję projekt „Gotowanie po polsku".
Petro: À propos jedzenia, nie jesteście głodni? Może pójdziemy coś zjeść? I wtedy porozmawiamy o naszym projekcie?
Belen: My niestety musimy już iść. Zaraz mamy wykład.
Johannes: Hm, przepraszam cię, ale ja też trochę się spieszę.
Darija: No w sumie ja też muszę już iść.

DVD 1 **9a Proszę obejrzeć fragment wiadomości z telewizji Kraków i zrobić notatkę. Na podstawie notatki proszę streścić obejrzany fragment w 2–4 zdaniach.**

DVD 1 **9b Proszę obejrzeć nagranie jeszcze raz i zdecydować, których pisarzy / utworów do analizy spodziewali się maturzyści w części pisemnej egzaminu, a czego rzeczywiście dotyczyła tematyka matury.**

DVD 1 **9c Proszę obejrzeć ostatni raz nagranie i uzupełnić zdania.**

Film: Matura, Natalia Dziedzic, Kronika, TV Kraków.

Dowód osobisty i komplet kilku czarnych długopisów, w razie gdyby któryś z nich nagle przestał pisać – o tym nie mógł dziś zapomnieć żaden maturzysta. Ale najważniejsze, czyli wiedzę, niektórzy przypominali sobie jeszcze wspólnie, tuż przed rozpoczęciem egzaminu.
Chłopak 1: Powtarzamy jakieś wątki z lektur.
Dziewczyna 1: Ja się cieszę, że wreszcie jest ta matura, bo cały rok na nią czekałam, więc...
Chł2, Dz2: Trzy lata.
Dz1: Całe trzy lata. Całe życie czekałam na tę maturę i nareszcie jest, więc jestem spełniona i nie mogę się doczekać.
Dz2: Będzie dobrze, na pewno będzie dobrze.
Jak co roku maturzyści mieli swoje typy co do tematu pracy pisemnej.
Dz3: Chciałabym *Lalkę*, ale była w tamtym roku, więc wątpię, żeby w tym roku była. Dużo osób mówi o Mickiewiczu, trochę o Sienkiewiczu, więc myślę, że to jest prawdopodobne.
Chł3: Ja mam takie przeczucie, że coś będzie z *Dziadami*. Tak coś po mnie chodzą od wczoraj, a nawet dłużej.
Matura aż tak przewidywalna? Jeden z tematów, z którym dziś zmierzyli się maturzyści na poziomie podstawowym, dotyczył właśnie IV części *Dziadów* Adama Mickiewicza, „Czy warto kochać, mimo że miłość wiąże się z cierpieniem?" Oprócz tego była także interpretacja wiersza Zbigniewa Herberta *Dałem słowo*. Maturzyści mieli też za zadanie odnieść się do tekstów odwołujących się do *Lalki* Bolesława Prusa. Część zadań dotyczyła także języka używanego w internecie.
Dz4: Pierwsza część była bardzo trudna. Czytanie ze zrozumieniem... nie wiem, dla mnie to było coś innego, niż robiliśmy zawsze przez te trzy lata.
Dz5: Myślę, że temat wypracowania się bardzo udał, no bo jednak miłość, cierpienie, to można w wielu lekturach znaleźć powiązania.

LEKCJA 2

DVD 2 **2c Proszę obejrzeć film Karoliny Anny na temat operacji nosa, a następnie odpowiedzieć na pytania.**

Film: Operacja plastyczna nosa.

No to zaczynamy i zacznę od jednego z najbardziej popularnych pytań, i to było: dlaczego zdecydowałam się na tę operację, a drugie pytanie, które też często dostawałam, które jest bardzo z tym połączone, to czy tę operację zrobiłam ze względu na hejty, które dostawałam na temat mojego nosa pod moimi filmami. Więc, na początku odpowiem na to drugie i zdecydowanie ta operacja to nie była decyzja podjęta ze względu na negatywne komentarze, które dostawałam na temat mojego nosa. Ja swoją operację planowałam przez wiele lat i w ogóle ta myśl, żeby zrobić sobie operację zrodziła się, wydaje mi się, że pod koniec podstawówki albo na samym początku gimnazjum. Czyli bardzo wiele lat temu. I rzeczywiście dostawałam negatywne komentarze na temat mojego nosa, ale było ich zdecydowanie mniej, niż myślałam, że będę dostawać. I już, jak zakładałam mój kanał, ponad pół roku temu, i wrzucałam moje pierwsze filmiki, to już wtedy miałam zaplanowaną tę operację i nawet miałam już zarezerwowany termin. I nawet, jak te komentarze były bardzo niemiłe, to nie przejmowałam się nimi, ponieważ wiedziałam, że bardzo niedługo już nie będę miała tamtego nosa i te komentarze nie będą aktualne. A czemu zdecydowałam się na operację? I tutaj odpowiedź jest bardzo prosta: dlatego że nie podobał mi się mój nos. Od wielu lat, tak jak już wcześniej wspomniałam, za każdym razem, jak patrzyłam w lustro, to wydawało mi się, że mój nos nie jest częścią mojej twarzy i do niej nie pasuje. To była pierwsza rzecz, którą zauważałam, jak patrzyłam w lustro i to była jedyna rzecz, która tak bardzo mi w niej przeszkadzała. I zdaję sobie sprawę, że większość osób nie widziała nic złego w moim poprzednim nosie. Dostałam wiele komentarzy właśnie osób, które twierdziły, że nie wiedzą, dlaczego zrobiłam tę operację, skoro mój nos był normalny. I takie komentarze dostałam też od wszystkich osób w moim prawdziwym życiu, którym powiedziałam, że planuję taką operację. Powiedziały, że one nigdy nie zauważyły, żeby mój nos był jakiś bardzo zły na tyle, żeby musieć zrobić operację plastyczną. Ale myślę, że każdy osobiście musi podjąć taką decyzję i jeśli mój nos mi przeszkadzał i miałam taką możliwość, żeby wykonać taką operację, to nie widzę, dlaczego miałabym tego nie robić. I jedna rzecz, którą myślę, że muszę zaadresować i odnieść się w stosunku do tamtych komentarzy, to to, że ja w swoich filmach starałam się pokazywać mój nos jak najlepiej. Jeśli obejrzycie jakikolwiek mój filmik poprzedni, to zobaczycie, że ja nigdy nie pokazuję mojego prawego profilu. Za każdym razem, jeśli niechcąco odwróciłam się w lewo i było widać mój prawy profil, to zawsze wtedy edytowałam to tak, żeby tego nie było widać. Wstawiałam jakiś obraz na cały ekran lub wycinałam tę część, ponieważ nie chciałam pokazać właśnie mojej prawej strony. Dlatego w żadnych z moich filmów nie zobaczycie mojego nosa takim, jaki naprawdę był, czyli z boku. Za każdym razem, jak się pokazywałam, byłam zwrócona prosto do kamery lub bardzo lekko w prawo, żeby było widać tylko mój lewy profil. I nadal, teraz po operacji myślę, że mój lewy profil jest lepszy od prawego, ale w tym momencie są one znacznie bardziej symetryczne.

mp3 8 **2d Słuchając wiersza Jana Brzechwy „Samochwała", proszę uzupełnić brakujące słowa.**

Jan Brzechwa, *Samochwała*

Samochwała w kącie stała
I wciąż tak opowiadała:
Zdolna jestem niesłychanie,
Najpiękniejsze mam ubranie,
Moja buzia tryska zdrowiem,
Jak coś powiem, to już powiem,
Jak odpowiem, to roztropnie,
W szkole mam najlepsze stopnie,
Śpiewam lepiej niż w operze,
Świetnie jeżdżę na rowerze,
Znakomicie muchy łapię,
Wiem, gdzie Wisła jest na mapie,
Jestem mądra, jestem zgrabna,
Wiotka, słodka i powabna,
A w dodatku, daję słowo,
Mam rodzinę wyjątkową:
Tato mój do pieca sięga,
Moja mama – taka tęga,
Moja siostra – taka mała,
A ja jestem – samochwała!

mp3 9 **4d Proszę uważnie słuchać tego nagrania i wykonywać zadanie zgodnie z poleceniem. Uwaga! Nagranie zostanie odtworzone dwa razy.**
Proszę dopasować poszczególne teksty do zdjęć.

1. Jestem średniego wzrostu i raczej szczupły, bo – chociaż pracuję przy biurku – sport uprawiam regularnie. Byłem brunetem, teraz jestem szpakowaty i żona mówi, że wyglądam jak profesor z UJ – może też przez to, że potrzebuję okularów do czytania. Nie mam ulubionego stylu, ale w mojej pracy obowiązuje kod ubioru, dlatego noszę dobrej jakości markowe garnitury i koszule. Nie noszę zarostu, golę się codziennie.

2. Miałem brata bliźniaka, młodszego dokładnie o 5 minut. I obaj byliśmy ciemnowłosi i ciemnoocy, bardzo szczupli i wysocy. Nawet matka nas nie rozróżniała. Brat zginął kilka lat temu w wypadku samochodowym. Teraz jestem całkiem siwy, ale nadal – jak to mówią – sama skóra i kości. Mam problemy z chodzeniem, dlatego używam laski, ale wzrok mam świetny i nigdy nie używałem okularów. Od trzydziestu lat noszę wąsy.

3. Kondycja fizyczna i sport są dla mnie bardzo ważne. Od wielu lat jestem instruktorem fitnessu i wegetarianinem. Kilka razy w roku biorę udział w biegach górskich. Na studiach grałem w siatkówkę, ale złapałem kontuzję i to był koniec mojej kariery w tej dyscyplinie. Poza tym nie lubię nosić zarostu, golę się codziennie. Jeśli chodzi o ubrania, to noszę tylko odzież sportową. Jestem szpakowaty i mam piwne oczy.

przygotowanie do egzaminu

Rozumienie ze słuchu

mp3 10 **I Proszę uważnie słuchać tego nagrania i zaznaczać właściwe odpowiedzi. Uwaga! Nagranie zostanie odtworzone tylko jeden raz.**

Przykład: Wyglądasz kwitnąco!

1. Proszę ten podkoszulek.
2. Nie wyglądasz najlepiej.
3. Ma ciemną karnację i ciemny zarost.
4. To najgorszy moment w moim życiu!
5. Co się stało? Wyglądasz jak siedem nieszczęść!
6. W ciągu dnia będzie coraz zimniej, a po południu spadnie do piętnastu centymetrów śniegu.
7. Wyprzedaż sezonowa! U nas najtaniej!
8. Mój tata tryska zdrowiem i energią, mimo że ma ponad dziewięćdziesiąt lat.
9. Nie bądź taką samochwałą!
10. Według mnie to, jak ktoś wygląda, ma znaczenie.

mp3 11 **II Proszę uważnie słuchać tego nagrania i wykonywać zadanie zgodnie z podanym przykładem. Uwaga! Nagranie zostanie odtworzone dwa razy.**
Słuchając informacji, proszę uzupełnić brakujące słowa.

Jeśli nie wiemy w co się ubrać, nośmy rzeczy, które najbardziej do siebie... nie pasują. Jest taka planeta, gdzie kobiety mają sto osiemdziesiąt centymetrów wzrostu, ważą pięćdziesiąt kilogramów i co pół roku całkowicie zmieniają garderobę, styl, fryzurę i makijaż. Ta planeta nazywa się Moda. Wszyscy na niej są młodzi, piękni, eleganccy i bogaci. Jedynym problemem mieszkańców Mody jest to, w co się ubrać. Francuzi kiedyś byli dumni, że są stolicą mody. Dziś snobują się na Amerykanów, że są nowocześni. Amerykanie snobują się na Francuzów i Włochów, że są europejscy. Włosi chcieliby mieć ekscentryczność Anglików oraz pragmatyzm z Nowego Jorku. A jeszcze atakuje Azja: młodzi projektanci z Chin, Korei, Tajwanu jadą od razu do Nowego Jorku, tam mają najwięcej szans.

mp3 12 **III Proszę uważnie słuchać tego nagrania i wykonywać zadanie zgodnie z podanym przykładem. Uwaga! Nagranie zostanie odtworzone dwa razy.**
Proszę wysłuchać nagrania i zaznaczyć, czy podane zdania są prawdziwe (P), czy nieprawdziwe (N).

Zapytaliśmy znanego fotografa mody Bruna Peterkę, co sądzi na temat współczesnych trendów. A oto co nam powiedział:
– Fotografuję modę od dwudziestu lat. Projektanci przygotowują nowe kolekcje co sezon, ale niektóre trendy co jakiś czas wracają: styl militarny, retro, styl hippisowski. Oczywiście, nie jest to dokładnie to samo co kiedyś, ale ogólnie wizje są podobne. Tylko modelki są coraz chudsze, he, he. Wielka moda to sztuka, ale źle, jeśli staje się muzealnym eksponatem i nikt nie nosi ubrań projektantów. Najważniejsze, żeby moda inspirowała zwykłych ludzi. Żeby przestali nosić czarne, ponure, brzydkie ubrania, bo wtedy nawet ja nie mogę zrobić dobrego zdjęcia.

mp3 13 **IV Proszę uważnie słuchać tego nagrania i wykonywać zadanie zgodnie z podanym przykładem. Uwaga! Nagranie zostanie odtworzone dwa razy.**
O której części ciała mówią te osoby?

a. Powinna być symetryczna i proporcjonalna. Idealna jest szczupła. Za gruba i za chuda może być oznaką choroby.
b. Mogą być długie, półdługie lub całkiem krótkie. Ostatnio wracają do mody naturalne, niefarbowane.
c. Według standardów atrakcyjności, mężczyzna może mieć duży, nie zawsze prosty, bo orli podobno jest bardzo męski. Ale ładniejsze twarze kobiece mają małe, proste, często zadarte lub piegowate.
d. Mogą być ciemne lub jasne. Mogą mieć różne kolory, na przykład piwny, niebieski, szary. Podobno widać w nich duszę. Jeśli masz wadę wzroku, potrzebujesz okularów lub soczewek kontaktowych.
e. Piegowata, okrągła, z zadartym nosem i dużymi oczami – tak ją sobie wyobrażamy u dziecka. Rzadko jest symetryczna i zwykle lewa połowa różni się od prawej. Zwracamy uwagę na oczy, nos i usta.

mp3 14 **4b Proszę posłuchać wystąpienia szefa związku zawodowego nauczycieli i określić, czy: a) prowadzi negocjacje? b) organizuje strajk? c) przedstawia żądania pracowników?**

mp3 14 **4c Proszę wysłuchać tekstu jeszcze raz i uzupełnić tabelę.**

Dzisiaj nauczyciele stoją przed dylematem: mieć czy być. Ich zarobki nie są prawdziwą rekompensatą za pracę, którą wykonują. Wszyscy mówią: etat nauczyciela to tylko 18 godzin. A czy praca nauczyciela to tylko te 18 godzin? Przeciętnie nauczyciel spędza dwie godziny dziennie na poprawianiu zadań i testów, jedną sobotę w miesiącu poświęca swoim uczniom, dwa razy w roku musi brać udział w konferencjach szkolnych, przynajmniej jeden raz w roku jedzie z młodzieżą na wycieczki szkolne. I za to wszystko dostaje minimalną pensję! Czy to, co aktualnie zarabia nauczyciel, to naprawdę zapłata za jego ciężką pracę? Żądamy wyższych pensji i zapłaty za godziny pozalekcyjne. Tylko jeden nauczyciel na dwóch może wyjechać na urlop. Reszta spędza czas w domu. A gdzie dotacje na podnoszenie kwalifikacji? Gdzie pieniądze na rozbudowę szkół? Sale lekcyjne są za małe! Żądamy polepszenia warunków pracy!

mp3 15-16 **8 Proszę wysłuchać sondy ulicznej i odpowiedzieć na pytania.**

a)
- Przepraszam bardzo, przeprowadzamy sondę. Czy zechciałaby Pani odpowiedzieć na kilka pytań?
- Tak, proszę.
- Czy ma Pani własne mieszkanie?
- Mam duży dom.
- Co jest dla Pani ważne w wyposażeniu domu? Co Pani ma albo co Pani chciałaby mieć?
- Mam wszystko, czego potrzebuję od pralki, lodówki, telewizora, aż po zmywarkę do naczyń i komputer.
- A książki, płyty?
- Tak, dużo wydaję na książki i płyty. Wykształcony człowiek powinien być na bieżąco z kulturą. Niestety, nie mogę kupować obrazów, są za drogie.
- Czy, Pani zdaniem, typowa polska rodzina mieszka tak, jak Pani?
- Ależ skąd! Moja sytuacja materialna jest dużo lepsza niż sytuacja przeciętnej polskiej rodziny! Większość Polaków mieszka w małych mieszkaniach, niestety książki i płyty też kosztują sporo.
- Czy to znaczy, że jest Pani zadowolona ze swojej sytuacji?
- Tak, cieszę się, że udało mi się dojść do tego, co mam.

b)
- Przepraszam bardzo, przeprowadzamy sondę. Czy zechciałby Pan odpowiedzieć na kilka pytań?
- Tak, na jaki temat?
- Interesuje nas sytuacja materialna polskiej rodziny.
- No, wie Pani, sytuacja polskiej rodziny jest coraz lepsza. Znam mało osób, które są niezadowolone z warunków życia. Wielu Polaków stać dzisiaj na własne mieszkanie, podróże, etc....
- A Pan? Jak wygląda Pana sytuacja?
- Jestem młody, wszystko przede mną. Na razie nie mam mieszkania, wynajmuję małą kawalerkę, ale poza tym, mam wszystko, czego potrzebuję: pralkę, lodówkę, komputer...
- Zmywarkę do naczyń?
- Tak, też mam. Mieszkam sam, mało gotuję, ale to wygodna rzecz.
- A gdyby Pan miał rodzinę?
- Pewnie wszystkie te domowe sprzęty musiałbym zamienić na większe, albo mieć w podwójnej wersji. Na razie potrzebuję też innych rzeczy.
- Czego? Książek, płyt?
- Oczywiście to nie są artykuły pierwszej potrzeby, ale ja osobiście uważam, że książki kupować trzeba!
- Czy to znaczy, że ma Pan więcej niż 50 sztuk?
- Tak, oczywiście!

DVD 3 **12a Proszę obejrzeć film o zatrudnianiu obcokrajowców i napisać, czy poniższe zdania są prawdziwe (P), czy nieprawdziwe (N).**

DVD 3 **12b W filmiku używane jest słowo „cudzoziemiec". Jest to synonim słowa „obcokrajowiec". Które z tych słów słyszy Pan / Pani częściej. Które z nich Pan / Pani woli? Proszę uzasadnić swój wybór.**

DVD 3 **12c Proszę podać antonim słowa „cudzoziemiec", a następnie opisać znaną osobę, która pochodzi z Pana / Pani kraju, a więc jest Pana / Pani ....**

Film: Zatrudnianie cudzoziemców – Co warto wiedzieć, dzwoniąc na infolinię?

Cześć, nazywam się Ola i w Zielonej Linii odpowiadam na wasze pytania dotyczące zatrudniania cudzoziemców. Aby rozmowa przebiegła szybko i sprawnie, warto wiedzieć jak się do niej przygotować. I dziś wam o tym opowiem.
Po pierwsze, musicie ustalić, obywatelem, którego kraju jest cudzoziemiec. Druga, ważna kwestia dotyczy tego, czy cudzoziemiec przebywa w Polsce, czy nie? Jeżeli przebywa w Polsce, to na podstawie jakiego dokumentu? Jeśli jest to wiza – sprawdź cel wydania. Jeśli karta pobytu – poproś cudzoziemca o udostępnienie ci decyzji wojewody, o udzieleniu tego zezwolenia i sprawdź podstawę prawną udzielenia zezwolenia. Wystarczy, jeżeli podasz nam numery artykułu. Kolejnym dokumentem uprawniającym do pobytu w Polsce jest paszport biometryczny. Obywatele, między innymi Ukrainy i Gruzji, mogą być w Polsce na tym dokumencie bez wizy maksymalnie przez 90 dni, w ciągu 180. Cudzoziemiec może przebywać w Polsce także na podstawie innego dokumentu, na przykład stempla potwierdzającego złożenie wniosku o wydanie przez wojewodę zezwolenia na pobyt czasowy.
Koniecznie musicie też ustalić, jak długo pobyt cudzoziemca jest jeszcze w Polsce legalny.
Jeżeli cudzoziemiec przebywa w Polsce, w trakcie rozmowy telefonicznej zapytamy cię o to, czy w Polsce pracował. Jeżeli tak, to, jak długo i na podstawie jakiego dokumentu? Czy było to oświadczenie z urzędu pracy, czy zezwolenie na pracę od wojewody? Jeżeli oświadczenie, zapytamy cię również o to, kiedy to oświadczenie było rejestrowane? W roku ubiegłym czy w obecnym?
I to wszystko, co należy wiedzieć, dzwoniąc do nas odnośnie zatrudnienia cudzoziemców. Teraz pozostaje wybrać numer 19 524, ewentualnie kierunkowy 22 i czekać na zgłoszenie konsultanta.
A ja zapraszam was do obejrzenia naszych innych filmów, dotyczących zatrudniania cudzoziemców. Tam również znajdziecie odpowiedzi na wiele innych pytań. Do zobaczenia!

mp3 17 **7 Proszę wysłuchać nagrania i uzupełnić brakujące liczby.**

Skala polskiej emigracji zarobkowej z pewnością jest powodem do niepokoju. Według danych GUS-u i Eurostatu, w innych krajach UE obecnie mieszka mniej więcej 2,5 mln naszych rodaków. Skutki emigracji zarobkowej są widoczne m.in. na rynku pracy i mniejszych rynkach mieszkaniowych. Warto jednak zdawać sobie sprawę, że nie tylko Polacy masowo wyjechali do pracy za granicą. Mieszkańcy kilku innych państw Unii Europejskiej jeszcze częściej wybierają emigrację.
Polacy mają poważną konkurencję na zachodnich rynkach pracy. Mobilność Europejczyków sprawia, że oszacowanie rozmiarów migracji na Starym Kontynencie bywa trudne.
Polacy stanowią drugą najliczniejszą grupę emigrantów w obrębie UE: 2 360 000. Jeszcze chętniej emigrują mieszkańcy Rumunii. W ubiegłych latach poza granicami ojczystego kraju przebywały prawie trzy miliony Rumunów. Trudno zatem dziwić się, że obywatele Rumunii stanowią konkurencję dla Polaków na rynkach pracy niektórych krajów UE np. Niemiec oraz Wielkiej Brytanii.
Jeżeli chodzi o inne kraje „nowej Unii", to stosunkowo dużą liczbą emigrantów wyróżnia się też Bułgaria 640 000. W innych państwach UE dość trudno spotkać natomiast Czechów 110 000, Estończyków 70 000 oraz Słoweńców 60 000. Częściej wyjeżdżają m.in. Słowacy 330 000, Węgrzy 390 000, Litwini 320 000 oraz Chorwaci 400 000. Uwagę zwraca również duża liczba Włochów i Portugalczyków, żyjących w innych krajach wspólnoty. Dla sporej części tych osób, motywacją do opuszczenia rodzinnego kraju był kryzys gospodarczy połączony z wysokim bezrobociem wśród młodych osób.

Polska pod względem odsetka emigrantów ustępuje kilku innym państwom członkowskim UE. Szacunki z ostatnich lat wskazują, że osoby posiadające miejsce zamieszkania za granicą, wówczas stanowiły 6,2% oficjalnej liczby ludności Polski. Znacznie wyższe wyniki odnotowano dla:
- Rumunii – 15,1%
- Portugalii – 11,4%
- Litwy – 11,1%
- Chorwacji – 9,6%
- Łotwy – 9,2%
- Bułgarii – 8,9%
- Irlandii – 8,4%

Dość zaskakująca obecność Irlandii w grupie państw wymienionych powyżej, może być echem poważnego kryzysu gospodarczego, który przed dekadą dotknął ten wyspiarski kraj. Warto również dodać, że dwa lata temu Słowacja cechowała się bardzo podobnym wynikiem jak Polska.

DVD 4

10a Proszę obejrzeć film a następnie odpowiedzieć na pytania.

DVD 4

10b Proszę ponownie obejrzeć materiał filmowy, a następnie uzupełnić tekst.

Film: Polonus 2015 – Migracje Polaków na przestrzeni dziejów.

Mieszkam w Holandii od ośmiu lat. Do wyjazdu z Polski skłoniła mnie chęć studiowania w nowym miejscu, poznanie innej mentalności i zdobycia nowej wiedzy. Zaczynałem tutaj jako student, a teraz sam wykładam matematykę. Nie było mi łatwo podjąć decyzję o wyjeździe, a teraz, po latach, zastanawia mnie, o czym myślały rzesze Polaków opuszczających Polskę na przestrzeni dziejów.
Kazimierz Pułaski i Tadeusz Kościuszko wyjechali z Polski do Ameryki, i walczyli o jej niepodległość.
Na początku XIX wieku wybuchło powstanie listopadowe, a wraz z nim rozpoczęła się Wielka Emigracja. Polacy opuścili kraj osiedlając się we Francji, Belgii czy Wielkiej Brytanii.
Wojny, ciężka sytuacja gospodarcza i stan wojenny – to były główne powody emigracji Polaków w XX wieku. Wiele krajów przyjęło nas w tych trudnych chwilach z otwartymi ramionami.
Zastanawiam się, kto będzie kolejnym wielkim Polakiem, którego zapamięta historia?

mp3 18-20

12b Proszę wysłuchać wypowiedzi Erica, Beaty i Heleny, a następnie odpowiedzieć na poniższe pytania.

mp3 18-20

12c Proszę jeszcze raz posłuchać wypowiedzi Erica, Beaty i Heleny, a następnie podsumować wydarzenia z ich życia.

1. Eric
10 lat temu przyjechałem na studia do Polski. Najpierw uczyłem się polskiego w Łodzi, a po dwóch latach wyjechałem do Krakowa, żeby zacząć studia na Akademii Górniczo-Hutniczej. To był najlepszy czas w moim życiu, poznałem wielu wspaniałych ludzi, z niektórymi przyjaźnię się do dziś. Wtedy też poznałem Anię, moją obecną żonę. Pobraliśmy się przed czterema laty, wkrótce potem urodziła się nasza córka Zuzia. Obecnie pracuję jako manager w jednej z największych krakowskich firm.

2. Beata
Przed dziesięcioma laty wyjechałam do Londynu do mojej rodziny, która wyemigrowała do Anglii zaraz po wojnie. Przez rok uczyłam się języka i pracowałam jako opiekunka do dziecka. Potem zaczęłam studia. W czasie studiów projektowałam ubrania i sprzedawałam je w londyńskich butikach. Moje projekty cieszyły się dużą popularnością, więc po studiach postanowiłam otworzyć własny butik i wypromować swoją markę. Ale w Londynie jest duża konkurencja. Rok temu wróciłam do Polski i założyłam własną firmę. Projektuję modę, a w przyszłym miesiącu będę miała swój pierwszy pokaz.

3. Helena
Przez wiele lat pracowałam jako dziennikarka w jednej z warszawskich gazet. 10 lat temu poznałam mojego przyszłego męża – jest inwalidą, ale aktywnie uprawia sport i był członkiem reprezentacji Polski na ostatniej Olimpiadzie. Poznałam wielu jego znajomych, również niepełnosprawnych sportowców i postanowiłam napisać o nich książkę. To było 5 lat temu. Książka odniosła duży sukces i przed dwoma laty poproszono mnie, żebym na jej podstawie napisała scenariusz do filmu. Film wchodzi na ekrany w grudniu i mam nadzieję, że spodoba się widzom.

LEKCJA 5

mp3 21

1 Proszę uważnie słuchać tego nagrania i zaznaczać właściwe odpowiedzi. Uwaga! Nagranie zostanie odtworzone tylko jeden raz!

Przykład: Mówię biegle po hiszpańsku.

1. Poszukiwany mężczyzna nie ma małego palca lewej dłoni.
2. Powinieneś zacząć uczyć się wcześniej!
3. Na twoim miejscu nie czekałabym na ostatni moment!
4. Nie mam pojęcia.
5. Przepraszam, ale się spieszę.
6. Był najniższym dzieckiem w klasie.
7. Proszę posłuchać tego nagrania i odpowiedzieć na pytania. Nagranie zostanie powtórzone dwa razy.
8. Jutro w nocy spodziewamy się najniższej temperatury w tym miesiącu.
9. Zatrudniliśmy pięcioro pracowników.
10. Proszę podać imię, nazwisko, wiek i adres.
11. Idę na urlop macierzyński od kwietnia.
12. Mieszkaliśmy tam przez kilka lat.
13. Blisko milion osób wyemigrowało z kraju.
14. Proszę złożyć wniosek i czekać na decyzję do dwóch tygodni.

mp3 22

2 Proszę uważnie słuchać tego nagrania i wykonywać zadanie zgodnie z podanym przykładem. Uwaga! Nagranie zostanie odtworzone dwa razy.
Proszę zaznaczyć właściwe odpowiedzi.

Projekt „Better with a friend" był skierowany do kobiet migrantek zamieszkujących miasto Kraków. W projekcie mogły wziąć udział również Polki, otwarte na nowe kultury, które chciały poznać kobiety z całego świata, a przy okazji wesprzeć je w trudnym procesie adaptacji w nowym kraju.

Celem projektu była integracja i tworzenie wspierającej społeczności kobiecej, a także stworzenie przestrzeni poznawania się kobiet na takim samym etapie życia, gdzie mogły czerpać radość ze wspólnych spotkań, poznawać zwyczaje i kulturę Krakowa, zredukować stres i zdobyć inspiracje do dalszego działania, a tym samym przeciwdziałać poczuciu izolacji i osamotnienia.

Podczas projektu panie brały udział w licznych warsztatach i spotkaniach integracyjnych takich jak: warsztaty kulinarne, plastyczne, piękna, rzemieślnicze, śniadanie wielokulturowe, sesje relaksacyjne i świąteczna kolacja na zwieńczenie projektu.

Better with a Friend – integracja kobiet migrantek, www.otwarty.krakow.pl

LEKCJA 6

mp3 23

2b Proszę posłuchać nagrania i sprawdzić swoje odpowiedzi.

Mianownik, kto? co?: Urząd miasta jest w centrum. W niedzielę urzędy są nieczynne.
Dopełniacz, kogo? czego?: Nie pamiętam adresu urzędu skarbowego. Na tej ulicy jest wiele urzędów.
Celownik, komu? czemu?: Przyglądam się urzędowi miasta – ładnie go odremontowali. Inicjatywa ta udała się dzięki nowym urzędom pracy.
Biernik, kogo? co?: Taksówka podjechała pod urząd miasta. Znam wszystkie urzędy w mieście.
Narzędnik, z kim? z czym?: Na parkingu przed urzędem skarbowym nie było już wolnego miejsca. Regularnie koresponduję ze wszystkimi urzędami.
Miejscownik, o kim? o czym? Muszę załatwić kilka spraw w urzędzie miasta. Słyszałam o aferze korupcyjnej w kilku urzędach skarbowych.

mp3 24-27

3a Proszę wysłuchać dialogów i zaznaczyć właściwe odpowiedzi.

mp3 24-27

3b Proszę wysłuchać dialogów jeszcze raz i zaznaczyć w tabelce zwroty, które się w nich pojawiają.

Dialog 1
– Chciałam się dowiedzieć, czy wystarczy, kiedy pokażę prawo jazdy. Nie mam przy sobie paszportu.
– Nie, niestety, prawo jazdy nie wystarczy, potrzebny jest paszport.

Dialog 2
– Co muszę zrobić, jeśli chcę zarejestrować samochód?
– Musi pan wypełnić ten formularz i pójść do pokoju 302.

Dialog 3
– Przepraszam, czy można wejść? Mam pytanie.
– Tak, oczywiście, proszę bardzo. Proszę usiąść. W czym mogę panu pomóc?

Dialog 4
– Jestem obcokrajowcem i prawie od miesiąca mieszkam u przyjaciółki. Chciałbym zapytać, kiedy muszę się zameldować, czy to jest pilne?
– Jak najszybciej, najlepiej jeszcze dziś, bo ma pan trzydziestodniowy termin od momentu przyjazdu do Polski.

DVD 5

7a Proszę obejrzeć reportaż z Telewizji Kraków z wyłączonym dźwiękiem i zdecydować z kolegą / koleżanką, które z poniższych słów i zwrotów raczej się w nim nie pojawią. Mogą Państwo korzystać ze słownika. Proszę uzasadnić swoją odpowiedź.

DVD 5

7b Proszę obejrzeć i wysłuchać reportażu i zdecydować, na jaki jest temat.

DVD 5

7c Proszę ułożyć fragmenty zdań w kolejności takiej, w jakiej pojawiają się w reportażu.

Film: Wietnamczycy w Krakowie – abolicja dla nielegalnych imigrantów, Aleksandra Kurtyka, Kronika, TV Kraków.

Dziś szczęśliwi i spokojni, bo na tę pieczątkę w paszporcie Mich Nguyen Tien czekał siedem lat – wtedy bowiem przyjechał do Krakowa.
Mężczyzna: Chciał się opiekować córką brata i też przyłączyć się do nas, prawda, do synów.
Bo jeden z jego, studiujących w Krakowie, synów założył rodzinę. Wszystko układało się dobrze, do czasu, kiedy jego dokument skontrolowała straż graniczna. Wietnamczyk dostał nakaz opuszczenia Polski. Nie wyjechał. Zgodnie z przepisami, od tego czasu przebywał w naszym kraju nielegalnie. Abolicja dla tej rodziny przede wszystkim kojarzy się ze słowem „radość".
M: Czekałem na ten dzień, żeby w końcu mógł spokojnie wychodzić z domu i bez stresu.
A co najważniejsze, po siedmiu latach nieobecności w Wietnamie, będzie mógł odwiedzić rodzinne strony. Dlatego syn Tiena, po wyjściu z urzędu, apelował do wszystkich cudzoziemców:
M: Nie ma czego się bać, po prostu trzeba przyjść i tutaj wszyscy chętnie pomagają, od urzędników do straży granicznej.
Na pomoc w wypełnianiu wniosków może liczyć każdy cudzoziemiec. Mich Nguyen Tien w Krakowskim Urzędzie Wojewódzkim złożył dokumenty z uzasadnieniem. Pobrano również od niego odciski palców. Teraz czeka na postanowienie.
Kobieta: Które zakończy się, mam nadzieję, wydaniem decyzji pozytywnej. To znaczy decyzji zezwalającej na pobyt w Polsce na dwa lata.
Od poniedziałku, dokumenty o zalegalizowanie pobytu, złożyły w Małopolsce trzy osoby, kolejne dwie odebrały wnioski abolicyjne.

LEKCJA 7

mp3 28 **7 Proszę wysłuchać wypowiedzi i minidialogów, a następnie zakreślić właściwą odpowiedź.**

1.
– A więc skracamy troszkę włosy, żeby fryzura lepiej się układała i robimy kolor?
– Tak, jasny blond.

2.
– Czy jest szansa, że przygotuje Pani tę umowę na jutro? W piątek mam spotkanie z wydawnictwem.
– Oczywiście, muszę tylko zajrzeć do kodeksu.

3.
– Mam kompletnie zalane mieszkanie. Jak szybko możecie przyjechać?
– To zależy gdzie Pan mieszka. Proszę podać adres.

4.
– Ta spódnica jest za ciasna. Dałoby się ją trochę poszerzyć?
– Zaraz zobaczymy.

5.
– Chciałbym umówić się na przegląd.
– Jaki auto ma przebieg?
– To stary samochód, ma przejechane 130 000 kilometrów.

6.
– Czy możecie Państwo przysłać fachowca, żeby obejrzał moją lodówkę?
– A co się dzieje?
– Nie wiem, jest zepsuta, nie mrozi.

mp3 29 **9a Proszę wysłuchać nagrania i zaznaczyć, czy poniższe zdania są prawdziwe (P), czy nieprawdziwe (N).**

mp3 29 **9b Proszę ponownie wysłuchać nagrania i odpowiedzieć na pytania.**

mp3 29 **9c Proszę wysłuchać nagrania po raz ostatni, a następnie uzupełnić poniższe zdania.**

– Dzwoniłeś wczoraj w sprawie naszego DVD?
– Zapomniałem, ale już dzwonię. Wypisałem sobie kilka numerów.
– Może nie trzeba, Jola dała mi numer do takiego człowieka, on się nazywa... czekaj... Jabłoński, Tadeusz Jabłoński.
– Fachowiec?
– Nie, nie ma swojego warsztatu. Złota rączka, podobno świetnie naprawia każdy sprzęt RTV.
– Prawdę mówiąc, wolałbym specjalistę. Zadzwonię do jakiegoś punktu napraw.
– „Kubacki-Serwis", w czym mogę pomoc?
– Dzień dobry. Czy naprawiacie państwo sprzęt DVD?
– Oczywiście. To jest odtwarzacz czy kino domowe?
– Kino domowe.
– A co się dzieje?
– Ciągle się psuje, a starszych płyt w ogóle nie czyta.
– Rozumiem. Proszę przywieźć do nas sprzęt.
– To jest dość duży model... A czy jest szansa, że przyślecie kogoś do nas?
– Nie mogę panu tego niestety obiecać, mamy dużo klientów. Może w przyszłym tygodniu.
– To dla nas za późno. Nic, w takim razie dziękuję. Do widzenia.
– Do widzenia.
– To co, dzwonić do Jabłońskiego?
– Poczekaj, zadzwonię w inne miejsce.
– Naprawa RTV „SKORPION", słucham.
– Dzień dobry. Czy naprawiacie Państwo sprzęt DVD?
– Wszystkie dostępne na rynku modele. Przywiezie pan sprzęt do nas?
– A dałoby się przysłać do nas fachowca, żeby obejrzał DVD?
– No wie pan, wszystkie naprawy prowadzimy w serwisie, ale możemy kogoś wysłać, żeby zabrał sprzęt do nas.
– A jaki jest koszt usługi?
– 80 złotych transport i oczywiście koszty naprawy.
– W takim razie musimy się zastanowić. Jeśli się zdecydujemy, zadzwonię do Państwa. Do widzenia.
– Do widzenia.
– To co, może jednak zaufasz temu Jabłońskiemu? Naprawia wszystko u Joli, to naprawdę złota rączka.
– No dobrze, dzwoń.
– Jabłoński, słucham.
– Dzień dobry, mówi Dorota Krukowska. Dostałam pana numer od mojej koleżanki, Joli Dobrowolskiej.
– A, od pani Joli! Pewnie jakieś problemy ze sprzętem? Co mogę dla pani zrobić?
– Mamy zepsute DVD.
– Zatrzymuje płyty?
– Tak, ciągle.
– To może być czytnik laserowy. Mam przyjechać to obejrzeć?
– Będziemy bardzo wdzięczni!
– Spróbuję Państwu pomoc, ale nie mogę obiecać, że to się uda naprawić. Może trzeba będzie zamówić nową część.
– Tak czy inaczej będziemy zobowiązani, panie Tadeuszu.

DVD 6 **12a Proszę obejrzeć materiał filmowy, a następnie odpowiedzieć pisemnie na pytania.**

Film: Sprzedawcą się nie rodzisz, sprzedawcą się stajesz. Najtrudniejszy zawód świata.

Kobieta 1: Chodź synku, idziemy!
Dziecko: A kupisz mi mamo hulajnogę?
K1: Chodź, bo się spóźnimy, idziemy.

K1: O, cześć!
K2: O, hej! Damy radę, dzisiaj będzie petarda, na pewno!
K1: No to powodzenia.
K2: Powodzenia!

K1: Witam serdecznie, czy mam przyjemność z panem właścicielem firmy rozmawiać?
Mężczyzna 1: Dziękuję, nie jestem zainteresowany.

K1: Halo, dzień dobry, witam serdecznie.
M2: Skąd pani mam mój numer?!

K1: Halo, dzień dobry.
K3: Proszę do mnie nie dzwonić, jestem w pracy!

M3: I jak idzie?
K1: Słabo. Nie wiem, nie nadaję się chyba do tego.
M3: Nikt się nie urodził sprzedawcą, trzeba to wyćwiczyć. Daj sobie czas. Dzwoń dalej.

K1: No i jak tam?
K2: Mam dość. Jutro nie przychodzę, rezygnuję z tej pracy.

M3: Czekaj! Weź to. Pomoże ci.

M4: Tobie nigdy w życiu nic nie wyszło.
K4: Call center? A normalnej pracy nie mogłaś sobie znaleźć? W szkole, na poczcie albo w sklepie?
M4: Studia robisz i sprzedajesz? Jaki to wstyd przed sąsiadami.
K1: Mogłeś chociaż posprzątać.
M4: Ale ugotowałem obiad.
K1: Wiesz co, nie jestem głodna, nie mam siły dzisiaj.

M4: Młody jest głodny, co na kolację?
K1: Zrób mu coś, chcę to przeczytać.
M4: To jeszcze uczyć ci się kazali?
K1: Co? Nie, nie będziemy dyskutować.

K5: Sprzedawcą zostajesz tylko wtedy, jak nie potrafisz robić nic innego.
M5: Sprzedaż, to najgorsze co możesz robić. To już lepiej dziwką zostać.
K6: Jak się nigdzie nie nadajesz, to na słuchawkę do call center.

Dz: Mamo, kupisz mi hulajnogę?
K1: Nie mam pieniędzy synku.

K1: Halo, ja się tutaj kontaktuję, ponieważ widzę, że prowadzi pani swoją własną firmę i chciałabym pani przedstawić rozwiązanie, które pomoże pani

zaoszczędzić nawet kilkaset złotych. Tak, że pozwoli pani, że zajmę kilka chwil i opowiem o szczegółach, dobrze?
K7: Nie, nie mam czasu.
K1: Ale wie pani co, ja zajmę dosłownie kilka chwilek. Dwie, dosłownie dwie, trzy minutki. Gwarantuję pani, że to nie będzie czas stracony, a jeżeli nie spodoba się pani moja oferta, to po prostu już więcej do pani nie zadzwonię. Dobrze? Możemy się tak umówić?
K7: Dobra, niech pani mówi.

K7: Wie pani co, dziękuję, że mnie pani przekonała. Nie spodziewałam się jak wiele do tej pory traciłam. Cieszę się, że pani zadzwoniła. Udanego dnia i gratuluję pani wytrwałości.
K1: A ja pani, pani Paulino, gratuluję najlepszego wyboru w kraju. Jeszcze raz pani dziękuję za przemiłą rozmowę, miłego dnia i jesteśmy w kontakcie.

Dz: Mama!
K1: Cześć. Cześć Chikusiu.

M4: Proszę kochanie.
K1: Dzięki! Z jakiej to okazji?

K1: Chodź do nas.

K1: Synku, chodź na chwilkę.
Dz: Co znowu?
K1: Podoba ci się taka?
Dz: Tak.
K1: To co, jedziemy na zakupy?
Dz: Tak!

przygotowanie do egzaminu

Rozumienie ze słuchu

mp3 30 **I Wypowiedzi pojedyncze. Proszę uważnie słuchać i zaznaczać właściwe odpowiedzi. Nagranie będzie odtworzone tylko jeden raz.**

Przykład: Obawiam się, że nie zdam tego egzaminu.

1. Uczę się polskiego sam.
2. Jak ci się powiodło na egzaminie?
3. Na twoim miejscu poszłabym na kurs językowy.
4. Świetnie wyglądałaś na imprezie.
5. Polecam ci pierogi z jagodami, palce lizać!
6. Nie rozumiem, dlaczego nie chcesz obejrzeć tego filmu. Powinnaś koniecznie go zobaczyć, jest świetny!
7. Ludzie w Polsce mają podobne problemy ze znalezieniem pracy jak u was.
8. Wczoraj wyjechał? Jaka szkoda, nie zdążyłam się pożegnać!
9. Będziecie mieli dziecko? To wspaniała wiadomość!
10. W czym mogę pani pomóc?

mp3 31 **II Proszę wysłuchać opowiadania Ani i zaznaczyć, czy poniższe zdania są prawdziwe (P), czy nieprawdziwe (N). Nagranie zostanie odtworzone dwukrotnie.**

W lipcu 1998 roku wybraliśmy się z moim chłopakiem, a obecnie mężem, na wakacje do Francji. Zostaliśmy zaproszeni przez moją francuską przyjaciółkę, którą poznałam podczas studiów w Warszawie, do jej rodzinnego domu w Bordeaux. Z Warszawy do Paryża dojechaliśmy autobusem, potem mieliśmy przesiąść się na bezpośredni pociąg do Bordeaux, ale po drodze zmieniliśmy zdanie. Żeby zaoszczędzić trochę pieniędzy, a nie mieliśmy ich zbyt dużo, jak to studenci, postanowiliśmy pojechać autostopem. Dojechaliśmy metrem do miejsca, gdzie zaczynała się droga wylotowa na południe Francji i zaczęliśmy łapać autostop. Nie było łatwo, 30-stopniowy upał, kurz, hałas. W końcu po 4 godzinach, około 22.00 zatrzymał się koło nas elegancki Renault, a mężczyzna, który siedział w środku, powiedział, że może zabrać nas do Tours. No cóż, dobre i to. Wsiedliśmy do samochodu i ruszyliśmy w drogę. Jakież było nasze zdziwienie, gdy po 20 minutach szybkiej jazdy mężczyzna powiedział, że musi wracać do Paryża. Co się stało, zapytałam? Okazało się, że mężczyzna zapomniał jakichś ważnych dokumentów. Nie chcieliśmy wracać do Paryża, więc nasz kierowca wysadził nas na środku autostrady. Po pół godzinie zdaliśmy sobie sprawę, że nasza sytuacja nie jest wesoła: 4 pasy w jedną i cztery w drugą stronę, samochody pędzące 180 km/h, hałas nie do wytrzymania. Nie było szans, żeby jakiś samochód stanął przy tej prędkości. Zaczęliśmy się naprawdę bać. Dopiero po godzinie udało nam się kogoś zatrzymać. Okazało się, że to była policja! Opowiedzieliśmy co się stało, a panowie policjanci byli bardzo mili i zaproponowali, że odwiozą nas z powrotem do Paryża na dworzec. Tak też zrobiliśmy. Po kilku godzinach siedzieliśmy już w pociągu relacji Paryż–Bordeaux, biedniejsi o kilkaset franków, ale szczęśliwi.

mp3 32 **III Proszę uzupełnić brakujące fragmenty tekstu. Nagranie zostanie odtworzone dwukrotnie.**

W czasie, gdy wyjście z domu i kontakt z drugim człowiekiem niesie ze sobą ryzyko zarażenia koronawirusem, a rząd promuje akcję #zostańwdomu, większość osób szuka alternatyw dla tradycyjnych zakupów. Polacy już wcześniej lubili kupować on-line, a teraz robią to jeszcze chętniej. Nic więc dziwnego, że wiele firm w okresie pandemii zanotowało duży wzrost przychodów z kanałów sprzedaży internetowej. Wyjątkowo dobrze radzą sobie spółki z sektora e-grocery oraz firmy oferujące jedzenie z dostawą do domu. Obie te branże bardzo szybko zareagowały na zmieniające się warunki i dopasowały swoje usługi do nowej rzeczywistości. Pandemia sprawiła, że jakiekolwiek formy rozrywki poza domem niemal z dnia na dzień przestały być możliwe. Nie powinno więc dziwić, że zamknięte w czterech ścianach społeczeństwo zaczęło poświęcać więcej czasu (i wydawać więcej pieniędzy) na konsumpcję usług cyfrowych. Zwiększonym zainteresowaniem cieszą się serwisy takie jak np. Ipla czy Player, które oferują użytkownikom dostęp do telewizji na żądanie. Zyski liczą też producenci gier komputerowych.

LEKCJA 8

DVD 7 **2f Jak Państwo myślą, czy uda się przeżyć tydzień za 50 zł? Proszę obejrzeć eksperyment Aleksandry Szejnogi, która postanowiła to sprawdzić, a następnie zanotować.**

Film: Czy dam radę przeżyć 7 dni, mając 50 zł?

Hej wszystkim. Jestem Ola i dzisiaj rozpoczynam eksperyment, który będzie polegał na tym, że postaram się przez cały tydzień wydać nie więcej niż 50 złotych.
Dzisiaj, pod względem niewydawania pieniędzy, chyba będzie łatwy dzień. Mam trochę pozostałości... znaczy sporo pozostałości z wczorajszego spaghetti, więc dziś zjem to samo. Jutro, chyba, jak zostanie mi jeszcze trochę mięsa, to zrobię sobie faszerowane cukinie. Mniam, mniam, mniam. Dzisiaj już raczej nie wydam żadnych pieniędzy, bo pada deszcz, nie mam ochoty nigdzie wychodzić, więc myślę, że niedługo będę mogła skreślić pierwszy dzień niewydawania pieniędzy.

Dzień 2. Dzisiaj wydam trochę pieniędzy. Muszę iść wydrukować 2 kartki papieru, iść na pocztę, wysłać list i kupić coś na obiad. 6,47 wydałam na rzeczy spożywcze, 5,59 na folię aluminiową. Drukarnia kosztowała mnie 60 groszy, list – 5,95. W sumie wydałam 18 złotych i 61 groszy. Zostało mi 31 złotych, 39 groszy.

Mamy dzień 3, a ja dzisiaj wydałam prawie wszystkie pieniądze. Nie byłam dzisiaj głodna, więc na śniadanie zjadłam, dosłownie, dwa wafle ryżowe i banana. W lodówce zostało mi 1 jajko i 2 banany. Pomyślałam, że świetnym pomysłem na obiad na przyszłe dni będzie zrobienie rosołu. Z reguły, jak robię rosół, robię go dużo. Rosół nie jest też drogi w przygotowaniu i jeżeli jest dobrze przechowywany, można go jeść przez kilka kolejnych dni. Zrobiłam dzisiaj zakupy na rosół i wydałam 21 złotych, 46 groszy. Kupiłam podudzie z kurczaka, makaron, włoszczyznę, cebulę, liść laurowy, ziele angielskie, pieprz czarny, goździki i Prince Polo. Zostało mi 9 złotych, 93 grosze.

Dzisiaj na śniadanie zjadłam 2 wafle ryżowe. Wafle kupiłam jeszcze przed rozpoczęciem tego challenge'a, więc wafle uratowały moje śniadanie, bo oprócz tego miałam tylko 2 banany, które również zjadłam. Na obiad zjadłam rosół, który zrobiłam wczoraj. I zjadłam go z pozostałym makaronem, który mi został z paczki, którą kupiłam przy okazji robienia rosołu. Niestety, po wczorajszym jedzeniu rosołu i dzisiejszym, musiałam dzisiaj iść do sklepu i kupić nową paczkę makaronu, bo nie miałam już nic. Kupiłam najtańszy makaron, który kosztował mnie 2,30 i w sumie zostało mi 7,90. Dziś jest dzień 4. Chyba został mi 1 wafel ryżowy, ale kto się naje waflem? Na obiad, oczywiście, zjem rosół. Na kolację może też jeszcze wcisnę rosół. Mam w tym momencie taki mały kryzys. Aż odechciewa mi się jeść, szczerze mówiąc. Ja zabieram się do jedzenia rosołu. Znowu.

Wczoraj, to znaczy niedziela, po zjedzeniu 7 lub 8 miski rosołu, pomyślałam, że potrzebuję czekolady. Co, biorąc pod uwagę, że niedziela bez handlu – było trudne. Z jednej strony mogłam jeszcze pociągnąć ten, ten..., to wyzwanie, ten eksperyment dzisiaj, to znaczy dnia 6, poniedziałku, 21 maja, jednak doszłam do wniosku, że nie da się. Nie warto. Pozostało mi 7 złotych do podzielenia i na poniedziałek, i na wtorek, więc musiałabym zjeść... Jakimś cudem musiałabym przyrządzić coś za tylko 7 złotych, co jadłabym na śniadanie... na 2 śniadania, 2 obiady i 2 kolacje. I naprawdę długo biłam się ze sobą, czy kupić tę czekoladę, czy nie, bo jednak mogłabym bez niej wytrzymać, ale powiem wam coś, czego nie powiedziałam. Podczas jednego z tych dni... Który to był dzień? To chyba był dzień 3. Wydaje mi się, że to był dzień 3. Dostałam strasznej migreny i jestem całkiem pewna, że to była migrena związana z jedzeniem. Czułam się niedożywiona, głodna, nieszczęśliwa. Jedzenie powinno być przyjemnością.

Każdy okruch jedzenia jest jak nuta smaku. A ja, przez te 5 dni tego wyzwania, myślałam o jedzeniu, jak o przykrym obowiązku, myśląc o tym, że okej, mam tylko rosół i muszę jeść ten rosół na śniadanie, obiad i kolację. Nie dość, że obrzydziłam sobie rosół, to, po drugie, jedzenie tego samego nie jest dobre. Rosół na śniadanie, jeżeli nie masz kaca, też wchodzi średnio. Podsumowując: czy da się, czy nie? Uważam, że się nie da. 50 złotych, to jest za mało. 80–100. Myślę, że 100, to już maksymalnie, by się dało. Ale gdybym nie miała już w zapasie jajek, które kupiłam jeszcze... które miałam jeszcze przed rozpoczęciem eksperymentu, gdybym nie miała zapasów makaronu, gdybym nie miała wafli ryżowych, to byłoby mi bardzo ciężko przeżyć na 50 złotych*. A co, jeżeli trzeba kupić leki? A co, jeżeli coś się stanie? Kolejny wniosek. Dzięki temu uświadomiłam sobie, jak naprawdę dużej rzeczy... dużej ilości rzeczy nie potrzebuję. Nie potrzebuję codziennie czekolady, batoników, słodyczy. Odmeldowuję się. Pozdrawiam was bardzo serdecznie. Mówiła do państwa Aleksandra Szejnoga. Idę jeść spaghetti carbonarę, w której sam boczek kosztował mnie 5,40.

* potocyzm, poprawnie: *przeżyć za 50 złotych*

mp3 33 **3e Czy można uniknąć konfliktów o pieniądze w związku? Młoda para – Magda i Janusz – wyraża swoje opinie na ten temat. Słuchając nagrania, proszę odpowiedzieć na poniższe pytania. Nagranie zostanie odtworzone dwukrotnie.**

Magda Fiałkowska, nauczycielka angielskiego: Tak, wystarczy zasada: za wszystko płacimy razem. Zarabiamy podobnie, pensje wystarczają nam na podstawowe potrzeby: jedzenie, kino, impreza (rzadko), bilet miesięczny, zajęcia sportowe. Staramy się unikać pomocy rodziców, ale do końca nie jest to możliwe, jak np. w sytuacji naprawy kilkunastoletniego samochodu, w którym ciągle coś się psuje, albo większych zakupów. Rodzice finansują też studia podyplomowe Janusza na SGH.

Janusz Mitko, pracownik działu marketingu w prywatnej firmie: Z oszczędzaniem jest ciężko, ale staramy się odkładać kilkaset złotych miesięcznie. W czasach studenckich każdy miał swoją kasę, jednak na wspólnych wyjazdach składaliśmy do portfela to, co mieliśmy i za to wspólnie żyliśmy. Od dwóch lat, od kiedy mieszkamy razem, mamy tylko jedną zasadę – prawie za wszystko płacimy razem. W zasadzie tylko telefony komórkowe i zajęcia sportowe każdy opłaca sobie sam. Nie mamy wspólnego konta i nie rozliczamy się za każde zakupy, płacimy trochę na wyczucie. Jeśli jednemu brakuje pieniędzy, to drugie płaci, i tyle. Ślub będzie dla nas ułatwieniem. Praktycznie nic się nie zmieni – założymy tylko wspólne konto, które uprości nam życie.

„Polityka" 2003, nr 49

mp3 34 **3g Wypowiedzi pojedyncze. Proszę uważnie słuchać i zaznaczać właściwą odpowiedź. Nagranie będzie odtworzone tylko jeden raz.**

Przykład: Płaci pani kartą czy gotówką?

1. Przepraszam, gdzie jest najbliższy bank?
2. Chciałbym wymienić 100 euro na złotówki.
3. Dwanaście pięćdziesiąt.
4. Ile kilo?
5. Dziś za funta zapłacimy pięć złotych dwadzieścia groszy.
6. Jak możesz wydawać więcej niż zarabiasz?!
7. Wydaje mi się, że nie mam żadnych pieniędzy na koncie.
8. Nie mam przy sobie gotówki. Pożyczysz mi?
9. Jestem absolutnie pewny!
10. O Boże! Zgubiłam kartę kredytową!

LEKCJA 9

DVD 8 **5a Proszę obejrzeć pierwszą część sondy ulicznej (do 1:25 min) a następnie zaznaczyć kolejność w jakiej poniższe wypowiedzi pojawiają się w video.**

DVD 8 **5b Proszę obejrzeć pierwszą część sondy ulicznej (od 1:26 min) a następnie zaznaczyć kwoty zarobków, które przechodnie definiują jako „dużo pieniędzy" / duże miesięczne wynagrodzenie.**

Film: Sonda uliczna: Czym dla Polaków jest bogactwo i ile pieniędzy to DUŻO pieniędzy?

Cześć, jesteśmy dzisiaj w centrum Warszawy, żeby zapytać przechodniów, czym jest dla nich bogactwo i ile pieniędzy, to dużo pieniędzy.
Prezenterka: Czym jest dla pana bogactwo?
Mężczyzna 1: Czymś, czego nie mam.
M2: Bogactwo? Największy status materialny.
Kobieta 1: Kłopotem.
P: Dlaczego?
K1: No... trzeba strasznie się martwić co z nim zrobić, z tym bogactwem. Jak je chronić, na przykład.
K2: Bogactwo, to klęska.
P: Dlaczego?
K2: Bo pieniądze nie dają szczęścia. Można mieć wszystko, pieniądze, ale jak się nie ma rodziny, nie ma... to pieniądze nie dają szczęścia.
M3: No, jeśli stać nas na wszystkie potrzeby, łącznie z takimi potrzebami luksusowymi, które nie są dla nas niezbędne do życia, ale po prostu dla czystej zabawy, albo żeby się pochwalić, albo żeby po prostu mieć poczucie wyższej wartości.
M4: Bogactwo? To jest zarówno posiadanie odpowiednich umiejętności, odpowiedniej wiedzy, jak i również no pewnej bazy finansowej, o tak bym powiedział.
M5: Ojejku, bogactwo jest stanem, w którym mamy tyle pieniędzy, że możemy kupić sobie, co tylko chcemy i w zasadzie nie zastanawiamy się nad konsekwencjami.
K3: Kurczę, a w sumie dla mnie bogactwem są chyba relacje i przyjaciele.
P: A ile pieniędzy to dużo pieniędzy?
M3: Jestem studentem i dostaję od rodziców 1,5 tysiąca, i myślę, że jakbym zarabiał 5 tysięcy, to bez takich wydatków, jak dom czy rodzina, to byłoby zdecydowanie więcej, niż potrzebuję.
K4: Pewnie jest tak, że ile by nie było, to i tak jest za mało tych pieniędzy. Czym więcej, tym chyba gorzej.
P: A jakbyś miała podać miesięczną sumę, takie widełki?
K4: Miesięczną... to tak z piątka by wystarczyła na miesiąc.
K5: Myślę, że 5 tysięcy, to bardzo dużo.
M2: Około 24 tysięcy miesięcznie. To jest... to jest... po prostu mając więcej pieniędzy, nie jest się bardziej szczęśliwym.
M4: W polskich warunkach? Dużo pieniędzy, to myślę, że tak pułap zaczynałby się od 10, 15 tysięcy. O tak, to uważam, że to już jest duża kwota jak na warszawskie warunki.
K6: Pół miliona to już jest dużo.
P: A miesięcznie?
K6: Miesięcznie? No ja zarabiam bardzo mało, tak, że każda kwota pieniędzy powyżej 5 tysięcy miesięcznie dla mnie to jest bardzo dużo.
M6: Na głowę liczmy od 3 do 4.
M7: Tyle, żeby dało się wyżyć i jeszcze, żeby można było coś odłożyć albo zostawić na jakieś dodatkowe wydatki.
M1: Z 5 tysięcy?
M5: Ja ile chciałbym? W sensie, ile by mnie satysfakcjonowało, tak? Nie wiem, z 10 tysięcy?
P: A ile pieniędzy, to dużo pieniędzy?
K2: Milion.
P: A miesięcznie?
K2: 3 i pół.
P: Miliona?
K2: Niech będzie.
K7: Niech mój pracodawca tego nie słyszy może, ale tak, mnie się wydaje, że tak powyżej 5 tysięcy na początek, ale potem, nie wiem, dycha byłoby idealnie, ale bądźmy realistami.
K8: No to ja obliczyłam, że mnie by tak 10, ale nie na początek, ale w ogóle. To by było dla mnie spoko. Tylko że, niestety, że 10 tysięcy wiąże się z tym, że pewnie bym nie wychodziła z pracy, więc z drugiej strony tak...
P: Może będziecie miały swoje gabinety?
K7: Może mąż będzie zarabiał tyle.
K8: No ale bogactwo męża, to nie moje bogactwo.
K7: Zależy jaki mąż.
P: Zależy od umowy przedślubnej.
K8: To możemy już zakończyć?
P: Dziękuję bardzo.

mp3 35 **8 Proszę wysłuchać wywiadu z panem Sebastianem Nowakiem, a następnie wybrać właściwe informacje.**

Dziennikarz: Rozmawiamy dzisiaj z panem Sebastianem Nowakiem, restauratorem, który postanowił w Warszawie stworzyć alternatywę dla zagranicznych fast foodów – lokal z polskimi daniami na telefon. Dzień dobry panie Sebastianie, proszę opowiedzieć, skąd ten pomysł.
Sebastian Nowak: W dzisiejszych czasach, zwłaszcza w wielkich miastach w korporacjach, mało kto ma czas na godzinny lunch w restauracji. Oczywiście wzorowałem się na fast foodach, ale myślałem o stworzeniu własnego modelu i o zaproponowaniu klientom zdrowego, polskiego jedzenia. Moim celem było stworzenie restauracji tylko z jedzeniem na wynos, gdzie będzie szybko, tanio, smacznie, zdrowo i z dowozem do domu lub do biura. Jak wiemy, wielu ludzi pracuje teraz z domu, to nie znaczy, że mają czas, aby ugotować obiad. Często też mieszkają w miejscach, gdzie nie ma dużego wyboru restauracji.
D: Dla zainteresowanych słuchaczy, pana restauracja mieści się przy ulicy Hożej w Warszawie, nazwał ją pan Jadalnia. Skąd taka nazwa?
SN: To proste, polskie słowo, nazwa miejsca, w którym jemy. Lubię prostotę.
D: Co można zjeść w Jadalni?
SN: Naleśniki, gołąbki, pierogi i inne polskie dania. Wiele miejsc w Warszawie specjalizuje się w zagranicznych wynalazkach kulinarnych typu pizza, frytki, chińszczyzna, hamburgery. My specjalizujemy się w daniach opartych na staropolskim przepisie. Można je zjeść na miejscu, chociaż nie mamy wielu stolików, wziąć na wynos albo zamówić do domu lub do biura.
D: W jaki sposób działa restauracja? Zamawiacie gotowe dania u producenta i odgrzewacie je przed dostawą?
SN: Absolutnie nie! Wszystkie dania powstają na piętnaście minut przed transportem. Wszystkie są świeże i bez konserwantów. Nie oferujemy mrożonych ani odgrzewanych dań!

D: Och, to fantastycznie! Świeży, pachnący obiad jak w domu! A jaki macie asortyment, tradycyjny?

SN: Tak oczywiście oferujemy tradycyjne pierogi, gołąbki lub naleśniki z mięsem, z kapustą i z grzybami, ale i mniej banalne z soczewicą lub z boczkiem, z jagodami albo ze śliwkami, z serami i ze szpinakiem. Są też gigantyczne, półkilowe naleśniki, zupy, sałatki, surówki i sosy.

D: Fantastycznie! A jeśli można zapytać, jak rozwija się pana biznes? Czy opisałby pan to przedsięwzięcie jako sukces?

SN: Absolutnie tak! W ciągu kilku miesięcy Jadalnia zdobyła stałych klientów. 80% zamówień składają firmy, reszta to klienci prywatni. Dziennie mamy od stu do dwustu zamówień, co oznacza, że interes idzie naprawdę nieźle!

D: Ogromne gratulacje! Ale przypuszczam, że konkurencja nie śpi. Polskie dania na wynos to prosty, genialny pomysł, ale też bardzo łatwy do skopiowania. Jakie ma Pan plany na przyszłość?

SN: Moją ambicją jest kultywowanie w Polsce mody na polskie dania. Chciałbym żebyśmy wybierali je częściej, bo są zdrowsze niż fast foody.

D: Dziękujemy bardzo za rozmowę i zapraszamy wszystkich na polskie dania do Jadalni przy ulicy Hożej w Warszawie. Do widzenia!

SN: Zapraszamy też do składania zamówień, dostarczymy pyszne gołąbki, pierogi lub naleśniki do domu. Dziękuję za rozmowę, do widzenia.

LEKCJA 10

mp3 36 **1 Proszę uważnie wysłuchać tego nagrania i zaznaczyć poprawne odpowiedzi. Nagranie zostanie odtworzone jednokrotnie.**

Przykład: Potrzebna jest karta kredytowa i paszport!

1. Dzień dobry, Kaczor i Spółka, w czym mogę pomóc?
2. Czy możemy przejść na ty?
3. W grudniu zawsze mamy mnóstwo papierkowej roboty na koniec roku.
4. Przykro mi, ale tutaj nie można ładować telefonu.
5. Czy zajmują się państwo naprawą wszystkich modeli tabletów?
6. Dzień dobry, ile kosztuje wymiana rozbitej szybki w najnowszym modelu iPhona?
7. Jasne, spróbuję ci zainstalować to oprogramowanie, ale nie obiecuję, że mi się uda, bo nigdy wcześniej tego nie robiłam.
8. Będę ci bardzo wdzięczna, jeśli rzucisz na to okiem, nie mam pojęcia, dlaczego moje bezprzewodowe słuchawki nie łączą się ze smartfonem.
9. Ścinamy jak zwykle i robimy pasemka blond czy balejaż?
10. Jaki jest dzisiejszy kurs sprzedaży euro?
11. Od czasu pandemii nie przyjmujemy płatności gotówką.
12. Będę na sto procent, nie chcę przegapić tej konferencji.
13. Wpadnij do mnie na kawę, kiedy następnym razem będziesz w Poznaniu!
14. Gdybym wiedziała, że tak to się skończy, nigdy nie zdecydowałabym się na tą inwestycję.
15. Pożyczę ci tę sukienkę, ale pod warunkiem, że ją oddasz do pralni po koncercie.

mp3 37 **2 Proszę wysłuchać wywiadu radiowego z prezydentem miasta Janem Nowackim i wybrać właściwą odpowiedź.**

– Dzień dobry Państwu. Rozmawiamy dzisiaj z prezydentem miasta, panem Janem Nowackim.
– Witam Państwa.
– Proszę nam powiedzieć, jak zmieniła się sytuacja ekonomiczna w naszym rejonie w ostatnich miesiącach.
– W zeszłym roku inwestorzy zachodni bardziej byli zainteresowani naszym rejonem niż w latach poprzednich, więc jest to dobry znak. Z kilkoma koncernami już wynegocjowaliśmy kontrakty. Jeżeli duże firmy otworzą tu swoje fabryki, będzie szansa na zmniejszenie bezrobocia nawet o kilka procent.
– A co z rolnictwem?
– Przygotowaliśmy program restrukturyzacji dla rolnictwa. Mam nadzieję, że nasi rolnicy zainteresują się eksportem swoich produktów na rynki wschodnie.
– Kiedy program dla rolnictwa będzie zrealizowany?
– Jak zwykle wszystko zależy od pieniędzy. Ale jest to jeden z naszych priorytetów.
– Dziękuję serdecznie za rozmowę.
– Dziękuję.

LEKCJA 11

mp3 38-41 **2a Zapytaliśmy Polaków, czy interesują się polityką. Proszę wysłuchać odpowiedzi i określić, dla której z pytanych osób polityka jest: a) interesująca, b) nudna, c) obojętna.**

mp3 38-41 **2b Proszę wysłuchać dialogów jeszcze raz i odpowiedzieć:**
- **Kiedy ankietowane osoby zaczęły się interesować polityką?**
- **Czy był to jakiś szczególny moment?**

Osoba 1.
– Czy interesuje się pani polityką?
– Tak, bardzo.
– A kiedy zaczęła się pani nią interesować?
– Nie pamiętam dokładnie. Ale wiem, że już w liceum oglądałam wiadomości i czytałam aktualną prasę.

Osoba 2.
– Czy polityka jest dla pana interesująca czy nudna? A może jest całkowicie obojętna?
– Polityka jest dla mnie bardzo interesująca. Muszę wiedzieć, co się dzieje wokół mnie. To dla mnie ważne.
– Kiedy zaczął się pan interesować polityką?
– Pamiętam ten moment. Byłem w liceum, kiedy wybuchła duża afera w rządzie. Gazety pisały o niejasnych powiązaniach premiera. Od tamtego momentu czytałem regularnie prasę, żeby poznać finał tej historii. Bardzo szybko zacząłem orientować się, kto jest kim w naszym kraju.

Osoba 3.
– Czy interesuje się pani polityką?
– Trudno powiedzieć. Jest mi obojętna. Chociaż oglądam regularnie programy o polityce w telewizji i czytam o niej w internecie.
– Czy pamięta pani moment, kiedy usłyszała pani pierwszy raz cokolwiek o polityce?
– Tak, miałam cztery lata i zapytałam dziadka o nazwisko pewnego znanego w tym czasie prezydenta. Niewiele z tego rozumiałam, ale ten moment pamiętam do dziś.

Osoba 4.
– Czy interesuje się pan polityką? A może to pana nudzi?
– Jest mi zupełnie obojętne, co się dzieje w polityce! Wszyscy robią to samo. A właściwie nie robią nic. A więc jakie ma znaczenie, kto jest u władzy?

DVD 9 **13 Proszę obejrzeć film i powiedzieć, czy poniższe zdania są prawdziwe, czy nie.**

Film: Wybory do Sejmu i Senatu 2019: „Kto może głosować w wyborach do Sejmu i Senatu?"

Komunikat Państwowej Komisji Wyborczej. Kto może głosować w wyborach do Sejmu i Senatu? Wybory do Sejmu i Senatu już 13 października. Głosować mogą obywatele polscy, którzy są pełnoletni, mają pełnię praw publicznych i są wpisani do spisu wyborców. Nie mogą głosować osoby prawomocnie ubezwłasnowolnione, ani pozbawione praw publicznych lub wyborczych. W wyborach do Sejmu i Senatu możesz głosować w miejscu stałego zamieszkania, a także poza nim w Polsce, za granicą lub na polskim statku morskim. Na podstawie rejestru wyborców wójt, burmistrz lub prezydent miasta sporządza spis wyborców dla każdego obwodu głosowania. Do 8 października możesz złożyć wniosek o dopisanie do spisu wyborców w wybranym przez siebie obwodzie głosowania, w gminie, w której mieszkasz na stałe, a nie jesteś ujęty w rejestrze wyborców lub przebywasz czasowo. Jeśli chcesz zagłosować za granicą albo na polskim statku morskim, złóż wniosek u konsula lub kapitana statku do 10 października. Możesz również głosować na podstawie zaświadczenia o prawie do głosowania. Jak dostać takie zaświadczenie? Dowiesz się z kolejnego filmu.

LEKCJA 12

mp3 42 **2a Proszę posłuchać audycji radiowej i zapisać, o jakich prawach mówią dzieci, a o jakich Rzecznik Praw Dziecka.**

mp3 42 **2b W podanych poniżej fragmentach wypowiedzi z audycji brakuje niektórych słów. Proszę posłuchać nagrania jeszcze raz i uzupełnić poniższe zdania. Proszę także zaznaczyć, które z poniższych cytatów to wypowiedzi dorosłych, a które dzieci.**

Prowadząca: Dzień dobry państwu, dziś jest z nami w studiu Rzecznik Praw Dziecka, który podyskutuje z naszymi młodymi gośćmi na temat ich praw. Proszę o pierwsze pytanie.

RPD: Jakie prawo jest, waszym zdaniem, najważniejsze?

Dziecko 1 (dziewczynka): Czy mogę coś powiedzieć? Ja chciałabym odpowiedzieć! Prawo do miłości!

RPD: Brawo! Chociaż to prawo nie jest niestety zapisane. Ale można je połączyć z innymi prawami. Macie na przykład prawo do opieki, do kontaktów z rodzicami, do przyjaźni.

Dziecko 2 (chłopiec): Pochodzę z Kaukazu. Czy mam w Polsce takie same prawa jak polskie dzieci?

RPD: Tak, zgodnie z Konwencją o Prawach Dziecka wszystkie dzieci w Polsce mają takie same prawa i do edukacji, i do opieki zdrowotnej. Nawet te

dzieci, które nie są obywatelami naszego kraju. A jak myślicie, jakie inne jeszcze prawa są ważne?
Dziecko 3 (dziewczynka): Według mnie prawo do zabawy jest bardzo ważne!
Dziecko 2: Tak, to prawda!
Dziecko 1: No właśnie, prawo do zabawy. Ale my musimy się tyle uczyć.
Nastolatka 1: Uważam, że prawo do wyrażania własnego zdania jest ważne.
Nastolatek 2: I prawo do prywatności.
RPD: Co macie na myśli?
Nastolatka 1: Chodzi mi o to, że dzieci albo nastolatkowie mają prawo mówić, co myślą. Mogą się na przykład nie zgadzać z dorosłymi. I chodzi o to, żeby mogli to powiedzieć.
Nastolatek 2: No i żeby rodzice nie przeszukiwali naszych prywatnych rzeczy.
RPD: Trochę się mylisz. Bo co, jeśli boją się o wasze bezpieczeństwo albo zdrowie? Też mają prawo i obowiązek jako opiekunowie dbać o was.
Nastolatek 2: No tak, ale czasem niepotrzebnie się martwią i sprawdzają nasze telefony, skrzynkę e-mailową albo czytają pamiętnik. To za dużo! Uważam, że my też mamy prawo do prywatności.
RPD: Tak, masz rację. To zależy oczywiście od tego, jak często i w jakich sytuacjach dorośli was kontrolują. Jeśli nie ma powodów do niepokoju, rzeczywiście nie powinni łamać waszego prawa do prywatności. Moi drodzy, jeszcze jest jedno ważne prawo, z którego młodzież nie zawsze chętnie korzysta. Chodzi mi o prawo do dbania o własne zdrowie.
Prowadząca: Co chce pan przez to powiedzieć? Dlaczego niechętnie?
RPD: Chodzi mi o na przykład o wybieranie zdrowego odżywiania, a także do mądrego korzystania z dóbr cywilizacji, głównie internetu.
Prowadząca: To ciekawa perspektywa. A teraz ostatnie pytanie do młodzieży.
RPD: Czyje prawa, według was, są ważniejsze: dzieci czy dorosłych?
Dziecko 1: Eeee, nie wiem.
Nastolatek 2: Trudno powiedzieć.
Dziecko 2: To zależy.
Dziecko 3: Wszystkich są chyba tak samo ważne.
Nastolatka 1: Zgadzam się, że prawa i dorosłych, i dzieci są tak samo ważne. Ale sądzę jednak, że powinniśmy w pierwszej kolejności respektować prawa najsłabszych, których trzeba chronić, czyli między innymi dzieci.
Prowadząca: To świetna puenta naszej dzisiejszej audycji. Dziękuję bardzo wszystkim za wypowiedzi, a słuchaczom za uwagę. Panie rzeczniku, czy chce pan jeszcze coś dodać na koniec?
RPD: Przede wszystkim dziękuję bardzo za zaproszenie do dzisiejszej audycji. Na koniec chciałbym powiedzieć coś dorosłym: pamiętajmy, że dzieciaki mają dużo do powiedzenia, a my nie zawsze potrafimy ich słuchać. A warto!

DVD 10 **7a Proszę obejrzeć reportaż z Telewizji Kraków bez dźwięku i odpowiedzieć na poniższe pytania, a następnie z kolegą / koleżanką porozmawiać o tym, czego może dotyczyć reportaż.**

DVD 10 **7b Proszę przeczytać wypowiedzi, które pojawiają się w reportażu. Jak Pan / Pani myśli, w jakiej będą kolejności? Proszę obejrzeć reportaż z dźwiękiem i sprawdzić swoje odpowiedzi.**

Film: Niepełnosprawni i praca, Sylwia Pieczara, Kronika, TV Kraków.

Jacek Małek pracuje w bufecie studenckim prowadzonym przez Spółdzielnię Socjalną „Równość” od trzech lat. Przygotowuje i wydaje posiłki.
Mężczyzna 1: Z zawodu jestem mechanikiem samochodowym. No, niestety, też jestem osobą chorą i po przejściach, ale, no los mnie tak zmusił, że musiałem podjąć pracę w cateringu… W ogóle w Spółdzielni Socjalnej, bo tu jest troszeczkę jednak jakby, można powiedzieć, ulgowe traktowanie w związku z naszymi, jakby chorobami.
Spółdzielnia daje zatrudnienie osobom między innymi z depresją, po załamaniach nerwowych, ze schizofrenią. Prowadzą one bufet studencki i kawiarenkę przy Uniwersytecie Papieskim, świadczą usługi cateringowe w Krakowie i całej Małopolsce, podejmują codzienną pracę.
Kobieta 1: Dla osób, które doświadczały kryzysów psychicznych, są osobami niepełnosprawnymi, bywa to bardzo często trudnym wyzwaniem.
M2: To, że przychodzą tutaj i pracują, to jest dla nich duża wartość dodana i dla nas także, bo jest to motywacja, żeby wyjść z domu przede wszystkim, nie zamykać się, nie pogrążać się w chorobie, tylko z nią walczyć, i ta praca, przede wszystkim, to jest duży motywator.
Niestety, pracuje coraz mniej niepełnosprawnych. Jeszcze niedawno zatrudnionych było ponad 5 000, teraz poniżej 4 000 osób. Między innymi dlatego zorganizowano w Krakowie seminarium „Pełnosprawna niepełnosprawność”.
K2: Na tych dobrych przykładach chcemy też budować dobre wzorce dla otwierania się na zatrudnienie osób niepełnosprawnych w Małopolsce.
Pracodawcy, którzy zatrudniają niepełnosprawnych, mogą liczyć między innymi na dofinansowanie ich wynagrodzeń, zyskują też bardzo lojalnych i odpowiedzialnych pracowników, dla których praca to także forma rehabilitacji i szansa na normalne życie.

mp3 43-44 **2a Proszę wysłuchać dialogów i wpisać brakujące słowa.**

Dialog 1
– Proszę pana!
– Jezus Maria! Co się panu stało?
– Spadłem ze schodów. O Boże, chyba złamałem nogę. Strasznie mnie boli.
– Pomóc panu? Co mam zrobić?
– Proszę zadzwonić po pogotowie. Zna pan numer?
– Tak, 999. Już dzwonię, niech pan się nie denerwuje. Wszystko będzie dobrze.
– Dziękuję panu bardzo.

Dialog 2
– Panie doktorze, chyba złamałem nogę.
– No widzę, jak to się stało?
– Spadłem ze schodów.
– Musimy najpierw zrobić zdjęcie rentgenowskie.
– Panie doktorze, czy wszystko będzie dobrze?
– Tak, niech się pan nie denerwuje, zrobimy rentgen i wtedy zobaczymy dokładnie, co to jest. Aha, jeszcze jedna ważna rzecz – jest pan ubezpieczony, prawda?
– Tak, tak, oczywiście.

DVD 11 **7a Proszę obejrzeć reportaż z Telewizji Kraków i odpowiedzieć na pytania.**

DVD 11 **7b Proszę przeczytać poniższe opisy. Może Pan / Pani pracować z kolegą / koleżanką i korzystać ze słownika. Następnie proszę obejrzeć reportaż jeszcze raz. W trakcie oglądania proszę ponumerować podane poniżej opisy w kolejności, w której pojawiają się w reportażu.**

DVD 11 **7c Proszę obejrzeć reportaż jeszcze raz i uzupełnić pojawiające się w nim wypowiedzi.**

Film: Czerna, Jolanta Michalska, Kronika, TV Kraków.

Dane Komendy Głównej Policji wskazują, że Małopolska należy do województw, w których odnotowuje się najwięcej wypadków z udziałem pieszych. Ubiegły rok to ponad 1 000 wypadków, zginęło w nich 89 osób, 972 zostały ranne.
Mężczyzna 1: Do najczęstszych błędów popełnianych przez pieszych jest* nieostrożne wejście na jezdnię, przebieganie przez jezdnię, przechodzenie w miejscach niedozwolonych, przechodzenie poza wyznaczonymi przejściami dla pieszych, przebieganie czy przechodzenie na czerwone światło*, wychodzenie zza przeszkód, zza pojazdów.
Najwięcej wypadków z udziałem pieszych notuje się w okresie jesienno-zimowym, gdy zapada zmrok, a piesi lub rowerzyści są słabo widoczni. Osoby starsze nie mają nawyku noszenia odblasków, czy jazdy w kasku na rowerze – stąd dziś w Czernej dzieci, rodzicom i dziadkom, przypominały najistotniejsze zasady zachowania się na drodze.
Chłopiec: Patrzeć na sygnalizację świetlną. Jeżeli chcemy przejść, to najczęściej przez pasy, a jeżeli nie ma blisko gdzieś pasów, a musimy przejść, na przykład na chodnik z drugiej strony, jak z jednej strony się kończy, no to musimy się rozglądnąć – lewo, prawo, lewo. Ale, oczywiście, jak są pasy, to też to obowiązuje.
Rodzice i dziadkowie otrzymali też odblaski i zostali zobowiązani przez dzieci do ich noszenia.
Kobieta: Starsi to są, nie są przyzwyczajeni do takich opasek, nie? Po co mi to, na co? Ale idzie starsza osoba, ubrana na czarno i człowiek widzi ją bardzo blisko, z pięciu metrów po prostu, nie? A tak, jak jest opaska, to już z dwadzieścia** metrów i dalej widać tę osobę.
Lekcja niezwykle pouczająca i ważna.
M2: Chcemy, żeby dzieci były naszymi ambasadorami i pomogły nam dotrzeć do tych osób. Żeby powiedziały: dziadziu, chcę cię mieć na długo, zostań ze mną, załóż kask, dbaj o siebie.
Zajęcia z dziećmi, pokazy ratownictwa, udzielania pierwszej pomocy zorganizowało Ministerstwo Infrastruktury i Budownictwa oraz Krajowa Rada Bezpieczeństwa Ruchu Drogowego.
M3: Musimy zadbać o bezpieczeństwo osób starszych, ale również pamiętać o bezpieczeństwie osób najmłodszych, które wielokrotnie podróżują do szkoły właśnie drogami mało oświetlonymi i chociażby bez chodników.
Działania Krajowej Rady Bezpieczeństwa Ruchu Drogowego mają na celu ograniczenie liczby wypadków – stąd kolejne akcje poszerzające wiedzę osób starszych na temat przepisów i bezpieczeństwa. Najbliższa w listopadzie, w Kluczach.

* przejęzyczenie, poprawnie: *Do najczęstszych błędów popełnianych przez pieszych należy (…) przechodzenie na czerwonym świetle…*
** przejęzyczenie, poprawnie: *dwudziestu*

mp3 45 **8b Proszę posłuchać wiersza czytanego przez autorkę. Czy Pana / Pani hipotezy się sprawdziły? Które z podkreślonych przez Pana / Panią słów i zwrotów z ćw. 8a naprawdę pojawiły się w wierszu?**

Wisława Szymborska
Wypadek drogowy
Jeszcze nie wiedzą,
co pół godziny temu
stało się tam, na szosie.
Na ich zegarkach
pora taka sobie,
popołudniowa, czwartkowa, wrześniowa.
Ktoś odcedza makaron.
Ktoś grabi liście w ogródku.
Dzieci z piskiem biegają dookoła stołu.
Komuś kot z łaski swojej pozwala się głaskać.
Ktoś płacze –
jak to zwykle przed telewizorem,
kiedy niedobry Diego zdradza Juanitę.
Słychać pukanie –
to nic, to sąsiadka z pożyczoną patelnią.
W głębi mieszkania dzwonek telefonu –
na razie tylko w sprawie ogłoszenia.
Gdyby ktoś stanął w oknie
i popatrzył w niebo,
mógłby ujrzeć już chmury
przywiane znad miejsca wypadku.
Wprawdzie porozrywane i porozrzucane,
ale to u nich na porządku dziennym.

LEKCJA 14

mp3 46 **10 Proszę wysłuchać rozmowy z inicjatorką akcji przeciw transportowi zwierząt i odpowiedzieć w jej imieniu na następujące pytania.**

1. Kiedy zainteresowałaś się problemem transportu koni?

– Dokładnie w lipcu 2002 roku.

2. Kto Ci powiedział, że warunki, w których transportuje się konie są nie do zaakceptowania? I jakie są to warunki?

– O tym problemie dowiedziałam się z prasy. Zdjęcie zmaltretowanego konia zajmowało prawie całą stronę i towarzyszyło mu hasło: „Tanie podróżowanie po Europie". Oczywiście nie chodziło o reklamę biura podróży.

3. Czy istnieje w Polsce jakaś organizacja, która aktywnie zajmuje się tym problemem?

– Tak, organizacja nazywa się Viva! Akcja dla zwierząt i jest polskim oddziałem międzynarodowej organizacji Viva! działającej od 1994 roku. Zajmuje się popularyzowaniem wegetarianizmu i weganizmu w trosce o dobro ludzi, zwierząt i całej planety.

4. Do kogo adresujecie Wasz protest?

– Generalnie chcemy, żeby ludzie byli bardziej wrażliwi na los zwierząt. Chcemy, żeby więcej mówiło się o transporcie koni na rzeź do Włoch i Francji. Stąd reklama w prasie, jak i lokalne kampanie połączone ze zbieraniem podpisów pod listami protestacyjnymi.

5. Ile podpisów udało Wam się zebrać?

– Do tej pory zebraliśmy około 50 000 podpisów.

6. Jaka jest szansa, że ten protest przyniesie skutek? – A może już przyniósł?

– Naszym pierwszym sukcesem, poza nagłośnieniem problemu, był spadek eksportu koni z 43 000, w roku 2001 do 30 000, w roku 2002. Ponadto z badań opinii publicznej wynika, że aż 73% obywateli jest przeciwnych transportowi koni na mięso. Są to głównie mieszkańcy miast.

7. Czy są jeszcze inne problemy związane z traktowaniem zwierząt, którymi się interesujesz?

– Problem transportu koni jest wyjątkowo bulwersujący, ponieważ zwierzęta te służą człowiekowi całe życie, ciężko pracując. Warunki, w jakich transportowane są zwierzęta, to skandal. Dla prawodawców we wszystkich krajach unijnych ważniejszy jest zysk z przemysłu mięsnego niż cierpienie zwierząt. Inne zwierzęta równie często są traktowane przedmiotowo i wciąż brak odpowiednich zapisów w ustawie o ochronie zwierząt regulujących choćby takie kwestie, jak doświadczenia na zwierzętach.

8. Jak oceniasz świadomość ekologiczną Polaków?

– Wydaje mi się, iż wiele zmieniło się na lepsze w ostatnich latach. Zdecydowanie jednak świadomość ekologiczną powinno kształtować się od najmłodszych lat. Jesteśmy częścią przyrody, więc powinniśmy okazać jej szacunek.

DVD 12 **14a Proszę obejrzeć film na temat szkodliwości papieru i plastiku dla środowiska i uzupełnić poniższe zdania.**

Film: Papier czy plastik ? – Nauka. To lubię.

Używanie której torby na zakupy ma mniejszy wpływ na środowisko? Plastikowej czy papierowej? Co ty byś powiedział? Pewnie, że papierowej, a ja tak do końca bym tego pewny nie był.
Prowadzący: Dzień dobry. Pani zdaniem, wpływ na środowisko naturalne która z tych dwóch toreb ma mniejszy? Plastikowa czy papierowa?
Kobieta 1: Papierowa.
K2: Papierowa.
K3: Na pewno papierowej.
Mężczyzna 1: Ja uważam, że papierowa.
K4: Oczywiście, że papierowa.
K5: Na środowisko no w papierowej.
P: Papierowej. Dziękuję bardzo.
K5: Nie?
P: Nie no, pytam... Głosy pytanych w zasadzie są jednomyślne: papier dla środowiska naturalnego jest lepszy. Z tego samego zdania wychodzi chyba Komisja Europejska, która chce, by do 2019 roku ilość zużywanych torebek plastikowych ograniczyć o 80%. Czy papier rzeczywiście jest lepszy dla środowiska naturalnego?
Produkcja torby papierowej powoduje o 70% większe zanieczyszczenie powietrza i o 80% większą emisję gazów cieplarnianych niż produkcja torby plastikowej. Produkcja papieru powoduje o 50% większe zanieczyszczenie wody niż produkcja plastiku.
Produkcja torby papierowej kosztuje 4 razy więcej energii i 3 razy więcej wody niż produkcja torby plastikowej.
Proces recyklingu papieru kosztuje zwykle więcej energii niż produkcja nowej torby. Potrzeba 90% energii więcej na przetworzenie kilograma papieru niż na przetworzenie kilograma plastiku. Zamiana toreb plastikowych na papierowe nie oszczędzi środowiska naturalnego. Czyżby zatem Komisja Europejska się myliła? A co, to po raz pierwszy? Kilka lat temu zabroniła używania termometrów rtęciowych, a równocześnie dopuściła energooszczędne świetlówki z bardziej niebezpiecznymi oparami rtęci.
A wracając do toreb. To nie produkt ma jakikolwiek wpływ na środowisko, tylko sposób jego używania. Kluczem do ochrony środowiska naturalnego jest używanie tej samej torby na zakupy wiele razy.
Wszystkich, którzy zamierzają mnie krytykować za to, co przed chwilą powiedziałem, zapraszam na stronę *naukatolubie.pl.* Tam znajdziecie odnośniki naukowe. Zapraszam też na profil *Nauka. To Lubię* na Facebooku.

LEKCJA 15

mp3 47 **1 Proszę uważnie wysłuchać nagrania i wykonać zadanie zgodne z podanym przykładem. Proszę zaznaczyć TAK gdy zdanie jest zgodne z tekstem, NIE gdy nie jest zgodne z tekstem.**

Jeśli nie wiesz, na co można wydać publiczne pieniądze, wejdź na stronę „Budżet obywatelski" i zgłoś swoją propozycję. To może być nowy, albo wyremontowany chodnik na Twojej ulicy, nowy kort tenisowy. Dobrze jest też pomyśleć o kulturze: może dzięki Twojemu pomysłowi miasto sfinansuje warsztaty muzyczne dla utalentowanych dzieci? Albo kupi pianino do szkoły w Twojej okolicy?
Bardzo ważne jest czyste powietrze w Twoim mieście? Można zaplanować inwestycje ekologiczne: sadzenie małego lasu albo ochronę wody.
Budżet pozwala kupić albo wyremontować nowy autobus, dofinansować szpital, dom kultury, zaplanować wygodniejsze życie dla wszystkich mieszkańców.
Jeśli więc czujesz, że masz dobry, wartościowy pomysł – nie czekaj! Jeśli Twój projekt wygra głosowanie, możesz mieć realny wpływ na Twoje otoczenie. Projekt zostanie zrealizowany przez jedną z organizacji pozarządowych. Budżety obywatelskie stają się normą na polskiej mapie inicjatyw lokalnych. W każdym roku mieszańcy miast i wsi mogą decydować o tym, jak będzie wyglądać ich życie w lokalnej społeczności.

mp3 48 **2 Proszę uważnie słuchać tego nagrania i wykonywać zadanie zgodnie z podanym przykładem. Uwaga! Nagranie zostanie odtworzone tylko jeden raz. Proszę zaznaczyć właściwe odpowiedzi.**

Przykład: Prezydent musi odejść!

1. Obiecuję krótsze lekcje i dłuższe przerwy.
2. Co pan powie swoim czytelnikom, którzy czekają na nowe wybory?
3. Kobiety muszą zarabiać tyle samo co mężczyźni.
4. Tu zawsze jest taki ruch? Przecież przez tę ulicę nie można przejść!
5. Boję się, że globalne ocieplenie będzie coraz większym problemem.
6. Liczę na to, że po wymianie pieców węglowych w mieście powietrze będzie czystsze.

7. Zgubiliśmy się! Nie wiem, jak wrócić. Wszystkie drzewa wyglądają tak samo!
8. Proszę zadzwonić po pogotowie! On nie reaguje!
9. Proszę sprawdzić hamulce i poziom oleju.
10. Proszę otworzyć usta. No tak, gardło czerwone.

LEKCJA 16

mp3 49 **6b Proszę posłuchać nagrania i ułożyć pytania redaktora w kolejności, w jakiej pojawiają się w audycji.**

mp3 49 **6c Proszę przeczytać odpowiedzi pani profesor i dopasować je do pytań redaktora z ćw. 6b. Proszę posłuchać nagrania i sprawdzić swoje odpowiedzi.**

Redaktor: Dzień dobry, witamy w naszym programie „Gość dnia". Dzisiaj w studiu jest z nami pani profesor Barbara Stępień, kulturoznawczyni. Witamy serdecznie, pani profesor.
Pani Profesor: Dzień dobry panu, dzień dobry państwu.
R: Dzisiejszym tematem są tak zwane fejki, czyli fake newsy. Pani profesor, dlaczego wierzymy w *fake newsy*?
P: Nasz mózg jest leniwy, szuka prostych rozwiązań i lubi nas utwierdzać w pewnych przekonaniach. Jeśli mamy jakieś zdanie na jakiś temat, szukamy informacji, które je potwierdzą.
R: Trudno jednak zrozumieć, dlaczego inteligentni ludzie, normalnie funkcjonujący, pracujący wierzą w te „kłamstwa społeczne", którymi są *fake newsy*?
P: Te informacje są pisane i publikowane w celu wprowadzenia w błąd. Osoby, które je wymyślają, publikują i rozpowszechniają, umieją to robić. Wykorzystują mechanizmy świetnie znane w psychologii społecznej.
R: To znaczy? O jakie mechanizmy tu chodzi?
P: Na przykład naszą tendencję do stereotypowego myślenia, naszą słabość do podawania prostych odpowiedzi na skomplikowane pytania i naszą ufność wobec autorytetów – nawet jeśli są fikcyjne. I co typowe dla *fake newsów* – wykorzystują efekt „plotki", czyli to, że im częściej o czymś słyszymy, tym bardziej wydaje się nam to być prawdziwe.
R: W nowych mediach dominuje anonimowość. Czy to pomaga twórcom *fake newsów*?
P: Oczywiście. Wypowiedzi na forach i platformach internetowych, na portalach społecznościowych oderwane są od konkretnych osób, które je publikują. To oderwanie opinii od konkretnej osoby powoduje, że łatwiej o fałsz.
R: Jak temu zaradzić, czy można zakazać stosowania *fake newsów*?
P: Obawiam się, że to niemożliwe. Nie chcemy przecież naruszać wolności słowa i wprowadzać cenzury. Nasz mózg z jednej strony pomaga nam wierzyć w *fake newsy*, a z drugiej jednak strony jest najlepszą bronią, którą możemy je pokonać.
R: Jak to zrobić?
P: Musimy być czujni, myśleć, szukać źródła informacji. Sprawdzać, czy informacja zaprezentowana jest w wiarygodny sposób. Jednym słowem, musimy mieć otwarty umysł.
R: Dziękuję bardzo za rozmowę.

Konrad Sadurski, *To dramat – wszyscy w nim gramy*
Olga Woźniak rozmawia z Dr. Michałem Olszanowskim, *Czy nie moglibyśmy żyć bez kłamstwa*
Jakub Halcewicz-Pleskaczewski rozmawia z księdzem Alfredem Markiem Wierzbickim, *Po ósme nie wytwarzaj fake newsów*

DVD 13 **8b Proszę obejrzeć film reklamujący Akademię Dziennikarstwa i zdecydować, jak nazywają się i o czym mówią osoby ze zdjęć.**

DVD 13 **8c Proszę obejrzeć film jeszcze raz i uzupełnić zacytowane poniżej wypowiedzi.**

Film: Akademia Dziennikarstwa 2017/18.

Jakub Szymczuk: Dobra fotografia jest wtedy, kiedy jesteśmy w stanie jednym zdjęciem opowiedzieć jak najbardziej obiektywnie historię danego wydarzenia.

Krzysztof Ziemiec: Dobry dziennikarz to ten, który umie obserwować, umie i chce słuchać. To ktoś, kto lubi ludzi.

Alina Petrowa-Wasilewicz: To jest tak jak gra na fortepianie. Wirtuozem się stajemy dopiero po iluś tam godzinach, więc musimy rzeczywiście mieć dobrze przećwiczony warsztat, bogaty język. Żeby dobrze pisać, trzeba bardzo dużo czytać.

Ks. Przemysław Śliwiński: Akademia Dziennikarstwa to odpowiedź na znak czasu, że odbiorca stał się nadawcą. To odpowiedź i propozycja dla tych, którzy chcąc publikować dobre treści w internecie, tworzyć strony, prowadzić profile społecznościowe, dobrze obsłużyć każdą stronę technologicznie, chcą się tego douczyć, stać się jeszcze lepszym.

Tomasz Rożek: Myślę sobie, że jedną z tych rzeczy, które nas różnią od zwierząt, jest chęć ciągłego uczenia się i bycie ciekawym. Ja jestem ciekawy i dlatego, między innymi stąd tworzenie tego videobloga. Was zachęcam do bycia ciekawymi, no i do ciągłego uczenia się.

Małgorzata Ziętkiewicz: Co to jest za gatunek dziennikarski, czym jest telewizyjny reportaż? Co zrobić, żeby telewizję ktoś chciał oglądać? O tym opowiem wam na naszych zajęciach w tym roku. Zapraszam.

LEKCJA 17

DVD 14 **1c Proszę obejrzeć film opisujący historię wizerunku świętego Mikołaja, na następnie zaznaczyć właściwe odpowiedzi: TAK / NIE.**

Film: Mikołaja ubranego na czerwono wylansowała Coca-Cola? – Suche Fakty.

Kobieta: Broda, prawie taka jak u Łukasza, ale biała i długa, czerwona czapka, płaszcz i okrągłe policzki oraz, oczywiście, worek pełen prezentów.
Mężczyzna: Taki wizerunek świętego Mikołaja zna dziś niemal każdy, ale czy pierwszy święty Mikołaj rzeczywiście chodził ubrany na czerwono?
K: W święta obalamy bożonarodzeniowy mit. Agata Skorupa.
M: I Łukasz Radkiewicz.
Kobieta i mężczyzna: Zapraszamy na „Suche Fakty".
M: Jeden z pierwszych wizerunków Mikołaja został stworzony w XIX wieku przez Clementa Moore'a w wierszu „Wizyta świętego Mikołaja".
K: Amerykanin przedstawił Mikołaja jako elfa w miniaturowych saniach, zaprzężonych w renifery.
M: W tym okresie ludzie wyobrażali sobie, że Mikołaj mieszka w jaskini i ubiera się w brązowe stroje.
K: Dopiero w drugiej połowie XIX wieku, w świątecznej edycji tygodnika Harper's, amerykański rysownik przedstawił Mikołaja jako człowieka, a nie elfa.
M: Zatem, kto tak naprawdę stworzył wizerunek Mikołaja z siwą brodą i w czerwonym kostiumie? Okazuje się, że…
K: Coca-Cola. W 1931 roku dla tego potężnego producenta napoju gazowanego obecny wizerunek świętego Mikołaja stworzył ilustrator Haddon Sundblom.
M: Mit obalony, bo tak naprawdę Mikołaj urodził się w Patarze, na terenie obecnej Turcji, około 270 roku.
K: Na głowie miał infułę, a w ręku pastorał.
Kobieta i mężczyzna: Wesołych Świąt!

mp3 50 **2h Proszę uważanie słuchać tego nagrania i wykonywać zadanie zgodnie z podanym przykładem. Uwaga! Nagranie zostanie odtworzone dwa razy.**
Proszę wysłuchać nagrań opisujących poniższe symbole i dopasować do nich ilustracje.

a)
Ten znak znajduje się na produktach „przyjaznych środowisku". Symbolizuje fazy procesu recyclingu. Nie jest typową marką handlową. Student Gary Anderson wymyślił go na konkurs z okazji Dnia Ziemi.

b)
Każdy, kto jeździ samochodem, zna ten znak. Jest to międzynarodowy symbol zakazu wjazdu w kolorze czerwonym i białym.

c)
W kulturze Dalekiego Wschodu to znak łączący dobro i zło, energię męską i żeńską.

d)
Ten znak ma już ponad sto lat. Jest symbolem organizacji pomagającej rannym i chorym.

e)
Znak symbolizujący kraje członkowskie organizacji, do której Polska należy od 1 maja 2004 roku.

LEKCJA 18

DVD 15 **4 Proszę obejrzeć video i zaznaczyć te przykłady kultury, które nie zostały wymienione przez uczestników sondy ulicznej. Jaka odpowiedź na pytanie czym jest kultura pada Pana / Pani zdaniem najczęściej?**

Film: [CNK] Co to jest kultura? Ktoś wie!?

Prezenter: Tam stoi pani z koszykiem wiklinowym. Już nam ucieka. O, dzień dobry… Czy możemy…? Ale proszę nie uciekać.

Mężczyzna 1: Nie, dziękuję bardzo.
P: Czym, według pana, jest kultura?
M2: To w zależności od pojęcia kultury.
Kobieta 1: Dobre wychowanie.
M3: No nie wiem, nie jestem tak bardzo oczytany, wie pan, w kulturze.
P: Ale tak własnymi słowami.
M3: No naprawdę nie wiem... Można pozdrowić żonę?
P: Można pozdrowić żonę.
M3: Pozdrawiam żonę Gabrysię z Warszawy.
K2: Czy ja wyglądam na kulturalną? A kto pyta, bo to jest ważne.
K3: Obrazy takie ładne. Z naturą. No nie, to... już dzięki.
M4: Kultura to wszystko to, co wytwarzamy. Kulturą może być, chociażby ten pałac kultury, który tutaj za nami jest.
M5: Nie wiem, tak patrząc tutaj na to dookoła, to ciężko mi zdefiniować cokolwiek. Jednym słowem: nie wiem.
M6: Kultura, to... łączy się z ilorazem inteligencji. Inteligencja, kultura... a chamstwo się tępi.
K4: No takie zachowanie... no nie, zachowanie kulturalne, szacunek do innych ludzi.
K5: O Jezu...
Chłopiec 1: Nie wiem.
M7: Nie wiem.
P: Swoimi słowami.
M7: Kolega wie, bo on jest bardzo oczytany.
M8: To nie wiem. Pójście do teatru, do galerii sztuki... nie wiem, coś takiego.
K6: Dla mnie kultura, to przede wszystkim to, w jaki sposób człowiek się wysławia i co sobą prezentuje. No ja do teatru nie chodzę, więc no niestety, daleko mam. W miejscowości, gdzie mieszkam, nie ma czegoś takiego. Dobra książka.
M9: Nie mówię, że jeżeli ktoś kiedyś powiedział jakieś złe słowo, nie jest kulturalny, ale jeżeli ktoś co drugie słowo, jako przerywnik traktuje, to nie jest osobą kulturalną.
P: Super, a twoim zdaniem?
M10: Ja całkowicie zgadzam się z kolegą.
M11: Nauka, twórczość literacka, film, teatry i tak dalej.
Ch2: Nie wiem, architektura i różne obrazy malarskie, rzeźby i takie tam.
M12: I te malowidła na ścianach, tak, i każdy plakat, i wszystkie eventy, które mamy, które się odbywają. Wszystkim, co nas otacza tak naprawdę, to jest kultura.
M13: Muzea, teatry, no i że to wiadomo, jak się chodzi ten, się trochę... ogłady się nabiera, wiadomo, tam w takich miejscach tak samo nie można przeklinać, ani nic no. Przynajmniej nie wypada.
K7: Ojejku, nie wiem jak odpowiedzieć. Mogę się przygotować?
K8: Bo są dwa rodzaje kultury. Jest kultura osobista i taka nie... wiecie.
K7: No więc jest to pokazanie też w sumie samego siebie w jakiś określony sposób. Jest to, na przykład, namalowanie czegoś, co się czuje lub czegoś, co się samemu widzi, w jakiś określony sposób.
M14: Kultura jest to, moim zdaniem, kurde... zbiór pewnych wartości, tradycji w danej narodowości.
M15: Jakieś życie w społeczeństwie. Tak jakoś musimy jakoś żyć, jako że żyjemy w dość dużym społeczeństwie, musimy jakoś z nimi współżyć, z innymi ludźmi.
M16: To, co sobie teraz myślę, jest też kulturą. Takie pytanie od czapy.
K9: No w życiu codziennym, to te przepraszam, dziękuję. Miejsca ustąpić, na przykład, takim paniom jak ja.
M17: Culture... culture is a, uff, it's difficult to me to say in English... the identity of the town, of the country, I think.
M18: Kultura, to jest to, czym człowiek odróżnia się od zwierzęcia.
K1: Myślę, że to jest kultura.
Wszyscy: Czas na kulturę.

mp3 51-55 **8 Proszę wysłuchać wypowiedzi 5 osób, a następnie uzupełnić poniższą tabelę.**

mp3 51-55 **8a Wypowiedzi osób zostały wymieszane. Proszę wysłuchać nagrania po raz drugi, a następnie wraz z kolegą / koleżanką uzupełnić dialogi.**

Dialog 1.
Dziennikarka: Przepraszam, jak się pani podobał film?
Kobieta: Piękny! Piękny! Naprawdę nie wierzyłam, że można zrobić taki udany film na podstawie tej sztuki teatralnej!
Dziennikarka: A co szczególnie się pani podobało?
Kobieta: Wszystko: kostiumy, scenografia, gra aktorów... No, po prostu jestem zachwycona!

Dialog 2.
Dziennikarka: A tobie podobał się film?
Chłopak: Nie bardzo... Nie lubię filmów kostiumowych, nie podobało mi się też to, że aktorzy mówią wierszem. Ale szczerze mówiąc, nie spodziewałem się, że film mi się spodoba.
Dziennikarka: To dlaczego przyszedłeś na premierę?
Chłopak: Ojciec miał bilety... (śmieje się) Zresztą to moja lektura szkolna, nie będę musiał już czytać.
Dziennikarka: No więc powinieneś być zadowolony.
Chłopak: W sumie tak... przynajmniej mam to z głowy!

Dialog 3.
Dziennikarka: A pan, co pan myśli o filmie?
Mężczyzna: Szkoda czasu!
Dziennikarka: O, to naprawdę ostra ocena. Dlaczego pan tak uważa?
Mężczyzna: Ja po prostu nie rozumiem, po co przenosić sztukę teatralną na ekran? Nigdy nie widziałem udanej adaptacji.
Dziennikarka: Dlaczego w takim razie przyszedł pan na premierę?
Mężczyzna: Jestem krytykiem filmowym, to mój obowiązek.

Dialog 4.
Dziennikarka: Jak wam się podobał film?
Dziewczyna: Trudno powiedzieć... Pod pewnymi względami mi się podobał: na przykład kostiumy – bardzo odważne, ale interesujące. Ale generalnie nudny.
Chłopak: Jak możesz tak mówić! Film jest wierną adaptacją sztuki, niczym się nie różni od przedstawienia w teatrze.
Dziewczyna: Żartujesz! W kinie nie ma takiej atmosfery jak w teatrze!
Dziennikarka: Widzę, że zdania są podzielone...
Dziewczyna: O, to normalne! On zawsze ma inne zdanie na każdy temat!

Dialog 5.
Dziennikarka: Jak wrażenia z filmu?
Mężczyzna: Znakomita adaptacja, naprawdę wszystkim polecam. Przede wszystkim, jeśli chodzi o reżyserię, widać rękę artysty: rewelacyjna obsada, doskonałe tempo, scenografia...
Dziennikarka: Żadnych uwag krytycznych?
Mężczyzna: Zdaję sobie sprawę z tego, że film nie wszystkim będzie się podobał, ale ze swojej strony nie mam uwag.

mp3 56 **12a Proszę wysłuchać wypowiedzi pana Zenona Auguścika, księgarza, a następnie zdecydować, czy poniższe stwierdzenia są prawdziwe (P), czy nieprawdziwe (N).**

mp3 56 **12b Proszę wysłuchać ponownie nagrania, a następnie połączyć fragmenty zdań z obu kolumn.**

Muszę powiedzieć, że dzisiaj sytuacja na rynku książki i prasy bardzo się zmieniła. Ludzie nie kupują książek, bo mówią, że nie mają pieniędzy. A na kolorowe gazety mają! Ilustrowany miesięcznik dla pań albo panów kosztuje średnio 9 złotych. Czy nie warto byłoby zrezygnować z tych gazet i raz na trzy, cztery miesiące kupić książkę? Rozmawiałem ostatnio z moim synem o tym, że za mało się dzisiaj czyta. On mówi, że to nieprawda. Mówi, że czasy się zmieniają. Nie zgadzam się z tym, co usłyszałem od niego. Czasy się zmieniają? To ludzie się zmieniają! Czytanie książek wymaga koncentracji, czasu, wyobraźni. Ludzie myślą, że wystarczy pójść do kina albo raz na jakiś czas przeczytać coś w gazecie i już mogą powiedzieć, że mają jakąś wiedzę. Dyskutują o tym, że czas książki się kończy, że przyszła era internetu. Nie akceptuję tego, że tak szybko zapominamy o rzeczach ważnych. Bo dla mnie książka jest ważna.

LEKCJA 19

mp3 57 **6 Proszę wysłuchać nagranej rozmowy i odpowiedzieć na pytania.**

Jakie są najważniejsze ośrodki ewangelickie w Polsce?
– Trudno mówić o najważniejszych ośrodkach, można jedynie powiedzieć o skupiskach ze względu na ilość ewangelików. Takim obszarem jest Śląsk Cieszyński, (np. parafie Wisła, Cieszyn, jest tego naprawdę dużo, wystarczy wręcz właśnie ogólne określenie Śląsk Cieszyński).
Ilu ewangelików jest obecnie w Polsce?
– W Polsce jest aktualnie około 80 000 ewangelików.
Czy spotkali się Państwo z przykładami dyskryminacji ze względu na religię?
– To chyba najtrudniejsze pytanie, bo bardzo subiektywne i zależy od tego, czy zapytałaby Pani kogoś w diasporze (mała parafia, rozproszona) czy właśnie na Śląsku Cieszyńskim. Przypadki dyskryminacji zapewne się zdarzają, choć muszę przyznać, że stopniowo jest ich coraz mniej. W szkole rodzice bardzo dbają o to, by ich dzieci mogły być właściwie traktowane. Zdarza się, że mogą opowiadać w klasie o swoim wyznaniu, ale to zależy od wychowawcy i jego wrażliwości. Zwykle nie uczestniczą w lekcjach religii katolickiej, a jeśli tak, to są uważane za ekspertów w sprawach biblijnych. Jeden z naszych uczniów chodził na każdą lekcję w gimnazjum, pisał nawet sprawdziany i zawsze ksiądz katolicki prowadzący zajęcia podkreślał, że to ewangelik ma taką wiedzę. Zdarzają się jednak miejsca, gdzie ewangelików jest tak mało, że postrzega się ich (jak to zwykle z obcym i nieznanym bywa) negatywnie. Wzbudzają jakąś obawę, patrzy się jak na jakieś dziwne zjawisko, pyta czy wierzą w Boga, czy mają święta, czy się modlą. To przykre, ale ogólny poziom polskiego narodu nie jest w kwestiach religijnych zbyt wysoki. Myślę, że dużym problemem są małżeństwa mieszane, ale nie to,

że są zawierane, ale że strona ewangelicka wielokrotnie musi być tłamszona przez stronę katolicką. Jeśli ślub ma być ważny w kościele katolickim, a jest zawierany poza tym kościołem (tzn. w parafii ewangelickiej), potrzebne jest podpisanie dokumentu, w którym strona katolicka zobowiązuje się wychowywać dzieci po katolicku, a strona ewangelicka MUSI to przyjąć do wiadomości. Przykre, że po takim nagłośnieniu ekumenii i zbliżeniu teologicznym w wielu sprawach nadal nie można uczynić takiego małego kroku i przyznać, że dzieci można wychować po prostu po chrześcijańsku.

DVD 16 **14a Proszę podkreślić, który symbol jednej z wielkich religii NIE został wymieniony w filmie.**

Film: „Lekcja religii" – Symbole wielkich religii.

Judaizm:
Jest właściwie jeden symbol zasadniczy judaizmu, to jest menora. Siedmioramienny świecznik ze złota, który jest dokładnie opisany w Biblii, w Torze. Symbolizuje żydowską religię, a właściwie, można powiedzieć, żydowską misję, czyli obowiązek świadczenia o Bogu Jedynym. Są inne symbole, ale nie ma obrazów, które by im odpowiadały, na przykład Jerozolima czy Tora, zapis objawienia. To są symbole, które można przedstawiać na różne sposoby, nie ma ustalonego sposobu przedstawiania. No i oczywiście, jest symbol, który jest wszystkim dobrze znany, czyli gwiazda sześcioramienna, gwiazda Dawida, po hebrajsku mówi się tarcza Dawida. To nie jest tradycyjny symbol judaizmu. Pojawił się jako żydowski symbol dopiero w średniowieczu i to na początku bardzo stopniowo. W Pradze, flaga z gwiazdą Dawida, była w XIV wieku używana w synagodze, ale dopiero po jakimś czasie, a na dobre w XVII wieku, gwiazda Dawida stała się symbolem żydowskiej społeczności Pragi, również zresztą Wiednia. I dopiero w XIX wieku gwiazda Dawida zaczęła być używana, jako symbol dekoracyjny na różnych sprzętach rytualnych, na synagogach i tak dalej. A w końcu XIX wieku gwiazdy Dawida zaczął używać ruch syjonistyczny, który wtedy powstał, czyli ta idea, żeby Żydzi mieli własną suwerenność państwową w Ziemi Izrael. No i po wojnie, kiedy w 1948 roku powstało państwo Izraela, gwiazda Dawida znalazła się na fladze Izraela, ale godłem Izraela jest menora.

Buddyzm:
Najczęściej stosowanym i najbardziej uniwersalnym dla wszystkich tradycji buddyjskich symbolem buddyzmu jest koło Dharmy. W staroindyjskiej tradycji takie koło było symbolem posiadania wielkiej mocy i w buddyzmie z kolei używa się koła w określeniu obracania kołem Dharmy.
Często spotykamy się też z takim symbolem koła, obok którego po lewej i prawej stronie siedzą dwa jelenie. Nie jest do końca pewne czy to były jelenie, czy sarny. W buddyzmie podkreśla się połączenie dobrego serca z rozumem, ze zrozumieniem. Te dwie właśnie sarny po lewej i prawej stronie koła Dharmy symbolizują połączenie skutecznego, rozsądnego działania z mądrością. W tradycji buddyjskiej istnieje bardzo wiele symboli religijnych, spośród tych wszystkich symboli koło Dharmy jest najbardziej rozpowszechnione, najbardziej rozpoznawalne. Jest takim uniwersalnym symbolem całego buddyzmu.

Katolicyzm:
Wbrew potocznym opiniom nieprawdą jest, że krzyż się pojawia dopiero po kilku wiekach. Rzeczywiście, na początku, w pierwszych wiekach używany jest dość oszczędnie, z różnych pewnie względów.
Między innymi zakonserwowany przez wybuch Wezuwiusza znak krzyża w Herkulanum, gdzie bardzo wyraźnie widać wręcz jakiś ołtarzyk, w który wkomponowany był ten krzyż, zasłonięty przed niepowołanym wzrokiem. Krzyż się pojawia w kilku innych opcjach również, często jest oszczędnie używany przez... z obawy przed profanacją, przed wyśmianiem. Na Palatynie, w Rzymie znajdujemy taką grafikę z III wieku, człowieka z głową osła, który jest ukrzyżowany i jest to paszkwil na wiarę chrześcijańską. Nic więc dziwnego, że w czasach, zwłaszcza w czasach prześladowań, krzyż był używany dość oszczędnie. Być może miały też tutaj wpływ pewne skojarzenia z krzyżem, jako narzędziem męki. I co ciekawe, kiedy krzyż się pojawia, pojawia się jako sam symbol, bez wizerunku Chrystusa ukrzyżowanego. To przychodzi dopiero po kilku setkach lat, gdzieś w VI wieku zaczynają pojawiać się pierwsze wizerunki Chrystusa ukrzyżowanego i to Chrystusa nie pasyjnego, ale Chrystusa zwycięskiego, Chrystusa w białej tunice, Chrystusa króla. Czas pasyjny przyjdzie dopiero... dopiero później. Chrześcijanie, pierwsi chrześcijanie, widzieli zresztą znak krzyża w przyrodzie.

Fragment audycji Lekcja religii, Religia TV, 2009

LEKCJA 20

mp3 58 **1 Proszę uważnie słuchać tego nagrania i zaznaczać właściwe odpowiedzi. Uwaga! Nagranie zostanie odtworzone tylko jeden raz!**

Przykład: Chciałbym się dowiedzieć...

1. Tylko do piątku obniżka do czterdziestu procent na wybrane produkty!
2. Proszę nie owijać w bawełnę!
3. Nie wierzyłam, że można zrobić tak udany film na podstawie sztuki teatralnej!
4. Proszę przejść do rzeczy, bo mamy mało czasu.
5. Masz do dzieci świętą cierpliwość.
6. Sama nie wiem.
7. Oszczędny i prosty mebel, który pasuje wszędzie.
8. Chyba pan żartuje!
9. W czasie świąt ulice świecą pustkami.
10. Towar jest dostępny tylko w sklepie stacjonarnym.
11. Z żadną dziennikarką nie rozmawiało mi się tak dobrze jak z panią Anną.
12. Wesołych świąt i mokrego śmigusa-dyngusa!
13. Znajomość języków otworzy ci drzwi do kariery w tej firmie.
14. Uwielbiam tę sztukę!

mp3 59 **2 Proszę uważnie słuchać tego nagrania i wykonywać zadanie zgodnie z podanym przykładem. Uwaga! Nagranie zostanie odtworzone dwa razy.**
Proszę wysłuchać nagrania i zaznaczyć, czy podane zdania są prawdziwe (P), czy nieprawdziwe (N).

Wywiad to forma tekstu dziennikarskiego, która jest zapisem rozmowy z jakąś osobą (często znaną). Znaczące jest to, że w wywiadzie nie zamieszczamy własnych przemyśleń i stwierdzeń, a zapisujemy wypowiedzi osoby, z którą wywiad przeprowadzamy. (...)
Jeszcze przed wywiadem, kiedy już mamy ustalony temat i pytania, dobrze jest uprzedzić o nich rozmówcę. Da mu to szansę na ich przemyślenie, przypomnienie różnych faktów związanych z okolicznościami, o które pytamy, uporządkowanie myślenia o problemach, na temat których chcemy rozmawiać. (...)
Dbając o wiarygodność, trzeba zgromadzić dostępne na temat rozmówcy informacje. Np. wykształcenie, tytuły, które mu przysługują, pochodzenie, wykonywany zawód, miejsce zamieszkania obecne i przeszłe, inne wywiady, których nasz rozmówca udzielił wcześniej i tak dalej. (...)
W wywiadzie najistotniejsze są trzy elementy: temat i pytania, wiedza na temat rozmówcy (...), powstrzymanie się od własnych sądów, a skupienie na słowach rozmówcy. No i oczywiście (...) – zanim go upublicznimy w jakiejkolwiek formie – przedstawmy tekst do autoryzacji. Tego wymaga uczciwość i kultura osobista.

Maria Tuchowska, *Jak napisać wywiad – poradnik dla uczniów*, www.portal.librus.pl

Opis serii

„Hurra!!!" to pierwsza na rynku seria podręczników do nauczania języka polskiego jako obcego i jedyna, jak dotychczas, przygotowująca od podstaw do egzaminu certyfikatowego na poziomie B1. Powstała w ramach projektu UE Lingua 2 w programie Socrates w oparciu o „Europejski system kształcenia językowego" i standardy wymagań egzaminacyjnych. Serię charakteryzuje podejście komunikacyjne oraz promowanie nauczania języka polskiego po polsku.

Podręczniki „Po polsku" do dziś wyznaczają trendy w polskiej glottodydaktyce, a w publikacjach naukowych podkreśla się ich innowacyjność, spójność, bogactwo elementów krajo- i kulturoznawczych oraz uwzględnienie polskich realiów. Z podręcznikami mogą pracować lektorzy i uczniowie z każdego kręgu kulturowego, nie tylko dorośli, ale także młodzież polonijna.

Seria „Hurra!!!" jest kompletnym narzędziem do nauki języka polskiego, prowadzącym studenta od początku tego procesu do poziomu B1. Zarówno doświadczeni, jak i początkujący nauczyciele mogą korzystać ze wszystkich elementów serii, określając poziom uczących przy pomocy „Testu Kwalifikacyjnego" oraz korzystając ze wskazówek, gier i propozycji dydaktycznych z podręczników nauczyciela. Podręczniki studenta przewidziane są do pracy na lekcji, a zeszyty ćwiczeń, dzięki zamieszczonym kluczom i tekstom nagrań, do pracy indywidualnej. Dopełnieniem serii są podręczniki do nauki gramatyki opracowane w trzech wersjach językowych.

W Nowej Edycji „Hurra!!!" do każdej lekcji dodano scenki filmowe, które wraz z opracowanymi do nich ćwiczeniami uatrakcyjniają naukę. Zaprojektowano także nową szatę graficzną. Pierwszą część poszerzono o listy słownictwa i ponownie opracowane tabele gramatyczne. W drugiej części dodano zadania rozwijające sprawność pisania, a w trzeciej sprawność mediacji. Dodatkowo opracowano dydaktycznie fragmenty tekstów literackich oraz artykułów prasowych.

Autorki

Agnieszka Dixon (poprzednio Burkat)

absolwentka filologii romańskiej, podyplomowych studiów JPJO, psychologii stosowanej i psychoterapii. Wykształcenie zdobywała kolejno na Uniwersytecie Pedagogicznym i Uniwersytecie Jagiellońskim w Krakowie, University of Essex w Wielkiej Brytanii, Tavistock and Portman NHS FT w Londynie. Obecnie doktorantka na the University of Exeter. Członkini Stowarzyszenia Bristol zrzeszającego polskich i zagranicznych nauczycieli kultury polskiej i JPiO. Od 2010 roku mieszka Wielkiej Brytanii, gdzie pracuje klinicznie i prowadzi badania naukowe w dziedzinie psychologii. W jej obszarze zainteresowań szczególne miejsce zajmują psychoanaliza, etnolingwistyka, antropologia kulturowa i filozofia.

dr Agnieszka Jasińska

adiunkt w Instytucie Filologii Polskiej Uniwersytetu Pedagogicznego, nauczycielka języka polskiego jako obcego i języków romańskich (francuskiego i włoskiego). Pracowała z dorosłymi i z dziećmi prowadząc kursy językowe w firmach i na uczelniach wyższych oraz w szkołach dla dzieci z doświadczeniem migracji w Krakowie. Koordynatorka szkoleń stacjonarnych i on-line dla nauczycieli języka polskiego w Polsce i za granicą. Członkini Związku Nauczycieli Języka Polskiego jako Obcego w Niemczech. Popularyzatorka języka polskiego.

Małgorzata Małolepsza

lektorka języka polskiego w Instytucie Slawistyki Uniwersytetu Georga-Augusta w Getyndze. Ewaluatorka i konsultantka w projektach dydaktycznych. Prowadziła kursy na wszystkich poziomach zaawansowania, grupowe i specjalistyczne, uczyła dziennikarzy i dyplomatów. Współpracowała m.in. ze Szkołą Języka i Kultury Polskiej UJ, Szkołą Języków Obcych PROLOG i GFPS Polska. Prowadzi szkolenia dydaktyczne i współpracuje z Polsko-Niemiecką Inicjatywą Rodzicielską Wspierania Dwujęzyczności we Frankfurcie nad Menem. Jej hobby to psychologia, muzyka, turystyka górska, film i współczesna literatura polska.

Aneta Szymkiewicz

uczy języka polskiego od 1998 r., a od 2017 r. prowadzi szkołę Słowotok. W swojej bogatej karierze, jako lektorka współpracowała z krakowskimi uczelniami wyższymi i prywatnymi szkołami językowymi. Prowadzi szkolenia i warsztaty dla lektorów. Jej specjalizacją są egzaminy certyfikatowe, a dodatkowo interesuje się nowymi technologiami w nauczaniu. Wolny czas spędza w górach. Lubi biegać, podróżować na południe Europy i czytać. Z wykształcenia jest polonistką.

Dlaczego HURRA!!!?

NOWE HURRA!!!

FILMY

Pierwsza na polskim rynku publikacja do JPJO zawierająca obszerny materiał filmowy dostosowany do każdego etapu nauki. Zabawne scenki, dialogi i sytuacje z dnia codziennego. Na wyższych poziomach zaproponowano materiał dokumentalny. Wszystkim filmom towarzyszą różnorodne ćwiczenia, pytania i propozycje tematów do dyskusji, które pomogą w aktywny sposób skorzystać z materiału filmowego.

NOWOŚĆ!!! Pierwsza na polskim rynku publikacja do JPJO umożliwiająca odtwarzanie ćwiczeń VIDEO i AUDIO za pomocą aplikacji na telefon.

HURRA!!!

Hurra!!! to nowoczesna SERIA do nauczania języka polskiego jako obcego, która

- jest napisana w duchu podejścia komunikacyjnego, umożliwiającego efektywne porozumiewanie się już na początkowych etapach nauki;
- pozwala na poznawanie języka polskiego poprzez samodzielne odkrywanie i formułowanie reguł gramatycznych;
- przedstawia trudne zagadnienia gramatyczne w sposób atrakcyjny graficznie i przyjazny dla uczącego się;
- proponuje systematyczne rozwijanie kompetencji językowych w słuchaniu, czytaniu, mówieniu, pisaniu;
- ma przejrzystą strukturę – oznaczone różnymi kolorami poszczególne rozdziały, sekcje słownictwa i gramatyki ułatwiają poszukiwanie konkretnych zagadnień bądź ćwiczeń.

Seria Hurra!!! zawiera:

- w każdej lekcji bogaty materiał ilustrujący współczesną Polskę i pokazujący realia życia codziennego;
- aktualne tematy prezentowane w autentycznych sytuacjach z życia codziennego, które wprowadzają informacje realioznawcze i kulturoznawcze oraz odpowiadają praktycznym potrzebom komunikacyjnym uczących się;
- liczne propozycje ćwiczeń, gier i zabaw, które wspomagają uczenie się języka obcego i powodują, że proces nauki i nauczania staje się efektywniejszy, łatwiejszy i przyjemniejszy;
- gotowe testy osiągnięć i ćwiczenia kontrolne oraz powtórzeniowe, które umożliwiają stałą kontrolę postępów w nauce;
- zestaw egzaminacyjny, czyli propozycje testów wzorowanych na państwowych egzaminach certyfikatowych na poziomie PL-B1;
- osobne zeszyty ćwiczeń wraz z kluczem oraz transkrypcje tekstów AUDIO/VIDEO, które pozwalają na dodatkową samodzielną pracę i umożliwiają samokontrolę;
- podręczniki nauczyciela z grami i praktycznymi wskazówkami zarówno dla początkujących, jak i doświadczonych nauczycieli, z gotowymi materiałami do kopiowania i sugestiami jak modyfikować oraz urozmaicać lekcje;
- gramatykę języka polskiego w trzech wersjach językowych, napisaną w sposób zrozumiały dla użytkownika i przyjazną w użyciu (systematyczny opis języka / żartobliwe objaśnienia rysunkowe / wiele dowcipnych przykładów zdań / przejrzysty skład / tabelaryczne zestawienia zagadnień gramatycznych / ikony informujące o systemie języka / praktyczny w użyciu format).

Hurra!!! to SERIA pomyślana i zaprojektowana tak, by pomóc uczącemu się w skutecznym opanowaniu poznawanego materiału, a nauczycielowi w pracy dydaktycznej.